高等院校经济与管理类专业适用教材
GAODENGYUANXIAO JINGJI YU GUANLI LEI
ZHUANYESHIYONG JIAOCAI

公共经济学

GONGGONG JINGJIXUE

杜　莉◎主编　袁莉莉◎副主编

首都经济贸易大学出版社
·北京·

章),沈楠(第十一章)。王殿志、韩文丹也参与了第七章、第八章初的写作。杜莉对各章内容进行了增补和调整,并负责将全书修改稿。

本书在写作过程中参考了国内外学者的大量著述,在此谨致意。

首都经济贸易大学出版社编辑兰士斌先生为本书的出版付出辛勤劳动。我们能够不必急忙交稿而是十分耐心地对稿子字斟句是与兰先生的支持和鼓励分不开的。

当然,限于作者的能力和精力,本书一定还有不少缺点和不足,请各位读者和专家不吝指正。

杜莉

2008 年 1 月于复旦大学经济学院

PREFACE

公共经济学是以传统的财政学
门新兴学科，其研究领域从政府预
容不断深入和扩展，已涉及政府介
方面，新的研究成果层出不穷。目
保障、国有资产管理等公共经济领
阶段，各种公共经济问题也已受到

本书是一部系统地介绍和分
和公共经济领域基本制度的教科书
做到体系完整、叙述简明。为了便于
书还注意了以下几点：

第一，避免采用复杂的图表和

第二，重视具体的制度分析，
实例；

第三，反映中国公共经济领域

本书由杜莉提出写作提纲。
(导论、第六章)，乔梁(第一章)，刘
三章)，周悦敏(第四章)，闵婕(第
第八章、专栏和复习思考题)，张立

CONTENTS

目 录

专栏目录

导 论

作为本书的开始，在导论部分，我们将界定公共经济学的研究对象，简要回顾公共经济学的发展情况，并扼要介绍公共经济学的基本内容和相关经济背景，以便读者在开始各章学习之前，能对本书的内容有一个初步和概要的认识。

一、作为公共经济部门的政府

一个经济体系，一般可划分为公共部门(Public Sector)和私人部门(Private Sector)两个部分。公共部门就是以满足公共需要为目标的部门，在现代社会中，满足公共需要正是政府的责任；私人部门是相对于公共部门而言的，是以追逐本部门的利益为目标，具体包括企业、家庭(或个人)等经济主体①。

公共经济学(Public Economics)又称公共部门经济学(Public Sector Economics)。顾名思义，它是以一个经济体系中的公共部门为研究对象的经济学分支。由于公共部门特指政府，公共经济学这门学科就是以政府为核心展开的。

从经济学的角度看，现代政府也是一种经济主体，和企业、个人(家庭)一样，它所从事的许多活动，也相当于在进行着消费或者投资，提供着各种社会产品。这些社会产品，除了有形的道路、桥梁等外，还包括无形的公共安全、社会秩序、法制规范、经济稳定，等等。从某种意义上说，甚至政府本身也是一种产

---

① 严格地说，还有区别于以上两个部门的第三部门，它们既不属于政府机构，又不同于逐利的一般企业，比如慈善基金会等非营利组织。为简化起见，我们这里暂不讨论第三部门。

随堂笔记

品。但是，政府作为公共部门的经济主体，与企业、个人这些私人部门的经济主体又有区别，这种区别最根本的表现就是两个部门追求的目标不同。根据对经济学基本原理的归纳，个人追求的目标是其效用的最大化，而企业追求的目标一般是其利润的最大化，也就是说，两者从事各种经济活动都是为了本身的利益。但是，政府则不能仅仅考虑本部门的利益得失，至少从理论上说，它必须以社会福利最大化为行为目标。这一社会福利最大化的根本目标，进一步决定了政府提供的社会产品主要是各类公共产品，政府的决策机制也表现为一种与企业和个人的决策完全不同的集体决策。

因此，一方面，政府是总体国民经济运行中的有机组成部分；另一方面，其经济行为都应服从于社会福利最大化这一根本目标。这就是我们关于“政府”所作的基本概括，其中体现的思想将贯穿本书的各个章节，是全书后面所有分析的前提和基础。

尽管公共经济学是研究政府的经济行为的一门学科，但由于政府介入经济运行的具体方式十分多样而复杂，我们必须适当控制公共经济学的研究范围。政府的货币金融行为通常不属于公共经济学的研究对象，而税收、政府支出、公债等则是公共经济学研究的核心内容。

就政府的具体范围而言，公共经济学一般将公共部门界定为中央政府和各级地方政府直属的各个部门和机构，而各类国有企业则不包括在内[①]。

二、公共经济学的发展

公共经济学的前身是财政学（Public Finance）。财政学在西方成为一门独

① 我国是单一制国家，政府结构包括中央政府和省、地市、县、乡四级地方政府。中央政府即国务院，目前下设外交部、国防部、国家发展与改革委员会、司法部、财政部、商务部、卫生部、中国人民银行、审计署等28个部委，国有资产监督管理委员会1个直属特设机构，海关总署、税务总局、国家食品药品监督局、国家工商总局等18个直属机构，国务院侨务办公室、国务院法制办公室、国务院研究室等4个办事机构，新华社、中国科学院、中国社会科学院、国务院发展研究中心、银监会、证监会、保监会、全国社会保障基金理事会、国家自然科学基金理事会等14个直属事业单位，还有信访局、粮食局、邮政局、文物局、保密局等部委管理的国家局10个。广义地说，中国政府还包括各级人民代表大会、各级政治协商会议、各级人民法院、各级人民检察院等。具体可访问中国政府门户网站：http://www.gov.cn/gjjg/2005-08/01/content_18608.htm。

立的学科始于亚当·斯密《国富论》(1776)的出版。在此后100多年的时间里,财政学的研究对象主要限于政府财政收支管理,这是与这一阶段自由放任的经济学思潮盛行、政府经济行为的范围较窄相适应的。

进入20世纪以后,尤其是20世纪30年代西方国家的大危机以来,政府的经济行为迅速扩展,不但开始积极地对经济进行管理和调节,还直接介入生产领域,并形成了一定规模的公共企业。与之相适应,原有的财政学也出现了新的拓展,公共经济学(Public Sector Economics)应运而生。尽管为了尊重传统习惯,有的学者仍然沿用财政学的名称,但他们的财政学著作的研究内容已与公共经济学相差无几了。

由于财政收支行为始终是公共部门经济行为的主体,因此,财政收支依然是公共经济学的核心内容。然而,与传统的财政学相比,后者更加注重研究财政收支对整个经济的影响,同时也增加了公共部门本身的活动范围等研究内容。

新中国成立以来,我国理论界一直将研究政府预算收支行为的学科称为"财政学"。十四大确立社会主义市场经济体制的经济体制改革目标模式之后,我国理论界和实际工作部门开始更多地研究和借鉴发达市场经济国家的成熟经济理论,国内陆续出现了一些公共经济学著作。但与此同时,传统的财政学的研究方法和基本内容也发生了较大的转变,与公共经济学日趋一致。因此,目前在我国,公共经济学的研究对象与财政学也无显著的区别,只是前者有着更为鲜明的时代特征。

三、公共部门的经济影响

公共经济学是当代经济学的核心科目之一,它的重要性首先源自于现代政府在国民经济中所起的作用。如图1所示,经济合作与发展组织(OECD)国家政府经常性税收和非税收收入的总和占国内生产总值(GDP)的比重近10多年平均在35%至40%之间;而在挪威等部分北欧国家,这一比重甚至接近60%;美国政府经常性收入占GDP的比重在发达国家中处于较低水平,但也在30%以上。一个国家一定时期内创造的财富有1/3以上都交给了政府,由政府支配,政府在总体经济中的地位显然是举足轻重的。

随堂笔记

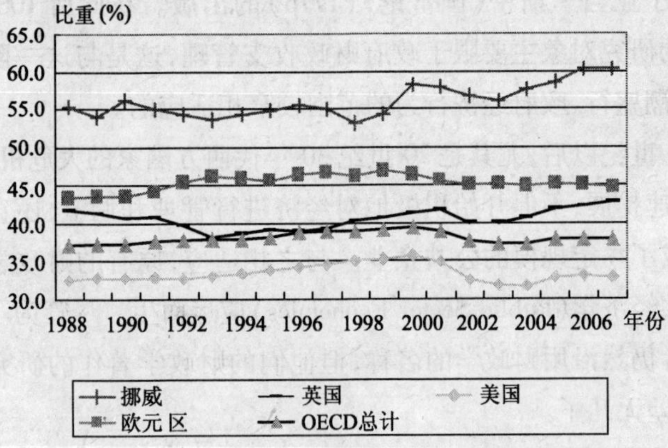

图1　部分 OECD 国家政府经常收入占 GDP 的比重

资料来源:OECD Economic Outlook 79 database。

就我国的情况看,改革开放以来,财政收入占 GDP 的比重显示出先降后升的趋势,如图 2 所示。1978 年,我国预算内财政收入占 GDP 的比重约为 31.2%。随着市场取向的经济体制改革的推进,国民收入分配不断向企业和个人倾斜,我国财政收入占 GDP 的比重一度持续下降,1995 年达到最低点,仅为 10.7%。财政收入占 GDP 的比重过低,制约了国家财政职能的正常发挥。1994 年,我国实行分税制财政体制改革和税制改革,改革的一个重要目标就是

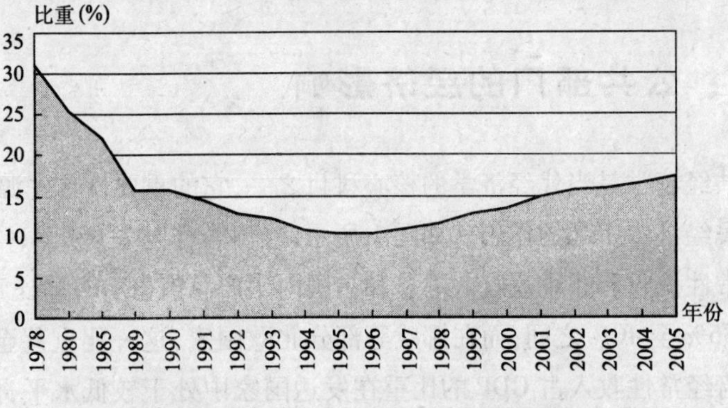

图2　我国 1978 年以来预算内财政收入占 GDP 的比重

资料来源:《中国统计年鉴》(2006)。

随堂笔记

振兴财政，提高财政收入占 GDP 的比重。此后，改革的效果逐步显现，财政收入占 GDP 的比重止跌回升，目前基本稳定在接近 20% 的水平。考虑到我国政府还通过土地批租收入等各种形式的预算外收入筹集财政资金，而当前预算外收入与预算内收入的水平基本相当，实际上，我国政府财政总收入占 GDP 的比重已经接近或超过不少发达国家的水平。

以雄厚的财力作后盾，当代世界各国的政府都积极实施各项支出和收入政策，政府经济活动的影响已经渗透到经济运行的各个环节，见表 1。

表 1　政府预算收支活动对企业、家庭的影响

<table>
<tr><th colspan="3">财政收支项目</th><th>主要经济影响</th></tr>
<tr><td rowspan="4">财政收入</td><td rowspan="3">税收</td><td>商品劳务税</td><td>影响价格
影响企业和消费者的福利
调整社会资源配置</td></tr>
<tr><td>所得税</td><td>鼓励或抑制消费、投资
促进经济稳定
调节收入分配</td></tr>
<tr><td>财产税</td><td>调节社会财富分配
影响社会资本形成</td></tr>
<tr><td colspan="2">公债</td><td>影响市场利率
影响私人部门资金可获量
可能产生挤出效应</td></tr>
<tr><td rowspan="4">财政支出</td><td rowspan="2">购买支出</td><td>政府消费</td><td>提供公共产品
调整社会资源配置</td></tr>
<tr><td>政府投资</td><td>纠正自然垄断，提供社会基础设施</td></tr>
<tr><td rowspan="2">转移支出</td><td>财政补贴</td><td>调整社会资源配置
调节收入分配</td></tr>
<tr><td>社会保障支出</td><td>调节收入分配</td></tr>
</table>

尽管各国的财政制度多种多样，但表 1 基本上可以概括财政收支的主要项目，相应的经济影响也非常典型。政府的财政活动既然这样影响着国民经济运

随堂笔记

行的方方面面，对其进行深入研究的意义也就不言自明了。

四、在经济学体系中的公共经济学

资源稀缺的问题是经济学研究的逻辑起点。相对于人们的需求，一个经济体系可利用的土地、劳动力和资本等资源总是有限的，于是就必须对资源进行合理配置。有限的资源应用于生产何种产品，如何生产，为谁生产，如何决策，这些正是经济学要回答的基本问题，而这些基本问题又都涉及一些与公共部门相关的问题。首先，由于各种社会产品有公共产品和私人产品之别，生产何种产品就涉及社会资源中有多少用于生产私人产品，有多少用于提供公共产品；其次，私人经济部门的企业和政府都可以参与私人产品的生产和公共产品的提供，如何生产这些产品，就涉及政府和企业如何分工，如何发挥作用；再次，为谁生产，涉及公共产品和私人产品如何适当地使不同的社会成员受益；最后，如何决策，公共产品供给的决策是各种经济决策中最为复杂也十分重要的决策。显然，公共经济学的研究是经济学基本问题的解决不可或缺的一部分。

从另一个角度说，在现代经济社会中，主要有两种资源配置的制度：市场机制和政府机制。这两种机制，分别以私人经济部门和公共经济部门为主导。市场机制是以价格和竞争机制为特点，政府机制主要通过公共部门的预算收支活动来配置资源，同时，往往还要借助于法律、行政等手段。

从发展的观点看，当代世界各国的经济体制呈现出一种明显的趋同态势。传统的私人经济部门占主导地位的市场经济国家越来越重视公共部门的干预，而传统的公共经济部门占主导地位的计划经济国家则纷纷进行市场化改革，发展私人经济部门。究其原因，在于世界各国都越来越认识到这样一个道理：私人经济部门和公共经济部门都有着自身不可克服的缺陷，只有两大部门协调发展、相互促进，才能使总体的国民经济得以健康运行。

就两个部门的分工来看（如图 3 所示），鉴于市场机制自发配置资源的良好性质，各国一般认为应由市场机制在资源配置中发挥基础性作用，也就是说，国家的基本经济体制应为市场经济体制。由于我国已将建立社会主义市场经济体制确立为经济体制改革的目标模式，因此，发挥市场机制在资源配置中的基础性十章),沈楠(第十一章)。王殿志、韩文丹也参与了第七章、第八章初稿的写作。杜莉对各章内容进行了增补和调整,并负责将全书修改定稿。

本书在写作过程中参考了国内外学者的大量著述,在此谨致谢意。

首都经济贸易大学出版社编辑兰士斌先生为本书的出版付出了辛勤劳动。我们能够不必急忙交稿而是十分耐心地对稿子字斟句酌,是与兰先生的支持和鼓励分不开的。

当然,限于作者的能力和精力,本书一定还有不少缺点和不足,恳请各位读者和专家不吝指正。

杜莉

2008年1月于复旦大学经济学院

PREFACE 前言

公共经济学是以传统的财政学为基础发展起来的一门新兴学科，其研究领域从政府预算、财政收支等核心内容不断深入和扩展，已涉及政府介入国民经济运行的各个方面，新的研究成果层出不穷。目前，我国财政税收、社会保障、国有资产管理等公共经济领域的改革已经到了攻坚阶段，各种公共经济问题也已受到越来越多的关注。

本书是一部系统地介绍和分析公共经济学基本原理和公共经济领域基本制度的教科书。编写此书，我们力求做到体系完整、叙述简明。为了便于读者理解全书内容，本书还注意了以下几点：

第一，避免采用复杂的图表和数学推导；

第二，重视具体的制度分析，以专栏的方式引入大量实例；

第三，反映中国公共经济领域重要改革的最新进展。

本书由杜莉提出写作提纲。初稿写作分工如下：杜莉(导论、第六章)，乔梁(第一章)，刘涛(第二章)，王天卓(第三章)，周悦敏(第四章)，闵婕(第五章)，袁莉莉(第七章、第八章、专栏和复习思考题)，张立早(第九章)，李聆佳(第

CONTENTS

目录

专栏目录

导　论

作为本书的开始，在导论部分，我们将界定公共经济学的研究对象，简要回顾公共经济学的发展情况，并扼要介绍公共经济学的基本内容和相关经济背景，以便读者在开始各章学习之前，能对本书的内容有一个初步和概要的认识。

一、作为公共经济部门的政府

一个经济体系，一般可划分为公共部门（Public Sector）和私人部门（Private Sector）两个部分。公共部门就是以满足公共需要为目标的部门，在现代社会中，满足公共需要正是政府的责任；私人部门是相对于公共部门而言的，是以追逐本部门的利益为目标，具体包括企业、家庭（或个人）等经济主体①。

公共经济学（Public Economics）又称公共部门经济学（Public Sector Economics）。顾名思义，它是以一个经济体系中的公共部门为研究对象的经济学分支。由于公共部门特指政府，公共经济学这门学科就是以政府为核心展开的。

从经济学的角度看，现代政府也是一种经济主体，和企业、个人（家庭）一样，它所从事的许多活动，也相当于在进行着消费或者投资，提供着各种社会产品。这些社会产品，除了有形的道路、桥梁等外，还包括无形的公共安全、社会秩序、法制规范、经济稳定，等等。从某种意义上说，甚至政府本身也是一种产

① 严格地说，还有区别于以上两个部门的第三部门，它们既不属于政府机构，又不同于逐利的一般企业，比如慈善基金会等非营利组织。为简化起见，我们这里暂不讨论第三部门。

随堂笔记

品。但是，政府作为公共部门的经济主体，与企业、个人这些私人部门的经济主体又有区别，这种区别最根本的表现就是两个部门追求的目标不同。根据对经济学基本原理的归纳，个人追求的目标是其效用的最大化，而企业追求的目标一般是其利润的最大化，也就是说，两者从事各种经济活动都是为了本身的利益。但是，政府则不能仅仅考虑本部门的利益得失，至少从理论上说，它必须以社会福利最大化为行为目标。这一社会福利最大化的根本目标，进一步决定了政府提供的社会产品主要是各类公共产品，政府的决策机制也表现为一种与企业和个人的决策完全不同的集体决策。

因此，一方面，政府是总体国民经济运行中的有机组成部分；另一方面，其经济行为都应服从于社会福利最大化这一根本目标。这就是我们关于"政府"所作的基本概括，其中体现的思想将贯穿本书的各个章节，是全书后面所有分析的前提和基础。

尽管公共经济学是研究政府的经济行为的一门学科，但由于政府介入经济运行的具体方式十分多样而复杂，我们必须适当控制公共经济学的研究范围。政府的货币金融行为通常不属于公共经济学的研究对象，而税收、政府支出、公债等则是公共经济学研究的核心内容。

就政府的具体范围而言，公共经济学一般将公共部门界定为中央政府和各级地方政府直属的各个部门和机构，而各类国有企业则不包括在内①。

二、公共经济学的发展

公共经济学的前身是财政学（Public Finance）。财政学在西方成为一门独

① 我国是单一制国家，政府结构包括中央政府和省、地市、县、乡四级地方政府。中央政府即国务院，目前下设外交部、国防部、国家发展与改革委员会、司法部、财政部、商务部、卫生部、中国人民银行、审计署等28个部委，国有资产监督管理委员会1个直属特设机构，海关总署、税务总局、国家食品药品监督局、国家工商总局等18个直属机构，国务院侨务办公室、国务院法制办公室、国务院研究室等4个办事机构，新华社、中国科学院、中国社会科学院、国务院发展研究中心、银监会、证监会、保监会、全国社会保障基金理事会、国家自然科学基金理事会等14个直属事业单位，还有信访局、粮食局、邮政局、文物局、保密局等部委管理的国家局10个。广义地说，中国政府还包括各级人民代表大会、各级政治协商会议、各级人民法院、各级人民检察院等。具体可访问中国政府门户网站：http://www.gov.cn/gjjg/2005-08/01/content_18608.htm。

立的学科始于亚当·斯密《国富论》(1776)的出版。在此后100多年的时间里,财政学的研究对象主要限于政府财政收支管理,这是与这一阶段自由放任的经济学思潮盛行、政府经济行为的范围较窄相适应的。

进入20世纪以后,尤其是20世纪30年代西方国家的大危机以来,政府的经济行为迅速扩展,不但开始积极地对经济进行管理和调节,还直接介入生产领域,并形成了一定规模的公共企业。与之相适应,原有的财政学也出现了新的拓展,公共经济学(Public Sector Economics)应运而生。尽管为了尊重传统习惯,有的学者仍然沿用财政学的名称,但他们的财政学著作的研究内容已与公共经济学相差无几了。

由于财政收支行为始终是公共部门经济行为的主体,因此,财政收支依然是公共经济学的核心内容。然而,与传统的财政学相比,后者更加注重研究财政收支对整个经济的影响,同时也增加了公共部门本身的活动范围等研究内容。

新中国成立以来,我国理论界一直将研究政府预算收支行为的学科称为"财政学"。十四大确立社会主义市场经济体制的经济体制改革目标模式之后,我国理论界和实际工作部门开始更多地研究和借鉴发达市场经济国家的成熟经济理论,国内陆续出现了一些公共经济学著作。但与此同时,传统的财政学的研究方法和基本内容也发生了较大的转变,与公共经济学日趋一致。因此,目前在我国,公共经济学的研究对象与财政学也无显著的区别,只是前者有着更为鲜明的时代特征。

三、公共部门的经济影响

公共经济学是当代经济学的核心科目之一,它的重要性首先源自于现代政府在国民经济中所起的作用。如图1所示,经济合作与发展组织(OECD)国家政府经常性税收和非税收收入的总和占国内生产总值(GDP)的比重近10多年平均在35%至40%之间;而在挪威等部分北欧国家,这一比重甚至接近60%;美国政府经常性收入占GDP的比重在发达国家中处于较低水平,但也在30%以上。一个国家一定时期内创造的财富有1/3以上都交给了政府,由政府支配,政府在总体经济中的地位显然是举足轻重的。

随堂笔记

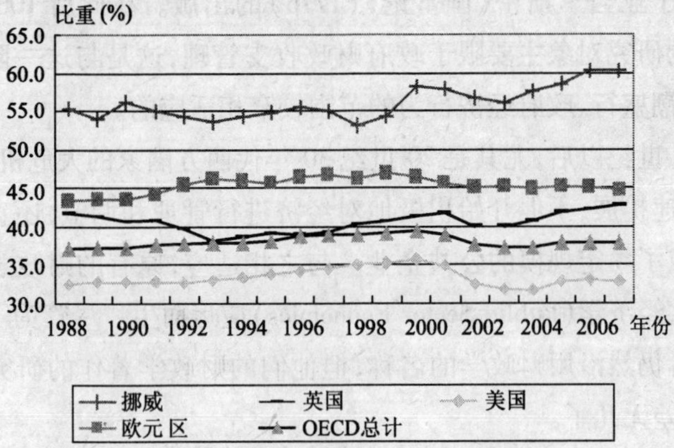

图1 部分 OECD 国家政府经常收入占 GDP 的比重

资料来源:OECD Economic Outlook 79 database。

就我国的情况看,改革开放以来,财政收入占 GDP 的比重显示出先降后升的趋势,如图 2 所示。1978 年,我国预算内财政收入占 GDP 的比重约为 31.2%。随着市场取向的经济体制改革的推进,国民收入分配不断向企业和个人倾斜,我国财政收入占 GDP 的比重一度持续下降,1995 年达到最低点,仅为 10.7%。财政收入占 GDP 的比重过低,制约了国家财政职能的正常发挥。1994 年,我国实行分税制财政体制改革和税制改革,改革的一个重要目标就是

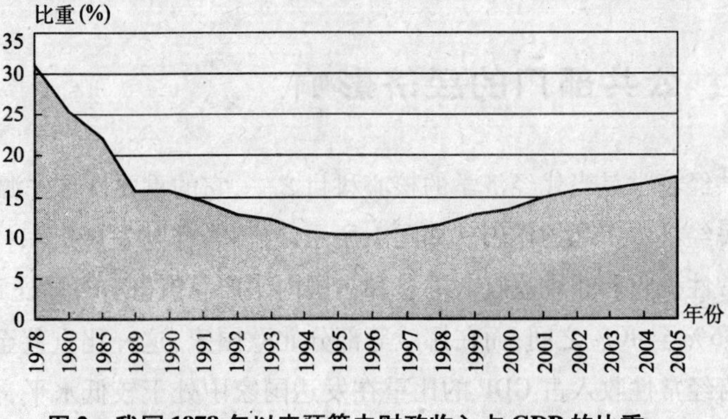

图2 我国 1978 年以来预算内财政收入占 GDP 的比重

资料来源:《中国统计年鉴》(2006)。

随堂笔记

振兴财政，提高财政收入占 GDP 的比重。此后，改革的效果逐步显现，财政收入占 GDP 的比重止跌回升，目前基本稳定在接近 20% 的水平。考虑到我国政府还通过土地批租收入等各种形式的预算外收入筹集财政资金，而当前预算外收入与预算内收入的水平基本相当，实际上，我国政府财政总收入占 GDP 的比重已经接近或超过不少发达国家的水平。

以雄厚的财力作后盾，当代世界各国的政府都积极实施各项支出和收入政策，政府经济活动的影响已经渗透到经济运行的各个环节，见表 1。

表 1　政府预算收支活动对企业、家庭的影响

财政收支项目			主要经济影响
财政收入	税收	商品劳务税	影响价格 影响企业和消费者的福利 调整社会资源配置
		所得税	鼓励或抑制消费、投资 促进经济稳定 调节收入分配
		财产税	调节社会财富分配 影响社会资本形成
	公债		影响市场利率 影响私人部门资金可获量 可能产生挤出效应
财政支出	购买支出	政府消费	提供公共产品 调整社会资源配置
		政府投资	纠正自然垄断，提供社会基础设施
	转移支出	财政补贴	调整社会资源配置 调节收入分配
		社会保障支出	调节收入分配

尽管各国的财政制度多种多样，但表 1 基本上可以概括财政收支的主要项目，相应的经济影响也非常典型。政府的财政活动既然这样影响着国民经济运

随堂笔记

行的方方面面，对其进行深入研究的意义也就不言自明了。

四、在经济学体系中的公共经济学

资源稀缺的问题是经济学研究的逻辑起点。相对于人们的需求，一个经济体系可利用的土地、劳动力和资本等资源总是有限的，于是就必须对资源进行合理配置。有限的资源应用于生产何种产品，如何生产，为谁生产，如何决策，这些正是经济学要回答的基本问题，而这些基本问题又都涉及一些与公共部门相关的问题。首先，由于各种社会产品有公共产品和私人产品之别，生产何种产品就涉及社会资源中有多少用于生产私人产品，有多少用于提供公共产品；其次，私人经济部门的企业和政府都可以参与私人产品的生产和公共产品的提供，如何生产这些产品，就涉及政府和企业如何分工，如何发挥作用；再次，为谁生产，涉及公共产品和私人产品如何适当地使不同的社会成员受益；最后，如何决策，公共产品供给的决策是各种经济决策中最为复杂也十分重要的决策。显然，公共经济学的研究是经济学基本问题的解决不可或缺的一部分。

从另一个角度说，在现代经济社会中，主要有两种资源配置的制度：市场机制和政府机制。这两种机制，分别以私人经济部门和公共经济部门为主导。市场机制是以价格和竞争机制为特点，政府机制主要通过公共部门的预算收支活动来配置资源，同时，往往还要借助于法律、行政等手段。

从发展的观点看，当代世界各国的经济体制呈现出一种明显的趋同态势。传统的私人经济部门占主导地位的市场经济国家越来越重视公共部门的干预，而传统的公共经济部门占主导地位的计划经济国家则纷纷进行市场化改革，发展私人经济部门。究其原因，在于世界各国都越来越认识到这样一个道理：私人经济部门和公共经济部门都有着自身不可克服的缺陷，只有两大部门协调发展、相互促进，才能使总体的国民经济得以健康运行。

就两个部门的分工来看（如图 3 所示），鉴于市场机制自发配置资源的良好性质，各国一般认为应由市场机制在资源配置中发挥基础性作用，也就是说，国家的基本经济体制应为市场经济体制。由于我国已将建立社会主义市场经济体制确立为经济体制改革的目标模式，因此，发挥市场机制在资源配置中的基础性

随堂笔记

作用,在我国也已成为全民的共识。

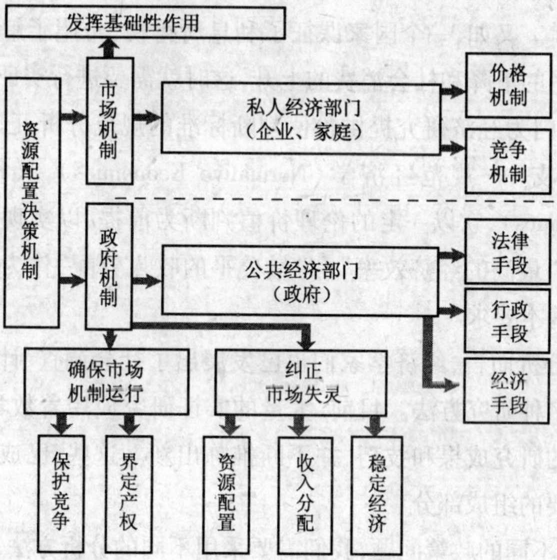

图3　市场机制和政府机制在社会资源配置中的作用

但是,在市场经济体制下,政府对国民经济的干预调控也是至关重要的。政府干预的目标,首先是保护竞争、界定产权、制定经济活动的规则,为确保市场机制的有效运行创造条件;其次是纠正市场机制本身难以克服的缺陷——市场失灵,以实现资源的合理配置、收入的公平分配以及宏观经济的稳定。公共经济学的任务就是研究政府如何通过适当的经济行为,为市场机制运行创造良好的基础环境,同时有效地纠正市场失灵。

五、公共经济学的研究方法

规范分析和实证分析是经济学的两大基本研究方法,它们同样也是公共经济学研究的基本方法。

规范分析(Normative Analysis)的目标是提出对经济运行状况进行评价的原则,而实证分析(Positive Analysis)的目标是发现经济运行的实际表现。比如,一个国家面临通货膨胀和高失业率并存的经济形势,而治理通货膨胀和促

随堂笔记

进就业一般又难以兼顾，因为那些抑制价格上涨的紧缩政策很可能会加剧失业，这时，就必须判断治理通货膨胀和促进就业哪一个更重要，这种分析便属于规范分析的范畴。又如，一个国家课征了利息所得税，希望了解这种政策是否推动了储蓄水平的下降和社会消费的上升，这时就需要进行实证分析。

事实上，专门为经济研究提供价值判断标准的规范分析，已构成了一个重要的经济学分支——规范经济学（Normative Economics），又称福利经济学（Welfare Economics），它以一定的伦理价值判断为前提，以实现社会福利最大化为目标，并把"最高的经济效率"和"最公平的收入分配"作为实现社会福利最大化的两个基本要求。

而就实证分析而言，经济学家们也已发展出了社会调查、计量经济分析和实验经济学等多种研究方法。目前，大量的实证研究应用着数学、统计学等相关领域最前沿的研究成果和技巧，并不断推陈出新。这些，已成为当前经济学研究越来越重要的组成部分。

显然，对于不同的政策问题，我们需要采用不同的分析方法，以上两种分析方法对于公共经济学研究都非常重要。

第一章 公共部门的经济职能

CHAPTER 1

本章要点

经济学意义上的效率是指资源配置已达到了“帕累托最优”状态。“帕累托最优”实现的条件是各种产品或经济活动带来的社会边际成本等于社会边际收益。福利经济学的基本定理表明，完全竞争的市场结构下可自发地实现经济效率。

为实现最优社会福利，须将效率准则和公平准则相结合。功利主义、罗尔斯主义对于公平准则提出了不同的看法。而社会分配均等的程度可以用贫困指数、基尼系数、财富差距倍数等指标来衡量。

现实经济生活中的市场结构往往不是完全竞争的，存在着竞争失效、公共产品得不到有效提供、外部效应、信息不对称等问题。这时，帕累托最优的资源配置状态不能实现。另外，在市场机制下，收入分配的不公平和宏观经济失衡也不可避免，这就是市场失灵。

为了纠正市场失灵，政府须从多方面介入社会经济运行，资源配置、收入分配和稳定经济是现代公共经济部门的三大职能。

随堂笔记

当今世界，各国政府都通过支出、收入乃至规制等多种手段，积极地干预本国经济。是否有助于有效地履行政府的经济职能，是对这些政策手段进行评价的依据。因此，在分析具体的公共部门经济行为之前，我们首先要对政府的经济职能，即公共部门经济行为的合理范围进行总体界定。

第一节　效率准则

公共部门是以社会福利最大化为根本目标的，因此，判断公共部门经济行为的合理范围，显然也应以是否有利于社会福利增进为依据。福利经济学认为，"效率"和"公平"是一个经济社会应追求的两个基本目标，"效率"和"公平"已成为判断社会福利是否增进和一种经济状态是否理想的两大基本准则。因此，我们对公共部门经济职能的讨论，就以对"效率"和"公平"原则的分析为基础。

一、经济效率的含义

借用一个通俗的比喻，追求"效率"就相当于要把蛋糕做大。但在经济学领域，给出"效率"的严格定义，需要借助于"帕累托最优"和"帕累托改善"这两个概念。

"帕累托最优"描述的是一种有效率的资源配置状态。当资源配置达到了这样一种状态，无论作任何改变，都不可能使至少一个人受益而没有其他的人受损，换言之，有人改善处境必须以他人的处境恶化为代价，这种状态就被称为"帕累托最优"（Pareto Optimum）或"帕累托有效"（Pareto Efficiency），它是以意大利经济学家维尔弗雷多·帕累托（Vilfredo Pareto）的名字命名的。

在现实生活中，我们还经常需要评价各种经济活动造成的资源配置状态的改变是否是有效率的，为此，可引入"帕累托改善"（Pareto Improvement）的概念。如果改变资源配置后与改变前相比，同时符合以下两个条件：①至少有一

随堂笔记

个人处境变好；②没有一个人处境变坏，那么，我们就称改变资源配置可达到“帕累托更优”，这种资源配置的改变就是“帕累托改善”。当一种资源配置的状态不可能通过调整达到帕累托更优或不可能再进行帕累托改善时，就是帕累托最优的。

我们可以借助图 1-1 来进一步说明帕累托最优的含义。假定社会中只有 A，B 两个人，横轴代表 A 的效用水平 U_A，纵轴代表 B 的效用水平 U_B，A 和 B 的效用取决于他们各自消费多少产品（或劳务）。由于社会总的资源和技术水平是有限的，他们能够消费的产品总量也是有限的。图中的 *WW′* 曲线就表示总量有限的产品全部分配给 A 和 B，两人可能达到的福利水平的各种组合。*WW′* 曲线被称为效用可能性曲线（Utility Possibilities Curve），也可以说，效用可能性曲线代表当 A（或 B）的效用水平既定时，B（或 A）能够达到的最高的效用水平。处于 *WW′* 曲线以外区域的点，如 *C* 点，是不可能实现的；只有 *WW′* 曲线上及曲线内的各点，才是可以实现的效用水平组合。

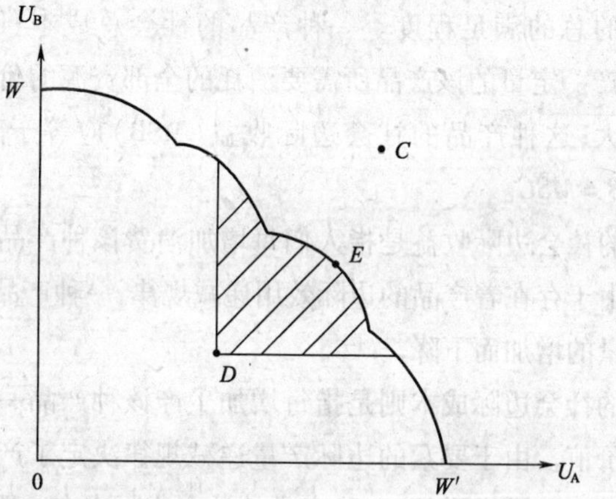

图 1-1　效用可能性曲线与帕累托最优

如果某一种资源配置使 A 和 B 的效用水平处于 *D* 点，那么 *D* 点是低效率的，因为从 *D* 点移向图中阴影部分区域内的任何一点，都将实现帕累托改善，A 或 B 的效用水平可提高或两者的效用水平可同时提高。但是，到达 *E* 点以后，要想再实现帕累托改善就不可能了，因为无论从 *E* 点移到 *WW′* 围成区域内的

随堂笔记

哪一点,要么是一个人效用水平的提高必然伴随着另一个人效用水平的下降,要么是两个人效用水平的同时下降,所以我们可以说,WW'曲线上的任何一点都满足帕累托最优的定义。

二、经济效率实现的条件

帕累托最优和帕累托改善的定义都比较抽象,因此,我们需要结合所考虑的经济行为的特点,给出具体的经济效率实现的条件。

以一种产品的生产为例,要实现这种产品的帕累托最优的产量水平,须符合下列两个条件:一是这种产品总的社会净收益为正;二是总社会收益与总社会成本之差最大化,即总的社会净收益最大化。这里,第一个条件保证能够实现"帕累托改善"①,但要达到"帕累托最优",还应再满足第二个条件。

一种产品的社会总收益(Total Social Benefit, TSB)是指人们消费一定量的该产品所得到的总的满足程度。一种产品的社会总成本(Total Social Cost, TSC)是指为生产一定量的该产品所需要消耗的全部资源的价值。为实现总的社会净收益最大,这种产品的社会边际收益(MSB)应等于其社会边际成本(MSC),即 $MSB = MSC$。

一种产品的社会边际收益是指人们每增加消费该种产品一个单位所增加的满足程度。由于存在着产品的边际效用递减规律,一种产品的社会边际收益一般随其消费量的增加而下降。

一种产品的社会边际成本则是指每增加生产该种产品一个单位所需增加消耗的资源的价值。由于要素的边际产量递减规律决定了产品的边际成本在一定的产量规模以上是递增的,一种产品的社会边际成本一般随其产量的增加而上升。

在图1-2中,某种产品的社会边际收益和社会边际成本分别如 MSB, MSC 线所示。MSB 和 MSC 的交点 E 决定了该产品的最优产量 Q^*。如果实际产量

① 社会净收益为正时,尽管可能有部分社会成员会承担成本、遭受损失,但如果考虑可以以获益者的获益去补偿损失者的损失,则社会净收益为正就符合严格的帕累托改善的定义。

随堂笔记

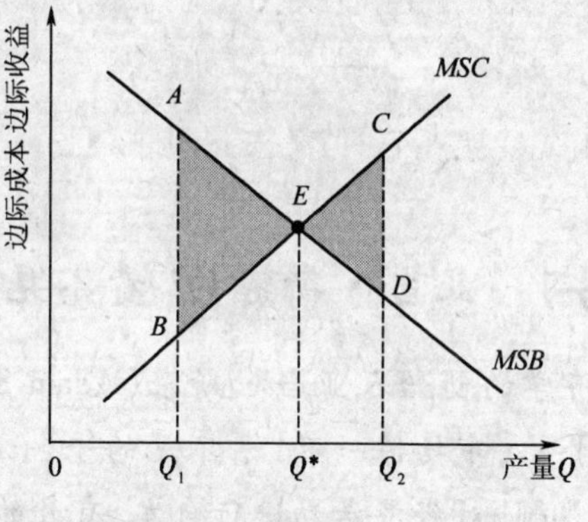

图 1-2　帕累托最优的实现条件

小于 Q^*，如 Q_1，则 $MSB > MSC$，每多生产一个单位这种产品，所增加的收益大于所消耗的成本，这时将更多的资源配置在这种产品上，可以获得追加的收益，三角形 *ABE* 的面积即为产量由 Q_1 增加到 Q^* 可能带来的追加的净收益；如果实际产量大于 Q^*，如 Q_2，则 $MSB < MSC$，这表明每多生产一个单位这种产品，所增加的收益小于所消耗的成本，这时减少配置在这种产品上的资源，可以减少损失，三角形 *CDE* 的面积即为产量由 Q_2 降低到 Q^* 可能减少的损失。只有在 $MSB = MSC$，即产量为 Q^* 时，该种产品生产带来的总的社会净收益才实现了最大化。

三、完全竞争市场和经济效率的实现

因为帕累托最优状态代表了资源的有效利用，它应该是一个经济社会所追求的目标。那么，如何实现这个目标呢？为了回答这个问题，有必要介绍福利经济学的重要研究成果——福利经济学的两个基本定理。

福利经济学的第一基本定理说的是，只要市场结构是完全竞争的，则其长期均衡就是一种帕累托最优的资源配置状态。也就是说，完全竞争市场可以保证经济效率的实现。这是世界上绝大多数国家选择市场经济体制，以市场机制在社会资源配置中发挥基础性作用的重要原因。

随堂笔记

专栏

专栏1－1 亚当·斯密的“看不见的手”定律

现代西方经济学的创始人亚当·斯密(Adam Smith)十分推崇市场机制的作用。他指出，市场像一只“看不见的手”(Invisible Hand)，可以通过价格和竞争机制，对经济活动进行自发、有效的组织，从而使每个人都追求个人利益，最终给全社会带来共同利益。具体地讲，在市场机制下，每个决策者都面对着一定的价格体系进行选择，以谋求自身利益的最大化。只要存在着个人认为有价值的产品和劳务，他们将愿意为消费它们而付款；只要这一价值超过生产成本，追求利润的企业家就将生产和提供这些产品与劳务。显然，单个决策者的选择就是“其他人”最大化自己利益的一个约束条件，从而间接地影响着他人的选择和福利。这种决策者之间相互影响的过程就相当于买者与卖者、买者之间、卖者之间竞争的过程，竞争的结果形成新一轮的价格。如此循环往复，每个人追求个人利益的经济活动的总和，可以使整个社会的经济活动达到最佳状态。

也就是说，人们在完全竞争经济中只是追求个人利益的最大化，而均衡的结果却达到了社会目标——经济的最高效率，虽然人们并没有刻意去追求这一目标，甚至根本没有意识到这一点。

既然市场机制和私人经济部门可以对经济活动进行自发、有效的组织，那么政府过多的干预必然是有害的。亚当·斯密在《国富论》中阐述了小政府的理念，即政府的活动必须限制在一定的范围内，诸如公共秩序、国防与司法行政的维护等。

亚当·斯密的“看不见的手”定律可以说是对福利经济学基本定理最早的直观描述。此后，经济学家瓦尔拉斯(Walras,1874)在其提出的一般均衡模

随堂笔记

型中，曾尝试用数学工具证明亚当·斯密的思想，但他给出的证明还不够严格。直到20世纪50年代末，才由阿罗和德布鲁(Arrow,1954;Debreu,1959)最后证明了福利经济学的基本定理。

严格证明福利经济学的基本定理需要相当高深的数学知识，已超出了本书的程度，但我们可以根据微观经济学中的消费者理论和厂商理论的基本原理，给出一个简化的证明。

仍考虑只有一种产品的情况。如图1-3所示，一种产品的需求曲线上的任意一点表示在一定的价格水平(P_d)上消费者决定购买并消费该产品的数量。根据消费者选择理论，消费者将选择使其消费该产品的边际效用(MU)与该产品的价格相等的消费量，即$MU=P_d$。因此，消费者对某种产品的需求曲线与边际效用曲线是一致的，而只需将若干单个消费者的需求量进行加总，即可得到市场需求曲线。同时，一种产品供给曲线上的任意一点表示在一定的价格水平(P_s)上生产者愿意提供该产品的数量。在完全竞争市场，厂商为了达到利润最大化，将选择使该产品的边际成本(MC)与价格相等的产量，即$P_s=MC$。因此，生产者对某种产品的供给曲线与他的边际成本曲线是一致的，而只需将若干单个生产者的供给量进行加总，即可得到市场供给曲线。

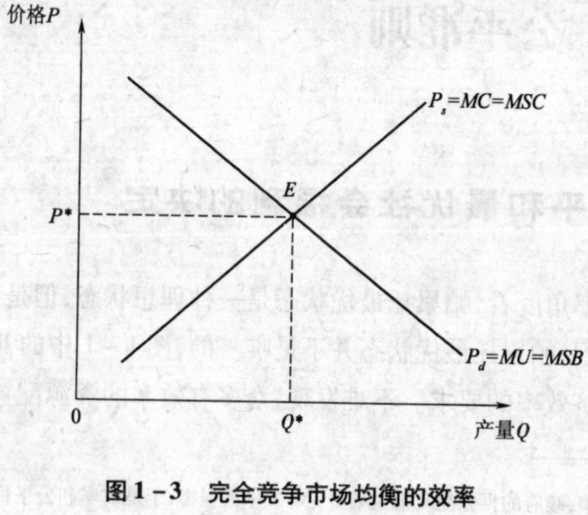

图1-3　完全竞争市场均衡的效率

随堂笔记

在市场供给曲线和市场需求曲线的交点 E，市场实现了均衡，并决定均衡价格 P^* 和均衡产量 Q^*。在完全竞争的市场中，每个消费者和生产者都是价格的接受者，于是市场均衡价格 P^* 成为所有人面临的价格，$P_d = P_s = P^*$ 总是成立。以价格作为联系的桥梁，每个消费者的边际效用和每个生产者的边际成本都达到一致，从而 $MU = P_d = P_s = MC$。当不存在外部效应时，单个消费者的边际效用就是社会边际收益，单个生产者的边际成本就是社会边际成本，所以 $MSB = MSC$ 成立，帕累托最优实现的条件满足。

不难看出，以上所述的市场自发调节实现资源优化配置的机制包含两个关键环节：第一，市场必须是充分竞争的，消费者和生产者都必须是价格的接受者而不能影响价格；第二，价格机制在影响消费者和生产者行为方面发挥核心作用，且以下等式成立：$MSB = P_d = P_s = MSC$。简单地说，这个等式要求价格既要反映产品的社会边际成本，又要反映产品的社会边际收益。

当然，在实现社会公平的目标方面，市场机制是无能为力的。但福利经济学的第二基本定理指出，通过对社会成员初始拥有的资源或要素禀赋进行适当的分配，可以达到效用可能性曲线上的任何一点。这样，即使为了实现一定的再分配目标，亦无须对市场机制进行干预，相反，仍应尽可能发挥市场机制配置资源的良好作用。政府要做的，只是改变要素禀赋在社会成员中的初始分配状态①。

第二节　公平准则

一、公平和最优社会福利的决定

尽管从效率角度看，帕累托最优状态是一种理想状态，但是，从前文的分析我们可以注意到，帕累托最优状态并不是唯一的，图 1－1 中的 WW' 曲线上有无数的点满足经济效率的要求。不难发现，众多有效率的资源配置状态的区别在

① 现实生活中，政府的再分配政策很难避免对效率的损害，于是效率和公平目标之间存在一定的替代关系。但福利经济学第二基本定理的含义仍颇有启发意义。

随堂笔记

于不同社会成员达到的相对效用水平不同，这当然是因为不同社会成员对社会经济活动成果的占有份额不同。在 E 点处，A，B 的效用水平比较接近，而在曲线的一个端点 W 点，B 的效用达到最大值，而 A 的效用为 0。显然，WW' 曲线上不同的点所反映的社会成员效用水平的分配具有相当显著的差异，这些点对经济社会来说绝不是同样可以接受的。为了在有效率的资源配置状态中进一步选择，以求得最优的社会福利状态，我们须引入另一个准则——公平。

人们对于"公平"的观点可以由社会福利函数体现出来。社会福利函数（Social Welfare Function）就是将社会福利水平 W 表示为所有社会成员效用水平的函数，当社会中有 n 个成员时，则 $W=F(U_1,U_2,U_3,\cdots,U_n)$。

在无损于任何人的前提下，如果至少有一个人的效用水平有所提高，则社会福利水平也随之提高。这说明，帕累托改善可以促使社会福利的增进。但当效用水平在不同社会成员之间的分配发生变化时，社会福利水平亦会根据不同个人的效用水平对社会福利的不同影响程度而发生变化。

假定已知一定的社会福利函数，则可以作出一组社会福利曲线。将社会福利曲线与效用可能性曲线相结合，即可确定最优社会福利点。在图 1－4 中，社会福利曲线与效用可能性曲线于 E 点处相切，该点即为在既定的资源、技术和社会偏好的条件下，整个社会效率与公平的最佳组合点。

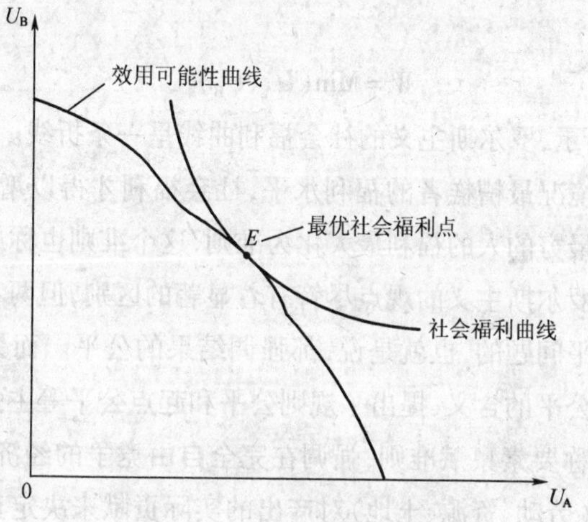

图 1－4　最优社会福利点的确定

随堂笔记

二、关于公平的不同观点

“公平”在很大程度上是一个伦理概念。基于不同的价值判断，人们对于公平有多种表述。

关于公平的不同观点，首先体现为不同的社会福利函数，其中最为著名的是功利主义和罗尔斯主义的社会福利函数。

功利主义（Utilitarianism）起源于杰里米·边沁（Jeremy Bentham）等19世纪功利主义哲学家的观点，又称效用主义。按照功利主义的观点，总的社会福利水平等于所有社会成员的效用水平之和，从而，在A,B两人组成的社会中，社会福利函数为

$$W = U_A + U_B$$

这表明，功利主义的社会福利曲线呈一条直线，如图1－5所示。基于人们的效用函数相同、都只取决于收入和收入的边际效用递减且社会总收入不变的假定，当收入分配完全均等时，社会福利达到最大化。

罗尔斯主义（Rawlsianism）的观点是20世纪70年代由哈佛大学哲学教授约翰·罗尔斯（John Rawls）提出的。罗尔斯认为，社会福利水平只取决于境况最糟糕的社会成员的效用水平，因而，在A,B两人组成的社会中，社会福利函数为

$$W = \mathrm{Min}(U_A, U_B)$$

如图1－5所示，罗尔斯主义的社会福利曲线呈一条折线。这表明，只有改善了社会成员中境况最糟糕者的福利水平，社会福利才得以增进。因此，社会分配应以社会上最穷的人的福利最大化为准则，这个准则也称最大最小准则。

功利主义和罗尔斯主义的观点尽管有着显著的区别，但两者均是从分配结果的角度考虑公平问题的，也就是说，都强调结果的公平。而另外一些学者从不同的层次探讨公平的含义，提出了规则公平和起点公平等主张。

规则公平也称要素禀赋准则，强调在完全自由竞争的经济环境中，人们按其所投入的要素（劳动、资源、土地）对产出的实际贡献来决定其收入。但由于人们进入市场前的要素禀赋具有显著的差别，规则公平必将导致收入分配结果

随堂笔记

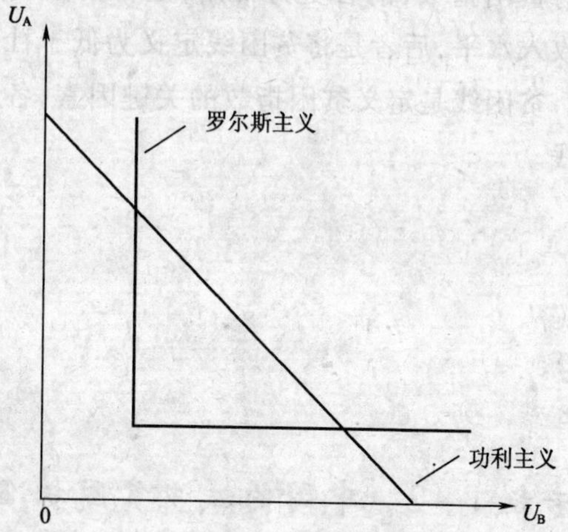

图1－5　功利主义和罗尔斯主义的社会福利曲线

的极其不公平，造成社会贫富悬殊、两极分化，影响社会安定。为了避免这种情况，起点公平强调政府通过强制性税收（如遗产税）和转移支出（如助学金、奖学金、救济金等）手段，消除或减弱由于遗产继承、家庭地位或教育机会的不同造成的起点的不公平，在此基础上贯彻规则公平准则，则社会分配就是公平合理的。

三、分配均等程度的度量

由于公平问题涉及人们的价值判断，在当今世界价值观日益多元化的背景下，以上不同的关于公平的观点尽管都有其合理之处，但却很难得到普遍认可，何为理想的公平状态，仍充满争议。但是，经济学家们也提出了客观地对收入或财富分配均等程度进行度量的一些指标，这些指标成为相关政策制定的重要参考依据。

（一）贫困指数

贫困指数即收入处于贫困线以下的人口占总人口的比例，其取值范围为[0,1]，指数越大，则代表贫困人口越多，分配越不公平。贫困指数有绝

随堂笔记

对贫困指数和相对贫困指数，前者更为常用，是将贫困线定义为仅能维持最基本的生活的收入水平，后者是将贫困线定义为低于社会平均收入一定比例的收入水平。贫困线是定义贫困指数的关键因素，各国一般根据本国的情况确定贫困线。

专栏

专栏1－2　中国的城乡贫困标准

长期以来，中国对城乡居民实行不同的户籍管理制度，采用不同的收入统计指标，相应的，也制定了不同的贫困线标准。

中国农村贫困人口的标准最初是1986年由政府有关部门在对6.7万户农村居民家庭消费支出进行调查的基础上计算得出的，主要是采用以基本生存需求为核心的生存绝对贫困概念作为计算农村贫困标准的基础。基本生存需求包括两个部分：一部分是满足最低营养标准（2 100大卡）的基本食物需求，另一部分是最低限度的衣着、住房、交通、医疗及其他社会服务的非食品消费需求。前者为食物贫困线，后者为非食物贫困线，二者之和就是贫困标准。经测算，1985年中国农村贫困标准为206元，之后，根据物价指数变动逐年调整，1990年为300元，2000年为625元，2004年为668元，2005年为683元，2006年为693元。

显然，中国现行的农村贫困标准是根据20年前的情况测算的。随着经济社会的不断发展特别是居民消费和福利标准的变化，目前这一标准日益暴露出诸多弊端。首先，与国际通用的贫困标准相比，中国的贫困标准明显偏低。世界银行的贫困标准是以1985年平价购买力即人均每天最低消费1美元（按国际可比价格计算），年收入低于375美元即为贫困；而2006年中国农村贫困标准是人均年收入693元，即人均每天1.9元，仅是国际绝对贫困标准的22.2%。其次，贫困标准本身有问题。中国政府定义的贫困人

随堂笔记

口为人均纯收入低于当年贫困线的人口，该方法没有考虑纯收入计算中有形资产（如秸秆、生产工具等）的贡献，也没有考虑农民家庭消费支出的货币化。因此，现行中国政府统计的农村贫困人口数量相当保守，不能完全反映中国农村的实际贫困状况。

目前，中国还缺乏一个科学统一的城市贫困标准。各部门对城市贫困人口的范围界定和理解具有较大差异。劳动和社会保障部门把贫困人口看成是失业下岗人员和离退休职工，民政部门将最低生活保障对象视为贫困人口，工会系统把贫困人口视为"基层单位特困职工"，而统计部门一般把收入分组中最低收入组的5%确定为贫困人口。1999年9月国务院颁布了《城市居民最低生活保障条例》，要求各地方政府制定自己的贫困线标准，多数城市使用"基本需求法"测定各自的贫困线，其中主要考虑两个因素的影响：一是城市的财政状况，二是贫困线与其他社会救济之间的关系。然而，由于缺乏统一的测算标准，各城市使用的方法均有所不同，所确定的低保标准更是相差悬殊。例如，2005年9月，在全国36个主要城市中，深圳、广州、北京、上海、宁波等城市的低保标准均在300元/人月或者以上，而乌鲁木齐、西宁、长春、贵阳等城市不到180元/人月。中国各地区城市平均低保标准和支出水平差别较大，且与其人均生产总值指标呈正相关关系。这说明，地区经济发展水平越高，其城市平均低保标准和支出水平也就越高。

当前，各地在城市贫困标准制定方面主要存在以下问题：第一，由于中央政府至今没有制定出科学合理、全国通用的方法来指导地方政府进行测算，各级政府主要依靠零星调查和估计得出各地城市贫困人口的数量，而且调查方法和覆盖面都有较大差异，很难反映实际的城市贫困状况。第二，各个城市往往根据地方财力来确定其最低生活保障线和救助人群规模，其标准的高低与城市经济实力和政治地位密切相关。第三，没有将流动劳动力，尤其是农民工纳入城市贫困人口统计中，在一定程度上低估了城市贫困人口的数量。

（资料来源：根据2007年5月31日人民网《中国的贫困问题与国家反贫困政策》一文改编，作者魏后凯、邬晓霞。）

随堂笔记

(二)洛伦茨曲线与基尼系数

为了衡量一国的收入差距程度,美国统计学家洛伦茨(Max Otto Lorenz)提出了一种收入分配曲线——洛伦茨曲线(Lorenz Curve)。在此基础上,意大利统计学家基尼(Corrado Gini)提出了基尼系数(Gini Coefficient)。基尼系数是应用十分广泛的用于准确衡量社会收入分配均等程度的指标。

如图1-6所示,图中的横轴表示人口累计的百分比(人口由穷到富累计,如5%代表最穷的5%的人口),纵轴为收入累计的百分比。然后,根据所考察的国家或地区一定百分比的人口所获得的收入占全部人口获得的总收入的百分比的实际情况,在图中描出一系列的点,将这些点连接起来,得到图中的一条 *D* 线,这就是洛伦茨曲线。

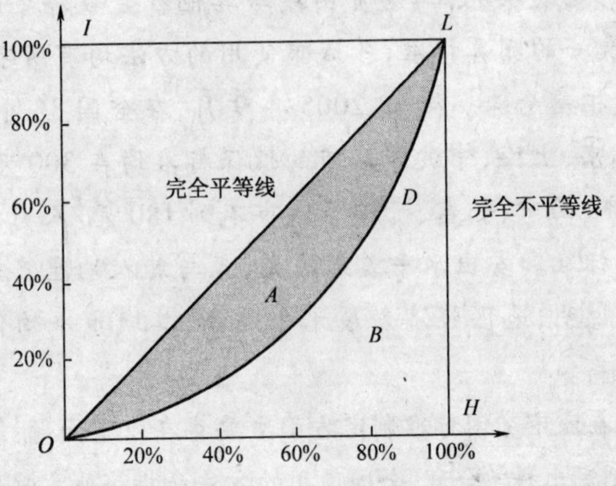

图1-6　洛伦茨曲线

图1-6中的 *OL* 为完全平等线,代表收入在总人口中平均分配。而实际洛伦茨曲线 *D* 线显示,收入最低的20%的人口所得到的收入占全部人口获得的总收入的比例不到5%,而80%的人口只得到50%左右的收入。显然,洛伦茨曲线越向横轴突出,与完全平等线 *OL* 之间的面积 *A* 越大,表明收入差距越大。当收入分配完全不平等,最富的社会成员获得全部收入、其他人一无所有时,洛伦茨曲线就成为折线 *OHL*,称为完全不平等线。令洛伦茨曲线和完全平等线之间的面积(即图中阴影部分的面积)为 *A*,完全不平等线和完全平等线之间的面

随堂笔记

积为 $A+B$,又令 G 代表基尼系数,则 $G=A/(A+B)$。基尼系数的值在 0 到 1 之间。一般认为,G 在 0.2 以下代表绝对平均,在 0.2 至 0.3 之间为比较平均,在 0.3 至 0.4 之间较为合理,在 0.4 至 0.5 之间为差距较大,在 0.5 以上为差距相当大。

(三)财富差距倍数

财富差距倍数表示社会财富分配不均的程度,是最富有家庭的财富与最贫困家庭财富的倍数。其取值越大,代表分配越不公平。在西方国家,财富分配的不均等比收入分配的不均等要严重得多。如 1973 年,在收入分配方面,美国最富有的 1/5 家庭获得国民总收入的 41.5%,最贫穷的 1/5 家庭仅获得总收入的 5.2%,收入差距倍数约为 8 倍;在财富分配方面,最富有的 1/5 家庭占全国财富的 76%,最贫穷的 1/5 家庭仅占全国财富的 0.2%,财富差距倍数约为 380 倍。[①] 这表明,财富差距倍数也是衡量社会分配公平状况的一个重要指标。

第三节　市场失灵和政府的经济职能

在上两节中,我们探讨了社会经济福利的两大基本准则——效率和公平,并指出,福利经济学的基本定理已论证了完全竞争市场可自发地推动经济效率的实现。但是,在现实经济生活中,市场并不总是完全竞争的,而且,即使市场是完全竞争的,也不能保证分配的公平和宏观经济的稳定,这就是市场失灵(Market Failure)。本节将概括市场失灵的主要表现,并进而推出在由市场机制对资源配置发挥基础性作用的前提下,政府可以履行哪些经济职能。

一、市场失灵的主要表现

市场失灵主要体现在:不同程度的垄断导致厂商可以影响价格,一些产品

① [美]伊恩·罗尔逊:《社会学》,商务印书馆 1990 年中文版,第 330~331 页。

的市场不存在，收入或财富分配不公以及宏观经济失衡，具体来说，包括以下六个方面。

（一）竞争失效

为了保证看不见的手能够发挥作用，就必须有充分的竞争。不过，在现实的市场经济中，确实有许多因素会增强个别厂商影响市场的能力，削弱市场的竞争性。首先，产品之间的差别是相当普遍的，存在着不同程度的不可替代性；其次，交通费用等交易成本阻碍着资源的自由转移，造成个别厂商垄断某一地区的市场；最后，规模经济也是一种典型的非人为的进入壁垒（Barrier to Entry），推动着垄断的形成。

在电话、供电、供水等行业中，产品的单位成本（平均成本）随着生产规模的扩大而降低。新进入该行业的企业由于生产规模较小，其成本必然高于已占领一定市场份额的大公司，从而在竞争中失利。因此，规模经济显著的行业特别容易形成垄断，这就是所谓的自然垄断。在规模经济显著的行业，大量竞争企业的存在会使产品的单位成本增加，所以，垄断在技术上反而是有效率的。

在垄断（不论是自然垄断还是其他原因引起的垄断）的情况下，厂商为了攫取垄断利润，往往会限制产品的产量以争取更高的价格，从而降低资源配置的效率。为此，政府有必要进行干预。

（二）公共产品问题

公共产品是与私人产品相对而言的。私人产品（例如一块饼或一双鞋）的消费具有排除性和竞争性，一个人消费了这一产品，别人就无法同时消费它。而公共产品的消费则相反，具有非竞争性和非排除性，增加一个人消费某种公共产品，并不会减少其他人对该产品的消费数量和质量，而要排除某个人对该产品的消费，也几乎是不可能的。国防就是典型的纯公共产品，一个国家的每个成员都能同等地享受国家防务体系的保护，排除某个人的消费是不可能的，也是不必要的。海上的灯塔也是一个经常被引用的公共产品的例子，它也具有消费的非竞争性，但它的非排除性并不体现在特定消费者的免费受益完全不可

随堂笔记

阻止,而在于阻止特定消费者受益的成本过于昂贵。

显然,一方面,出于自身利益的考虑,人们都会希望由别人来提供公共产品,自己免费使用,如同“搭便车”(Free Ride)。由于公共产品的非排除性,这是完全可以做到的。另一方面,由于具有非竞争性,公共产品消费者的增加事实上会带来帕累托改善,这类产品也应免费提供。但是,如果不能回收成本、赚取利润,市场经济中追求利润最大化的厂商是不会提供这类产品的。市场本身无力解决公共产品的有效提供问题,而不少公共产品对消费者又往往是不可缺少的,因此,由政府设法提供公共产品就非常必要。

(三)外部效应

在现实经济生活中,许多产品的生产或消费可以绕过价格机制,直接影响他人的经济环境和经济利益,对他人产生收益或成本,但生产者或消费者并不因此得到报酬或进行补偿,他们在进行经济决策时,不会考虑这些成本或收益,因而这些成本或收益就外部化了,这种现象就是外部效应。当外部效应发生时,私人成本(收益)与社会成本(收益)是不一致的,其差额就是外部成本(收益)。

当人们驾驶没有污染控制装置的汽车时,其所到之处,空气的质量就降低了,这相当于用车的人在向他人强加一定的成本;相反的,一片果园为蜜蜂提供了采蜜所需的花朵,但周围的养蜂人却不必因此而付费。教育事业,尤其是基础教育,也有大量的外部收益溢出,学校无法得到回报。从某种意义上说,公共产品是具有外部收益的产品的一种极端情形,这类产品的内部收益很少,其所提供的收益全部外部化了。

由于外部效应的存在,一部分成本或收益不能体现在价格中,这就会影响市场配置资源的效率。这是因为,企业或个人进行决策时,只会考虑其实际承担的成本和得到的收益,在无须对外部成本进行补偿的情况下,某种经济活动的总成本会被低估,这样,人们就会过多地从事该种经济活动;相反,在外部收益得不到报酬的情况下,某种经济活动的总收益会被低估,人们就会过少地从事该类活动。因此,由政府对这种情况进行纠正是十分必要的。

随堂笔记

专栏

专栏1－3　个人偏好的理性与市场失灵

个人偏好的理性是市场竞争结果合理性的前提条件。只有消费者是理性的，才能充分了解怎样的选择会带来自身效用的最大化。但在现实的市场中，并不是每个消费者都是理性的，经常出现消费者的选择对自己并非最优的情况。可能某种产品能给个人带来较大的利益，但消费者本人却没有意识到这一点，只是给予它以较低的评价，也就是说，只有在很低的价格下才愿意购买；或者相反，某种产品能给人们带来的好处并不大，或者根本上有害无益，但消费者却给予它较高的评价，表现为他愿意以较高的价格购买。尽管对于什么是合理的偏好、怎样的评价才是正确的，消费者可以有与众不同的独特看法，但人们可以认同的是，在现实市场中，至少某些人的偏好在某些方面不尽合理。例如，有人低估了教育带来的好处，不愿意为子女受教育付出代价，导致学龄儿童辍学打工；又如，有人高估了香烟的好处，甚至有人愿意高价购买毒品。我们把消费者的评价低于合理评价的产品称为优值品（Merit Goods），而把消费者的评价高于合理评价的产品称为劣值品（Dismerit Goods）。这两种情况都为政府干预提供了理由。

但是，毕竟优值品和劣值品的判断是一个规范范畴的问题，人们对此争议颇多。持“父爱主义”（Paternalism）观点的人认为，政府如同家长一样，比普通的公众的判断力更强些，应担当起更多的责任；而反对这种观点的人则认为，政府应尊重每一个消费者自己的偏好，家长作风的政府有可能最终会体现某些特殊利益集团的意志。虽然如此，政府提供义务基础教育、禁止吸毒等行为，一般是公众普遍认同的。

随堂笔记

（四）信息不对称

信息不对称（Asymmetric Information）是指信息的分布在进行交易的经济主体之间是不均匀、不对称的。例如，在消费品市场，卖方对所卖商品的情况了如指掌，而买方却很难了解产品的内在质量。在这种情况下，伪劣产品不但会进入市场，在某些场合，甚至可能排挤优质产品而占领市场，使消费者的效用和正当生产者的利润遭受损失，影响资源配置效率的实现。例如，在一个二手车市场，最初可能是优质车和劣质车的数量参半，在消费者无法确定车的实际价值时，他只愿支付车的预期价值，这一预期价值必定高于劣质车的实际价值而低于优质车的实际价值，只有劣质车的车主愿在此价格出售；而如果买方知道他只能买到一辆劣质车，他又会进一步压低自己的出价。总之，在这样一个旧车市场上，优质车是无法完成交易的，从而优质车的需求者和供给方的效用都将遭到损害。

以上状况被称为市场的不利选择（Adverse Selection）。类似的情况还发生在保险市场。保险公司无法区分高风险和低风险的投保人，只能按损失发生的平均概率确定保费，但这样往往使高风险的人更愿意投保。信息不对称还可能导致败德行为的发生，即投保之后就不积极防范风险甚至故意制造风险骗赔。于是损失发生的概率提高了，保险公司不得不提高保费，从而低风险的人被进一步挤出市场。但他们往往并不是不愿参加保险，而是希望参加费率较为公平的保险。这说明，有市场需求却没有供给，市场机制的效率再次被损害。

针对这些由信息不对称引起的市场失灵，政府亦需进行干预。例如，美国许多州的汽车保险是强制性的，从而可以避免因保费太高使低风险的人不愿投保，进而保费进一步向出车祸概率高的人群倾斜的恶性循环。

政府还经常承担起向消费者免费提供信息的职能，如发布气象预报等。政府还可以通过提供信息来保护消费者权益，如设立技术监督部门经常对食品、化妆品、药品等产品的质量进行抽查或检验，并将结果予以公布。

（五）分配不公平

以上分析表明，由于现实经济生活中市场机制的种种缺陷，帕累托最优状

随堂笔记

态往往难以实现。然而,即使市场经济的运行处于理想状态,也只能保证资源配置效率的实现,而无法解决分配的公平问题。

图1-7显示了社会的效用可能性曲线,在效用可能性曲线上的每一点都是帕累托最优的,然而,这条曲线上各点所代表的分配情况是不同的,在 *E* 点处A更有利,而 *E*′点处B处于更为有利的位置。因此,市场竞争在实现效率的同时,有可能产生极大的分配不公平,甚至会使一些人缺乏基本的生活必需品。特别地,如果经济最初处于不公平的状态,那么越是接近帕累托最优状态,可能达到的收入分配结果越是不公平。例如,从图1-7中的 *D* 点移向 *F* 点是一个帕累托改善,但社会分配的结果却更不公平了。

这种收入分配的不公平会影响一个社会的安定,而且也不符合社会的道德观念,因而是市场失灵的突出表现之一,需要政府部门的干预。

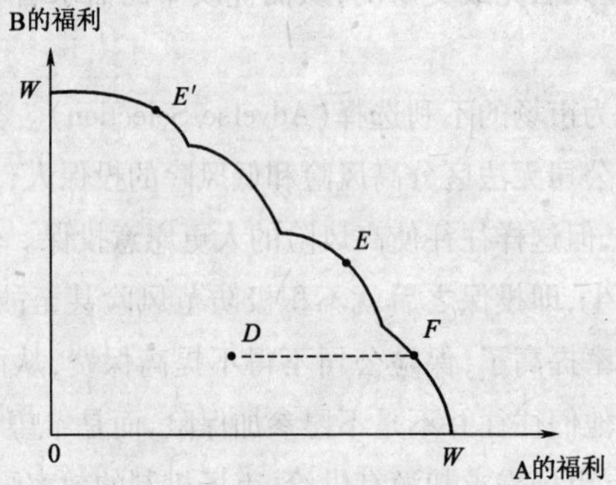

图1-7 公平分配问题

(六)宏观经济失衡

在市场机制下,经济行为的主体高度分散,从而决策权也高度分散。小的决策者往往只关心自己的眼前利益、局部利益,于是不可避免地会造成宏观经济失衡,出现失业率高企、物价水平持续上升、国家经济增长停滞或国际收支失衡等问题。按照亚当·斯密的设想,市场机制可以自发地对此进行调节,但市场的调节机制是一种事后调节,是采用经济危机的手段。20世纪30年代席卷世界的大萧条的教训表明,这种调节的代价过于高昂,不能为社会所接受。这就为政府部门对宏观经济运行进行干预提供了依据。

随堂笔记

二、公共部门的经济职能

市场经济运行中所产生的低效率、不公平以及宏观经济失衡,要求政府从多方面介入社会经济运行。对应于市场失灵的种种表现,可将政府的经济职能概括为三个方面:资源配置、收入分配和稳定经济。财政收支是政府履行这些职能的主要政策手段,公共规制在一些领域也有广泛的应用。

(一)资源配置

政府资源配置职能的目标在于克服现实经济生活中市场机制并不符合完全竞争市场的诸多理想条件而导致的市场失灵,实现社会资源的有效配置。

财政支出是公共部门执行资源配置职能最重要的政策工具。政府可直接提供某些市场供给不足的产品,如公共产品、自然垄断的产品等。政府提供的产品不一定直接由政府生产,比如国防属典型的公共产品,应由政府提供,但大部分军事装备完全可由私人企业生产,再由政府购买。除少数纯公共产品以外,对于市场供给不足的产品,政府也可以通过财政补贴的方式刺激私人企业生产,从而最大限度地发挥市场竞争机制的作用。

通过开征某些税收或者调整税率,政府可以有效地限制或鼓励某些产品的生产,从而调整社会资源的配置。这方面的例子很多,比如,通过征收二氧化碳税以促进温室气体排放减少,通过征收汽油税以促进节约能源,对废旧物资回收行业免征增值税以促进循环经济发展,等等。

政府还可以通过公共规制的手段影响社会资源配置。比如,对自然垄断的行业运用价格管制等手段进行干预,规定污染物排放标准,实行最低工资法,等等。

(二)收入分配

政府收入分配职能的目标在于克服市场机制下收入和财富分配的不公平,

随堂笔记

具体可采取的政策措施主要体现在税收和支出方面。

通过征收累进所得税，政府可以增加高收入者的税收负担，适当减轻低收入者的税收负担，从而缩小社会收入分配的差距。遗产税就是调节社会财富分配十分有效的手段。此外，对奢侈品课征高税，对生活必需品减税或免税，也有助于缓和社会分配的不公。

转移支付制度对于保障低收入者的生活水平具有重要意义，其具体项目有社会保险、社会福利、社会救济等，政府可以通过货币、实物甚至免费就业培训等多种方式给低收入者以资助。不少国家的政府还实行主要使低收入阶层受益的公共住宅制度，以保证低收入者的基本生活条件。

（三）稳定经济

政府稳定经济职能的目标在于实现充分就业、物价稳定、经济增长和国际收支平衡。在政府所可采用的各种宏观经济政策手段中，财政政策的地位举足轻重，因为它在影响总需求方面有着不可替代的作用，具体体现在两个方面：

第一，相机抉择的财政政策。这是指通过调整预算收支来调节社会总需求。在经济过热时，财政可以减少支出、增加税收或者两种手段同时采用，在经济萧条时则相反。为了实现宏观经济总体平衡，财政赤字和发行国债都是非常普遍的政策手段。

第二，自动稳定器。这是指通过财政的某些制度性安排来发挥对经济的"自动"的稳定作用。比如，累进的所得税制就具有这种功能，当经济过热时，人们的收入增加，有更多的人将适用较高的所得税率，从而可支配收入减少，消费水平下降，通货膨胀的压力将有所减轻；当经济衰退时，人们的收入下降，适用的所得税率随之降低，又可防止消费过度缩减而导致萧条。在支出方面，失业救济金制度也可以发挥类似的作用。

政府还可以通过货币政策达到稳定经济的目的，而且货币政策和财政政策这两种政策必须密切配合，才更有助于达到满意的效果。

当然，公平、效率、稳定三者之间往往存在着一定的替代关系，比如，如果为了追求公平目标，一味地征收高额累进税，很可能打击高收入者的工作积极性，甚至引发资本外逃，这既损害效率，也影响一国的长期经济增长。因此，政府必须在政策目标之间进行权衡，最终的决策常常需要在一定的政治程序下进行。

随堂笔记

复习思考题

一、填空题

1. 福利经济学的两大基本准则是__________和__________。
2. 贫困指数是指__________占总人口的比重。
3. 罗尔斯主义认为，社会福利水平只取决于__________的效用水平。
4. 现代公共财政的三大职能是__________、__________和__________。

二、选择题

1. 下列哪种情况实现了帕累托最优：(　)
   A. A 的处境改善必然对应于 B 的处境恶化
   B. A 的处境变好了，而 B 的处境至少不会变坏
   C. 当 B 的处境固定时，A 目前的处境不一定是他可以得到的最好的状况
   D. A 可以通过变化来改善自己的处境，但是这种变化对 B 没有影响
2. 下列不属于市场失灵的表现的是(　)
   A. 电信行业价格居高不下
   B. 传染性疾病流行
   C. 民营企业没有能力从事国防科技研究
   D. 政府提供医疗保险，但医疗费用上升无法控制
3. 以下不属于造成垄断的原因的是(　)
   A. 交易成本　　B. 规模报酬递增
   C. 产品之间的差别　　D. 行业内的厂商很少
4. 政府履行资源配置职能的政策手段包括(　)
   ①财政补贴　②税收　③政府购买　④政府投资　⑤社会救济

随堂笔记

A. ①②③　　B. ①②③④

C. ③④　　D. ①③④⑤

三、问答题

1. 从社会经济福利的角度看，帕累托最优状态是最理想的经济状态吗？为什么？

2. 经济效率的含义是什么？其实现的条件是什么？

3. 市场失灵的主要表现有哪些？

4. 什么是现代公共财政的职能？履行这些职能的基本政策手段有哪些？

第二章 公共产品

CHAPTER 2

本章要点

纯粹的公共产品具有非排他性和非竞争性两个基本特征。在市场机制下,企业不能自发提供纯公共产品,因此,必须由政府通过征税筹集资金,提供公共产品。

为了实现公共产品的有效供给，消费者应按自己从公共产品消费中获得的效用水平相应地承担公共产品的成本。但在实践中,公共产品的有效供给面临着揭示消费者偏好的困难。

在现实社会中，政府支出的主体是提供介于纯公共产品和纯私人产品两个极端之间的混合产品。俱乐部产品和准公共产品是两种典型的混合产品。

当某些个人或企业的经济行为绕过价格机制的作用直接给他人带来成本或收益时，则存在外部负效应或外部正效应。外部负效应将导致人们过多地从事有关经济行为,外部正效应将导致人们过少地从事有关经济行为。

纠正外部效应的机制可分为两类，一是仍然发挥市场机制的作用,具体方式有企业合并、产权明晰条件下的自愿交易和依靠社会制裁等;二是由政府采取干预措施,具体方式有征税、补贴、直接管制和法律措施等。

随堂笔记

公共产品问题是公共经济学的核心问题。公共部门存在的首要意义在于提供公共产品,公共经济学的不少重要研究主题都与公共产品问题密切相关,比如“公共支出”探讨公共产品提供的具体项目,“公共收入”研究提供公共产品的资金来源,“公共选择”则分析公共产品提供的相关决策问题。因此,本章首先对公共产品的基本理论和实践问题进行阐述。

第一节 公共产品概述

一、公共产品的特征

公共产品(Public Goods)一般是和私人产品(Private Goods)相对而言的。美国经济学家萨缪尔森(P. A. Samuelson)在他1953年和1954年发表的两篇经典论文①中,对公共产品给出了为经济学界所广泛接受的定义:纯粹的公共产品通常指具有非排他性和非竞争性这两个基本特征的社会产品。

(一)非排他性

对于纯私人产品,消费者按价格支付一定的费用就可以获得产品的所有权,有权享受该产品的益处,并能排斥其他人对该产品的占有;而纯公共产品的消费通常表现为集体消费(Collective Consumption),是共同进行的,只要公共产品被提供出来,就会有众多的受益者,大家共同消费这一产品,不可能将任何人排除在外,这就是非排他性。国防是最经常被引用的纯公共产品的例子。一个国家提供国防服务,居住在这个国家范围内的所有人都会受到保护,不管他有没有为这种保护付费,而要把任何居民排除在受保护范围之外是不可能的。

① Samuelson, Paul A. Diagrammatic Exposition of a Theory of Public Expenditure. Review of Economics and Statistics 37, 1955, pp. 350 ~ 356. Samuelson, Paul A. The Pure Theory of Public Expenditure. Review of Economics and Statistics 36, 1954, pp. 387 ~ 389.

随堂笔记

纯粹公共产品的非排他性是由以下两个方面的原因决定的:第一,纯粹公共产品大都是在技术上不能排斥众多受益者的产品,如国防;第二,某些公共产品虽然在技术上可以排他,但排他的成本十分昂贵,以致在经济上不可行。海上的灯塔也是一种经常被提及的公共产品。我们可以设想这样一种情形:一家航运公司修建灯塔,在自己公司的轮船通过时才打开灯光,提供领航服务,如果航运公司这么做,那么这里的灯塔就是一种私人产品。但是,要将本公司的轮船和其他公司的轮船区别开来提供服务是十分困难的,这就使得灯塔成为一种典型的公共产品。

(二)非竞争性

对于私人产品,一个人消费了这一产品,别人就无法再消费了。而公共产品则不同,公共产品一旦提供出来,任何消费者对公共产品的消费都不会影响到其他消费者,这就是非竞争性。我们可以用电视机和电视节目的区别来说明什么是非竞争性。电视节目具有非竞争性,张三的家庭打开电视收看节目,不会影响到李四的家庭收看;而电视机具有竞争性,一台电视机,张三购买以后,李四就不能使用。非竞争性通常包含两个方面的含义。

第一,边际生产成本为零。这里所说的边际生产成本,是指增加一个消费者对供给者带来的边际成本,而不是微观经济学中经常讨论的增加产量导致的边际成本。公共产品一般都具有不可分割的性质,在其产量和规模一定的情况下,增加一个消费者的边际生产成本等于零。

第二,边际拥挤成本为零。这是指每一个消费者都不影响其他消费者的消费数量和质量,不存在消费中的拥挤现象。当增加一个消费者使其他消费者的消费质量受到影响时,这种产品就不再是纯粹的公共产品了。比如,车流量较小时,高速公路具有非竞争性;但当高速公路上有较多的车辆通行时,车辆之间就会在消费上产生竞争关系,这条公路就不再是纯粹的公共产品了。

根据以上分析,纯粹的公共产品和纯粹的私人产品之间的区别可以用数学

随堂笔记

公式表达如下：

对于纯粹的私人产品来说，

$$X = \sum_{i=1}^{n} X_i$$

即总消费量等于所有个人消费额的总和，这表示，私人产品能在消费者之间进行分割。

对于纯粹的公共产品来说，

$$X = X_i$$

即对于每一个消费者来说，他消费的实际可支配的该产品数量，就是该公共产品的总量，这意味着，公共产品在消费者之间是不能分割的。

二、公共产品的识别

根据公共产品的定义，我们可以按照图 2－1 的步骤，判断一种产品是否为公共产品。

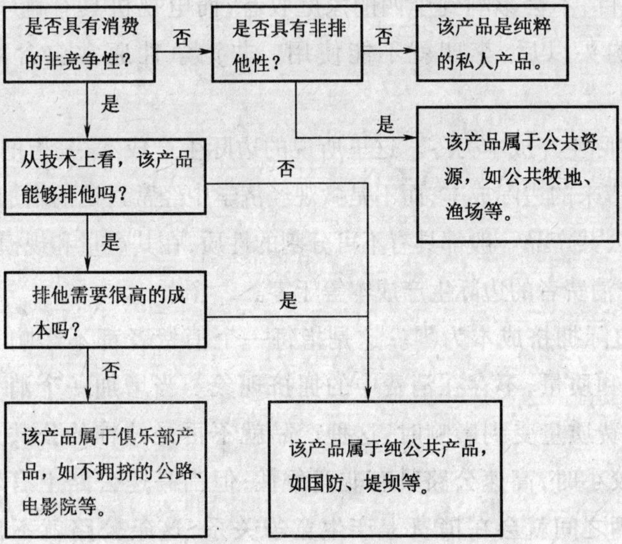

图 2－1　公共产品的识别

随堂笔记

可见，按照产品是否具有排他性和竞争性，我们大致可以区分出以下四种不同类型的产品：①同时具有非排他性和非竞争性的纯公共产品，②同时具有排他性与竞争性的纯私人产品，③只有非排他性与竞争性的产品（公共资源），④具有排他性与非竞争性的产品（俱乐部产品）。

如果一种产品既不具有消费的非竞争性，也没有受益的排他性，则该种产品为纯粹的私人产品。

如果一种产品具有消费的非竞争性，但在技术上能够排他，即排他的成本较低，则该种产品属于“俱乐部产品”[①]，如不拥挤的公路和桥梁、电影院等。

如果一种产品具有受益的非排他性，但在消费上具有竞争性，则该种产品属于公共资源。例如公海的渔场，每一家的渔船都可以在渔场内进行捕捞，在这一点上，渔场具有非排他性；如果某一艘渔船的捕捞量增加，那么其他渔船的捕捞量就会受到影响，在这一点上，渔场又具有竞争性。

在现实社会中，完全满足非排他性和非竞争性的纯公共产品很少，有很多介于纯私人产品和纯公共产品之间的中间状态的产品，也就是具有部分排他性或者竞争性的混合产品。

尽管纯粹的公共产品非常稀少，但作为一种理想的公共支出对象，与之相关的讨论具有非常重要的理论价值，并可为关于混合产品的理论探讨奠定基础。

最后，有必要补充说明整个社会共同消费的公共产品和地方性公共产品的区别。萨缪尔森的定义表明，公共产品的可得性对于所有人来说都是相同的，因此，萨缪尔森所称的公共产品是那种整个社会共同消费的公共产品。但是，实际情况是，有很多公共产品，只有居住在特定地区的人才能消费，这就是地方公共产品（Local Public Goods）。关于地方公共产品的详尽分析将在本书的第十章进行，本章我们暂不考虑公共产品受益范围的区别。

---

① 因俱乐部是该种产品的一种典型例子而得名。关于俱乐部产品，本章第二节将作详尽分析。

随堂笔记

三、政府提供公共产品的必要性

由于公共产品的非排他性和非竞争性，竞争性的市场不可能达到公共产品的帕累托最优产量。

一方面，由于具有非排他性，一个消费者不论付费与否，都可以享受公共产品的好处，这样，他就可能不愿主动付费，而倾向于成为"搭便车者"（Free Rider）。如果大部分消费者都希望"搭便车"，提供公共产品的投资无法通过销售收入收回，私人企业自然不愿提供这类产品，最后的结果则是没有人能享受到公共产品的好处。这种现象事实上是大卫·休谟（David Hume）早在1740年就提出过的所谓的"公共的悲剧"（Public Tragedy）。中国著名的"一个和尚挑水吃，两个和尚抬水吃，三个和尚没水吃"的故事，其实也说明了同样的道理。另一方面，公共产品的边际成本为零，按照帕累托最优的思想，当向新增的消费者免费提供公共产品时，消费者可以受益，却不会给任何人造成损失，这显然是一种帕累托改善，因此，公共产品也应该免费提供，但由于无法弥补初始投入的成本，私人企业仍然难以接受。

公共产品往往是增进社会的福利所不可或缺的，因此需要公共经济部门的介入，用税收等手段筹集资金，提供这类产品。从这个意义上说，正是由于对公共产品的需求，才导致了政府的产生。

当然，现实生活中也不乏不依赖政府而提供公共产品的例子。在消费者人数较少时，人们可以通过合作实现最优的或接近最优的公共产品产出水平，比如，一栋楼的住户有时经过协商，会集资安装楼道灯。但当公共产品的受益范围很大，消费者人数众多时，协商决策成本非常高，达成一致就变得非常困难，常常是不可能的。此外，一些非营利性的社会组织，如绿色和平组织、红十字会等，长期致力于各类公益事业，在满足公众对公共服务的多样化需求方面作出了重要贡献。但是，这类组织自身的资金来源并不稳定，其提供公共产品的数量和规模往往无法满足社会需要，因此，政府仍然是提供公共产品的主力军。

需要说明的是，政府提供公共产品，并不意味着政府直接生产公共产

随堂笔记

品，政府可以选择间接生产的方式提供公共产品，通过授予私人企业经营权、签订承包合同或者财政补助等形式，将生产的环节分配给私人的企业或者组织。

专栏

专栏2-1　温州市垃圾处理引入企业参与的启示

处理生活垃圾、保持环境卫生属于典型的地方公共产品，是地方政府传统的重要职能。随着经济的发展和人口的增加，不少国家都出现了垃圾堆存量逐年上升、占用城市土地、恶化生态环境的现象，垃圾处理也成为地方政府的一个施政难题。我国温州市在垃圾处理领域积极引入私人企业的参与，探索出了一条垃圾处理模式的新路。

温州市的具体做法是，市政府出让垃圾处理的经营权、收益权，制定优惠政策，鼓励民营企业、民间资本在城市垃圾处理产业领域进行投资、建设、经营，让企业成为市场的主体，谁投资谁受益；而项目的投资者在规定的经营期限结束后，将该项目的产权和经营权无偿移交给政府。在这种模式下，企业承担了垃圾处理项目投资、运营的主要角色，而政府的主要职能是对企业的建设和运营进行严格监督，以确保其工程质量和处理的达标排放，完全避免了任何投资运营风险，节约了巨额财政支出。以温州市垃圾焚烧发电厂为例，其设计日处理垃圾600吨，总投资1.8亿元，全部由温州市民营企业伟明环保工程有限公司投资建设、经营管理，政府只是无偿提供215亩项目用地及四通一平的费用，同时给予一定的政策支持，如对企业垃圾处理费进行补贴，以一定的价格收购企业的发电量等，在企业25年运营期(不包括2年建设期)后，项目将无偿划归政府。

(资料来源:《且看新版“温州模式”——民间资本介入垃圾处理》,《中国环境报》,2002年4月2日第4版。)

随堂笔记

另一方面,尽管政府作为公共部门的主要产出就是公共产品,但不能认为政府提供的产品一定是公共产品。政府也提供了很多具有竞争性和排他性的产品,经济适用房就是政府提供的私人产品的例子。

第二节 公共产品的有效供给

通过前面对公共产品的分析,我们可以得出结论:公共产品必须由公共部门来提供。在这一节里,我们将集中讨论公共产品的有效供给问题。本书所称的"有效"供给,除有特别说明外,一般指"有效率"地来提供某种产品,而不是指"有效果"地提供某种产品。

一、纯公共产品的有效供给

首先,我们将由公共产品和私人产品市场均衡的对比入手,推导公共产品有效供给的条件。值得注意的是,由于公共产品的非竞争性和非排他性两个基本特征体现在消费方面,因此,公共产品市场均衡的特殊性主要体现在由消费者行为决定的需求方面。

(一)私人产品的市场均衡及其有效供给

对于私人产品,只要知道每个消费者在一定时间内,在各种可能的价格水平上愿意并且能够购买的数量,通过将每个价格水平各个消费者的需求量加总,便可得到对该种私人产品的市场需求。也就是说,只要知道每个消费者的个人需求曲线,通过把市场上所有消费者的需求曲线水平相加,即可得出该种产品的市场需求曲线。

以面包为例,假定市场上只有 A 和 B 两个消费者。如图 2-2a,横轴表示面包的数量 Q,纵轴表示面包的价格 P,D_A 是消费者 A 对面包的需求曲线,该需求曲线表明在每种价格水平下,消费者 A 每周愿意并且能够消费的面包数量。需求曲线也可以理解为对每个消费数量,消费者愿意支付的价格。相似地,在图 2-2b 中,D_B 是消费者 B 对面包的需求曲线。这两条需求曲线的差异

随堂笔记

可能是由于两个人收入水平的不同，也可能是由于两个人的偏好不同。

如果我们要找到对面包的市场需求曲线，只需要把每个价格水平上所有人对面包的需求量加总即可。图 2－2a 表明，当面包价格为每个 8 元时，A 每周的需求量为 3 个，即价格为 8 元处 D_A 到纵轴的水平距离。图 2－2b 表明，在这一价格水平，B 每周的需求量为 6 个，也就是价格为 8 元处 D_B 到纵轴的水平距离。因此，在价格为 8 元时总需求为 9 个。在图 2－2c 中，市场对面包的需求曲线标记为 DD，很显然，价格为 8 元时需求量为 9 的点位于市场需求曲线上。相似地，要找到任意价格下面包的市场需求量，只需要把该价格处的每个消费者的需求量加总即可，在图中表示为把相应价格处每个消费者的私人需求曲线与纵轴的距离加总。这个过程就是需求曲线的水平相加。

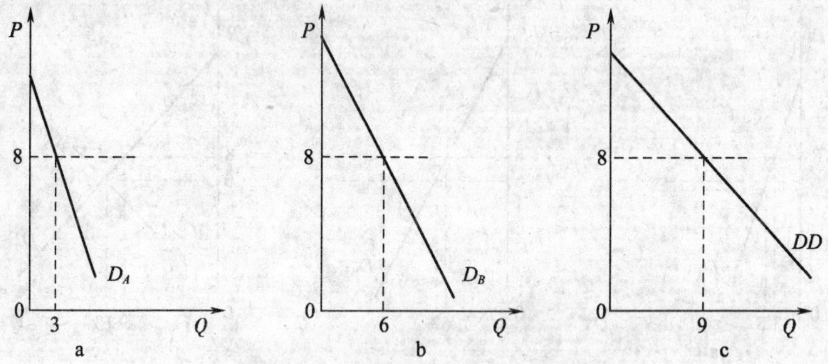

图 2－2　需求曲线的水平相加

图 2－3c 在市场需求曲线 DD 的基础上又引入了市场供给曲线，标记为 SS。市场均衡在市场需求曲线和市场供给曲线的交点出现，在该点所对应的价格水平供求相等。图 2－3c 显示，均衡价格是 6 元。在此价格水平，A 每周消费 5 个面包，B 每周消费 8 个面包，总需求为 13 个面包，总供给也为 13 个面包，供求相等。

在完全竞争的市场中，需求曲线与该产品消费者的边际效用曲线相一致，因为消费者会依据市场价格调整自己的购买量，使得消费该产品的边际效用与产品价格一致，从而实现效用的最大化；供给曲线与该产品生产者的边际成本曲线相一致，因为生产者也会根据市场价格来调整自己的供应量，使生产产品的边际成本与市场价格相等，实现利润的最大化。在没有外部性的情况下，消

随堂笔记

费者的私人边际效用等于社会边际效用,生产者的私人边际成本等于社会边际成本。因此,当市场均衡时,消费者价格等于生产价格,以价格为联系的纽带,生产者的边际成本等于消费者的边际效用,社会边际收益等于社会边际成本,帕累托最优得以实现。在图2-3c中,均衡价格为6,均衡产量为13,它是所有消费者消费量的总和,其中A的消费量为5,B的消费量为8。尽管两个消费者的最终消费量不同,但他们的边际效用相同,都等于市场价格。在均衡产量水平,生产者的边际成本也等于市场价格。当没有外部效应时,消费者个人从面包消费中获得的边际效用也就是这一产品的社会边际效用。同样,面包生产商的私人边际成本等于社会边际成本。由此,在均衡点 E,社会边际成本等于社会边际收益,实现了帕累托最优。

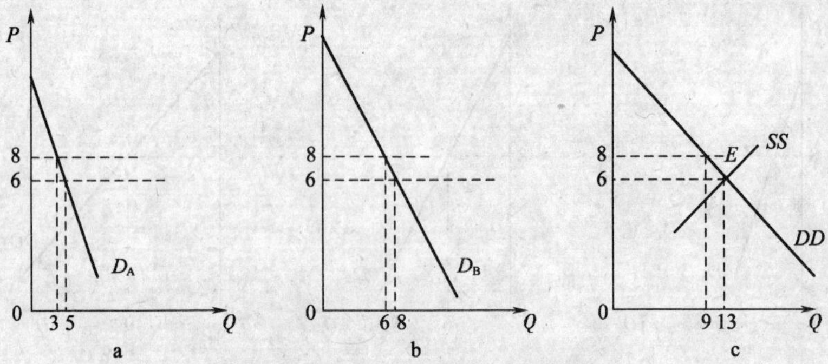

图2-3 私人产品的有效供给

将以下结果一般化,我们可以把私人产品有效供给的条件写成

$$MSB = MB_i = MSC \quad (i = 1, 2, \cdots, n)$$

式中,MSB 是消费产品的社会边际收益,MB_i 是消费产品的私人边际收益(即效用),MSC 是生产产品的社会边际成本。

(二)公共产品的市场均衡及其有效供给

公共产品的需求[①]不同于私人产品。对于私人产品,当面对不同的市场价

① 公共产品不是在市场上交易的,因此,公共产品的需求曲线不会像私人产品那样外在表现出来,但根据人们内心的偏好,我们可以认为,存在着对公共产品的需求,从而可以通过对公共产品需求的分析来研究公共产品的有效供给等相关问题。

格时,消费者总是可以通过调整消费量来使自己的边际效用等于既定的市场价格,从而实现自己效用的最大化。公共产品则不同,消费者没有能力调整他们的消费量。公共产品一旦提供出来,任何人都可以消费它。而且,不管是否出于本人的愿望,每个消费者的消费量都是相同的。也就是说,不会出现A的消费量是5个单位,而B的消费量是8个单位的情况。但是对于相同的消费量,不同的消费者从公共产品的消费中获得的边际效用却不会相同,所以,每个人愿意支付的价格是不同的。一般来说,不考虑成本分担时,收入较高的人会对公共产品有较高的评价,从而愿意对一定的公共产品支付较高的价格。全社会对一定数量的公共产品愿意支付的价格应由每个人愿意支付的价格加总得到。

假设一个小区中有A和B两个居民,现在他们要决定小区中公共绿地的面积。显然,这里的公共绿地是一种公共产品,A和B都可以到绿地上休息,A对绿地的消费并不会妨碍到B,反之亦然。假设增加1平方米的绿地需要花费200元,根据本人由1平方米绿地获得的效用,A愿意为此支付120元,B愿意支付100元。由于公共绿地的消费具有非竞争性,A和B都可以消费新增的绿地。因此,增加1平方米绿地的边际收益是A和B边际效用的总和,表现为两者愿意支付的价格的总和,即220元;而边际成本只需要200元。因此,增加1平方米绿地是有利的。当每个人因新增绿地获得的边际效用之和等于新增绿地的边际成本时,公共绿地的面积达到最优水平。

可以用图形来说明以上结果。在图2-4中,横轴表示公共绿地的面积Q,纵轴表示价格P,A对公共绿地的需求曲线是D_A,B对公共绿地的需求曲线是D_B。为了得出整个小区愿意为公共绿地支付的金额,我们把特定面积水平每个人愿意支付的价格加总。图2-4a和图2-4b中的需求曲线D_A和D_B表明:在消费30平方米公共绿地时,A愿意支付每平方米50元,B愿意支付每平方米80元。他们愿意为30平方米绿地支付的价格总和是每平方米130元。在图2-4c中,对公共绿地的需求曲线标记为DD。很显然,价格为130元时需求量为30的点位于市场需求曲线上。相似地,需求曲线上的其他点可以通过对每一产出重复这一过程得到。对公共产品来说,市场需求曲线是个人需求曲线的垂直相加。

随堂笔记

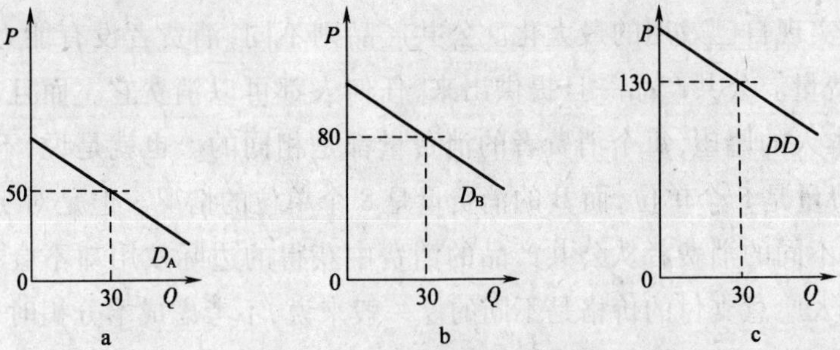

图 2－4　需求曲线的垂直相加

如果与提供公共绿地的边际成本相一致的供给曲线为 *SS*，如图 2－5 所示，则 *DD* 与 *SS* 的交点决定公共绿地的均衡产量为 50 平方米，这是 A 和 B 共同的消费水平。公共绿地的均衡价格是 85，它是 A 和 B 为 50 单位的公共绿地支付的价格的总和，其中 A 支付 25，B 支付 60。

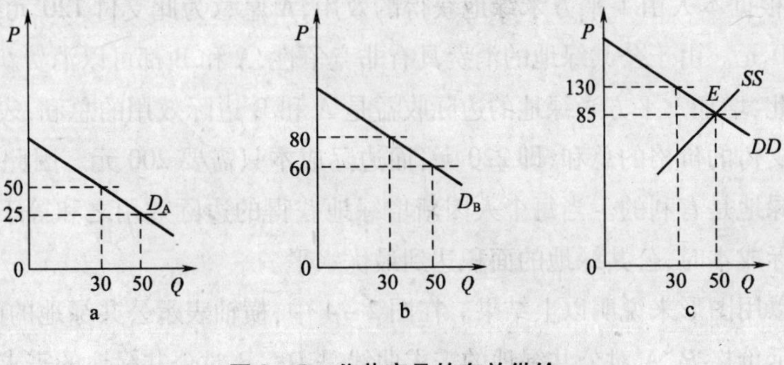

图 2－5　公共产品的有效供给

因为消费者愿意支付的价格是与其消费公共产品所获得的边际效用相一致的，所以，所有消费者愿意支付的价格的总和就是其边际效用的总和，即社会边际收益。同时，生产者要求的价格是与其边际成本相一致的。由此，没有外部效应时，在均衡点 *E*，社会边际成本等于社会边际收益，实现了帕累托最优。

将以上结果推广，公共产品有效供给的条件可以写成

$$MSB = \sum_{i=1}^{n} MB_i = MSC \quad (i = 1, 2, \cdots, n)$$

式中，*MSB* 是消费产品的社会边际收益，MB_i 是消费产品的私人边际收益（即

随堂笔记

效用)，*MSC* 是生产产品的社会边际成本。

容易看出，为了实现公共产品的有效供给，消费者应根据自己的偏好，按自己从公共产品消费中获得的效用水平相应的承担公共产品的成本。然而，这也正是公共产品有效供给的困难之所在。对于一种公共产品，不管是否付费，消费者所能消费的数量都是相同的。如果要求一个消费者申报自己从公共产品中获益的情况，并相应的承担成本，那么他就会有隐瞒或从低申报自己的真实效用水平的动机，希望自己仅仅受益却不承担或较少承担成本。显然，消费者的这种“搭便车”行为会使公共产品的实际供给水平远低于最优水平。相反，如果要求每个消费者申报从公共产品中受益的情况时，明确公共产品的成本分摊与他们所申报的受益情况无关，他们的申报只影响公共产品的供给数量，那么又可能诱发夸大受益水平的现象，结果导致公共产品的过度供给。总之，为解决公共产品有效供给的问题，必须准确揭示人们的偏好，这正是公共产品理论的前沿课题之一。

二、混合产品的有效供给

如前所述，在现实社会中，纯粹的公共产品是非常稀少的，更为常见的是介于纯公共产品和纯私人产品两个极端之间的混合产品。混合产品由于具有公共产品的部分特征，往往也需要由政府介入才能实现有效供给；又由于其种类繁多，实际上已成为政府公共支出的主体。以下将介绍俱乐部产品和准公共产品这两种典型的混合产品的有效供给。

（一）俱乐部产品

俱乐部产品是指包括游泳池、桥梁、公园、俱乐部等在内的一类社会产品，它们在某一消费量的约束之内供许多人共同消费，消费者之间是非竞争的，单个消费者的消费质量不受消费者人数增加的影响，但如果消费者人数超过了一定的规模，就会发生拥挤，新增消费者会影响其他消费者的消费质量等。同时，对消费者的收费是可行的，例如，在游泳池、公园、球场收门票，对通过桥梁者收取过桥费，对俱乐部成员收取会员费等。这类产品不同于私人产品，也不是纯

随堂笔记

粹的公共产品。诺贝尔经济学奖得主詹姆斯·布坎南将其概括为俱乐部产品①。

由于私人产品在消费中具有完全的竞争性，不能由多个消费者同时消费该产品；纯公共产品具有完全的非竞争性，在其受益区域范围内，消费者人数可达到无穷大。因此，私人产品和纯公共产品的最优供给都只需考虑产量水平的最优化，而不必考虑消费者人数的最优化。俱乐部产品则不同，它在消费中产生的拥挤成本与消费者人数直接相关，在游泳池、道路等产品的规模基本保持稳定的情况下，其最优供给则主要体现在消费者人数的最优化。下面以桥梁为例，探讨俱乐部产品的有效供给问题。

图2-6表明一座桥梁的需求情况。用通过人数代表对这座桥梁的需求，它是价格（过桥费）的函数。DD 是需求曲线，它向下倾斜，表示价格（过桥费）降低会带来需求（通过量）的增加。Q_C 为通过能力线，在通过量低于 Q_C 的情况下，边际生产成本为0。Q_Y 为拥挤线，在通过量低于 Q_Y 的情况下，这座桥不拥挤，边际拥挤成本也为0，此时边际成本线 MC 与横轴是一致的；但当通过量超过 Q_Y 时，拥挤现象产生，厂商的边际生产成本虽然仍然为0，但由消费者承担的拥挤成本却开始出现并增加，于是总边际成本 MC 为正并随通过量的增加而递增。

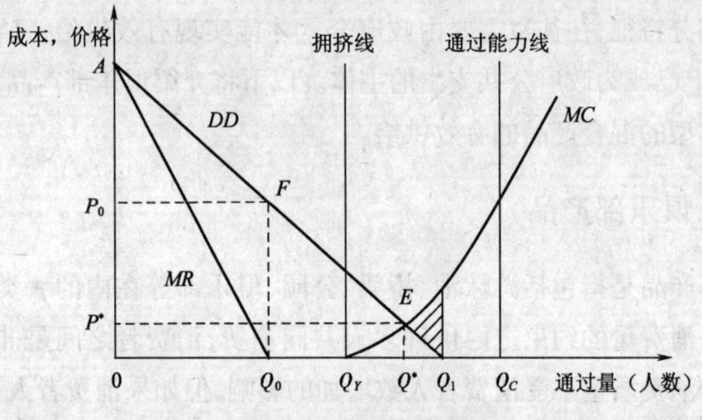

图2-6　拥挤的桥梁

① Buchanan, J. M., 1965, "An economic theory of clubs", Economica, No. 32, 1~14.

随堂笔记

当社会边际成本等于社会边际收益时，桥的通过量达到最优。容易看出，这里边际成本曲线 MC 和需求曲线 DD 分别代表桥梁的社会边际成本和社会边际收益，因此，最优通过量由 MC 线和 DD 线的交点 E 决定，为 Q^*。同时，我们也看到，最优价格水平为 P^*，也就是说，应实行适当的收费。当存在拥挤现象时，如果对桥梁免予收费，就会出现过度消费。如图 2－6 中，当价格为 0 时，通过量将达到 Q_1，图中阴影部分代表消费者获得的效用不足以补偿他的消费带来的成本所引起的社会福利的净损失。当然，受技术水平的限制，有时收费本身会加剧拥挤，过高的收费还可能使通过量锐减而造成资金、资源的损失。因此，对于道路、桥梁一类的俱乐部产品是否以及如何收费，还须根据实际情况谨慎决策。

值得注意的是，市场机制无法实现桥梁的有效供给。由于排除他人消费是可能的，私人公司有可能造这座桥并按他的愿望收费。一座桥的供给方必然是一个垄断厂商，图 2－6 中的 MR 为厂商的边际收益曲线，它在 DD 线的下方。为使利润达到极大，厂商将使其边际收益等于边际成本。这时的通过量为 Q_0，与之相对应的价格则为 P_0。当桥的通过量由 Q^* 减至 Q_0 时，也会引起社会福利的净损失，其值为图中不规则四边形 Q_0Q^*EF 的面积。为避免这种福利损失，俱乐部产品须由政府提供，用统一征税的办法筹集资金，以弥补其直接固定成本，同时应视拥挤的情况收取必要的费用。

（二）准公共产品

有些产品所提供的利益的一部分由其所有者享有，是可分的，从而具有私人产品的特征；但其利益的另一部分可由所有者以外的人享有，是不可分的，所以又具有公共产品的特征。这种现象被称为利益的外溢性现象，这类产品被称为准公共产品。比如教育，受到良好教育的公民使全社会都受益，这种利益是不可分的，但受到教育的公民也直接受益，这部分利益又是可分的。有的文献把混合产品统称为准公共产品，但严格地说，利益外溢的产品更符合准公共产品的字面含义，我们不妨在这里称其为狭义的准公共产品。

在市场机制下，利益的外溢会带来效率损失。如图 2－7 所示，dd 线为

随堂笔记

准公共产品购买者的边际效用曲线（需求曲线），DD 为社会边际收益曲线，它们之间的垂直距离表示该产品的边际外部收益（边际外部收益往往是递减的，为了讨论的方便，我们这里假定它是常数），供给曲线（边际成本线）为 SS。该产品符合效率准则的产出水平为 DD 线和 SS 线的交点 E_0 所决定的 Q_0。但在市场机制下，人们按照本人获得的利益决定购买量，该产品的产出水平只能达到 dd 线和 SS 线的交点 E_1 所决定的 Q_1，这就会导致效率损失（图中的三角形 $E_0A\,E_1$）。

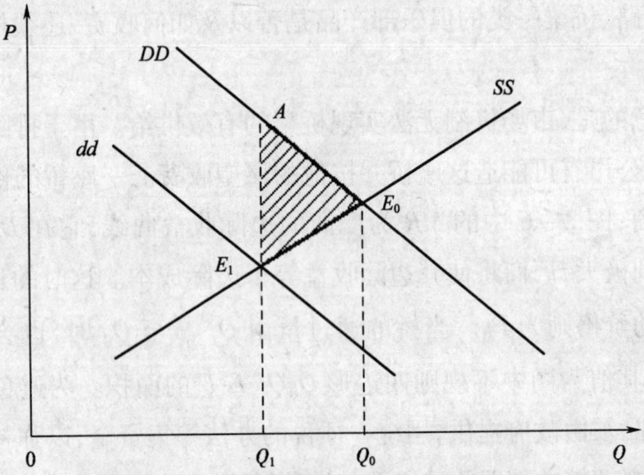

图 2－7　准公共产品供给中的效率损失

为了经济效率的实现，政府可以直接提供准公共产品，以较低的价格鼓励人们增加消费，从而达到有效率的消费量。由于某些公民可以直接受益，所以也应向他们收取一定的费用，如图 2－8 所示，政府提供准公共产品的供给曲线应下移至 SS'，应向受益人收取的价格为 P_0。

教育是典型的准公共产品。几乎每个国家的政府都参与对教育的直接投资，但一般只提供基本的义务教育。其原因在于，公民达到基本的文化程度，对整个社会的意义更为重要；而受教育程度越高，越是更多地体现为直接接受教育的公民的受益。

随堂笔记

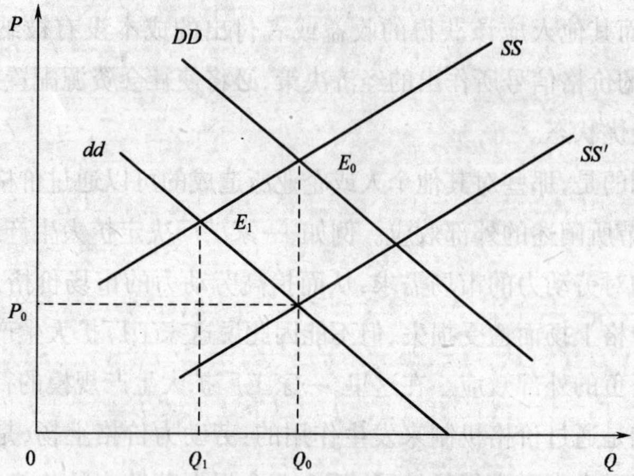

图 2-8　准公共产品供给的政府提供

第三节　外部效应

外部效应(Externalities)是市场失灵的主要表现之一,也是政府对经济运行进行干预的一个重要领域。由于外部效应与公共产品问题具有十分密切的联系,我们在本节对外部效应问题进行讨论。

一、外部效应的定义和分类

(一)外部效应的定义

所谓外部效应,即某些个人或企业的经济行为影响了其他个人或企业,却没有承担成本费用或没有获得报酬的现象。或者说,外部效应就是经济交易中成本或收益未在价格中完全得以反映的情况。

当外部效应存在时,人们在进行生产或消费等经济活动的决策时,所依据的价格既不能反映经济活动全部的社会边际收益,也不能反映其全部的社会边际成本。原因在于,某种经济活动的外部性,使得这项经济活动之外的其他人受到了影响,而其他人应该获得的收益或者付出的成本没有被纳入考虑。于是,依据失真的价格信号所作出的经济决策,必将使社会资源配置发生错误,达不到帕累托最优状态。

必须强调的是,那些对其他个人或企业所造成的可以通过价格反映出来的影响,不是本节所阐述的外部效应。例如,一家工厂决定扩大生产规模,这一行为肯定会增加对劳动力的市场需求,从而抬高劳动力的市场价格,其他工厂就会因劳动力价格上扬而遭受损失,但不能因此说这家工厂扩大生产规模而给其他工厂带来了负的外部效应。在这里,一家工厂扩大生产规模的行为对其他工厂产生的影响是通过价格机制来发生作用的:劳动力价格上扬,是因为劳动力的供给相对于需求来说变得稀缺了;而企业会根据劳动力的价格,调整生产规模和劳动力的雇用量,最终不会出现对劳动力这种资源配置的扭曲。

从一定的意义上说,外部效应问题可以看做是公共产品问题的延伸与扩展。比如,某居民在自家的庭院里安装一只电子灭蚊器,这个灭蚊器同时也可以消灭邻居家的蚊子,因此有外部正效应发生;但如果灭蚊器威力强大,可杀灭整个社区的蚊子,则对这个社区来说,它就成为公共产品了。因此,公共产品只不过是产生外部收益的产品的一种极端情况,只不过是其受益人遍及一定范围内的所有社会成员。负的外部效应表面看来与公共产品无关,但是,换个角度看,外部负效应问题就转换为外部正效应问题了。比如环境污染,它一般被看做污染造成的成本外部化的结果,但是也可以理解为由于保护环境、控制污染的收益将大部分外溢,而导致企业不愿主动限制排污。

(二)外部效应的类型

对外部效应的类型加以介绍,可以帮助我们对外部效应现象有个更全面的了解。一方面,外部效应可能是生产行为或消费行为引起的,另一方面,外部效应有正的外部效应(即外部收益)和负的外部效应(即外部成本)之分。这样,我们就可以将外部效应现象作如下分类:

1. 生产的外部正效应(生产的外部收益)。养蜂场的蜜蜂可以帮助隔壁果园的果树传播花粉,从而提高果树产量;另一方面,养蜂场也会因果园的存在,

随堂笔记

得到增加蜂蜜产量的好处。这里,养蜂场和果园双方都给对方带来了外部收益而不能得到对方支付的报酬。

2. 消费的外部正效应(消费的外部收益)。人们注射预防传染病的疫苗,使他人也因此减少了传染上疾病的可能;沿街居民在阳台上放几盆花,会让过路人赏心悦目。这些都是消费的外部收益。

3. 生产的外部负效应(生产的外部成本)。工厂向空气中或河流中排放废气或废水,会严重污染环境。在没有外部干预的情况下,却不必对此进行补偿,这是最经常被引用的典型的外部成本的例子。

4. 消费的外部负效应(消费的外部成本)。吸烟者给同一场合的不吸烟者的身体健康造成损害,高峰时间驾车外出会使道路变得更加拥挤,其他车辆也不得不进一步放慢速度,这些都是消费的外部成本。

5. 公共资源问题。公共资源是指稀缺但使用不受限制的资源,在其利用中也会出现外部效应。鉴于资源合理利用的重要意义,我们单独对公共资源问题加以讨论。以油田为例,一般在大油田附近广泛的区域内都能找到石油。显然,从一口油井中钻取的石油越多,其他油井能够在这处油田开采的量就越少。更重要的是,多一眼井使地下的压力减轻,能够出产石油的总量也会减少。所以,多打一口油井会给企业自身带来收益,但却会给他人带来损失,这是典型的外部负效应。

二、外部效应的经济影响

在存在外部效应的情况下,价格信号失真,不能充分体现经济行为的成本或收益,市场机制则不能自发地实现资源的优化配置;人们会过多从事有外部成本的经济活动,而过少从事有外部收益的经济活动。由于外部收益的相关问题我们已在前面进行了探讨,本节着重讨论外部成本问题。

(一)外部成本的影响

当存在成本外部化现象时,生产商若忽视产品的外部成本,将会造成产品的实际供给量大于帕累托最优的供给量,导致社会福利的损失。这里以环境污

随堂笔记

染为例加以说明。如图2-9所示，*DD*线为某产品的需求曲线，它与消费者的边际效用曲线相一致，*MPC*线为生产者的边际成本曲线，它也就是生产者的供给曲线。没有任何干预时，市场均衡价格和产量由*DD*线和*MPC*线的交点E_1决定，分别为P_1，Q_1。如果该产品在生产的同时会向附近的河流中排放一些污染物，使水质恶化，从而给居民和其他企业造成一定的危害，在没有外部干预的情况下，就存在着外部成本，如图中*MEC*线所示。*MEC*曲线向上倾斜，表明随着污染水平的增高，继续增加一个单位的污染造成的危害是上升的。从整个社会来说，边际成本应为厂商的内部成本加上外部成本。*MSC*线代表边际社会成本，*MSC*线与*MPC*线之间的垂直距离为边际外部成本。为了实现帕累托最优，价格和产量应为由*MSC*线和*DD*线的交点E_0决定的P_0，Q_0。在价格P_0中，P_1补偿厂商的内部成本，(P_0-P_1)补偿污染造成的附近居民的损失。可见，外部成本造成了该产品供给过度，三角形E_0AE_1的面积反映了由于实际产量Q_1大于最优产量Q_0，社会边际收益不足以补偿社会边际成本而带来的效率损失。

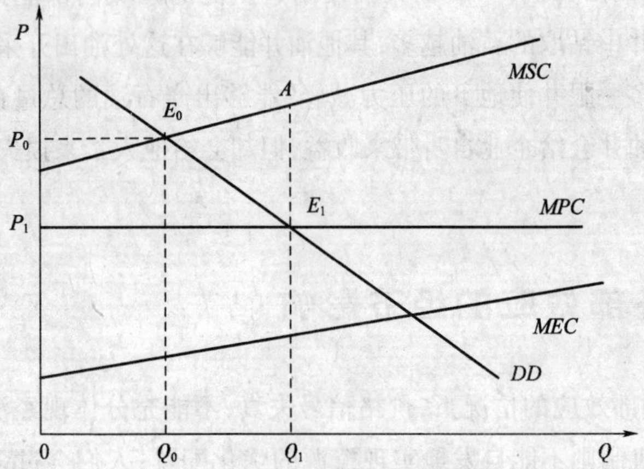

图2-9　外部成本的效率损失

(二)公共资源的过度利用

我们以公共湖泊为例，说明公共资源利用中的外部效应问题。在公共湖泊中，渔船的增加一般会使这个湖泊捕鱼的总产量增加，但每艘渔船平均的捕鱼量

随堂笔记

会随着渔船数的增加而减少，这就意味着增加一艘渔船的边际社会收益会低于每艘船自身的边际收益。设每艘渔船的平均捕鱼量为 AR，这相当于添置一艘渔船给渔民个人带来的边际收益，又设添置渔船的边际社会收益为 SR，由于添置渔船后平均捕鱼量下降，其他渔民会发生损失，SR 低于 AR。在图 2－10 中，SR 线在 AR 线下方。同时，假设添置一艘渔船的成本由 MC 线所示。渔民们将权衡添置一艘渔船的成本和自己由此获得的收益，湖泊中的渔船数由 MC 线与 AR 线的交点决定，为 f。然而，从整个湖泊看，最优的渔船数应由 MC 线与 SR 线的交点决定，为 f^*。显然，$f>f^*$，这表明出现了对公共资源的过度利用和效率损失。

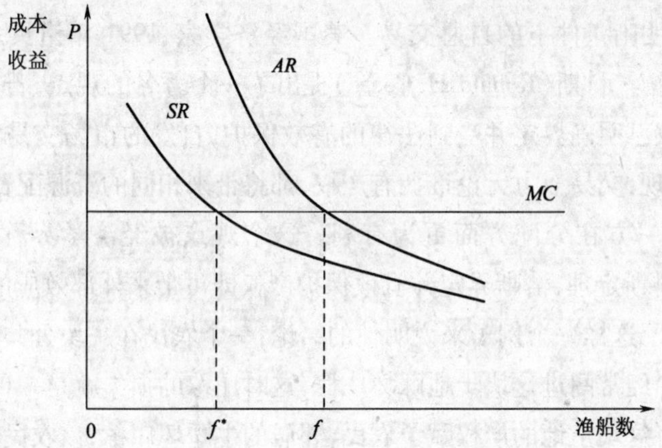

图 2－10　公共资源及其效率损失

三、外部效应的纠正

由于外部效应导致资源不能实现有效配置，因此必须设法纠正。纠正外部效应的机制可分为两类，一是依靠市场机制自发实现外部效应的纠正，二是由政府采取措施实现外部效应的纠正。

（一）市场自发纠正外部效应的机制

一些经济学家坚持肯定市场机制的良好性质，认为外部效应有可能不借助

随堂笔记

于政府的干预而自发地得以克服,这具体体现在以下方面:

1. 一体化(Unitization)。如果企业扩大规模,组织一个足够大的经济实体,将产生外部成本或外部收益的经济交易中所涉及的各个主体都包括进去,就可以将外部成本或收益内部化,从而避免外部效应带来的效率损失。比如,在前面讨论的养蜂场和果园的例子中,如果果园的主人同时经营养蜂生意,外部收益就内部化了;反之,如果养蜂场兼并果园,亦可收到相同效果。不过,只有在新企业的规模足够大,使所有的蜜蜂只能在这一个果园采蜜的情况下,这种一体化的机制才会奏效。实践中,受到交易成本等很多因素的限制,这类大规模的企业合并十分困难,往往并不能成功实施。

2. 产权明晰条件下的自愿交易。美国经济学家、1991 年诺贝尔经济学奖获得者罗纳德·科斯(Ronald H. Coase)提出了一个著名的观点,若交易成本为零,只要产权已明确界定并受到法律的有效保护,自发的市场交易将促使帕累托最优的实现,交易双方无论谁拥有产权,都将带来相同的资源配置结果,只是拥有产权的一方在分配方面更为有利。这个观点被经济学界称为"科斯定理"。按照科斯定理,清晰界定并有效保护产权即可带来外部效应的内部化。

科斯举了这样一个例子来说明他的结论:一个农民在一块公共土地上种庄稼,邻居的牛经常闯进这块土地踩坏庄稼,这时庄稼的损失就是一种外部成本。但是,如果将这块土地的产权赋予农民,邻居的牛踩坏庄稼,该农民就能索取赔偿了,从而庄稼的损失成了邻居的内部成本,邻居就会根据管好牛的成本和须付给农民的赔偿费作出决策,促使牛损坏庄稼的程度达到最优水平(当然不一定为零)。反过来,如果将这块土地的产权赋予邻居,那么为了维护自己种庄稼的收益,农民将愿意"贿赂"(Bribe)他的邻居,也就是支付给后者一定的补偿,让他阻止牛来损坏庄稼。牛多损坏一些庄稼,邻居就少得到一些补偿,于是庄稼的损失同样成了邻居的内部成本,邻居仍然会促使牛损坏庄稼的程度下降到最优水平。当然,在前一种情况下,是农民获得补偿;而在后一种情况下,是邻居获得"贿赂"。产权界定不同,在收入分配方面的结果也截然不同。

科斯提出的通过界定产权来克服外部效应的机制的确可谓是天才的设想,也比较令人信服,但其适用性仍然受到交易成本等因素的限制。科斯定理成立的一个重要前提是交易成本为零。一方面,当交易双方不是分别只有一个人,

随堂笔记

而是涉及成千上万的居民和企业时,让有关的居民或企业自愿联合起来协商谈判,促使外部效应内部化,将涉及巨大的交易成本。另一方面,对于人数众多的一方,组织谈判工作本身已成为一种公共产品,大家可能都希望坐享好处,充当"搭便车者"。在这种情况下,科斯所谓的自发谈判根本无法进行,外部效应也就不可能完全在市场机制下得以纠正了。

3. 社会制裁(Social Sanction)。社会制裁事实上反映的是道德的作用。中国的儒家有句名言:"己所不欲,勿施于人"。在西方,也有类似的道德规范。比如,吸烟是消费成本外部化的典型表现,但吸烟给不吸烟者的健康带来损害,这是有违社会公德的。在某些场合,吸烟者可能会觉得吸烟很不合适,从而自然地停止这种会带来负的外部效应的行为。然而,这种机制确有过于软弱之嫌。众所周知,连比这严厉得多的污染控制法规都不能完全奏效,可以想象,不可能依赖道德规范来真正解决外部负效应问题。

(二)政府克服外部效应的措施

政府可以采取更为有效的办法来纠正外部效应,其中比较重要的措施有征税、补贴、直接管制(排污权交易)、法律措施等。

1. 征税(或罚款)。在存在外部成本的情况下,如果政府向有关企业或个人课以相当于他所造成的边际外部成本的税收或罚款,外部成本就成了有关当事人的内部成本,他们在进行决策时就会考虑到这些成本,从而避免过度生产某种产品或过度从事某种经济活动以及由此造成的效率损失。

如图2-11所示,如果对排放污染物的厂商就其每单位产品征税 T,T 等于最优产量 Q_0 下的外部成本,则厂商的供给曲线上升为 $MPC+T$,市场均衡达到帕累托最优的 E_0 点,产量也达到最优产量 Q_0。这种通过税收来纠正外部负效应的方法是由20世纪初英国经济学家庇古(Arthur Pigou)首先提出的,因此也被称为庇古税。

在实践中,一些国家不仅实行针对污染产品课征的产品税,还针对污染物排放量课征排污税,如荷兰、瑞典等欧洲国家课征的二氧化碳税、二氧化硫税等。与产品税相似,当排污税水平体现污染造成的边际外部损害时,排污税可以有效地实现外部成本的内部化。而且,排污税比产品税又有优越之处,它在促使企业采取措施控制污染方面的效果更为直接。

随堂笔记

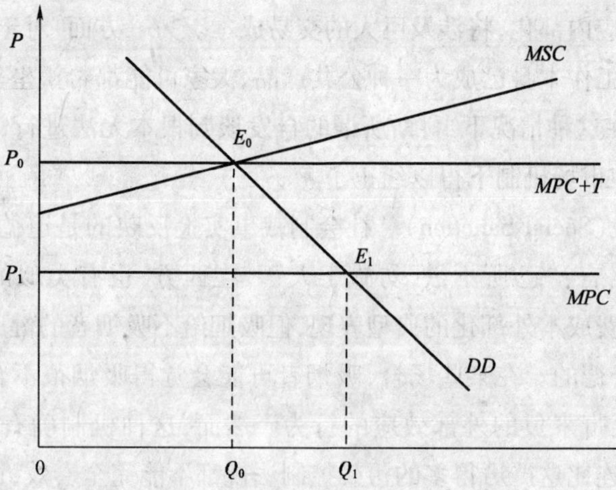

图 2－11　对外部成本效率损失的纠正——征税

2. 补贴。当存在外部成本，如企业排污给附近的河流造成污染时，政府也可以向企业提供补贴，鼓励其改进生产工艺，扩大对减除污染措施的投入，从而减少向河流排污的量。

尽管补贴可以取得与征税相同的资源配置效果，但按照科斯定理的思路分析，补贴相当于将河流的产权赋予污染企业，同时，政府因企业控制污染而给予补偿，这种观念较难为公众所接受。还有，补贴政策一般不要求企业完全停止污染排放，符合标准的污染排放造成的外部成本企业仍然无须承担，外部效应也就只能减轻而不能消除。因此，典型的直接对控制排污给予补贴的政策比较少见，一些国家只是通过所得税减免等政策对企业应用环保设备等给予间接补贴。

3. 直接管制。为限制企业排污这类带来外部成本的行为，政府也可以采用直接管制的办法。比如，规定一个法定的排污标准，或规定企业生产使用的原料必须符合某种环保要求等。管制可直接限制企业过量排污，控制污染的效果比较确定。

直接管制政策有一个重要的缺陷：它一般对所有污染企业都不计代价地实施统一的排放标准，因而不利于节约污染控制的成本。为了克服这一缺陷，20 世纪 70 年代以来，美国开始推行排污权交易制度，即根据国家总体的污染控制目标

随堂笔记

设定一定的排污权，将其分配到各污染企业，同时允许排污权在企业之间进行交易。对于污染治理成本高的企业来说，买入排污权比直接治理污染更合算；而对于污染治理成本低的企业来说，则可以卖出排污权。通过这样的“互通有无”，所有企业可以在成本降低的情况下达到政府总体的污染控制目标。同时，由于污染处理成本低的企业可以通过卖出排污权获取赢利，排污权交易制度还具有鼓励污染治理技术创新的效果。当然，排污权交易制度要求市场体系运作十分完善，因此，其尽管在理论上非常优越，但它在美国以外的国家尚未被广泛推行。

专栏

专栏2－2　排污权交易制度在中国的应用

“排污权交易”这个概念是20世纪60年代由多伦多大学的约翰·戴尔斯提出的。20世纪70年代，美国开始进行排污权交易的试验。1990年，美国国会通过了《清洁空气法》修正案并开始实施酸雨计划，其核心是建立在市场机制基础之上的二氧化硫总量控制和排放权交易。总量控制和排污权交易机制大大降低了治理成本和管理成本，激励企业为把排放量减至规定的标准之下，进行技术革新，提高能源利用效率。1980年至1999年，美国发电量增加20%以上，二氧化硫排放量却下降了20%以上。截至目前，美国每年的二氧化硫排污权交易量高达3 500万吨。

2001年4月，中国国家环保总局与美国环保协会签署了《推动中国二氧化硫排放总量控制及排放权交易政策实施的研究》这一合作项目，由此拉开了排污权交易在我国全国推广的序幕。

江苏太仓港环保发电有限公司就是因苏州市电力需求缺口较大而兴建的重点发电工程。由于公司需要扩建发电供热机组，因此每年将增加2 000吨二氧化硫排放量。尽管该厂引入了二氧化硫的脱硫装置，仍然还有1 700吨二氧化硫排放量指标的缺口。同时，南京的下关发电厂由于引进了先进的

随堂笔记

芬兰治理技术，每年实际排放的二氧化硫量比环保部门核定的排污总量指标减少了3 000吨。

一个因扩建将造成排污量突破许可指标的上限，一个因脱硫成功而实现了排污量指标的剩余，面对两个不同地区的发电企业，经江苏省环保厅牵线，两家企业经过几轮协商，最终达成了二氧化硫排污权的异地交易协议。

按照协议，从2003年7月至2005年7月，太仓港环保发电有限公司每年将从下关发电厂购买1 700吨二氧化硫排污权指标，并以每公斤1元的价格，向下关发电厂支付170万元的交易费用。

通过排污权交易，太仓港环保发电有限公司每年获得了额外的1 700吨二氧化硫排放量指标，实现了扩建的目标，南京下关发电厂出售排污权增加了收益，而江苏省的总量控制指标也没有突破。此项交易可谓一举多得，多方共赢。

我国其他地区也有不少类似的二氧化硫排污权交易的事例，但这些排污权交易基本上都由环保机构推动，企业自发的交易较少，具有一定容量的排污权市场远未形成。因此，要使排污权交易制度在我国广泛推行并充分发挥其优越性，还有很长的路要走。

[资料来源：根据《排污权交易之中国试验》一文改编，原文见东方法眼(http://www.dffy.com)，作者龙平川、吴建丽。]

4.法律措施。法律措施是政府纠正外部效应的重要途径。确如科斯所言，产权不明是外部效应的根源，因此，政府明确界定并有效保护产权，对于克服外部效应可以发挥重要作用。

但是，通过法律措施使外部成本内部化，往往需要受害者对损害方提起诉讼。诉讼具有耗时长、费用高的特点，而且结果一般视每个案件的具体情况而定，因此，也难以保证外部成本较为普遍且公平合理地实现内部化。

总之，政府克服外部效应的各种政策方案具有不同的效果，执行的难易程度也不同。政府在实际决策时，还必须针对具体情况进行具体分析。

随堂笔记

复习思考题

一、填空题

1. 公共产品具有__________和__________两个基本特征。

2. 与纯公共产品相对应，俱乐部产品具有__________和__________两个基本特征。

3. 外部效应包括由生产或消费引起的__________和__________。

4. 科斯认为，外部经济从根本上说是__________引起的，所以只要__________，就能使市场交易达到帕累托最优。

二、选择题

1. 下列哪些产品是纯公共产品：(　　)

A. 自来水　　B. 药品　　C. 广播电视　　D. 交通信号牌

2. 排污权交易制度的优点在于既能控制污染排放总量，又能(　　)。

A. 实现成本最小化　　B. 排污价格可以灵活调整

C. 实现资源配置的效率　　D. 以上都对

三、判断题

1. 对于公共产品，任何人都可以消费它，但每个消费者的消费量则因人而异，各不相同。(　　)

2. 对于俱乐部产品来说，消费者从其消费中获得的效用，依赖于和他分享利益的其他人的数目。(　　)

3. 外部成本不利于资源优化配置，而外部收益对社会是有益的。(　　)

4. 在实施管制措施的情况下，企业不只承担污染控制费用，还要承担低于排放标准的那部分污染物造成的外部成本。(　　)

四、论述题

试举例说明非营利组织在公共产品供给方面可以如何发挥作用。

第三章 公共选择

CHAPTER 3

本章要点

公共选择理论是以经济学的基本假设、原理和方法作为分析工具，来研究和描述政治市场上的主体行为和政治市场运行的理论。公共选择理论的研究方法主要体现在三个方面:将个人作为分析的基础,应用“经济人”假设,将政府活动视为交易。

在直接民主制下，按一致同意规则决策可以带来帕累托改善，但在实践中，会遇到交易成本过高等严重困难。按照多数票规则进行决策时,决策结果可能反映中间投票人的偏好,也可能发生循环投票困境。所有投票人的偏好都是单峰型时,可以避免循环投票困境,但“阿罗不可能性定理”指出:不存在一种能够把个人偏好转化为社会偏好的理想的社会选择机制。

在代议民主制下，选民参与投票的目的是为了通过参与政治活动获得预期效用的最大化。政党从事政治活动的目的是选票最大化。掌握政策具体实施的官僚则追求预算规模的最大化。利益集团对政府决策活动也施加重要影响。这些主体的行为可能导致政治决策的结果不利于实现社会福利的最大化。

随堂笔记

本书第一章分析了公共部门的主要经济职能，第二章又对政府提供公共产品的相关问题进行了详尽的探讨，但我们对于政府机制的具体运作方式还不甚了解。政府究竟是如何决策的，政府的决策又是如何实施的呢？这些正是公共选择理论的研究对象，也是本章将要分析的主要问题。

第一节　公共选择理论概述

一、什么是公共选择理论

公共选择理论源于经济学家对于政治现象的思考，它以经济学的基本假设、原理和方法作为分析工具，来研究和描述政治市场上的主体行为和政治市场的运行。也就是说，公共选择理论将政治过程也作为市场来分析。在经济市场上活动的主体是消费者和厂商，人们通过货币选票来选择能够给自身带来效用最大化的私人产品；在政治市场上活动的主体是选民、利益集团和政治家、官员，人们通过民主选票来选择能给自身带来最大利益的政治家、政策法案和法律制度。

在现实生活中，个人或家庭面临不同的经济约束，需要作出种种选择来实现自身的目标，从而实现效用的最大化。同样，一个社会或国家也面临多种多样的决策问题。例如，如何通过制定合理的政策稳定宏观经济，怎样决定一个更加公平合理的税收政策，选择什么样的汇率政策来促进对外贸易，如何规划和筹备奥运会，等等。同个人或家庭的决策不同，一个社会或国家所面临的通常是集体决策，作为公共部门的政府，是在这种集体决策中发挥主导作用的主体。但集体决策的结果归根结底取决于选民、利益集团、政治家、官员的活动，对集体决策的规则及其参与者的行为进行描述和评价，正是公共选择理论的任务。

随堂笔记

二、公共选择理论产生的背景

第二次世界大战后福利经济学领域的一些争论,是公共选择理论产生的直接背景。这些争论主要集中在两个方面:一是社会福利函数的性质,二是市场失灵与政府干预的学说。

效率的判定和公平的标准是经济生活中永恒的议题,社会福利函数正是为了解决判别标准问题而提出的。社会福利函数论者认为,社会福利最优不仅要求交换和生产处于最优条件,还必须使得福利在社会成员之间合理分配。经济效率只是社会福利最大化的必要条件,加上合理分配才是社会福利最大化的充分条件。然而,社会福利函数是否有效,取决于如何将个人的偏好次序加总,推导出社会偏好次序。根据阿罗的研究,在任何条件下,从个人偏好次序推导出社会偏好次序是不可能的。阿罗同时论证了不能依靠多数票规则产生一种协调一致的社会决策方案,即"阿罗不可能性定理"。阿罗不可能性定理的提出,推动了经济学家对于如何将个人偏好转换为社会偏好问题的思考。从某种意义上说,这个问题就是在满足某种规范标准的前提下,在个人偏好一定的情况下,应当选择什么样的社会形态的问题。这种对偏好加总实际程序的研究,刺激了学者们对于不同投票规则下相对于给定的偏好将会选择出怎样的结果这一问题的研究,进而导致了规范的公共选择理论的产生。

20 世纪 30 年代的经济危机,引发了人们对于自由放任的古典经济学的思考。凯恩斯经济学的出现,从理论上打破了市场的神话。市场机制并不像古典经济学家所描述的那样,是一架运行良好、能够自动调节、完美无缺的机器。垄断、外部性、公共产品和信息不完全这些因素的存在,使得市场机制的运行受到了很大的限制,进而导致了市场机制运行的无效率状态。"市场失灵"的存在,使人们相信政府干预市场机制的运行是合理的,然而,政府干预的种种弊端却逐渐在现实经济发展中显露出来。公共选择理论虽然不怀疑对经济进行干预的理由,但公共选择理论试图揭示政府干预所具有的各种局限。如何确定国家能够作出符合社会偏好的决策?这个问题促使公共选择论者研究非市场条件下的政府决策过程,这方面的研究成果构成了实证的公共选择理论。

随堂笔记

公共选择理论的领袖是美国著名经济学家詹姆斯·布坎南,他由于在公共选择理论领域的突出贡献,获得了1986年度的诺贝尔经济学奖。此外,推动公共选择理论发展的著名经济学家还有肯尼思·阿罗、邓肯·布莱克、尼斯克南、唐斯等。

三、公共选择理论的研究方法

与传统的政治理论相比,公共选择理论的特点在于将经济学的分析方法运用于政治领域,这具体体现在三个方面:将个人作为分析的基础,应用"经济人"假设,将政府活动视为交易。

(一)将个人作为分析的基础

传统的政治理论主要采用集体主义的分析方法,把集体看做基本分析单位。在分析集体行为时,将集体看做是一个不可分割的整体,从整体角度分析个人的政治或社会行为;在分析国家时,往往将其看做代表社会的唯一决策单位,而且将国家利益(公共利益)凌驾于个人利益之上。然而,个人的偏好是经济学分析的出发点和基石。公共选择理论把个人作为分析的基本单位,进而认为应当根据个人行为解释社会和政治问题。集体行动是一些个人为了各自利益,在承诺遵守相应的规则下的共同行动;政府只是个人相互作用的制度复合体。个人通过制度复合体作出集体决策,以实现他们相互期望的集体目标。个人是集体决策的最终承受者,因此,也只有个人才具备评判决策结果的资格。

(二)应用"经济人"假设

所谓"经济人"假设,就是认为人是关心个人利益的,是理性的;个人行为的目的在于追求自身效用的最大化。

过去的政治理论认为,"人"是为了追求公共利益而活动在政治舞台上的,他们以公共利益最大化为目标。经济市场上自私自利的人,却在政治市场上成为一个利他主义者。公共选择理论认为,"经济人"假设不仅可以用于分析经济市场上的个体行为,也可以用于分析政治市场上的个体行为。个人无论处于

随堂笔记

什么地位，其行为的最基本动机都是追求个人利益的最大化。个人在经济市场上是一个追求自身利益最大化的人，而在政治市场上也没有理由转变自己的动机。选民参加选举的目的是选择能够最大化其效用的政府或政策，政治家的目的在于权力、地位、威望，政党的目的在于最大化选票以赢得选举。

（三）将政治活动视为交易

公共选择理论认为，政治活动是个人、集团之间出于自利动机而进行的一系列交易过程。政治过程和经济过程一样，是利益的交换。经济市场上交换的是私人产品，即商品的归属；而政治市场上通过交易形成的是协定、契约、规章、条例等公共产品。经济市场中的交易发生在个体之间，而政治市场是集团间的交换。个人通过政治过程实现他无法通过独立的个人行为所能实现的目标，借助集团的力量影响政策的导向。相对于自愿交易的经济市场，政治市场的交易在某种程度上具有非自愿性。

公共选择理论强调政治活动的交换本质，从而也进一步强调了通过制定和实施适当的规则来保证人们自愿选择的自由的意义。公共选择理论认为，确保作出最佳选择的前提是最大化个人的选择自由。在没有约束的情况下，个人对自身利益最大化的追求难免会妨碍其他人的利益，这就会导致冲突，因此，必须提供一种规则，在规则范围内确保个人充分的选择自由。将政府活动视为交易，使得对决策规则的研究成为公共选择理论的一个重要目标。

第二节　直接民主制下的公共选择

直接民主制和间接民主制（代议民主制）是集体决策的两种基本制度。直接民主制是每个社会成员直接进行投票，以参与政府决策的一种机制。在当今世界各国，一般社会成员对大部分公共事务是间接参与决策的。但是，对于领袖选举等重大事件，一般仍是采用直接民主制。而在间接民主制下，由议员或代表们组成的各种委员会也是按与直接民主制同样的规则进行决策的。因此，对直接民主制的研究，是对集体决策研究的基础。

随堂笔记

在直接民主制下，首先由社会成员通过投票来表达自己对于公共产品或者公共政策的偏好，随后根据一定的投票规则，将个人偏好加总，转化为社会偏好。以下我们将着重分析不同投票规则的性质以及这些规则的效率。

一、一致同意规则和林达尔模型

一致同意规则是指一项决策或议案必须经过全体投票人一致同意才能获得通过。在这种决策规则下，每一个投票人都拥有一票否决权。例如，联合国安理会的任何决议都必须经过五个常任理事国的一致同意才能通过。根据一致同意规则作出的集体决策，可以满足所有投票人的偏好，没有一个投票人的利益会受到损害。从这个意义上讲，一致同意规则可带来帕累托改善，是最为理想的集体决策方法。

但是，一致同意规则在实践中会遇到严重的困难。以下将以公共产品提供的林达尔模型为例，来阐释这种决策规则。

（一）林达尔模型

林达尔模型是瑞典经济学家林达尔（Eric Lindahl）提出的。该模型主要是为了回答如何实现公共产品有效供给的问题，但也被视为一致同意规则应用的典型范例。

假定只有两个投票人 A 和 B，一种公共产品 r。如果投票人 A 要以纳税的方式承担公共产品 r 成本的30%，即其纳税份额为30%，则当公共产品 r 价格为 P_r 时，投票人 A 要负担 $0.3P_r$ 的税收。在公共产品价格、其他产品价格、投票人 A 的偏好和收入都一定的条件下，投票人 A 就会根据其所负担的税收成本 $0.3P_r$，找到能够最大化其效用的公共产品 r 的消费量。更一般的情况下，令 S^A 表示投票人 A 的纳税份额，对于任何特定的 S^A 值，投票人 A 都有一个对于公共产品 r 的需求量。随着 S^A 的提高，公共产品 r 对他来说更昂贵，他的需求量就会减少。

在图3－1中，横轴表示公共产品 r 的数量。投票人 A 的纳税份额 S^A 以从 O 点开始的垂直距离表示。曲线 D_r^A 为 A 对公共产品 r 的需求曲线，它向下倾

随堂笔记

斜，表示随着纳税份额的提高，A 对公共产品的需求下降。同理，令 S^B 表示投票人 B 的纳税份额，因为社会中只有 A 和 B 两个人，所以有 $S^A+S^B=1$。在图 3－1 中，投票人 B 的纳税份额由以 O'为原点的纵坐标轴表示，从 O'开始沿纵轴向下移动，表示其纳税份额上升，其对公共产品的需求曲线为 D_r^B。和 D_r^A 相对应，D_r^B 为一条向上倾斜的曲线。

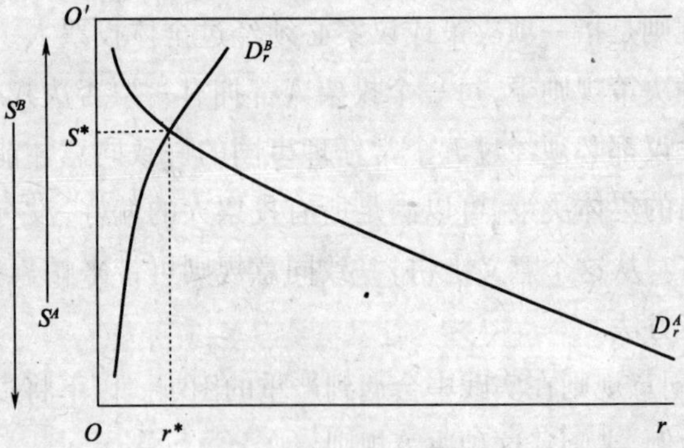

图 3－1　林达尔模型

均衡实现时，对应于某一组纳税份额，每个人都投票赞同相同的公共产品数量。在图 3－1 中，当投票人 A 和 B 的纳税份额分别为 OS^* 和 $O'S^*$ 时，双方都同意提供 r^* 的公共产品。

（二）一致同意规则的可行性

林达尔模型表明，存在着每个人都同意的纳税份额和公共品供给数量，实现这种均衡的过程与市场过程很相似，并且，这将实现资源配置的帕累托效率。

尽管一致同意规则从效率角度看是最优的公共选择规则，但它至少具有以下三个缺陷，因而在实践中不能被普遍采用：

首先，这种规则的决策成本太高。在现实社会中，我们面临的大多数决策往往会有很多的当事人。因为人们的偏好各异，找到能够让每个人都同意的决策会耗费大量的时间，决策的成本会很高，甚至会造成作不出决策的局面。

其次，这一规则假定人们在投票过程中不存在策略性行为。在上面的例子

随堂笔记

中,如果投票人 A 能够猜到 B 愿意为公共品支付的最大费用,那么投票人 A 就会通过拒绝所有小于 B 愿意为公共品支付的最大费用的提案,来迫使其支付最大纳税份额。同样,投票人 B 也可能会采取相同的策略,最终结果取决于两个人讨价还价能力的大小。于是,策略性行为的存在使集体决策过程变成了漫长的讨价还价过程,以致有效率的决策根本无法实现。

最后,这一规则还可能会导致威胁和敲诈。如果一个人意识到某项政策或决策可以被他否决的话,那么他就可能会以否决来威胁希望这项议案或决议通过的人,从而在敲诈中获取利益。

二、多数票规则

多数票规则是民主社会采用的最多的一种投票规则。如果 n 是选民人数,多数票规则要求至少有 $n/2$ 以上的选民支持某项决策才能通过,也就是我们常说的"少数服从多数"。多数票规则又分为简单多数票规则和比例多数票规则。按照简单多数票规则,只要赞成票超过半数,议案或决议就可以通过;而按照比例多数票规则,赞成票必须高于半数以上相当大的比例,议案才能通过,如 2/3 多数制、3/5 多数制、4/5 多数制等。在美国,大多数立法和惯例都是根据多数票规则制定的;而欧洲中央银行进行货币政策决策采用的是 2/3 多数票规则,即在 6 位董事局成员中至少有 4 位投赞成票,一项决议才能获得通过。

(一)投票悖论

按照多数票规则进行集体决策是否会产生真正的民主效率呢?早在 18 世纪,法国哲学家孔多塞(Condorcet)就观察到多数票规则的一个重要特性——它可能不能在多个备选方案中达成一致的均衡结果,而会在各种备选方案之间循环。这种现象被称为投票悖论或孔多塞悖论。

假设有三个选民分别标以选民 1,2,3;三个备选方案分别标以 A,B,C。三个方案可以看做是关于公共支出的三种预算:高预算、中间预算和低预算。每个人对公共支出的偏好顺序通过其对 A,B,C 的排序来表示,如表 3-1。

随堂笔记

表 3-1 出现循环投票困境的选民偏好

	第一选择	第二选择	第三选择
选民 1	A	B	C
选民 2	B	C	A
选民 3	C	A	B

在多数票规则下，分组对方案 A，B，C 进行表决，结果如下：

第一步，表决决议 A 和 B。由于个人 1 和 3 都认为 A 比 B 更理想，两票支持，一票反对，A 决议将会胜出。

第二步，表决决议 A 和 C。由于个人 2 和 3 都认为 C 比 A 更好，因此 C 将会以 2∶1 胜出。

第三步，表决决议 B 和 C。由于个人 1 和 2 又都认为 B 更理想，所以 B 决议又会以 2∶1 胜出。

于是我们发现，低预算胜过中等预算，中等预算胜过高预算，而高预算又胜过低预算。任何最初被决定的方案都可能被另一种方案所击败，表决结果将在这三种方案中持续循环下去，不能达成任何均衡。

在多数票规则下，如果首先确定一个投票程序，集体选择将会获得确定的结果，不会再发生投票循环。在上面的例子中，如果先在 A 和 B 之间进行表决，胜者再与 C 进行表决，显然 C 将最终获胜。如果改变选择程序，先在 B，C 之间进行选择，胜者再与 A 进行表决，显然 A 将最终获胜。因此，在多数票规则下，投票的结果往往取决于表决程序的安排。在这种情况下，控制投票顺序（议程）的能力将会对投票结果产生重要影响。

（二）阿罗不可能性定理

以上投票悖论的例子促使经济学家们思考，是否存在一个社会选择的规则，能够消除这种投票悖论现象呢？肯尼斯·阿罗对此问题进行了深入研究，得出了否定的结论，即不可能存在一种能够把个人偏好转化为社会偏好的理想的社会选择机制，这个结论被称为“阿罗不可能性定理”。

阿罗提出，理想的社会选择机制应该满足以下五个基本条件：

随堂笔记

第一，合理性。指对任何一组备选方案，社会选择规则都必须能够产生一种完整的和可传递的社会偏好次序。完整性是指，在每两个可选择的方案中，或者一个比另一个更理想，或者两者没有区别；可传递性是指，如果方案1优于方案2且方案2优于方案3，那么方案1优于方案3。

第二，不相关选择的独立性。指针对一组不同的备选方案作出选择，结果只是取决于人们对这些选项的排序而不是其他因素。例如，如果选择是在方案1和2之间展开，当方案3发生变化时，方案1和2的排序应该不受影响。社会选择应当源于个人的选择，如果备选方案没有改变，而社会在同一组选项中作出的选择却改变了，那么这一变化必须是由个人偏好的改变引起的，而不是受其他因素的影响。

第三，帕累托最优原则。如果社会中的每个人都认为方案1比方案2更理想，则社会偏好必须体现方案1优于方案2；同时，如果社会中至少有一个人认为方案1比方案2更理想，其他人认为方案1和方案2无差异，那么社会偏好仍然应该是方案1优于方案2。

第四，个人偏好的无限制性。社会偏好的产生，应当以所有逻辑上可行的个人偏好次序为基础。也就是说，不应该通过限制个人偏好来获得社会偏好次序。

第五，非独裁性。即对于方案1和2来说，不存在一个特殊的人，只要他坚持认为1优于2，那么社会选择就是1优于2，而不管其他人的偏好如何。也就是说，社会偏好次序不受某个人的偏好所左右，任何个人不能把他的偏好强加为社会偏好。

总的来看，这些条件都是合理的。阿罗认为，任何投票规则必须满足上述条件，才能把个人偏好次序转化成理想的社会偏好次序。但是，他又证明，这些条件不可能同时满足。因此，不存在一种可能把个人偏好转换为理想的社会偏好次序的集体决策机制。

阿罗不可能性定理引起了很多争论，主要集中在两方面：一是是否还有其他的标准应作为社会决策的条件；二是能否去掉阿罗提出的五个条件中的某一个，以形成满足其他条件的决策规则。这些争论显然取决于人们对于理想的民主制度的看法。阿罗不可能性定理的启发在于让人们重新审视民主制度，让人

随堂笔记

们认识到:有了“少数服从多数”、“人人权利平等”这些基本的民主原则,还不能够保证政治决策行为中不出现强制和独裁等现象。

(三)单峰偏好与中间投票人定理

尽管有阿罗不可能性定理,经济学家们仍然希望能找到摆脱投票悖论的哪怕是并不完美的途径。被尊为“公共选择理论之父”的英国经济学家邓肯·布莱克提出:如果人们的偏好都是单峰偏好,就可以产生一种均衡的投票结果。

所谓单峰偏好,是指个人在一组按某种标准(如数量大小)排列的备选方案中,对其中的某一个方案的偏好程度相对于其相邻方案更高,而这样的方案只有一个。如果某人相对于其相邻方案偏好程度更高的方案有两个或多个,则称这个人的偏好为双峰偏好或多峰偏好。

和表 3-1 所示的例子一样,我们仍假设有三个选民 1,2,3;三个选择方案 A,B,C;每个选民的偏好顺序如表 3-2 所示。在这个例子中,首先表决方案 A 和 B,由于选民 2 和选民 3 都认为方案 B 优于 A,则 B 将会胜出;再表决方案 B 和 C,选民 1 和选民 3 均认为方案 B 优于 C,B 再次胜出;B 不仅胜于 A,也胜于 C,所以最终的均衡是方案 B 被选中。

表 3-2 不出现循环投票困境的选民偏好

	第一选择	第二选择	第三选择
选民 1	A	B	C
选民 2	C	B	A
选民 3	B	C	A

如图 3-2,将表 3-1 和表 3-2 所示两个例子的投票人偏好绘成图形,我们发现,在表 3-2 所示例子中,三个投票人每一个的偏好都是单峰的,而在表 3-1 所示例子中,有一个投票人的偏好是多峰的。可见,在所有个人的偏好都是单峰偏好时,可以得到均衡(可传递)的投票结果。也就是说,在适当限制投票人的偏好为单峰后,可以摆脱循环投票困境,得到均衡的投票结果。

随堂笔记

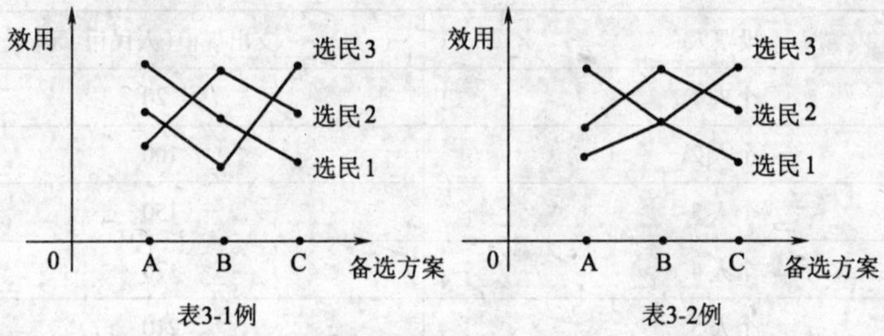

图 3－2　单峰偏好、多峰偏好和投票悖论

布莱克指出，虽然对同一组方案每个人的偏好是不同的，但是，只要投票人的偏好都是单峰的，简单多数票规则一定可以产生出唯一的均衡结果，这个均衡结果和中间投票人最满意的方案正好一致，即中间投票人偏好的方案会被通过，这就是中间投票人定理。其中，所谓中间投票人，是指将所有备选方案排成序列，所偏好的备选方案位于本人偏好方案两侧的投票人人数恰好相等的那个投票人。中间投票人定理表明，只要所有投票人的偏好都是单峰的，多数票规则的结果所反映的就是中间投票人的偏好。

为了说明中间投票人定理，可以假设有五个人 1，2，3，4，5；他们要对新年聚会支出规模作一个集体决策。投票的规则是先提议一个支出规模，该支出规模如能获得多数人支持则通过，如果不能获得多数人支持，则再提议下一个较高的支出规模进行投票，直至某一支出规模能获得多数票为止。另假设每个人对这次聚会支出规模的偏好都是单峰的，即他们都有一个最偏好的支出水平，如表 3－3 所示。由于有单峰偏好，每个人总是支持与自己的偏好更接近的那个支出规模。当提议支出规模为 20 时，投票人 1 会同意，但其他人都反对，因为下一个可能的支出规模 100 与投票人 2，3，4，5 的偏好更接近；当提议支出规模为 100 时，投票人 1，2 会同意，其他人仍反对；当提议支出规模上升到 150 时，投票人 1，2，3 同意，达到了多数票的要求；如果提议支出规模继续上升到 170 或 210，同意的人又会低于 3 人。因此，150 的支出规模最终获得通过。150 正是中间投票人 3 偏好的支出规模，可见，投票结果体现了中间投票人的偏好。

随堂笔记

表3-3　五个投票人对聚会支出规模的偏好水平

投票人	支出规模(人民币,元)
个人1	20
个人2	100
个人3	150
个人4	170
个人5	210

(四)阿马蒂亚·森的价值限制理论

1998年诺贝尔经济学奖获得者、经济学家阿马蒂亚·森(Amartya K. Sen)对布莱克的单峰偏好理论进行了扩展。他发现,在表3-1所示的三个选民对A,B,C三个方案进行投票的例子中,将选民一的偏好次序稍作改变,则投票悖论即可轻松解决。即若选民1的偏好次序不是A>B>C,而是B>A>C,选民2、选民3的偏好不变,则选民1,2认为B胜过C,选民2,3认为C胜过A,选民1,3认为B也胜过A,于是B方案获得多数票而胜出,投票悖论已告消失!

阿马蒂亚·森发现,在这一例子中,三个选民都同意A方案不是最佳。进一步推广可知,依据多数票决策规则进行投票时,只要符合以下三种条件之一,就能得到唯一确定的结果:①所有人都同意其中一项选择不是最佳;②同意某一项选择不是次佳;③同意某一项选择不是最差。当有四项或以上的备选方案时,则要求每个包括三项选择的子集必须符合这三种条件之一。这就是阿马蒂亚·森著名的价值限制理论。

三、偏好强度和投票交易

在简单多数票规则下,个人无法表达他对一个选择相对于另一个选择的偏好程度。每个人只有一张选票,因此,他只能作出一种选择。无论他是勉强同意一项选择还是非常赞同这项选择,对于投票结果都没有影响。在商品市场上,一个消费者在作出购买决策时,可以通过支付更高的价格或购买更多的数

随堂笔记

量来表达其对某种商品更加偏好;而在政治市场上,个人却无法通过仅有的一张选票来表达自身的偏好强度。

假定选民张三和李四都不赞成高国防预算的议案,但是这种反对并不强烈,而王五却强烈地偏好高国防预算。在这种情况下,如果王五许诺投票赞成张三和李四强烈偏好的另外某种政策,就可能说服张三和李四投票赞成高国防预算的议案。互投赞成票使得投票人之间可以进行投票交易,进而使自己对于某项议案的偏好强度得以体现出来。

投票交易可能使多数票规则在资源配置和分配方面更加有效,对此,我们可以利用下面的例子来加以说明。

假定一个社区正在考虑三个项目:医院、图书馆和游泳池。该社区有三个选民:张三,李四,王五。表 3 - 4 给出了每个项目对于每个选民所产生的净收益。其中,负号表示净损失。

表 3 - 4 投票交易带来的社会福利增进项目

项 目	选民			净收益总额
	张三	李四	王五	
医院	200	-50	-55	95
图书馆	-40	150	-30	80
游泳池	-120	-60	400	220

如表 3 - 4 所示,三个项目的净收益总额都是正值。因此,如果每个项目都付诸实施,对整个社区是有利的。但是,在简单多数票规则下,每个项目都不会通过。例如,对于医院项目,张三会投赞成票,因为医院对他来说,净收益是正的;但是,李四、王五都会投票反对,因为对他们来说,建医院的净收益是负值。这样,建医院的项目就会被否决。对于图书馆和游泳池项目来说,也会发生同样的情况。

如果允许投票交易,就可以改变这种状况。张三将向李四协商,如果李四投票赞同建医院,他就投票赞同建图书馆。这样,医院和图书馆项目都可以获得通过。通过这种交易,张三获益 160(= 200 - 40),李四获益 100(= 150 - 50)。同理,李四和王五也可以做类似的交易。结果,所有这三个项目都得以通过,这正

随堂笔记

是投票交易使社会福利改进的状况。

但是,投票交易也可能导致特殊利益集团得到好处,而使整个社会遭受损失,从而造成投票结果的无效率。我们将表3-4所示的例子作一个调整,如表3-5所示,则每个项目的净收益都是负值,因此,每个项目都应该被否决。但是,按照前文分析的思路可知,在存在投票交易的情况下,这些无效率的项目仍然可能获得通过。

表3-5　投票交易带来社会福利降低

项　目	选民			净收益总额
	张三	李四	王五	
医院	200	-110	-105	-15
图书馆	-40	150	-120	-10
游泳池	-270	-140	400	-10

因此,在存在投票交易的情况下,有可能大多数选民结成联盟,投票赞同有利于自己的项目,而让少数人承担大部分成本。也就是说,尽管对于多数人来说,项目的收益大于成本,但对于整个社会而言,并不一定如此。投票的自由交易和有效率的资源配置之间并没有必然联系,互投赞成票以及由此产生的压力集团,将使公共政策的成本和收益发生不合理的分配。

四、最优投票规则

公共选择作为一种集体决策,要耗费成本。除了制度执行的成本外,还包括社会成员参与决策过程的成本以及决策结果实施导致的社会成员间收益再分配的成本。因此,最优投票规则应该是成本最小化的规则。这里的成本包括两个方面,即外在决策成本和决策的交易成本。

外在决策成本是在集体选择中,由于集体中其他人的行动而使某个人预期将承担的成本。外在决策成本在单个决策者的控制范围之外,是集体决策结果强加给个人的。例如,在简单多数票规则下,关于公共支出规模的最终投票结果,可能是使公共产品供给增加给某个选民带来的边际收益小于税收负担增加

随堂笔记

所带来的边际成本,然而,这个选民也只能接受最终的议案,这就是公共选择的外在决策成本。

显然,在一致同意规则下,只有那些至少能使一个人效用改善而且没有人效用损失的提案才会被通过,于是预期的外在决策成本为零;相反,在独裁制度下,集体选择仅仅根据某个人的意愿作出,外在决策成本最大。因此,外在决策成本随着赞同人数的增加而减少。

交易成本是指在投票制度实施过程中,需要许多人同意某个或多个结果时发生的成本。达成一致的比例越接近100%,外在决策成本就越低,但是,为取得一致通过将发生的交易成本却越高。这些交易成本不仅包含为了达到集体决策所需的赞同人数而讨价还价的成本,还包括在决策过程中所花费的时间的机会成本。因此,与外在决策成本不同,通过一项议案所发生的交易成本将随着达成一致的人数的增加而上升。

将这些成本用图3-3来表示。纵轴代表与集体决策相关的各种成本,外在决策成本曲线为E,交易成本曲线为D。ON之间的距离代表了达成一致的群体规模N。

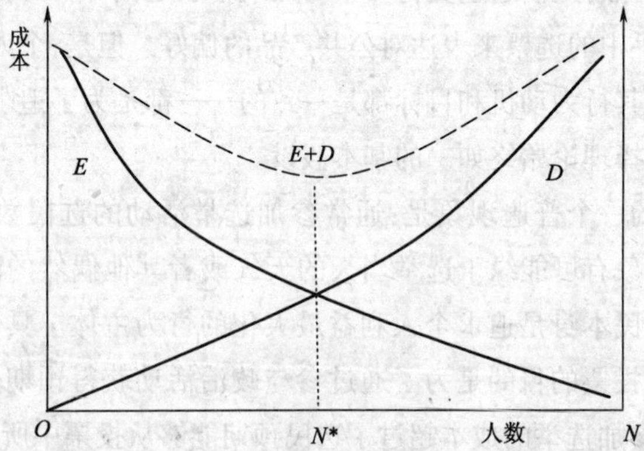

图3-3　最优多数规则

有效的投票规则可以通过最小化总成本$E+D$来得到。$E+D$的值最小的点为图3-3中所示的N^*点,N^*值称做最优多数。可见,最优投票规则既不是一致同意规则,也不是一个人说了算的独裁规则,而是介于这二者之间

随堂笔记

的最优多数规则。当然,也没有理由认为这一最优多数规则就是简单多数规则。

第三节 间接民主制下的公共选择

在当今世界各国,代议民主制是更普遍的一种集体决策方式。与直接民主制不同,在代议民主制下,广大公民或投票人并不直接对公共政策进行投票表决,而是选举出少数人作为代表,由这些代表来决定所需采取的集体行动。因此,代议民主制是一种间接民主制。以下我们将依次讨论选民、政党、官僚、利益集团这些代议民主制下的主要行为主体所表现出来的特征。

一、选民

对于私人产品,人们通过支付货币的方式来表达偏好;在公共选择过程中,人们则是通过手中的选票来表达对公共产品的偏好。但是,个人无论作为消费者还是投票者,其行为动机和目标都是一致的——都是为了追求个人利益最大化,这是公共选择理论始终如一的基本假设。

选民行为的一个普遍现象是:通常参加选举活动的选民数量都不会达到100%。这种现象有可能缘于选举当天的天气或者其他偶然的因素,但更重要的原因在于,选民本身是追求个人利益最大化的行为主体。具体地说,选民是理性的,他参与投票的目的是为了通过参与政治活动获得预期效用的最大化。如果选民认为参加选举的成本超过了选民预期能够从投票中所获得的收益,那么理性的选择就是不参加投票。这个观点就是唐斯所提出的"理性投票人假说"。

选民只有在预期收益大于成本的时候才会参加选举,即其参加选举的条件是

$$E(B)-C\geqslant 0$$

随堂笔记

其中，$E(B)$是能够从投票中获得收益B预期值。$E(B)=pB$，B为单个选民从他喜欢的候选人获胜中获得的净收益，p表示选民通过自己参加投票而获得收益B的概率，也就是单个选票对选举结果的影响力。C表示选民参加选举所需要付出的成本，如收集有关候选人及政党的纲领和政策等方面的信息所耗费的时间、精力和费用。

可以看出，如果个人发现候选政党的主张与他的观点截然不同，那他就不可能去投票；如果两个政党的立场非常接近，选择哪个政党没有什么差别，他也可能选择不去投票，因为这两种情况下$E(B)$的值都很小。此外，随着选民数量的增加，单个选民对选举结果的影响p越来越小。而参与选举活动的成本C却总是大于零的。因此，选择不投票是一种理性的行为。

既然参加投票是一种非理性的行为，那么大部分选民为什么还会参加投票呢？民主制度需要公众的参与才能维持下去，如果大家都采取搭便车的态度，最终将造成民主制度的消亡，损害每个人的利益。选民通过民主投票参与政治活动并对政治活动产生一定的影响，会带来心理上的成就感和满足感。通过投票表示自身的政治信仰，也是选民参加选举的重要动机。

二、政党或政治家

（一）政党的行为动机

代议制民主政治的一个特征是，存在着若干个政党，分别代表支持他们的选民的利益或观点。政党存在的理由在于减少集体决策的成本。在直接民主制下，每个选民如果想了解与各项备选政策相关的成本和收益，就必须花费大量的时间和精力去获取相关信息；而人们如果进行合作，共同分担这些信息成本，单个选民就会节省大量的人力和物力。于是，具有相同偏好的选民通过组织政党，由政党来承担这种信息搜寻的任务，就可以使选民在持不同政见的政党之间作出选择，以实现自身利益的最大化。

随堂笔记

专栏

专栏3-1 “参与式”预算在无锡

2007年5月，来自无锡市16个街道的1 190名群众代表就首创的“参与式”预算投下了庄严的一票，标志着本年度无锡“参与式”预算正式启动。2007年列入“参与式”预算试验的32个项目的总预算高达2 506万元，涉及环保、安全保障、教育设施、再就业、居家养老等群众生活的方方面面。

无锡“参与式”预算从2005年开始准备，2006年试点，2007年全市25个街道中已有16个街道实施，2008年将在全市推广。“参与式”预算的所有项目，以发推荐信、开座谈会等形式让社区居民知情，并以社区为单位向街道申报候选项目。街道接到候选项目后编制预算，按民主程序召集群众代表召开大会，对这些项目进行表决。根据“少数服从多数”的原则确定实施项目，群众不同意的项目绝不可能上马。由于所选的项目和百姓生活及切身利益息息相关，老百姓的参与热情很高，他们来自各个阶层，有人大代表、离退休人员，也有外来务工者、个体私营业者等。

长期以来，政府财政预算一直显得很神秘，政府资金支出不透明也备受争议。无锡此次首创“参与式”预算，对涉及老百姓切身利益的公共项目建设，通过社会公众参与决策的过程，对财政资金使用进行全程监督。也就是说，钱用到哪里、怎么用，老百姓说了算。这种做法既增加了政府资金支出的透明度，也有利于鼓励社会公众积极参与民主决策的进程。

（资料来源：根据《无锡首创“参与式”预算公共服务项目》一文改编，原文见2007年6月7日《新华日报》，作者孙昂、吴昌红。）

随堂笔记

根据“经济人”的基本假设，公共选择理论认为，政治家和政党也是理性的经济人，他们和消费者、生产者具有相类似的行为动机。唐斯(Anthony Downs)在《民主的经济理论》一书中提出，“民主政治中的政党与经济中追求利润的企业家是类似的。为了达到他们的个人目的，他们制定他们相信将能获得最多选票的政策，正像企业家生产将能获得最多利润的产品一样……”“政党是为了赢得选举而制定政策，而不是为了制定政策而赢得选举”①。这就是说，政党从事政治活动的目的是选票最大化；执政党追求的目标是再次当选，在野党追求的目标则是在选举中成为执政党。

（二）政党竞争模型

如前所述，选民投票是为了实现自身效用的最大化，而政党的目标则在于实现选票最大化。这构成了间接民主制下两个主要的主体行为的基本假设。以这样的基本假设为基础，唐斯提出了政党竞争模型。

首先，假定选民的偏好都是单峰的，并且政党的主张呈一维分布，比如，各政党的立场可能分别处于自由和保守之间的某个位置。在这些条件下，追求选票最大化的政党或政治家，将采纳中间选民偏好的政策或计划。也就是说，间接民主制下的公共选择将产生和直接民主制下一致的结果：如果选民的偏好是单峰且政党的主张是一维的，那么，多数票决策规则的结果将反映中间投票人的偏好。

图3-4描绘的是一个假想的选民分布情况。对于保守和自由，每位选民都有自己的偏好。假定政党A采取的是立场M，而政党B选择的立场是S。由于所有选民都具有单峰偏好，都想使自身效用最大化，因而他们都会支持和本人偏好最接近的候选人。政党B将赢得偏好处于S以右的选民的所有选票，以及偏好处于S和M之间但更接近S的那部分选民的选票；而政党A会赢得偏好处于M左边的所有选民的选票和偏好处于S和M之间但更接近M的那部分选民的选票。如图3-4所示，由于有一半的选民在M的左边，所以政党A稳获多数票。政党B避免在选举中失败的唯一办法是，使本党的立场向M靠拢。所以，两党竞争的最终结果是立场趋向一致，都尽可能接近M。显然，由于有一半的选民偏好在M的左边，另一半的选民偏好在M的右边，M恰好是中间投票人的偏好。

① 安东尼·唐斯著，姚洋等译：《民主的经济理论》，上海人民出版社，2005年版。

随堂笔记

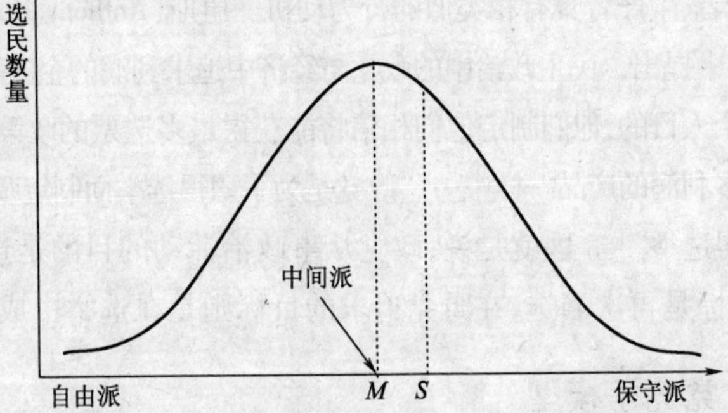

图 3－4　两党竞争模型中的中间投票人定理

从两党竞争模型可以看出，两党为了本党选票最大化，都会尽力讨好中间投票人，因而会提出类似的政策和立场。无论哪个政党上台执政，都会采取大同小异的政策，这样会使得社会政治趋于稳定。同时，两党竞争模型也表明：用间接民主取代直接民主并不会对决策结果产生巨大的影响，两种民主制度下的决策结果都将反映中间投票人的偏好。

但是，选民的偏好也可能是多峰的。如图 3－5 所示，选民的偏好具有两个峰值，两个政党分别采取了与其中一个峰值相对应的政治立场，从而各自都获得了最多的选民支持。此时，由于担心失去位于两端的选民的支持，任一政党都不会进行政策转移。比如，当 A 政党为了寻求更多的选民支持而将其政策向

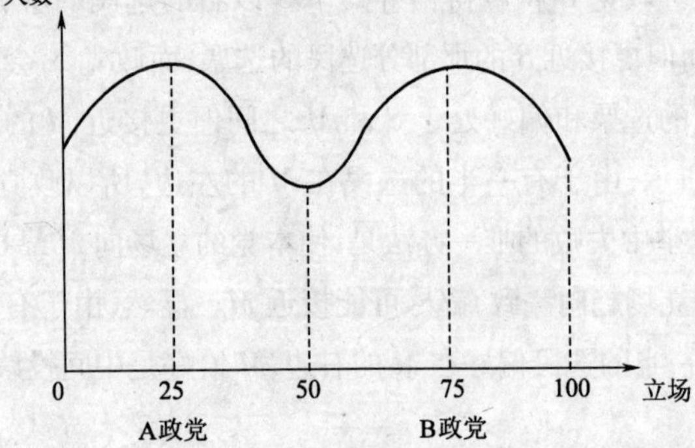

图 3－5　多党竞争模型

随堂笔记

50 处移动时,如果 B 政党保持原来的立场,两政党之间的中心点就会向右方移动,A 政党因此可以争取到更多的选票。但是,在 A 政党将自己的立场向右移动时,接近于 0 位置的选民很可能意识到自己的偏好峰值已经与 A 政党的政策出现了相当大的差距,于是他们会在选举中弃权。结果,A 政党在右方获得更多选票的同时,却在左方失去了更多的选票,这显然得不偿失。鉴于这种情形,政党改变政策的结果有很大的不确定性,因此,两政党都不会改变自己的政治立场。

可见,在选民的偏好有两个峰值的社会中,由于两个政党的立场迥异,一旦选民投票的结果改变了执政党,就会使政府推行的政策出现明显差别。

唐斯指出,选举中全体选民偏好的峰值分布将决定该社会的政治结构是两党制还是多党制。一般而言,当选民偏好的峰值有两个时,其政治体制大都为两党制;而当峰值为多个时,就可能出现多党制。如果选民偏好的峰值数目超过现有政党的数目,就可能出现新政党。新政党即使不能在选举中获胜成为执政党,也可以成为"关键的少数",对现存政党施加重要的影响。

唐斯的政党竞争模型对西方国家的政党政治进行了较好的解释,但他的模型也有一定的缺陷,特别是政党政策一维的假定并不现实。如果政党的政策是多维的,那么中间投票人就很难确定。国防问题和教育问题的中间投票人不可能是同样的人。无法确定中间投票人,投票的均衡也就难以确定。如果投票人的偏好是多峰的,还会出现循环投票困境的问题。

唐斯模型还忽视了参与政治过程的成本问题。参与政治过程是有成本的,作为选民,要参与投票,就必须掌握待表决的议案或候选人的信息,而收集信息的成本是很高的。当一个选民认识到他的投票对最终结果无足轻重时,他就不愿意花费时间和精力去收集信息,甚至会放弃投票。如果有很多选民不参与投票,以上两党竞争模型得出的结果就可能是不准确的了。

三、官僚

公共选择理论认为,构成政府的有两部分人,一是政治家,一是官僚。政治

随堂笔记

家需要赢得选举才能得到职位,官僚则凭借其技能受到政府机构的雇用。政治家的任期与选举周期密切相关,而官僚队伍则是相对稳定的,他们只对机构和他们的上级负责,而不是对选民或者某个政治家负责。在代议民主制度下,当选政党或政治家提出的政策通常是纲领性的,而政策的具体实施是由官僚掌握的。

尼斯卡宁指出,官僚追求的目标是在他的任期内实现预算最大化。官僚的效用函数包括薪金、所在机构的规模、社会名望、额外所得、权力或地位等。对于官僚来说,增加薪金收益的机会微乎其微,因而他们更加看重权力、地位、寻租空间等非货币收益,这些非货币收益都与政府预算规模正相关。因此,同样是经济人并追求效用最大化的官僚,其目标并不在于履行选民及其代表的意愿,而在于追求其预算最大化。

由于官僚作为公共服务的直接提供者,掌握着政府如何运行和计划如何实施的技术性信息,对于各种政府的规章制度了如指掌。除了官僚自身,其他人一般无法详细了解公共服务提供的细节。这种信息的不对称,使得官僚在要求预算时处于相对有利的地位,实际上,公众和政治家往往没有充分的信息对官员的预算请求提出异议。

尼斯卡宁的官僚模型如图 3－6 所示。横轴表示公共服务的产出 Q。Q 代表的可能是国防等公共产品的预算规模。纵轴表示公共服务的成本或收益。曲线 V 代表与一定的公共服务产出水平 Q 相对应的社会总收益。V 曲线的斜率是一定产出水平的社会边际收益。C 曲线表示提供一定公共服务产出水平的社会总成本,其斜率表示一定产出水平的社会边际成本。由于官僚知道政治家或公众一般不会对自身的预算请求提出异议,只要项目的总收益大于总成本,官僚就会推动项目的实施,于是官僚建议的公共服务产出水平是 Q^{**}。这是在社会总成本 C 不超过社会总收益 V 的约束条件下,实现官僚预算最大化的产出水平。但是,有效率的公共产出水平是社会边际成本等于社会边际收益时的产出水平,即图 3－6 中 V 的斜率与 C 的斜率相等时的产出水平 Q^{*}。可见,官僚追求预算最大化的欲望最终导致的是缺乏效率的、庞大的官僚机构。

随堂笔记

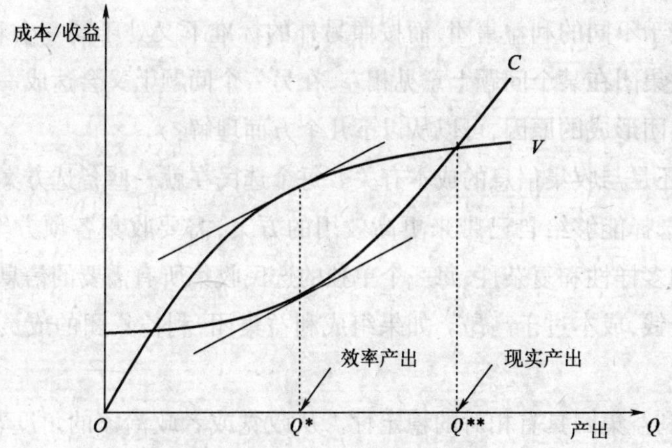

图 3-6 尼斯卡宁的官僚模型

尼斯卡宁的官僚模型意味着官僚有动机努力宣传官僚机构的各种活动,从而提高社会成员或控制预算水平的政治家对公共产出的社会收益的评价,使得公众或政治家认定的 V 曲线向上移动,进而获得更大规模的预算。比如,国防部会努力声称国家安全受到威胁,卫生部门会努力提高公民对公共卫生的认识,如此等等。正是官僚的这种行为特征,导致了政府规模的日益膨胀。

四、利益集团

(一)利益集团的定义

利益集团可以理解为具有某种共同目标并试图对公共政策施加影响的个人集合体。利益集团可以由普通公民或非营利性组织组成,也可以由逐利的厂商组成。不同的利益集团在规模、资源、权力和政治倾向等方面存在明显差异。

利益集团形成的基础有很多,包括收入来源、收入规模、行业、地区、人口特征等。基于不同基础的利益集团所关注的问题不尽相同,如富人支持政府对自有住房进行补贴,而穷人则支持对租用住房进行补贴;老年人支持高额的医疗和养老补贴,青年人则偏好低税收。不同利益集团的利益甚至经常是相互冲突的。同时，利益集团可以在不同的基础上形成，这也就意味着：两个人按照某个标准可能处于不同的利益集团，而按照另外的标准下又处于同一个利益集团；不同的利益集团在某个问题上意见相左，在另一个问题上又会达成一致。

利益集团形成的原因，可以从以下几个方面理解：

首先，还是与收集信息的成本有关。每个选民在就一些备选方案进行投票之前，为了选择能够给自己带来更高效用的方案，需要收集各项方案的信息。由于信息的多样性和复杂性，每一个单独的选民收集所有需要的信息会花费大量时间和金钱，成本过于高昂。如果组成利益集团，利益集团的成员就可以分摊信息成本。

其次，利益集团具有相对的稳定性。从政党或者政治家的角度看，在现实复杂的政治市场中，中间投票人的偏好很难确定，因此，很难确定一个能够符合中间投票人偏好的政策和立场，从而实现选票最大化。利益集团的存在具有一定的稳定性，其成员的偏好具有一定的可预测性，所以，政党（政治家）往往会对利益集团的要求作出反应，以求取得选票的最大化。正是利用这一点，利益集团让候选人意识到，采取某种政策或立场，他们可以从这个利益集团中赢得潜在选票。通过这种方式，利益集团就在政治过程中施加了影响力。

最后，利益集团的存在可以提高投票中的交易效率。既然政治过程可以看做一种交易过程，那么在交易过程中必然存在着交易成本。政治交易过程中的信息问题、偏好显示问题、选民人数众多、“搭便车”等种种问题，都提高了政治交易的成本，影响政治交易的效率。为了减少投票过程中的交易成本，选民乐于组成利益集团来参与政治过程，以更好地实现利益最大化的目标。

（二）利益集团发挥作用的途径

利益集团在政府决策中发挥作用的途径主要有两个方面：通过与立法机关的联系和通过与行政机关的联系。

在西方国家，针对立法机关立法过程的特点，利益集团往往充当说客的角色，鼓励议员将该利益集团支持的立法草案早日送上立法议程，或者在表决的过程中，要求议员投赞成票或者否决票。

为了对行政机构施加影响，利益集团一般是将自己装扮成民意的代

随堂笔记

表，直接向行政机构施加压力，迫使政府改变或修改决议，以实现本集团的利益。一些比较大的利益集团甚至能够影响政府部门相关负责人的人选和任免，充当行政部门的顾问，从而参与行政部门政策的制定，保障本集团的利益。

当然，并不是所有利益集团都能够对政府和立法机构产生巨大的影响力。利益集团的影响力和这个利益集团在政党（政治家）心目中的重要性相关。

专栏

专栏3-2　美国校园枪击案与利益集团的影响

2007年4月16日，美国弗吉尼亚理工大学发生震惊世界的校园枪击案，死33人，伤20多人，创下美国有史以来校园枪击案的最高纪录。弗吉尼亚的校园惨案再次把美国的枪支管制问题推上了风口浪尖。美国的法律专家认为，造成枪击惨剧频发的主要原因是私人拥有枪支。众所周知，美国不仅是个军火大国，更是私人拥有枪支的“世界第一”。据美国司法部统计，美国现有近2.4亿支私人枪支，几乎人手一支；美国每年发生的枪杀事件约100多万起，每天都有近百人死于枪击事件，造成的直接经济损失在200亿美元以上。

美国宪法所规定的所有的美国公民都有拥有武器的权利，如今成了枪支管制的最大“障碍”。从民意上来看，大多数美国人是赞成加强枪支管理的，民意测验表明，有60%以上的美国人赞成严格管制枪支，但也有36%的人坚决反对。

利益集团是使美国深陷枪支管制难题的重要力量。全国手枪联合会（NRA）是美国最大的枪支所有者协会，有多达300万个会员，很多都是实力惊人的枪支生产商和经销商。美国的军工集团通过金钱左右其国内政坛人

随堂笔记

选和政策走向，现任美国总统布什在2004年总统竞选活动募集到3.3亿美元的经费，比民主党总统候选人募集的经费多出3 000多万美元。这3 000多万美元的差距，基本上是由于美国军工集团（美国军事机构、军火商及其财团的总称）的政治捐款造成的。布什执政后，也相应的投桃报李，在国内和国际政策的制定上维护其集团利益。军工集团们当然也十分卖力地支持枪支和军火研发，在伊拉克战争中扮演了强力支持者的角色。由于这些利益集团财力雄厚，加之与现政府存在的经济利益关系，使得枪支管制问题难有大的突破。

美国前总统艾森豪威尔在1961年1月17日的《告别演说》中曾指出："强大的军事组织和军火工业的联姻是美国历史进程中的一个新现象。在每一个城市、每一个州的议事机构、联邦政府的每一个办公室都能感受到它的总体影响——经济、政治乃至是精神方面的"。

（资料来源：根据《枪支大国陷入囚徒困境》一文改编，原文见2007年4月20日《新京报》，作者张国庆。）

（三）利益集团对社会福利的影响

假设某集团所代表的成员，其收入占国民收入的1%。如果这个集团要使国民收入提高，它必须承担促成这一目标的全部活动费用，而该集团的成员只能获得由此增加的国民收入的1%。因此，只有国民收入的提高比促成这一目标的代价高出100倍以上时，该集团的成员才会获得净收益。也就是说，当社会由很多集团构成时，单个集团要促进社会利益增加，它就要负担这种行动的全部代价，然而只能获得其成果的一小部分。

如果这个收入占国民收入1%的集团不是通过提高国民收入，而是通过扩大它在国民收入中占有的份额来为其成员谋取福利，这样做的结果是使国民收入降低。因为国民收入的重新分配将打击全社会的生产积极性，由此引起社会总产出的下降。虽然这个集团的成员也是社会成员的一部分，国民收入的降低也会减少他们的利益。但是，除非全社会的生产减少量超过该集团成员由国民收入的重新分配获得利益的100

随堂笔记

倍以上，否则他们仍可以通过国民收入的重新分配获得净收益。在这种情况下，该集团成员将不会关心社会总收益的下降或公共损失。由于一个集团通常只代表整个社会中的一小部分成员的利益，所以，各种社会组织采取集体行动的目标几乎无一例外地都是争取重新分配财富，而不是为了增加总的产出。

利益集团重新分配财富行动的结果，不但降低了社会的经济效率和人均收入，而且降低了经济增长率。因为利益集团为了维护其成员的利益，往往阻碍新技术的开发和应用，阻碍资源的自由流动和重新配置，由此导致经济增长率的降低。奥尔森认为，阻碍新技术采用与资源自由进入有效领域这两个方面所造成的经济损失，将会比特殊利益集团所获得的额外利益大很多倍，特别是从长期看，情况会更加严重。

此外，利益集团为了实现自身利益而进行的寻租活动，还会给社会带来额外的成本。所谓寻租，即利用政府来获取高于一般水平的收益（经济租金）。寻租的一种典型形式是行业集团促使政府限制该行业的产量，限制产量导致价格的提高，于是本行业的企业就可赚取超额利润。如图 3－7，假定 D 为某行业的市场需求曲线，MC 为边际成本曲线。为简化起见，假定边际成本曲线是水平的。在没有政府干预的情况下，该行业是自由竞争的，市场均衡价格将为 P_0，

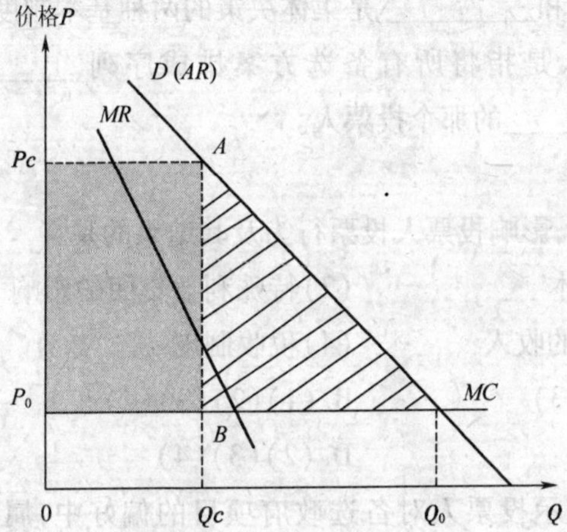

图 3－7　寻租及其福利损失

随堂笔记

产量为 Q_0。但若政府在利益集团的影响下限制该行业的产量，使产量为 Q_c，则价格将为 P_c。在这一价格水平，厂商就可获得相当于 ABP_0P_c 面积的超额利润。ABP_0P_c 面积与图中阴影部分面积的和是消费者剩余的总损失，其中的阴影面积是社会福利的净损失。

可见，寻租活动直接导致了资源配置的扭曲和社会福利的损失。此外，在寻租的过程中，社会风气也将会受到影响，人人都试图通过非正规手段获得额外收益，从而造成规则和制度的失效，对经济的长期发展产生恶劣的影响。尽管利益集团能够获得收益，但对全社会却是极为不利的。

复习思考题

一、填空题

1. 与传统的政治理论相比，公共选择理论的特点在于将经济学的分析方法运用于政治领域，这具体体现在__________、__________、__________。

2. __________和__________是集体决策的两种基本制度。

3. 中间投票人是指将所有备选方案排成序列，____________________的那个投票人。

二、选择题

1. 以下因素中，影响投票人投票行为及其结果的是：(　)

(1)交易成本　　(2)特殊利益集团的影响

(3)投票人的收入　　(4)税收制度

A. (1)(2)(3)　　B. (1)(2)(3)(4)

C. (3)(4)　　D. (2)(3)(4)

2. 下列各图所示投票人对备选政府项目的偏好中，属于多峰偏好的是：(　)

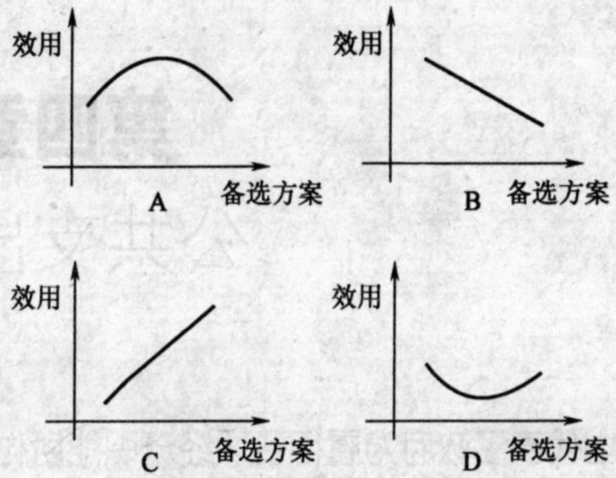

三、问答题

1. 公共选择理论中的一致同意规则有什么缺陷？

2. 简述阿罗不可能性定理。

第四章 公共支出

CHAPTER 4

本章要点

公共支出代表了政府为履行各项经济职能所付出的资金。依照不同的标准，可以对公共支出进行多种分类。购买性支出和转移性支出是公共支出的两个基本类型。

现代国家公共部门的支出持续增长，瓦格纳的政府活动扩张理论、皮科克和魏斯曼的时间形态模型、马斯格雷夫的“公共支出增长的发展模型”以及鲍莫尔模型，从不同的角度探讨了这一现象的成因。

成本—收益分析是对公共支出项目进行评估的方法。

购买性支出是社会总需求的一个组成部分，代表政府对社会资源的直接支配，主要包括行政管理支出、国防支出、教育支出、医疗卫生支出和投资支出等项目。

转移性支出是政府无偿地将一部分资金转移给某些社会成员，以对社会收入分配产生直接影响，主要包括社会保障支出、财政补贴支出等项目。

改革开放以来，中国的各项公共支出均持续增长，但公共支出的结构尚需优化。行政管理支出必须压缩，而教育、医疗卫生、社会保障等方面支出的比重必须进一步扩大。

随堂笔记

公共支出问题可以理解为公共产品理论在实践层面的延伸。本章将具体分析公共支出的分类、公共支出增长的规律、公共支出效益的评估方法、公共支出主要项目的相关问题，随后分析我国公共支出的基本情况。

第一节　公共支出概述

一、公共支出的概念及其分类

公共支出是公共部门经济活动的重要环节，代表了政府为履行各项经济职能所付出的资金。根据不同的研究需要，公共支出可按不同的标准分为不同的类型。

（一）按经济性质划分

根据公共支出占用社会资源的情况和对社会总需求的不同影响，可将公共支出划分为购买性支出和转移性支出。

购买性支出又称为消耗性支出，是政府以购买消费品、资本品和各种服务的方式占用和消耗社会资源所形成的支出，具体包括消费性支出和投资性支出；转移性支出是政府无偿地将一部分资金转移给某些社会成员所形成的支出，例如，养老金支出、财政补贴支出、失业救济金支出等。政府转移性支出并不消耗社会资源，只是将社会资源在社会成员之间进行再分配。

政府购买性支出是社会总需求的一部分，其增加直接影响社会总需求。政府转移性支出的增加则是通过提高部分消费者对商品和劳务的需求而增加社会总需求，这种影响是间接的。

（二）按预算科目划分

这种分类方法主要出现在国家的统计资料中，它指出了公共资金的去向。根据我国的预算体系，公共支出可以细分为：①基本建设支出，②挖潜改造和科

随堂笔记

技三项费用，③流动资金，④地质勘探费，⑤工业、交通、流通部门事业费，⑥支农支出，⑦城市维护建设支出，⑧文教、科学、卫生支出，⑨抚恤和社会福利救济费，⑩社会保障补助支出，⑪国防支出，⑫行政管理费，⑬公检法司支出，⑭武装警察部队支出，⑮外交外事支出，⑯对外援助支出，⑰支援经济不发达地区支出，⑱政策性补贴支出，⑲其他部门的事业费，⑳其他支出，㉑预备费，㉒教育费附加支出，㉓行政事业单位离退休经费，㉔车购税收入安排的支出，㉕国内外债务付息支出。

（三）按政府层次划分

按政府层次划分，公共支出可以分为中央政府支出和地方政府支出。这种分类有助于分析政府职能在中央政府和地方政府之间的分配，对于研究多级政府体制下的政府间财政关系有重要的参考价值。

（四）按支出产生效益的时间划分

按支出产生效益的时间划分，可以将公共支出分为经常性支出和资本性支出。经常性支出是指政府用于支付人员工资和各项费用（如办公费、交通费等）、购买使用年限在一年以内的消耗品以及支付社会保障金所需的支出。资本性支出是指用于购买或生产使用年限在一年以上的耐用品所需的支出。

二、公共支出增长理论

从历史数据来看，各国公共支出规模都经历了一个从小到大的演变过程。尤其是在19世纪70年代至20世纪90年代中期，工业化国家的公共支出基本上保持增长的态势。无论是绝对数还是相对数，这种增长趋势都表现得非常明显。这一现象引起了经济学家们的广泛关注，他们提出了不同的模型和理论对此作出解释。

（一）瓦格纳法则

德国经济学家阿道夫·瓦格纳（Adolf. Wagner）考察了19世纪许多西欧国

随堂笔记

家以及美国和日本的公共部门规模扩张问题,提出了“政府活动扩张论”(The Law of Expanding State Activity),被后人称为“瓦格纳法则”(Wagner's Law)。他认为,公共支出的增长是政治因素和经济因素共同作用的结果。其基本原理是:政府社会管理活动增强→政府经济活动增强→政府提供的公共产品或劳务的范围扩大→公共支出上升。

他指出,随着经济的发展,不断扩张的市场和市场主体之间的关系会变得越来越复杂。市场相互作用的复杂机制,使得商业规则和契约变得十分必要,这就需要建立完善的法律制度,贯彻各种法律法规。城市化水平和居住密度的提高,导致外部性和拥挤问题的加剧,于是法律、警察和金融等各个方面的公共服务就变得更为紧迫,而公众对教育、娱乐和文化、医疗和服务方面的公共服务的需求也会随着国民收入的提高而提高。此外,进入工业化发展阶段后,政府直接参与的生产活动也需要增加,主要是应介入那些需要大规模投资而私人部门投资又不足的新兴行业。

如图 4-1 所示,横轴表示经济发展规模(以国民收入 Y 反映),纵轴表示公共支出规模 G。曲线 E 描述了公共支出规模与经济发展规模之间的函数关系,公共支出随国民收入的增加而增加,公共支出规模扩张的速度不超过国民收入的增长速度。瓦格纳法则在当时大部分工业化国家都得到了验证。

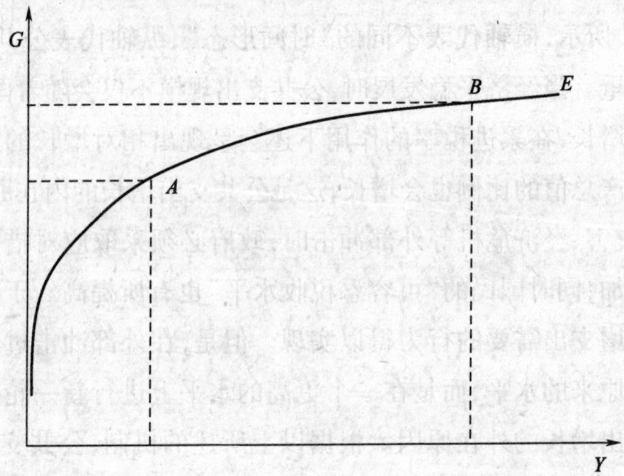

图 4-1　瓦格纳法则

随堂笔记

瓦格纳理论的特点是从整个政府活动范围的扩大来解释公共支出的增长。但他没有明确指出自己讨论的是绝对数还是相对数的公共支出增长，同时，囿于当时的社会经济背景的局限，瓦格纳的研究并没有考虑如果经济进入成熟阶段（见本节稍后内容）或陷入滞胀阶段，公共支出将具有怎样的演变趋势，而是着重于工业化进程中的公共部门支出规模的变化。同时，瓦格纳也没有深入地剖析造成公共支出不断增长这一现象的根本原因。

（二）皮科克和魏斯曼的时间形态模型

英国经济学家皮科克和魏斯曼（A. T. Peacock and J. Wiseman）对1890～1955年间英国公共支出演变的情况进行了分析，提出了公共支出增长的时间形态模型。该模型是从社会动荡因素（如战争、动乱等）在不同时间形态对政府支出的影响来解释公共支出增长的原因，指出：公共支出的增长不是直线型的，而是呈现出一种阶梯形。

假设政府愿意多支出，而国民不愿意多纳税，这样就存在一个国民“可容忍的税收水平”和相应的公共支出水平。政府决定预算支出规模时，应以国民可容忍的税收水平作为约束条件。公共支出增长的原因可归为内因和外因，其中，内因指国民生产总值（GNP）的增长，外因指战争等外部冲击。对外因造成影响的强调，构成了时间形态理论的核心。

如图4－2所示，横轴代表不同的“时间形态”，纵轴代表公共支出占国民生产总值的比重。当经济平稳发展时，公共支出规模不仅会随着国民生产总值的增长而绝对增长，在累进税率的作用下还会呈现出相对增长的趋势，即公共支出占国民生产总值的比例也会增长，这是公共支出增长的内在原因。而当出现战争、自然灾害、经济危机等外部冲击时，政府必须采取应对措施，公共支出的压力骤然增加，同时国民的“可容忍税收水平”也有所提高。于是，政府提高税率以满足新增支出需要的行为得以实现。但是，在外部冲击过后，公共支出通常不会回到原来的水平，而是在一个更高的水平上进行新一轮的渐进上升，这就是公共支出增长的外在原因。根据以上所述的机制，公共支出占GNP的比重在和平时稳步上升，在战争时期急剧上升，在战争之后先有所回落，随后则由一个比战前更高的起点稳步上升，从而图4－2中的公共支出曲线呈现出阶

随堂笔记

梯形上升的趋势。

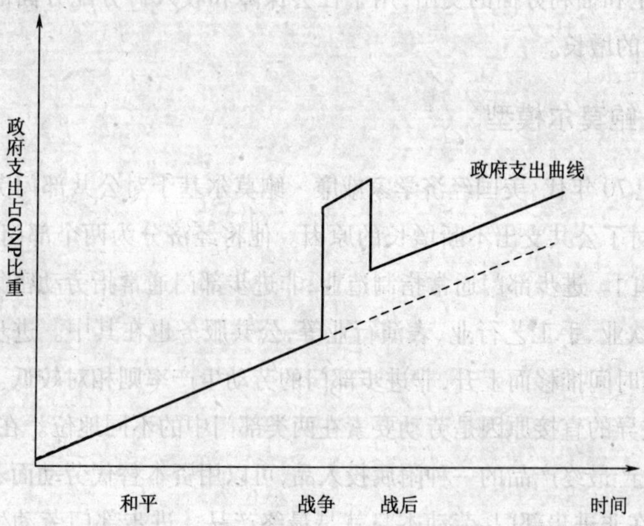

图 4-2　公共支出增长的时间形态模型

（三）马斯格雷夫的"公共支出增长的发展模型"

美国著名财政学者马斯格雷夫（Richard A. Musgrave）在20世纪50年代根据美国经济学家罗斯托的经济成长阶段理论，提出了"公共支出增长的发展模型"。他将罗斯托的经济成长五阶段理论（即认为经济成长包括传统阶段、为起飞准备前提、起飞、向成熟推进和大量消费时代五个阶段）简化为经济成长三阶段理论，认为经济成长包括起飞阶段、中期发展阶段和成熟阶段，并指出在经济成长的不同阶段，公共支出的重点不断转移，且每一次重点的转移都会带来公共支出的较大幅度的增加。

在经济增长和发展的初始阶段，公共部门须为社会提供诸如治安、道路、交通、教育和卫生等必不可少的公共产品或基础设施，以促使经济发展进入起飞阶段，因此，公共部门投资应在国家总投资中占有很高的比重。

到了经济和社会发展的中期阶段后，公共部门投资已经开始成为日益增长的私人部门投资的补充。但是，为了避免市场缺陷阻碍经济趋于成熟，政府的干预手段应该加强，因此，仍应该保持必要的公共支出增长水平。

随堂笔记

一旦经济发展进入成熟阶段,公共支出的重点将会从提供社会基础设施转向教育、卫生和福利方面的支出,用于社会保障和收入再分配方面的支出将会有较大幅度的增长。

(四)鲍莫尔模型

20世纪70年代,美国经济学家威廉·鲍莫尔基于对公共部门劳动生产率的分析,探讨了公共支出不断增长的原因。他将经济分为两个部门:进步部门和非进步部门。进步部门通常指制造业;非进步部门通常指劳动密集的各种服务业,如餐饮业、手工艺行业、表演行业等,公共服务也在其中。进步部门的劳动生产率随时间推移而上升,非进步部门的劳动生产率则相对较低。两部门劳动生产率差异的直接原因是劳动要素在两类部门中的不同地位。在进步部门,劳动只是生产最终产品的一种附属投入品,可以用资本替代劳动而不影响产品的性质;而在非进步部门,劳动本身就是最终产品。进步部门劳动生产率不断提高的原因,就在于可以比较方便地以资本替代劳动,从而在技术革新中受益;而由于难以用机器替代劳动,非进步部门劳动生产率的提高显著滞后。

进步部门劳动生产率的提高,将带来本部门工资率的上升,而在劳动力自由流动的情况下,劳动力流入进步部门导致非进步部门劳动力短缺,从而非进步部门的工资率也将提高到与进步部门相当的水平。鲍莫尔把公共部门视为非进步部门,尽管公共部门劳动生产率提高的十分缓慢,其工资率却因为进步部门劳动生产率的提高而提高,这就为公共支出的持续增长提供了一种解释。

三、公共支出的成本—收益分析

尽管公共支出规模在世界许多国家都呈上升趋势,政府有关部门仍须谨慎地对每个公共支出项目进行决策,成本—收益分析方法就是最重要的对具体的公共支出项目进行评估的方法。

(一)公共支出成本—收益分析的特点

公共支出不以追求政府本身的利润为目标,与私人企业投资决策时的成

随堂笔记

本—收益分析不同,公共支出成本—收益分析的特点主要体现在以下方面:

第一,在对项目进行分析时,依据的应该是项目带来的真实的社会成本和收益,而不是项目带来的某些相对价格变化造成的收益或成本。这里的真实收益是指公共项目为消费者带来的收益,反映着社会福利的增进;真实成本则应反映公共项目所利用资源的实际成本。就真实的收益和成本而言,不仅要考虑与项目主要目标密切相关的直接成本和收益,还要考虑作为项目的副产品的间接成本和收益;既要考虑能够以市场货币价格计量的有形成本和收益,也要考虑不能直接估价的无形成本和收益;不仅要考虑项目本身的最终消费者的收益,也要考虑项目通过加入其他产品的生产间接提供的收益;此外,一般来说,不仅要考虑项目所在辖区范围内发生的成本和收益,也要考虑项目辖区范围外发生的成本和收益。

第二,公共支出项目的成本和收益往往不能直接用市场价格加以评估。这主要是基于两方面的原因:一是公共支出项目的一些产出和投入不在市场上交易,不存在市场价格,例如,不存在优美的环境的市场价格;二是市场失灵等原因造成市场价格不能反映项目的真实社会成本或收益,比如,在垄断市场,价格中包含的垄断利润并不是产品真实成本的组成部分。

第三,对公共支出项目进行评价,应依据效率和公平准则。

(二)对成本和收益的衡量

1. 消费者剩余。原则上,某一产品的社会收益应用消费者剩余来衡量,消费者剩余反映的是该产品最终消费者的净收益。我们知道,某一产品在需求曲线上的点代表对一定数量的该产品,消费者愿意支付的最高价格,该价格必然与消费者消费该产品的边际效用一致。由于边际效用递减规律的作用,需求曲线是向下倾斜的,即对于第一单位的该产品,消费者愿意支付的价格最高;随着产品购买量的增加,消费者的边际效用递减,对以后各单位产品愿意支付的价格随之递减。但是,产品的最终市场均衡价格一旦确定,消费者购买的各单位产品都只需支付这个统一的价格,第一个单位并不比最后一个单位支付的价格更高。于是,除了最后一个单位的产品外,消费者消费该产品所获得的效用均高于产品的价格,这其中的差额就是消费者未支付任何代价所获得的净收益,

随堂笔记

称为消费者剩余。

从图像上看,消费者剩余就是消费者需求曲线和价格线之间的面积。因为政府提供的产品通常是免费的,所以消费者剩余就应为这一产品需求曲线以下的部分。如图4－3所示,*DD*线为某消费者对一座桥梁的需求曲线,坐标系中,横轴代表桥的通过次数,纵轴代表对于每一特定的通过量消费者愿意支付的价格,相当于他最后一次通过这座桥所获得的效用。当这座桥由人们免费使用时,*DD*线以下的部分就是这个消费者所获得的消费者剩余。桥的总收益是所有消费者的剩余之和,如果总收益大于建设这座桥的总成本,则造桥的计划就是可行的。

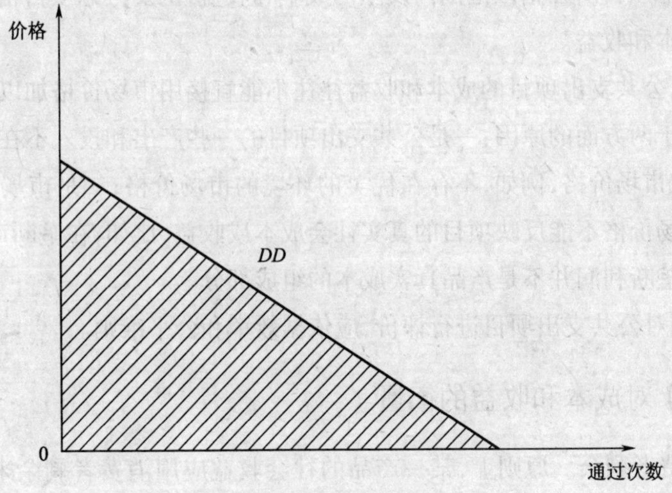

图4－3　消费者剩余

在大部分场合,消费者剩余难以直接观察到,这时就需要采用一些技术方法,根据可以观察到的数据来推导出人们从某一公共项目中获得的收益。

2. 影子价格。由于市场失灵等方面的原因,进行成本—收益分析时,虽然有些投入和产出项目有着非常确定的市场价格,这些价格却不能准确反映真实的社会成本或收益。为此,需要引入合理的替代价格,也就是"影子价格"(Shadow Price)。理想的影子价格应为达到帕累托最优状态时的市场均衡价格。

随堂笔记

比如,产品市场或要素市场上的垄断因素,会使市场价格与帕累托最优均衡价格发生偏离,在估计公共项目的成本时,对垄断价格必须调整。若政府购买某一产品,按垄断市场价格计算其价值为100万元,但该产品在竞争市场上本来只应卖得90万元,这时,即使政府愿意支付较高的价格,机会成本也只能是90万元,其余10万元是垄断利润,即垄断者的超额收入,而不是真正的社会成本。

又如,含税商品的市场价格不反映其社会成本,因为税收仅仅是收入从购买者到政府的转移。如果政府为了某一公共工程购买投入品,该投入品的价格中包含的税收在计算该项目的成本时必须加以扣除。

3. 贴现和贴现率。在实际生活中,许多投资项目的建设和使用周期都不会限于一个年份,而要持续若干年甚至几十年。在项目的分析评价中,为了将不同年度所发生的成本与收益换算成同一时间点上的成本与收益,然后进行比较,就必须把预计的分期收益与成本按照一定的贴现率折算为现值(Present Discounted Value,PDV),这就是贴现。贴现的一般公式为:

$$PDV=\sum_{t=0}^{n}\frac{R_t}{(1+r)^t}$$

其中,r 表示利率,R_t 表示项目在 t 时期的净收益。

对公共支出进行成本—收益分析所采用的贴现率,应体现资源由公共部门而不是私人部门进行支配的机会成本,相当于如果由私人部门支配这些资源可能会带来的收益,包括消费收益和投资收益。关于社会贴现率的选择,基本上有以下三种主张:

第一,社会贴现率等于私人投资的资本边际生产率。因为私人投资的风险较大,所以这种贴现率较高。

第二,社会贴现率等于社会时间偏好率,即为诱导消费者抑制现时消费而需付给的补偿。社会时间偏好率一般以储蓄存款利息率来衡量。

第三,以政府的借款利息率作为社会贴现率,即政府向金融机构借款时必须支付的利率。

在实践中,如果能确定政府支出项目利用了私人部门用于投资的资金,则应以私人投资的资本边际生产率作为社会贴现率;如果能确定政府支出项目利

随堂笔记

用了私人部门用于消费的资金，则应以社会时间偏好率作为社会贴现率；但当政府项目的资金来源不能确定时，各国一般采用公债利率作为贴现率，因为政府所使用的贴现率与公债利息率息息相关，它直接关系到政府筹资所发生的直接成本。

（三）主要决策指标

对项目的预期收益和成本进行适当的衡量后，就要应用适当的指标对项目进行最后的评价。

1.单项目决策的指标。当只对一个项目进行决策时，可利用净现值、收益成本比率或内在报酬率指标来判断该项目是否可取。

(1)净现值(Net Present Value, NPV)，是项目收益现值总额与成本现值总额之差，即

$$NPV = \text{收益现值总额} - \text{成本现值总额}$$

若 $NPV=0$，说明收益现值总额恰好等于成本现值总额，该项投资盈亏互抵；若 $NPV>0$，说明收益数额大于投资成本，净现值的金额越大，说明此项投资的获利水平越高；若 $NPV<0$，说明回收数额不足抵偿投资所需成本。一般来说，当项目的 NPV 为正时，投资项目才能采用。

(2)收益成本比率(Benefit Cost Ratio, BCR)是项目收益现值总额与成本现值总额的比率，即

$$BCR = \text{收益现值总额} \div \text{成本现值总额}$$

当只对一个项目进行评估时，这一指标与 NPV 实质上是相同的，仅仅是表达式不同而已。BCR 大于 1 时，投资项目可取；BCR 越高，投资越有利。

(3)内在报酬率(Internal Reward Rate, IRR)是使收益现值与成本现值相等($NPV=0$, $BCR=1$)时的贴现率。内在报酬率越高，表示投资经济效益越高。若内在报酬率超过了所选定的社会贴现率，投资项目就可取。

2.多个项目的比较与投资标准的确定。一般的，当只对一个项目的可行性进行评价时，用 NPV, IRR, BCR 三种指标可得出相同的结论；而当对两个以上的项目进行比较时，采用不同的指标得出的结论可能会有差异。

NPV 与 IRR 标准有时会出现矛盾，如图 4－4，图中横轴代表贴现率，纵轴

随堂笔记

代表净现值,现有项目 A 和 B,可以其净现值作为贴现率的函数,描绘成 A,B 线。显然,对于任何项目来说,贴现率越高,其净现值就越低。

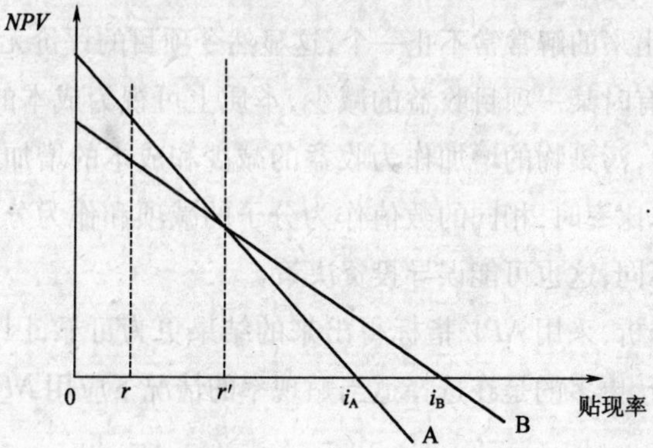

图 4-4　*NPV* 与 *IRR* 标准的矛盾

假设 r 是计算净现值时采用的贴现率,则依据净现值标准,项目 A 优于项目 B。两个项目的 *IRR*,在图中表现为 A,B 两线与横轴的交点决定的贴现率 i_A 和 i_B,显然 $i_B > i_A$,即依 *IRR* 标准,项目 B 优于项目 A。

NPV 和 *IRR* 标准之所以得出了相反的结论,是由于计算净现值时选择了较低的贴现率。如图 4-4,当贴现率为 r′时,A,B 两线相交,即两项目的净现值相等;如果计算 *NPV* 时选择的贴现率高于 r',则 A,B 两项目的优先次序不会因标准的不同而不同。这个例子也印证了进行成本—收益分析时,选择不同的贴现率能够得出相反的结论。可见,选择适当的贴现率是十分重要的。

BCR 在不同规模项目的比较上也可能与 *NPV* 产生不同的结论。例如,假设现有两个项目 X 和 Y,只能选择一个实施,其寿命都是 1 年,贴现率定为 5%,比较的数值如表 4-1 所示。其中 B_1,C_1 代表项目第 1 年的收益、成本;B_2,C_2 代表项目第 2 年的收益、成本。

表 4-1　*BCR* 和 *NPV* 标准的比较

项目	B_1	C_1	B_2	C_2	*BCR*	*NPV*
X	0	1	2	0	1.9	0.9
Y	0	5	8	0	1.5	2.6

随堂笔记

可见,按 *BCR* 标准,X 优于 Y;而按 *NPV* 标准,Y 优于 X。

在各个决策指标出现矛盾时,必须选择一个更合适的指标。事实上,*BCR* 和 *IRR* 指标都有十分严重的缺陷。就 *IRR* 指标而言,计算 *IRR* 相当于求一个高次方程的根,得出来的解常常不止一个,这显然令项目的评价无所适从;而 *BCR* 标准也有问题,有时某一项目收益的减少,本质上可视为成本的增加,比如,在环境治理项目中,污染物的增加作为收益的减少和成本的增加都是合理的,但在计算收益成本比率时,相同的数值作为分子的减项和作为分母的加项,会使计算结果显著不同,这也可能误导投资决策。

根据以上分析,采用 *NPV* 指标得出来的结果更为可靠,因此,公共支出的成本—收益分析,更多的是在选择适当贴现率的情况下应用 *NPV* 指标。

第二节 购买性支出

一、行政管理支出

行政管理支出是公共部门用于各级国家机关行使其职能所需的费用支出,是维持国家政权的存在、保证各级国家管理机构正常运行的基本支出。

在国家范围内设立必要的行政管理机关所提供的制度、产品和服务,具有非排他性和非竞争性,因此,行政管理支出是典型的用于提供公共产品的支出。一般认为,在投入品价格一定的情况下,行政管理支出的增长速度不应超过国民收入的增长速度。

行政管理支出的增加,相当于将一部分资源用于公共用途,同时减少私人部门的使用;另一方面,在公共支出总量一定的情况下,行政管理支出增加,将减少用于其他领域的开支,这就是行政管理支出"挤出效应"的两个方面。因此,行政管理支出作为全体社会成员所必须负担的成本,尽管其规模要足以保证政府行政职能行使的正常和稳定,但仍必须对其进行有效的控制,以防止过度膨胀。

随堂笔记

但是,政府机构的设置和规模不仅是一个经济问题,也是一个政治问题。一般行政开支的控制较为困难,因此,应当倡导行政管理的科学化、民主化和法制化,规范行政管理支出的供应范围,完善行政经费定额考核办法,坚持支出秩序,加强检查监督,从而优化行政管理的支出水平,提高行政管理的效率。

二、国防支出

国防支出是指政府用于国防建设以保证国家安全的费用。国防支出的目的在于加强国防建设,维护国家独立,保障领土完整、安全和主权不受侵犯。国防属于典型的公共产品,对于任何一个国家,国防都是政府最重要、最基本的职能。因此,国防支出在各国政府的公共支出中都占有重要的地位。

国防支出对经济的影响主要体现在以下两方面:第一,作为政府购买支出的一部分,国防支出会扩大社会总需求,因此,是政府干预宏观经济的手段之一;第二,国防支出对社会资源的消耗,也使其具有类似于行政管理支出的"挤出效应"。

从理论上说,从需求的角度看,决定一国国防支出的主要因素是其国家安全风险的大小,即被攻击的概率和攻击力量的大小。同时,一国内部政局是否稳定,也会对国防支出的需求有一定的影响。从供给的角度看,国防支出主要受国家经济发展水平和财政收入水平的制约。因此,国防支出占财政支出的比例应该控制在一定的水平,比例过低会影响国家的安全,比例过高则会过多地占用社会资源,长期而言,可能会影响经济发展。但是,这个比例并不是绝对的,其决定最终依赖于国家的政治决策程序。

三、教育支出

(一)政府教育支出的必要性

由公共产品的定义可知,教育并不是纯公共产品,对于大部分学校来说,尽

随堂笔记

管在学生人数较少的一定范围内具有“消费”的非竞争性，但是，随着学生数量的增多，边际成本很快就开始大于零，从而其“消费”具有显著的竞争性。另一方面，教育在技术上可以实现排他，因而完全可以由私人部门来提供。但是，在世界各国，政府在提供教育服务方面都起着举足轻重的作用，这主要是为了实现以下几个目标：

1. 实现教育的外部正效应。教育所产生的收益不仅仅是受教育者个人综合素质的提高和未来的高收入，而且还有为整个社会带来的正的外部效应。教育能使社会成员的文明素质得到提高，使社会秩序更加稳定；教育还能够促进科技进步，从而对推动经济的快速发展起着重要的作用。因此，政府有必要在一定程度上承担教育成本，在国家财政中安排用于教育的支出。

2. 克服资本市场在教育融资方面的不完善。教育是一种人力资本投资，一般在将来有较高的回报率。但是，教育投资的收益具有较大的不确定性，其收益率水平受到个人性格、机遇、能力等因素的影响。而且，由于信息不对称，商业性金融机构无法确定个人对于助学贷款的偿还能力，一般不愿意提供这类贷款。为了弥补资本市场教育融资方面的这种缺陷，政府有必要通过贴息等方式，为助学贷款提供一定的支持。

3. 促进社会的公平分配。每个家庭用于教育的支出受到家庭收入状况的约束，如果没有政府介入，贫困家庭孩子所受的教育就不如富裕家庭的子女，从而使得人们参与市场竞争的起点就不公平，这必然会加剧收入分配不均的状况。因此，政府有责任通过公共教育支出为每个人创造平等的受教育的机会，促进起点公平，为实现收入分配的结果公平创造条件。

（二）政府教育支出的有效配置

政府提供教育资助的方式有两类：一是直接开设公立学校，对学生免费或收取较低的学费；二是在鼓励私人部门兴办教育的同时，提供各种形式的间接补贴，如对向教育的捐赠给予税收扣除，对助学贷款的利息免税以及对助学贷款给予担保或财政贴息等。

针对不同的教育类别，政府应采取不同的支持措施。由于外部正效应显

随堂笔记

著,基础教育往往是政府财政支持的重点。设立公立学校、实行免费义务教育,是各国广泛采用的模式。而高等教育更多地使受教育者直接获益,故即使是公立的高等学校,也应收取一定水平的学费。与基础教育相比,在高等教育领域,私立学校也可发挥更重要的作用。另外,职业教育也是一国教育体系重要的组成部分,由于其带有明显的商业性,成本主要应由企业或受教育者承担。当然,为了促进职业教育的发展,扩大就业,政府也应适当给予支持和鼓励。

一般来看,相对于向公立学校的投入,政府对私立学校的支持要少得多,但各国不同程度地存在着公立学校资金利用效率不高,政府支持带来的教育水平改善不显著的问题。针对这种情况,美国著名经济学家、诺贝尔经济学奖获得者 M.弗里德曼 1955 年提出了一种新型的政府教育资金分配方法,称为学券制(学券英文为 School Vouchers,亦译教育券),试图兼顾效率和公平两个目标。按照这种制度,政府把教育经费折算成一定数额的有价证券,即教育券,发给每位学生,家长可为子女选择任何学校就读,不受学区的限制;而学校则把所收集的教育券向政府兑换为现金,用以支付办学费用。教育券制度的优越性是明显的,首先,它不是将教育经费拨付给学校,而是直接拨付给学生,保证了每个学生都能同等地从政府的财政支出中获益;其次,为了获得更多资金,学校要为争取学生而互相竞争,因此,必须努力改善教育质量,以满足教育消费者的需求,这就有利于提高财政教育支出的效率。但是,应该看到,教育券制度也有一定的局限性,特别是当学生并没有充分的选择学校的自由时,教育券促进学校间竞争的效果便无从发挥。而且,如果发放教育券不是政府财政教育支出分配的唯一途径,仅在部分区域、部分学校中推行教育券制度,也难以保证真正的公平。

四、医疗卫生支出

(一)政府医疗卫生支出的必要性

人民的健康水平是经济发展、社会进步的重要保证。在现代社会中,人们的工作与生活节奏高度紧张。这就要求劳动者具有强健的体魄与充沛的精力以及良好的心理素质,而这一切都需要有相应的医疗卫生设施与服务。

随堂笔记

政府对医疗卫生市场的参与在世界各国相当普遍，公共医疗卫生支出的必要性主要是由以下几方面的因素决定的：

第一，从公平的角度考虑。人们不管收入、财产状况如何，都应该享有基本的医疗服务。在市场机制下，人们的收入必然是有差别的，有些人因为年老、失业或患有严重的疾病，难以承担所需的医疗费用，因此，政府有必要介入，使公民能够获得基本的医疗服务。

第二，医疗卫生市场存在着严重的信息不对称。当人们去看病时，他们所要购买的，在很大程度上是医生的知识或他们所提供的信息，患者要求助于医生来决定他们需要哪些药品，是否需要动手术等。医疗卫生市场中供给曲线与需求曲线是重合的，医生是医疗卫生市场的供给者，同时他们又决定着病人对医疗卫生产品的需求。供给与需求不能相互制约，必然导致资源配置效率的低下。为了减少这种效率损失，政府的干预也是必不可少的。

某些疾病的防治具有外部性，尤其是传染性疾病的防治具有明显的外部正效应。治疗那些可能直接传染的疾病，不仅对病人有利，也可使别人间接受益。因此，有必要制定有关隔离和强制接种疫苗的管制政策，政府也应该提供相应的公共医疗卫生服务。

（二）政府医疗卫生支出的有效配置

当前世界各国公共医疗卫生支出的形式主要有：直接向病人或医院提供医疗补助；对私人企业提供医疗保险给予税收优惠；对个人超过一定水平的医疗费用，允许从个人所得税税基中扣除；等等。

与此同时，政府必须积极采取措施，避免医疗卫生开支的迅速增长，提高医疗卫生支出的使用效率。这些措施包括：确定适当的个人负担医疗费用的比重；适当增加私立医院的比重，促进医院之间的竞争；对部分治疗手段，规定统一的政府支付标准；等等。

为了克服医疗卫生市场的信息不完全问题，政府还应鼓励有关医疗卫生服务的价格、质量等方面的信息发布。

针对传染病防治方面的外部正效应，政府应积极建立疾病防控体系，甚至提供重要传染病疫苗的免费接种；对某些传染病的治疗费用，还可以给予减免或补贴等。

随堂笔记

五、公共投资支出

社会总投资按其资金来源的不同,可以分为政府投资和私人投资两个部分。在市场经济条件下,投资活动要以市场机制的调节和引导为基础。一般而言,私人部门的投资是以投资预期的直接经济效益为前提的,因此,市场机制在竞争性领域能有效地发挥作用。但是,在一些非竞争性的领域,则需要公共投资的介入,以弥补市场的不足。从目前世界各国的实践来看,公共投资在国家经济发展中发挥着举足轻重的作用。公共投资的主要领域包括基础设施、基础产业、高新技术产业、农业以及稀缺资源的开发利用等。以下简要介绍基础设施、基础产业的公共投资。

(一)基础设施投资

基础设施投资是政府投资支出的一个重要组成部分。由政府来发展公用基础设施,既可以改善居民的生活环境,又有助于改善投资环境,吸引投资者。基本的公用基础设施如道路、供水、供电、供热、通信、排污和固体废物处理等,对经济和社会的发展必不可少。这些设施提供的功能或服务是面向全社会的,社会效益是其基本的着眼点,因而基本上是非营利的。

当然,基础设施的投资并不一定要完全依靠公共投资,也可以选择不同的投融资方式,灵活地调动私人部门的资源,这样既可以拓宽资金来源的渠道,也可以提高投资的效率,参见专栏4-1。

(二)经济基础产业投资

经济基础产业大都是关系国计民生的重要产业,如交通、邮电、水利、能源等。这些产业的资本密集程度高、建设周期较长、投资回收缓慢、风险相对集中,没有政府投资的支持,很难迅速发展,甚至会影响整个经济的增长。因此,政府应该在较大程度上对这些产业进行投资,同时,运用政策鼓励和吸引其他社会资金共同投资。

随堂笔记

专栏

专栏4-1　新型的基础设施融资方式

传统的基础设施筹资模式是单纯依靠政府财政,但这往往难以填补巨额的资金缺口。吸引民间资本的参与,是突破基础设施建设资金短缺瓶颈的必由之路。下面我们对其中的几种模式加以简要介绍。

(一)BOT融资(Building-Operate-Transfer)

BOT融资即由项目所在国政府或所属的机构为项目的建设和经营提供一种特许权协议,作为项目融资的基础;由本国或者外国公司作为项目的投资者和经营者安排融资、开发建设项目,并在规定的期限内经营项目;到期时,将该项目无偿转让给相应的政府机构。项目的投资者通过项目的经营收回投资并取得商业利润。

以BOT模式吸引民间资本参与基础设施项目的建设和经营,可降低政府财政负担。项目融资的所有责任都转移给私人企业,减少了政府借债和还本付息的负担。而且,投资风险由投资者、贷款者等共同分担,政府也避免了大量的项目风险。同时,民间资本为了降低风险,客观上就更要加强管理,控制造价,这又为项目建设和运营提供了约束机制和有利的外部环境。因此,与传统方式相比,BOT融资项目的设计、建设和运营的效率一般较高。

但在BOT模式下,公共部门和私人企业都需要进行长期的调查、谈判和磋商,以致项目前期耗时过长,投标费用过高;投资方和贷款人的风险过大,没有退出机制;而且,在特许期内,政府对项目失去了控制权,这也使政府难以决策。

(二)TOT融资(Transfer-Operate-Transfer)

TOT融资即由政府部门或国有企业将建设好的项目一定期限的产权和

随堂笔记

经营权有偿转让给投资人，由其进行运营、管理，投资人在一个约定的时间内，通过经营收回全部投资并得到合理的回报。合约期满之后，再将项目的产权和经营权交回给政府部门或原单位。TOT 实际上是 BOT 的一个变异类型。

与 BOT 方式相比，TOT 方式的优点在于：对于投资者来说，由于 TOT 方式是转让现有已经建成的设施，可避开 BOT 方式在建设过程中面临的各种风险和矛盾，因此更具吸引力；对于政府来说，采用 TOT 方式融资，转让的只是特许经营期内的经营权，保证了政府对基础设施的控制权，也较易推行；TOT 方式还有利于盘活现有基础设施的存量资产，利用这些存量资产，为拟建的新基础设施项目融入资金，可缓解资金短缺的矛盾，加快基础设施的建设速度。

（三）ABS 融资（Asset – Backed Securitization）

ABS 融资即以目标项目所拥有的资产为基础，以该项目资产的未来预期收益为保证，通过在国际市场上发行债券来筹集资金。政府将获得项目资产未来现金收入的权利转让给独立法人机构，使清偿债券本息的资金仅与项目资产的未来现金收入有关，从而隔断了项目原始权益人自身的风险。加之发行的债券由众多投资者购买，进一步分散了投资风险。但项目的经营决策权仍归属于作为原始权益人的政府。

通过在资本市场发行证券融资，是 ABS 区别于其他项目融资方式的一个显著特点，而且，证券化融资代表着项目融资未来的发展方向。由于国际证券市场的市场容量大、债息率低，因此，ABS 方式特别适合于为基础设施项目大规模筹集资金。

（四）PPP 融资（Public – Private Partnership）

PPP 融资即政府部门通过政府采购形式与中标单位组成的项目公司签订特许合同，由项目公司负责筹资、建设及经营，政府通常与提供贷款的金融机构达成一项协议，向金融机构承诺将按与项目公司签订的合同支付有关费用，从而使项目公司能比较顺利地获得贷款。PPP 模式是政府部门与私人部门相互合作的方式，政府并不是把项目的责任全部转移给私人企业，而是由参与合作的各方共同承担责任和融资风险。

随堂笔记

该模式突破了引入私人企业参与公共基础设施项目在组织机构方面的多种限制,适用于各类市政公用事业如道路、铁路、机场、医院、学校等。

但对于政府来说,确定理想的合作公司有一定的难度,而且,因在合作中要负有一定的责任,这就增加了政府的风险负担。还有,PPP 模式的组织形式比较复杂,对参与方的管理协调水平有较高的要求。

第三节 转移性支出

一、社会保障支出

社会保障制度是以政府为主体,依据法律规定,对公民在暂时或永久失去劳动能力以及由于各种原因生活发生困难时给予物质或货币资助,保障其基本生活的制度,它是国家为弥补市场缺陷、克服市场风险而建立起来的一项重要的经济制度,相应的,社会保障支出成为政府公共支出中越来越重要的一个组成部分。

(一)社会保障资金的筹集方式

社会保障资金的筹集,既要能满足社会保障支出的实际需要,又要充分考虑到国民经济的发展水平,考虑到国家、企业和个人的经济负担能力。从理论上说,社会保障资金的筹集方式有完全基金制、现收现付制和部分基金制三种。

1. 完全基金制。完全基金制也叫积累制,在这种制度下,由投保人和所在企业按月缴纳保险费,计入个人账户,投保人退休时,从个人账户内领取养老金。对于不断积累的养老保险基金,则由专门机构进行有计划的管理和运营。

完全积累制的优点是:①通过适当收费实现的基金积累,能化解社会经济风险事故(如人口老龄化)所带来的社会保险金的支付压力;②不存在不同群体间的转移支付,可避免由此引起的许多矛盾冲突;③积累的资金通过合理的

随堂笔记

投资，可以促进资本市场的发育和经济的发展；④采用个人账户实行基金积累，可增强投保主体的社会保险意识，避免漏逃缴费现象的发生。其缺点是：①积累基金数额巨大，受工资、物价变动等通货膨胀因素的影响，基金贬值的风险大，投资增值的压力也大；②采用个人账户式的自助方式，缺乏社会互助性，再分配功能弱化；③对金融市场的发育程度和规范程度要求高，很多发展中国家难以实行。

2. 现收现付制。在这种制度下，由参加养老保障体系的投保人和所在单位当年的缴费满足当年养老金支出的需要。现收现付制操作简单，费率调整及时、灵活，有利于保持收支平衡。由于当年的缴费收入全部用于当年的社会保障支出，不保留资金储备，也就不存在通货膨胀造成的基金贬值风险。现收现付的缴费基准是在职人员的名义工资，不会造成退休人员与在职人员相比生活水平有很大差异。但是，现收现付制使得个人的支出与收益分离，不同群体间的转移支付可能会使不同时期加入保障计划的人员的贡献和收益失衡，从而损害人们的工作积极性。而且，由于实行现收现支，没有资金积累，不利于增加储蓄和促进资本市场的发育，且难以应对突发的经济波动。随着社会保障水平的提高，当人口加速老龄化时，这种方式会造成在职劳动者的负担越来越重，甚至出现支付危机，威胁整个制度的维持和发展。

3. 部分基金制。在这一制度下，养老保障费用一部分采取现收现付的方式，以保证当前开支之需要；一部分采取积累的方式，以满足未来支付需求的增长。部分基金制适于作为由现收现付制向完全基金制过渡的一种筹资形式，其好处是：①所筹措资金既为原制度中的受益人提供保障，又为新制度中的投保人积累将来的保障基金；②相对于现收现付制的无基金积累而言，部分基金制有了资金的沉淀积累，有利于促进资本市场的发育和经济的发展；③相对于完全基金制的庞大积累基金而言，部分基金制基金增幅较慢，数额较少，基金的投资风险和贬值压力相对也小了许多。其缺点是：在职职工要承担为退休者现时的保障待遇供款和为自己将来的保障待遇筹款的双重负担，企业和职工个人的缴费压力较大。

（二）社会保障制度的类型

从世界各国的情况看，社会保障制度的实际内容非常丰富。按政府、企业

随堂笔记

和个人在社会保障制度中的责任、社会保障的水平、不同的融资方式等标准，可将社会保障制度作不同的分类。总体而言，当前各国的社会保障制度可分为三类。

1. 保障型社会保障制度。以美国、日本为代表的多数国家实行的是保障型的社会保障，又有人称之为传统型的社会保障，它是应用保险技术应对劳动者生活中可能出现的风险的一项社会制度。

这种模式是以劳动者为核心建立社会保险制度，对不同的社会成员选用不同的保险标准。社会保险费用由国家、雇主和劳动者三方负担，强调劳动者个人在社会保险方面的责任，以劳动者和雇主的社会保险缴费为主，国家财政给予适当支持。劳动者享受社会保险的权利与社会保险缴费的义务相联系，但只记录个人缴费情况，不建立以给付为目的的个人账户，社会保险基金在受保成员间调剂使用，从而充分体现互助互济、共担风险的原则。社会保险基金的筹集以现收现付为主，即当期养老金支付所需资金主要来源于在职职工及其雇主分摊缴纳的保险费。

这种模式重视社会保险中权利与义务的联系，同时，社会保险基金在成员间统筹使用，也体现了互助共济的宗旨，兼顾了效率和公平原则。

但是，保障型的社会保险模式也存在一些局限，主要是：第一，由于实行现收现付制，在人口老龄化的背景下，养老和医疗的费用支出日益庞大，政府财政压力加重；第二，社会保障费用持续上升，使劳动力成本大大提高，也加重了企业的负担，制约了企业的成长和国家经济的发展。

2. 福利型社会保障制度。以瑞典、英国为代表一些欧洲国家实行的是福利型社会保障制度，即按照“普遍性”原则，实行“收入均等化、就业充分化、福利普遍化、福利设施体系化”以及包括“从摇篮到坟墓”的各种生活需要在内的社会保障制度。福利型社会保障制度的社会保障主体是国家，国家以公共支出的方式给予全体公民普遍的社会保障待遇，并将它看做是公民应当享受的基本权利。这一制度按统一标准缴费和给付，以国家税收作为社会保障支出的资金来源，其主要特征是政府负责、全民高福利。

福利型社会保障制度作为“社会安全阀”，对所在国的政治、经济和社会稳定起了极其重要的作用。首先，它保证了公民的基本生活，为社会稳定和经济

随堂笔记

发展创造了良好的外部环境。其次，它在一定程度上鼓励了消费，刺激了经济增长。再次，福利政策的推行促进了第三产业的发展，尤其是医疗、职业培训、老年服务等产业部门的发展。最后，福利制度为公平的市场竞争提供了良好的前提条件，对市场经济运行中可能出现的风险进行了一定程度的防范和化解。

但是，由于人口老龄化以及管理费用过高等原因，福利型社会保障模式造成政府财政负担过重，目前迫切需要改革。

3. 储蓄型社会保障制度。新加坡和智利等国家实行的是储蓄型社会保障制度。这是一种个人缴纳保险费的社会保障制度，以新加坡的中央公积金制为代表。这种制度是通过国家立法，强制所有雇主、雇员按工资收入的一定比例向中央公积金局缴纳公积金，由中央公积金局加上每月应付的利息，一并计入每个会员的账户专户储存。会员所享受的待遇只在其账户的额度以内支付。

这种制度的特点是，要求会员首先自立，依靠自己；如果本人工资收入低下、存款达不到最低限额，则由家属填补，一般会员之间并无调剂互助。这样，就把个人享受的待遇和自己的努力与存款的多少紧密地联系在一起，公积金存款越多，所享受的养老金、医疗保健等待遇也越多。因此，公积金制度具有很强的激励作用。

新加坡的中央公积金制度在近 50 年的运行过程中，为国家的经济发展和社会稳定起到了积极的促进作用，使国家在财政没有沉重的福利包袱的前提下，实现了对人民在老年、疾病、住房、子女教育等方面的切实保障。中央公积金制度实际上是一种强制性的长期储蓄，公积金除用于支付正常提取和利息外，积存的部分大都用于购买公债、公共投资或向国外投资，既为经济增长提供了资金保证，又确保了累积基金的增值。而且，这种公积金制度强调个人自助和家庭成员间的互济，避免了前两种模式下财政压力过大的弊端。

但是，新加坡的中央公积金制也存在一些问题：第一，社会成员间的互济比较有限，保障水平参差不一，不利于实现社会收入公平分配目标；第二，过度储蓄降低了人们的当期消费，限制了国内有效需求的扩大；第三，基金增值的压力较大，管理运营情况、社会经济发展情况乃至国家宏观经济的运行状况都会影响公民未来的生活质量；第四，过高的缴费比率降低了公民进行其他储蓄的可能，导致公民老年时生活来源单一，不利于形成多层次的社会保险体系。

总之，不同类型的社会保障制度各有利弊，储蓄型社会保障制度更强调效率目标，福利型社会保障制度更强调公平目标，保障型社会保障制度则力图实现两种目标兼顾。但是，在人口老龄化加剧的背景下，后两种类型的社会保障制度的支付越来越困难，因而面临着更大的改革压力。

二、财政补贴支出

财政补贴是一国政府为了某种特定需要，对指定的对象进行的货币资金的转移。

（一）价格补贴

价格补贴是国家为了稳定市场物价，安定人民生活，发展生产和实现其他政策目标，对某些商品实行购销价格倒挂或持平的价格政策时，由财政对从事这些商品生产、供销的企业的价差损失和亏损给予的补贴。

财政价格补贴与价格的变动密切相关，价格补贴往往会改变原先的相对价格体系，引起生产者和消费者行为的变化：生产者倾向于生产更多的补贴品，消费者倾向于消费更多的补贴品。因此，财政补贴具有改变资源配置结构的效应。另一方面，进行价格补贴后，一部分企业或个人由于获得补贴而增加了收入，购买力增强，因此，价格补贴也会增加社会总需求，并改变国民收入中原有的分配结构。

（二）企业亏损补贴

企业亏损补贴是指国家在某些企业发生亏损时，为了维持企业生存，而为按计划生产一些社会需要的产品拨付的财政补贴。企业亏损有政策性亏损和经营性亏损之分。前者是指企业因为国家经济政策的影响而发生的亏损，后者则是由于企业自身经营管理不善所致。原则上，政府只应对政策性亏损进行补贴。

随堂笔记

（三）财政贴息

财政贴息是指国家对使用某些规定用途的银行贷款的企业或个人就其支付的贷款利息提供的补贴，其实质是财政代替有关企业或个人向银行支付利息，是国家财政支持有关企业或项目的一种方式。

（四）税收支出

税收支出是指国家财政对于某些纳税人给予的减免税。形式上，税收支出只减少财政收入，并不列为支出，在国家发布的统计资料中也并无明确列示。之所以把税收支出也看做财政补贴，是因为：一方面，对国家来说，税收支出会使国家的财政收入减少，这与一般的财政补贴一样；另一方面，受益者因获得减免税待遇，实际收入增加，这也与一般的财政补贴一致。可见，税收支出也是政府将纳税人的一部分收入无偿转移给受益人，是财政补贴的一种。

（五）实物补贴

实物补贴是政府以实物形式给予受益者的补贴，其对受益者的影响如图 4 - 5 所示。

假定消费者消费 X，Y 两种商品，补贴前的预算线为 AB，E_1 为其最优消费组合点，实现效用水平如无差异曲线 i_1 所示。若政府给予消费者一定的实物补贴（商品 X），消费者的预算线将沿 X 轴平移至 DF，由于实物补贴通常不能转化为现金，再购入 Y 商品，所以 HF 段不能实现，用虚线表示。

当消费者对 X 商品的偏好强度较低，即无差异曲线较为平缓时，实物补贴有可能造成效率损失。

如图 4 - 5，采用与实物补贴相同数量的货币补贴时，预算线为 HD，最优消费组合点为 E_3，实现效用水平如无差异曲线 i_3 所示。而实物补贴时预算线为 FD，由于 HF 段不能实现，消费者只能选择 F 为其最优消费组合点，此时实现的效用水平如无差异曲线 i_2 所示。i_3 与 i_2 之间的差距即为实物补贴的福利损失。

随堂笔记

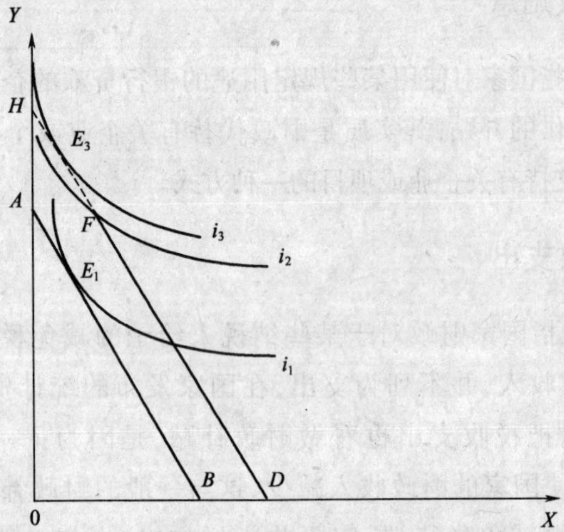

图4-5　实物补贴可能导致效率损失

受益者原本对 X 产品的需求不大,由于实物补贴,不得不减少原本更为偏好的 Y 产品的消费,转而消费补贴的 X 产品,其满足感必然减少。在极端的情况下,如果补贴过多,受益者将不得不放弃消费过多的 X,从而导致效用损失更多。

可见,实物补贴容易造成较大的效率损失。但是,它也有优点,即补贴十分具有针对性。因此,实物补贴仍在一定的范围内应用。比如,在美国,针对低收入者发放的食品券就是典型的实物补贴。

第四节　中国的公共支出状况

一、政府购买支出

(一)行政管理支出

我国的政府行政管理支出包括行政支出、公安支出、国家安全支出、司法检

随堂笔记

察支出和外交支出等。改革开放以来,我国行政管理支出增长迅速,1978 年至 2005 年,行政管理支出的平均增长率高达 19%,行政管理支出占财政支出的比重也从 5% 上升到 19%①。

我国庞大的行政管理支出不仅加重了财政负担,影响了政府形象,也妨碍了政府行政效率的提高。因此,现阶段要适当控制行政管理费支出的增长速度,其根本途径是:充分明确市场经济下政府的活动范围,转变政府职能,精简行政机构,以减轻财政负担,提高政府机构的办事效率。同时,要加强预算管理,实施并完善部门预算,依据各部门的职能范围确定合理的支出标准,严格监督。

(二)国防支出

新中国成立以来,我国国防支出的绝对规模持续上升,相对规模则受国内外政治军事局势的影响而波动。20 年代 80 年代中期以来,国防支出占财政总支出的比重基本上稳定在 7% ~10% 的水平。但是,我国国防支出的总体水平在世界上仍然相对较低。如表 4-2 所示,2005 年中国国防费占国内生产总值的比重低于美国、俄罗斯、英国、法国等大国。随着经济的发展,未来我国国防支出的绝对额将继续上升,而就占 GDP 的比重和占财政总支出的比重等相对规模而言,则应稳定在当前的水平。

表 4-2　2005 年部分国家国防费及其占 GDP 的比例

国家	美国	俄罗斯	英国	法国	德国	日本	中国
国防费(亿美元)	4 953.30	186.03	578.80	428.91	311.39	453.87	306.46
国防费占 GDP 的比例(%)	4.03	2.45	2.71	1.93	1.07	0.89	1.35

资料来源:国务院新闻办,《2006 年中国国防白皮书》。

(三)教育支出

改革开放以来,我国财政教育支出增长很快(如图 4-6 所示),2004 年财政教育支出比 1978 年增加了 51 倍,年均增长率为 16%。但是,我国教育支出占 GDP 的比重仍相当低,近年来财政教育支出占 GDP 的比重始终在 3.5% 以

① 资料来源:《中国统计年鉴》(2006)。

随堂笔记

下徘徊，但这一指标发展中国家的平均水平1999年即已达到4.3%①。

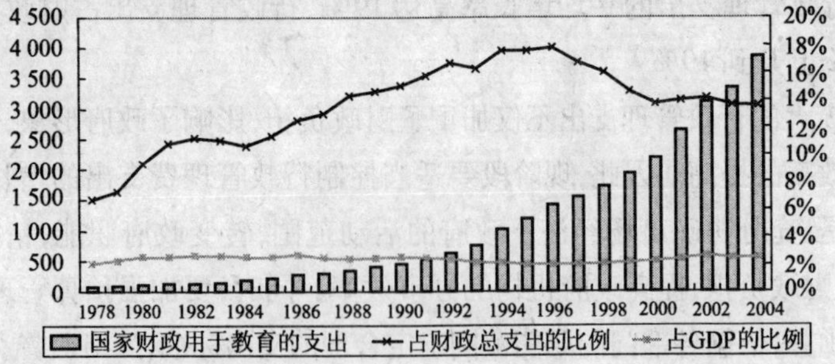

图4－6　中国公共教育支出规模及相关指标

从结构上看，我国公共教育经费中用于高等教育的比例偏高，而对基础教育的投入相对不足。同时，教育资源相对集中于经济发达地区，城乡之间、东中西部地区之间有明显的落差。

因此，我国公共教育经费投入的主要改革目标应为：确保教育经费的总量水平；将教育拨款的增量部分集中用于基础教育，优化有限资金的结构配置；完善政府间财政转移支付制度，促进地区间教育经费的均衡；建立多渠道筹措资金、多形式办学的格局。

（四）医疗卫生支出

卫生总费用是世界卫生组织（WHO）衡量卫生总投入的一般指标，它包括政府预算卫生支出、居民个人卫生支出、社会卫生支出三大项。其中，政府预算卫生支出是指一国中央和地方各级政府的卫生事业经费拨款总额。从表4－3可以看出，1991年以来，我国的卫生总费用绝对数逐年上升，但是，从卫生总费用的结构看，政府预算卫生支出和社会卫生支出占卫生总费用的比重基本上逐年下降，而居民个人卫生支出却呈现出快速增长的势头。1991年居民卫生支出占卫生总费用的比重仅为38.8%，2001年这一指标达到59.97%，增长了20多个百分点。此后，这一指标有所下降，但仍然保持在50%以上。这些数据表明，随着计划经济时期的公费医疗制度被彻底打破，居民开始成为卫生支出的主要承担者。

---

① 资料来源：http://www.uis.unesco.org。

随堂笔记

专栏

专栏4-2　浙江省长兴县的教育券制度

浙江省长兴县位于长江三角洲杭嘉湖平原，处于太湖西南岸。2001年5月，在长兴县县委、县政府和浙江省教育厅的支持下，长兴县教育局（当时名为教委）出台了《长兴县教委关于使用教育券办法的通知》，在我国开创了实施教育券制度的先河。

教育券（Education Voucher）概念是由美国经济学家、诺贝尔经济学奖获得者米尔顿·弗里德曼在20世纪50年代首先提出的学券制发展而来的，指的是政府把教育经费折算成一定数额的可以用来抵充学杂费的有价证券。

截至2005年10月，长兴县共发放民办教育券72张，计24 300元；扶贫助学教育券8 743张，计2 624 215元；职业教育券15 818张，计4 745 400元；民办高中教育券787张，计78 700元；薄弱普通高中教育券624张，计124 800元；农村技能培训教育券11 150张，完成培训9 112人，结算培训经费396.56万元。

在教育券发放过程中，长兴县建立了公示制度、层层审核制度等各项制度，保证教育券发放过程公开、公平、公正，并直接发放到学生手中，在一定程度上解决了教育经费的截流和挪用问题。同时，教育券只用于代缴杂费和书本费，学校凭收取的教育券向教育行政部门兑现，从而保证了政府用于教育券的经费全部回到教育。

教育券制度的主要创新在于：它突破了传统的教育资源配置方式，改变了政府对基础教育的投入方式。在教育经费并不宽裕的今天，把有限的经费投入到最需要扶持的群体（贫困学生）和领域（职业类学校、民办学校），提高了公共财政资金的使用效益。

（资料来源：根据《浙江省长兴县的教育券制度》一文改编，原文见中国政府创新网 http://www.chinainnovations.org。）

随堂笔记

表4－3　我国卫生总费用测算数　　单位:亿元

年份	卫生总费用		政府预算卫生支出		社会卫生支出		居民个人卫生支出	
	金额	比重	金额	比重	金额	比重	金额	比重
1991	888.6	100%	202.3	22.80%	341.1	38.40%	345.2	38.80%
1995	2 257.8	100%	383.1	17.00%	739.7	32.70%	1 135	50.30%
1997	3 384.9	100%	522.1	15.40%	937.3	27.70%	1 925.1	56.90%
1998	3 776.5	100%	587.2	15.60%	1 006	26.60%	2 183.3	57.80%
1999	4 178.6	100%	640.9	15.30%	1 064.6	25.50%	2 473.1	59.20%
2000	4 586.6	100%	709.5	15.47%	1 171.9	25.55%	2 705.2	58.98%
2001	5 025.9	100%	800.6	15.93%	1 211.4	24.10%	3 013.9	59.97%
2002	5 790	100%	908.5	15.69%	1 539.4	26.59%	3 342.1	57.72%
2003	6 584.1	100%	1 116.9	16.96%	1 788.5	27.16%	3 678.7	55.87%
2004	7 590.3	100%	1 293.6	17.04%	2 225.4	29.32%	4 071.4	53.64%

资料来源:《中国统计年鉴》(2006)

居民个人卫生支出的增长有助于节省医疗费用,提高医疗市场的效率。但是,政府在减少对医疗卫生机构财政拨款的同时,一定程度上放开了医疗服务和药品的价格,这就造成医疗费用不断攀升,以致当前社会弱势群体不能得到必要的医疗服务,“看病难、看病贵”的矛盾十分尖锐。

因此,在医疗卫生支出方面,必须在政府负担和个人负担之间寻求一个适当的比例,适当增加社会负担的水平。就我国目前的情况看,公共卫生支出应当在进一步扩大规模的同时优化支出结构。也就是说,对正规就业群体,应全面强制推行以雇主和个人缴费为主的社会统筹的医疗保险和自愿的完全由个人缴费的商业保险;而对于社会低收入群体和患大病者的医疗卫生开支,政府应给予必要的资助。同时,应该增加用于社区和乡镇医疗机构的补贴,增加用于疾病控制和预防方面的支出,以最大限度地提高公共卫生支出的利用效率。

(五)投资支出

我国在计划经济时期,政府是最主要的投资主体,财政投资占全社会总投

随堂笔记

资的比重较高。随着经济体制改革的不断深入,民间资本、外国资本和本国政府投资相互融合、补充的格局逐步形成,大量国有企业走向市场,政府只保留大型和基础性、公益性强的企业作为投资对象,这些,都使得财政投资占社会总投资的比重不断下降(如图4-7所示)。但从1998年开始,财政投资占全社会固定资产投资的比重又有所提高,这反映了政府增加财政投资、实行积极财政政策的举措。从我国当前所处的经济发展阶段来看,保持基础设施、基础产业、农业、高科技产业等领域相当水平的财政投资,对于推动经济的发展十分必要。

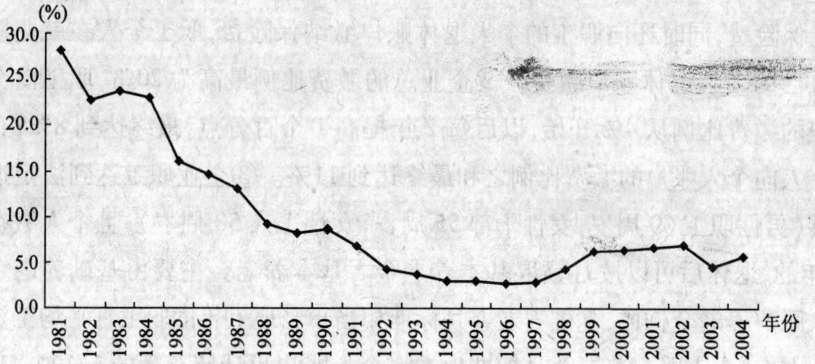

图4-7　预算内财政投资占全社会固定资产投资的比例

二、政府转移支出

(一)社会保障支出

我国社会保障支出包括的内容主要有社会保险、社会救济、社会福利和社会优抚四个方面。

1. 社会保险。社会保险是依据国家有关法律,由政府、单位或企业和个人多方共同筹资,在劳动者及其家属遭遇生、老、病、死、伤、残、失业等风险时,为防止其收入中断、减少或损失而提供帮助,以保障其基本生活需要的制度。社会保险是社会保障体系的核心内容,是国家通过立法形式强制推行的,也是覆盖面最广的。社会保险主要包括养老保险、医疗保险、失业保险、工伤保险和生育保险等项目。

随堂笔记

(1)养老保险。养老保险是指职工在就业期间,由本人及其服务的单位或企业履行缴纳保险费的义务,职工退休之后,按规定每年获得一定收入的保障制度,其目的是为因年老丧失劳动能力的劳动者提供基本生活保障和一系列社会性服务。

我国现行的养老保险制度,是在1997年7月国务院下发的《关于建立统一的企业职工基本养老保险制度的决定》基础上确立的"统账结合"的养老保险制度,即社会统筹部分和个人账户部分相结合,共同组成我国城镇职工的基本养老保险制度。这项制度的规定包括:①每个企业为职工向社会统筹基金缴纳养老保险费,同时还向职工的个人退休账户缴纳保险费,职工个人在就业期间向自己的个人退休账户缴费。②企业总的缴费比例最高为20%,职工向个人账户的缴费比例从4%开始,以后每2年提高1个百分点,最终达到8%;企业和个人向个人账户的缴费比例之和最终达到11%。③企业职工达到法定退休年龄(男性职工60周岁,女性干部55周岁,女性工人50周岁),且个人缴费满15年的,退休后可以按月领取基本养老金。基本养老金主要由基础养老金和个人账户养老金构成,基础养老金月标准相当于当地上年度职工月平均工资的20%左右,个人账户养老金月标准为本人个人账户累计储存额的1/120。1999年,我国把基本养老保险的覆盖范围扩大到外商投资企业、城镇私营企业和其他城镇企业及其职工。省、自治区、直辖市根据当地实际情况,可以规定将城镇个体工商户纳入基本养老保险。2002年,基本养老保险覆盖范围扩大到城镇灵活就业人员。

(2)医疗保险。这是一种以职工和单位缴纳的保险费及政府补助为经费来源的社会保险制度,负责支付患病职工以及退休人员的医疗费用,职工的直系亲属也可享受一定的医疗补助。

我国当前的医疗保险制度是1994年国务院确定的"社会统筹和个人医疗账户相结合"的医疗保险制度。现行的基本医疗保险覆盖城镇所有用人单位和职工,包括所有机关、事业单位、各种类型企业、社会团体和民办非企业单位的职工和退休人员。城镇灵活就业人员也可以参加基本医疗保险。基本医疗保险的资金来源主要为用人单位和个人共同缴纳的医疗保险费:用人单位的缴费比例为职工工资总额的6%左右,个人缴费比例为本人工资的2%,退休人员个人不缴费。

随堂笔记

个人缴费全部划入个人账户,单位缴费按30%左右划入个人账户,其余70%左右建立统筹基金。个人发生的医疗费由医疗保险基金和个人共同分担:门诊(小额)医疗费用主要由个人账户支付;住院(大额)医疗费用主要由统筹基金支付。统筹基金有明确的起付标准和最高支付限额,起付标准原则上控制在当地职工年平均工资的10%左右,最高支付限额一般为当地职工年平均工资的4倍左右。起付标准以上、最高支付限额以下的医疗费用主要从统筹基金中支付,个人也要负担一定比例。退休人员个人负担医药费的比例适当低于在职职工。

(3)失业保险。所谓失业保险,是指根据国家有关法律规定筹集社会保险基金,在职工出于各种原因中断工作、等待再就业的期间,从社会保险基金获得基本生活及医疗等方面的物质帮助,并通过转业训练和生产自救,使其重新就业的社会保险制度。失业保险的主要目的是维持失业人员及其家属的基本生活,并为其早日重新就业提供必要的条件和机会。

失业保险制度在我国起步于1986年发布的《国营企业职工实行待业保险暂行规定》。1999年我国颁布《失业保险条例》,使失业保险制度更加规范和完善。《失业保险条例》的主要内容包括:①参保范围和缴费:城镇企业事业单位及其职工必须参加失业保险,用人单位按照本单位工资总额的2%、职工按照本人工资的1%缴纳失业保险费。②享受条件:失业人员享受失业保险待遇需要具备3个条件,即缴纳失业保险费满1年,非因本人意愿中断就业,已办理失业登记并有求职要求。③失业保险金标准:省、自治区、直辖市人民政府按照低于当地最低工资标准、高于城市居民最低生活保障标准的水平,确定本地区失业保险金标准。④享受期限:失业人员失业前所在单位和本人按照规定累计缴费时间满1年不足5年的,领取期限最长为12个月;满5年不足10年的,最长为18个月;10年以上的,最长为24个月。⑤其他失业保险待遇:失业人员在领取失业保险金期间患病,可领取医疗补助金;在领取失业保险金期间死亡,其遗属可领取丧葬补助金和遗属抚恤金;在领取失业保险金期间,还可享受职业培训和职业介绍补贴。⑥城镇企业事业单位招用的农民合同制工人参加失业保险,用人单位按规定缴费,个人不缴费;连续工作满1年,劳动合同期满未续订或提前解除劳动合同的,可以根据工作时间长短申领一次性生活补助。

(4)工伤保险。工伤保险是劳动者在生产过程中发生不测意外事故,如受

随堂笔记

伤或残疾而暂时或永久丧失劳动能力,失去正常工资收入来源时,享受工资、医疗费、伤残补助的社会保障制度。

我国正致力于建立职工工伤预防、工伤补偿和工伤康复相结合的工伤保险制度,并于2004年1月颁布实施了《工伤保险条例》。国家规定,各类企业和有雇工的个体工商户均应参加工伤保险,为本单位全部职工或者雇工缴纳工伤保险费,劳动者个人不缴费。工伤保险实行以支定收、收支平衡的基金筹集模式,由地级以上城市建立统筹基金。政府根据不同行业的工伤风险程度确定行业差别费率,并根据工伤保险费使用、工伤发生率等情况,在每个行业内确定若干费率档次。工伤保险实行"无过失补偿"的原则。待遇项目主要包括:工伤医疗费用,根据劳动能力丧失程度确定的伤残补助金、伤残津贴、伤残护理费,因工死亡劳动者直系亲属领取的丧葬补助金、供养亲属抚恤金和一次性工亡补助金等。国家统一制定和颁布了职工工伤与职业病致残程度鉴定标准,对因工负伤职工经治疗伤情相对稳定后存在残疾且影响劳动能力的,进行劳动能力鉴定,对职工在工作时间、工作区域内,因工作原因发生意外事故伤害或患职业病给付工伤保险待遇。

(5)生育保险。这是对劳动者因生育而中断劳动时,给予其生育期间的收入补助。我国生育保险制度主要覆盖城镇企业及其职工,部分地区覆盖了国家机关、事业单位、社会团体、企业单位的女职工。生育保险费由参保单位按照不超过职工工资总额1%的比例缴纳,职工个人不缴费;没有参保的单位,仍由其承担支付生育保险待遇的责任。职工生育依法享受不少于90天的生育津贴。女职工生育或流产后,其工资、劳动关系保留不变,按规定报销医疗费用。

2. 社会救济。社会救济是指政府对收入在贫困线以下的居民和因自然灾害遭受损失或发生其他不幸事故而生活困难者提供货币与实物援助的一种社会保障制度。社会救济主要是作为社会保险的补充形式,解决一些社会保险不能解决的社会问题。社会救济与社会保险的主要区别在于:

(1)社会保险针对的对象是能够正常劳动且能获得维持基本生活所需收入的居民,社会救济针对的是不能正常劳动或不能获得维持基本生活所需收入的居民。(2)社会保险的标准较高,一般能保证受益人一定的生活水准;社会救济只保证受益人最低的基本生活水准,因而社会救济的标准要比社会保险津贴的标准低。(3)社会保险一般存在权利和义务的对应关系;社会救济不存在权利和义务

随堂笔记

的对应关系，只要申请救济者达到社会救济的要求，就可以获得救济。

我国目前的社会救济体系主要由三部分构成：①城乡困难户救济，即政府向城镇居民中无生活来源的孤、老、残、幼和收入不能维持基本生活的贫困户以及农村中主要劳动力病残或死亡的家庭提供的补助。②农村“五保户”救济，即政府向农村中的“五保户”（保吃、穿、住、医、葬的孤寡老人和残疾人）提供的资助。③灾民救济，即政府向遭受严重自然灾害而陷入生活困境的城乡居民提供的资助。目前，我国已普遍建立城市居民最低生活保障制度，享受城市居民最低生活保障的人数逐年增多。同时，为有效解决国有企业下岗职工基本生活保障问题，国务院要求各地区和各有关部门在有下岗职工的国有企业建立再就业服务中心，并按照“三三制”（即企业自筹、社会筹集和财政承担各占1/3）的筹资原则，确保下岗职工的基本生活。

3. 社会福利。社会福利是国家在保证社会成员享受基本生存权利的基础上，通过免费或低价向其提供某种生活用品或劳务，来提高社会成员生活质量的一种社会保障制度，它在社会保障体系中处于一个较高的层次。

正是由于社会福利属于社会保障的较高层次，我国在发展社会福利事业时必须量力而行、循序渐进，要坚持发展与国家社会经济发展水平相一致的社会福利制度。

4. 社会优抚。社会优抚是指政府对现役、退伍、复员、残废军人及烈军属给予抚恤和优待的一种社会保障制度。具体内容包括：

（1）抚恤。这是政府对因公伤残人员、因公牺牲及病故人员家属采取的一种物质抚慰方式，包括伤残抚恤和死亡抚恤。

（2）优待。优待是指从政治上和物质上给予优待对象良好的物质或资金待遇、优先照顾以及专项服务。

（3）优抚社会化服务。指国家筹资为优抚对象建造服务设施，如革命伤残军人休养院、荣复军人慢性病疗养院等。

社会优抚作为社会保障体系中的重要一环，对保障优抚对象这一特殊社会群体的生活、巩固国防、保证人民安居乐业和社会稳定具有重大的现实意义。

5. 我国财政社会保障支出的总体情况。1978年以来，国家财政用于抚恤和社会福利的支出总额每年都有所增加，但该项支出占财政总支出的比例则基

随堂笔记

本上在1.5%～2%间波动。

由表4－4可以看出，我国政府用于社会保障和福利的支出在国际上处于较低水平，低收入国家1970～1979年中央政府社会保障支出占GDP的比重为0.9%，而我国全部政府社会保障和福利支出占GDP比重的历史最高水平也仅为0.52%。随着社会保障制度改革的深入，我国政府用于社会保障和福利的支出显然应当进一步增加。

表4－4　收入水平与中央政府社会保障和福利支出占GDP的比重

国家和地区	1970～1979年	1980～1989年	1990～1995年
低收入国家[a]	0.9	0.9	1.3
下中等收入国家	1.4	2.1	3.1
上中等收入国家	5.2	6.6	6.9
高收入国家Ⅰ	8.6	10.9	11.8
高收入国家Ⅱ[b]	10.7	13.4	14.2

注：a. 按世界银行的分类方法对各国进行分类。

b. 不包括东亚新兴工业化国家、科威特和阿拉伯联合酋长国。

资料来源：Hu, Z. L., "Social Security and Economic Growth: Implications for East Asia", in Shibata, H. and T. Ihori (eds.): "The Walfare State, Public Investment, and Growth", Springer－Verlag, 1998。

（二）财政补贴支出

我国当前的财政补贴主要有价格补贴、企业亏损补贴、财政贴息，以下分别加以介绍。

1. 价格补贴。我国的价格补贴按产品的类别划分，主要包括：①农副产品价格补贴。这是价格补贴最主要的内容，目前占全部价格补贴支出的80%以上。根据补贴对象的不同，又可分为商业企业的价差补贴和城镇居民（或职工）的副食品价格补贴。②农业生产资料价格补贴。主要有对农药、化肥、农业用电、农用塑料薄膜等的补贴。③日用工业品价格补贴。国家给予补贴的日用工业品主要包括民用煤、学生课本、报刊新闻纸等。④工矿产品价格补贴。这是中央财政对地方调出省外的统配煤，国家收购的黄金、白银等工矿产品，因调出或收购价格较低而给予的补贴。

随堂笔记

2. 企业亏损补贴。我国的企业亏损补贴主要包括冶金、有色金属、煤炭、化工等计划价格水平偏低的原材料工业企业的亏损补贴，商业、粮食企业经营购销价格倒挂商品所需的经营费用补贴，以及农机、轻工、农垦、农牧等企业的政策性亏损补贴。

3. 财政贴息。根据我国的相关规定，财政贴息用于以下用途的贷款：促进企业联合，发展优质名牌产品；支持沿海城市和重点城市引进先进技术和设备；发展节能机电产品，等等。此外，近年来，对于助学贷款，国家也给予财政贴息。

4. 我国财政补贴的发展状况及其改革。我国的财政补贴始于建国初期，但改革开放前财政补贴的规模较小。1979 年以来，由于农副产品收购价格大幅提高，下游产品面临连锁涨价的压力，国家为稳定价格，维持人民生活水平，显著增加了财政补贴。1984 年以后，价格改革从以农村为基点转向以城市为基点。由于各项改革措施未能及时配套，部分基础工业品价格和汇率亦被纳入财政补贴的调节范围，财政补贴规模进一步扩大。1986 年，巨额的财政补贴引起了人们的重视，价格补贴由原来的冲减财政收入项目改为列入财政支出项目，以便于对其进行监督，但企业亏损补贴仍作为财政收入的减项冲减收入。财政补贴总量和结构的变化都与国有企业改制进程和价格改革的逐步推进有直接的关系，参见图 4 - 8。

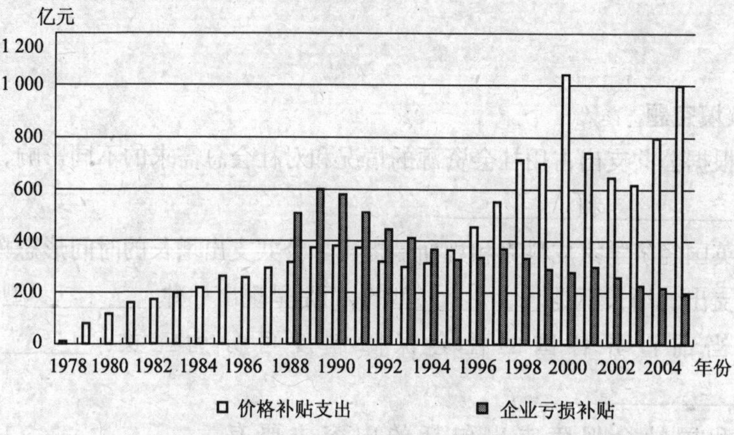

图 4 - 8　我国财政补贴支出的变化（1978 ~ 2005 年）

资料来源：《中国统计年鉴》(2006)。

随堂笔记

我国的财政补贴经历了从无到有、从少到多的过程，应当说，它在很大程度上为价格改革这一经济体制改革中心环节的顺利进行起到了重要的作用，但同时，它也给国家财政带来了十分沉重的负担。今后，规范财政补贴应注意以下几个方面：

第一，合理确定补贴的范围，减少补贴项目，压缩补贴的规模。今后我国的财政补贴应主要限制在对农业的补贴、对稀缺资源开发利用的行业的补贴（如原油价格补贴、原油企业亏损补贴等）以及对社会效益较大而经济效益有限的领域（如军工、航天、环境治理等）的补贴；对于其他补贴，应加以控制，使其逐步减少甚至取消。

第二，适时调整补贴标准，使补贴水平顺应经济和社会实际情况的变化和发展。

第三，进一步完善财政补贴的管理，加强对补贴款使用的监督，提高补贴支出的效益。

复习思考题

一、填空题

1. 根据公共支出占用社会资源的情况和对社会总需求的不同影响，可将其划分为__________和__________。

2. 英国经济学家皮科克和魏斯曼提出了公共支出增长的时间形态模型，指出公共支出的增长不是__________型的，而是呈现出一种__________型。

3. 当前世界各国的社会保障制度可分为三类：__________、__________、__________。

4. 我国社会保障支出包括的内容主要有__________、__________、__________和__________四个方面。其中，社会保险主要包括__________、__________、__________、__________和__________等项目。

随堂笔记

二、问答题

1. 为什么在公共支出成本收益分析中要应用影子价格？它适用于哪些场合？试举例说明。

2. 试述公共教育支出的必要性。

3. 社会保障资金有哪些主要的筹集方式？各有什么优缺点？

4. 试分析我国改革开放以来公共支出的主要结构特点。

第五章 公共收入理论

CHAPTER 5

本章要点

公共收入是政府为了满足社会公共需要，凭借公共权力，向私人部门筹集的资金，其主要形式包括税收收入、政府收费收入、国有资产收入、公债收入等。

税收是最主要的公共收入形式，具有强制性、无偿性和固定性三个基本特征，纳税人、课税对象和税率是税收的三个基本要素。按不同的标准，可以对税收进行多种分类。

政府课税后，法定直接纳税人可能将税收负担转嫁出去；税收归宿受到市场结构、供求弹性等因素的影响，且可能会从直接被课税的部门扩展到其他部门；税收还会对经济主体的劳动供给、储蓄、投资等经济决策产生影响；另外，税收对负税人造成的损失可能会大于政府所得到的收入，从而形成税收的超额负担。

税收原则是在设计税收制度、制定税收政策时应遵循的基本原则。现代税收原则强调公平和效率，其中，公平原则又分为受益原则和能力原则，效率原则又分为税收经济效率原则和税务行政效率原则。

税制结构可以分为单一税制和复合税制两类。税制结构设计要解决的主要问题是税种的配置、税源的选择以及税率的安排。税制结构模式有单一主体税和双主体税之分，具体受到生产力发展水平、经济体制、税收政策目标和税收管理水平等因素的影响。

随堂笔记

为了履行公共部门的各项经济职能，必须以各种手段筹集资金，本章和第六章着重探讨公共收入问题，首先介绍公共收入的不同形式，随后对作为公共收入主体并成为政府调节经济重要杠杆的税收进行详细分析。税收所涉及的问题很多，本章主要探讨税收基本理论，第六章将具体分析税收制度。

第一节　公共收入概述

公共收入主要是政府为了满足社会公共需要，凭借公共权力，向私人部门筹集的货币或实物。公共收入的形式有税收收入、国有资产收入、公债收入、政府收费收入、捐赠收入等，其中，在公共收入中所占比重大、对国民经济有重要影响的主要形式是税收收入、政府收费收入、国有资产收入和公债收入。公债收入将在本书第九章详细探讨，本节将对前三种形式的公共收入作简要介绍。

一、税收收入

税收是政府为了满足社会公众需要，凭借政治权力，按照法定标准向社会成员强制、无偿地征收而取得的一种收入，它是各国政府取得财政收入的最基本形式。税收这一概念具体可以从以下几个方面进行理解：税收是国家财政收入的形式，行使征税权的主体是国家，国家凭借其行政权征税，国家征税的目的是为社会提供公共品，税收的征收必须依法进行。

（一）税收的形式特征

与其他公共收入形式相比，税收主要具有强制性、无偿性和固定性三个基本特征。

1. 强制性。税收的强制性是指政府凭借行政权，以法律形式来确定政府作为征税者和社会成员作为纳税人之间的权利和义务关系。它是税收最为明显的形式特征。由于政府向公众提供的公共产品具有非排他性，因此享受了公共产品的消费者不会自愿支付价格，只有采取强制征税的方式，才能使公共产品

随堂笔记

的成本得到补偿。

2. 无偿性。税收的无偿性是指政府和具体纳税人之间的权利和义务关系是不对等的。即政府向纳税人征税，不是以提供具体公共产品为依据；而纳税人向政府纳税，也不是以分享具体公共产品的利益为前提；政府和纳税人在发生税收关系时，并不发生直接意义上的等价交换。由于消费者对公共产品并不显示其偏好，提供公共产品的政府对消费者的公共产品收益也无法测算，因此，公共产品成本的补偿不能采取直接的价格形式，只能采取间接的税收形式，这就决定了税收的无偿性的特点。

3. 固定性。税收的固定性是指国家在征税之前预先规定了征税对象和征税的数额或比例。税收的固定性有利于保证国家财政收入的稳定，也有利于维护纳税人的合法权益。

（二）税收的基本要素

关于税收，人们所关心的最基本的问题是：向谁征税？对什么征税？征多少税？因此，纳税人、课税对象和税率是税收的三个基本要素。

1. 纳税人。纳税人是享有法定权利，负有纳税义务，直接缴纳税款的单位和个人。同纳税人有联系、但又有区别的另一个概念是负税人。从严格意义上讲，纳税人是法律上的纳税主体，而负税人是经济上的负税主体。纳税人和负税人既可以合一，也可能分离；但在存在税负转嫁的情况下，纳税人和负税人则是分离的。

2. 课税对象。课税对象也称课税客体，是国家征税的基本依据，即对什么进行征税。课税对象规定着征税的范围，是确定税种的主要标志。不同的课税对象决定着税收的不同种类以及各种税收的征税特点。如所得税的课税对象是所得额，财产税是以财产的数量或价值为课税对象。课税对象不同于税源。税源是税款的最终来源，所得税的税源就是所得额，流转税虽以商品的销售额或增值额为课税对象，却部分或全部以商品购买者的收入为税源。真正的税源只有在实际的负税人那里才能查明。

课税对象量的表现称为课税基数（税基）或计税依据。所得税的课税对象是所得额，这只是一个质的规定。为了明确纳税人到底应缴多少税，还必须依

随堂笔记

照税法规定，计算出他的应税所得额到底是多少，这就是课税对象的量——计税依据。计量计税依据的单位有两种，一种是按财产或商品的自然单位来计量，另一种是按货币单位来计量。前者为从量计税，后者为从价计税。在现代税制中，由于计税时的各种扣除，使计税依据仅为课税对象中的应税部分。如企业所得税是以企业利润为课税对象，但允许有多种项目的税前扣除，从而使部分利润免予征税。

3. 税率。税率是税额与计税依据的比率，用公式表示就是：

税率 = 税额/计税依据

在课税对象既定的条件下，税额和税负的大小就决定于税率的高低。税率的高低直接关系到国家财政收入和纳税人的负担。因此，税率是税收政策和制度的中心环节，被称为“税收的眼睛”。

税率可以分为累进税率、比例税率和定额税率三种。

(1)累进税率。如果随着税基的扩大，税率也相应上升，则把这种税率称为累进税率，表5－1显示了一种可能的累进税率的税率结构。

表5－1　累进税率的税率结构

应税所得额 x	$0<x\leq 1\,000$	$1\,000<x\leq 2\,000$	$2\,000<x\leq 5\,000$	$x>5\,000$
适用税率	10%	20%	30%	40%

累进税率可以分为全额累进税率和超额累进税率。全额累进税率是把税基全部数额都按最高边际税率计算税额的一种税率形式；超额累进税率是对税基各等级分别按所适用的税率计算税额，然后将各等级的税额加总的一种税率形式。当税率结构为表5－1所示的情形时，两种累进税率的具体计算方法如表5－2所示。

表5－2　全额累进和超额累进税率的比较

应税所得额	适用税率	全额累进税额	超额累进税额	平均税率
1 000	10%	100	100	10%
2 000	20%	400	100 + (2 000 − 1 000) × 20% = 300	15%
5 000	30%	1 500	300 + (5 000 − 2 000) × 30% = 1 200	24%
10 000	40%	4 000	1 200 + (10 000 − 5 000) × 40% = 3 200	32%

随堂笔记

在全额累进税率制下，当纳税人的收入从适用较低税率上升至适用较高税率时，收入的微小提高会导致税负的大幅度上升。比如，在表5-1中，当纳税人的收入从5 000元上升到5 001元时，收入只增加了1元，税收却要增加500.3元。而在超额累进税率制下，税额随收入上升而上升的幅度比较缓和。相比较而言，超额累进更为合理，所以为世界各国广泛采用。

在超额累进税率制下，一般采用平均税率来反映纳税人的税收负担。平均税率等于实际缴纳税款与应税所得额的比率。容易看出，对于相同的应税收入水平和税率结构，超额累进税率制下的平均税率要低于全额累进税率制下的平均税率。

(2)比例税率。如果随着税基的扩大，税率保持不变，则把这种税率形式称为比例税率。比例税率可以分为统一比例税率和差别比例税率。统一比例税率是指同一税种只设置一个比例税率；差别比例税率是指同一税种设置两个或两个以上的比例税率，不同纳税人或不同课税对象要根据不同情况，分别按不同税率计算纳税。

(3)定额税率。定额税率是以课税对象的自然单位计算税额的一种税率形式。可以按照课税对象的不同特点，选择吨、箱等计税单位。

4.税收的其他要素。除了以上三个基本要素之外，各税种的税法中通常还包括以下一些内容。

(1)起征点或免征额。起征点是税法规定的开始征税时课税对象应达到的数额。课税对象的数额未达到起征点的不征税，达到起征点时全部课税对象都要征税。免征额是税法规定的课税对象数额中免予征税的数额。免征额部分不征税，仅就超过免征额的部分征税。现举一个例子说明两者的区别。如果税法规定个人所得税以1 600元为起征点，适用税率为20%，则应税所得2 000元者应纳所得税2 000×20%=400元。如果税法规定个人所得税以1 600元为免征额，适用税率为20%，则应税所得2 000元者应缴纳所得税(2 000-1 600)×20%=80元。

(2)减税与免税。减税是减征部分税款，免税是免缴全部税款。减免税是政府为了发挥税收的奖限作用或照顾某些纳税人的特殊情况而作出的规定。大部分税种的税法中都包含减免税的条款。

随堂笔记

(3)纳税环节。纳税环节是指流转税的税法中规定的商品从生产到消费的流转过程中缴纳税款的环节。同一税种只在一个环节征税的,称一次课征制;在两个环节征税的,称两次课征制;在每个环节都征税的,称多次课征制。我国1994年以来实行的新税制中,增值税是在生产、批发、零售、进口四个环节课征,而消费税只在生产和进口两个环节课征。

(4)附加或加成。这是税率之外调整纳税人负担的措施。附加是在正税(按法定基本税率征收的税款)以外,附加征收的一部分税额。附加有两种形式:一种是按照课税对象的数额,征收一定比例的附加;另一种是按正税税额征收一定比例的附加。比如,我国的城市维护建设税就采取了在增值税、营业税和消费税三种流转税之上附加的形式,应纳税额为流转税额的一定比例。加成是附加的一种特殊形式,其附加的比例为10%,20%,30%…,即俗称的一成、二成、三成……。我国个人所得税的劳务报酬税目对个人一次获得劳务报酬畸高的,实行了加成征收的方法,加成幅度从二成到十成不等。

(三)税收的分类

构成现代国家税收体系的税种很多,从不同的目的出发,可以将这些税种进行不同的分类,以下介绍几种重要的分类方法。

1. 按照课税对象的性质划分,可以分为流转税、所得税、财产税、资源税和行为税五类。因为课税对象是确定税种的标志,因此,按课税对象分类也是最重要、最基本的一种税收分类方法。流转税是以商品或劳务的流转额为课税对象征收的税收。流转税是我国的主体税,包括增值税、消费税、营业税和关税。所得税是以单位或个人的所得净额为课税对象征收的税收。我国的所得税包括企业所得税和个人所得税。财产税是以各种动产和不动产的价值为对象课征的税。我国的财产税包括房产税、车船使用税、土地增值税、城镇土地使用税等。在国外,财产税还包括遗产税、赠与税。资源税是以资源的绝对收益和级差收益为课税对象征收的税。行为税是以特定行为为课税对象征收的税,如我国课征的车船使用税和印花税。

2. 按照税负是否容易转嫁划分,可以分为直接税和间接税。税负转嫁是指纳税人将法律规定其应当缴纳的税款,通过各种途径和方式转由他人负担的过

随堂笔记

程。直接税是由纳税人直接负担税款,税收负担不容易转嫁的一类税。直接税的纳税人和负税人往往是同一个人,如个人所得税。间接税是指纳税人能够将税收负担转嫁给他人的一类税。间接税的纳税人和负税人往往是分离的,如增值税和消费税。

3. 按照计税依据划分,可以分为从价税和从量税。从价税是以课税对象的价值为标准而征收的,其计税依据可以是销售额、所得额、营业额等,一般采用比例税率和累进税率的税率形式。从量税是以课税对象的数量为标准而征收的,一般采用定额税率的税率形式。比如,我国的消费税制规定,无铅汽油每升课税 0.2 元,含铅汽油每升课税 0.28 元。

4. 按照税收与价格的关系划分,可以分为价内税和价外税。这是对从价税的进一步细分。价内税是指税金包含在商品计税价格内的税种,即在计算税额时以含税价格计税。我国的消费税就是采用价内税的形式。价外税是指税金不包含在商品计税价格内的税种,即在计算税额时以不含税价格计税。增值税是典型的价外税。

5. 按照税收的管理和使用权限划分,可以分为中央税、地方税和共享税。

二、政府收费收入

(一)政府收费的含义

政府收费是政府部门向公民提供特定服务、实施特定行政管理或提供特定公共设施时,按照规定的标准收取的费用。它体现了受益与成本的直接对称性,贯彻的是"谁受益,谁负担"的原则,负担费用的是那些直接从政府的特定服务中得益的社会成员。政府收费是对政府履行职能的成本进行补偿的一种重要方式。

收费与税收作为公共收入的基本来源,具有某些相似之处,表现在征收主体均为政府或其授权单位,都是政府参与国民收入分配的一种重要形式,都通过政治程序制定征收和使用的规章制度,都用于履行政府职能。但两者在性质上又有着各自不同的特点:税收具有无偿性,而收费具有有偿性;税收具有普遍

随堂笔记

性和强制性，而收费具有特殊性和自愿性；税收的征收具有固定性，而收费则具有一定的灵活性。

（二）政府收费的构成

1. 规费。规费即政府部门为个人或企业提供特定服务时所收取的报偿。确定规费数额，通常有两个标准：一是填补主义，即根据公共机关提供服务所需的费用而定规费的数额；二是报偿主义，即以个人或企业从公共机关服务中得到的利益为准。规费可以分为两大类，一是行政规费，是指政府部门进行各种行政活动而收取的费用，如护照费、户籍费、商标登记费等。二是司法规费，包括诉讼规费（如刑事诉讼费等）和非诉讼规费（如出生登记费、结婚登记费等）。

2. 特许金。特许金即政府公共机关给予个人或企业某种行为或营业活动的特别权利而收取的一定金额。

3. 罚款。罚款即政府公共机关对于个人或企业违反法律以致危害国家利益或公共利益的行为课以的罚金。

4. 使用费。使用费即政府部门向特定公共设施或公共服务的使用者收取的费用。公共设施的使用费必须专门用于相应设施的建设和维修。使用费的收费项目主要是一些受益对象比较明确，而且在受益数量上能够进行一定程度的测量的公共设施与公共服务。

三、国有资产收入

（一）国有资产的含义

国有资产是指国家依据法律，代表全体公民所拥有的自然资源或由于资金投入、资产收益及接受馈赠而形成的资产，它的一切产权属于国家。我国国有资产的构成包括几类：

第一类是国有资源性资产，即法律规定属于国家所有的土地、矿藏、森林、河流、海洋等自然资源。

第二类是经营性国有资产，即国家对生产流通领域的各类企业进行投资以

随堂笔记

及由投资收益形成的，或者依法认定取得的，用于生产经营并使其保值增值的国家所有者权益，具体包括资本金、资本公积金、盈余公积金和未分配利润。

第三类是非经营性的国有资产，即由一般的行政事业单位和非营利性的其他公共机构占有和使用的一部分国有资产，它本身不能创造经济收益。

（二）国有资产收入的构成

国有资产收入是指国家或其授权的国有资产经营机构凭借对国有资产的所有权或出资者所有权，从国有资产经营性或非经营性收入中取得的税后利润、股权转让收入等形式的收益。依据对国有资产的分类，可将国有资产收益分为以下三类：

1. 国有资源收入。国有资源收入是指国家凭借对资源性国有资产的所有权，向资源性资产的使用经营单位所收取的有偿占有使用费等形式的收益，也就是理论上的地租。具体形式包括：转让国有资源使用权的收入，如矿产资源使用补偿费、土地出让金等；国家凭借所有权从国有资源的开发经营单位的收益中分得的收入；出卖资源性国有资产的产权取得的收入。

2. 经营性国有资产收入。经营性国有资产收入是指国家或国家授权经营机构凭借在经营型企业中的国有资本金，取得与出资相对应的税后利润、国有股权转让收入等形式的收入。主要形式有：利润上缴收入，是国有独资企业按照规定的比例上缴国家财政的一部分利润收入；股息红利收入，是在国家参股的有限责任公司或股份有限公司中，国家按照出资比例或持有股份的数量取得的红利或股息收入；租金收入，即由企业的承租人按照合同规定上缴的租金收入，相当于国有资产的使用费。经营性国有资产收入是国有资产收益的主要部分，目前由国有资产管理部门进行专门管理。

3. 非经营性国有资产收入。非经营性国有资产收入是指行政事业单位的非经营性国有资产在用于经营活动时取得的，归占用单位使用管理或上缴国家财政的收入。如非经营性国有资产对外租借、出租的收入，兴办不具有法人资格的附属营业单位的收入以及非经营性国有资产的处置收入。非经营性国有资产收入只是国有资产收入的一小部分，不作为国有资产管理部门的管理重点。

随堂笔记

（三）国有资产收入规模的确定

决定一个国家国有资产收入规模的因素可以归纳为以下几个：

1. 经济体制。在计划经济体制下，国有经济在国民经济中占主导地位，来自国有资产的收入是财政收入的主要来源；而在市场经济体制下，国有经济的规模相对较小，来自国有资产的收入也相对较少。

2. 经济的国有化程度。在同一经济体制下，一国经济的国有化程度是决定国有资产收入规模的重要因素。在市场经济体制下，各国政府一般都会采用公共生产方式解决生产领域的市场缺陷（如垄断）。但由于各国对公共生产效率的评价不同，各国经济的国有化程度也不同。同为市场经济国家，意大利1979年国有企业年投资额占国内投资总额的比例接近50%，而英国同期比例则为20%。

3. 国有资产结构。经营性国有资产是最主要的国有资产收入来源，因此，在一国国有资产规模既定的情况下，经营性国有资产所占比重越大，国有资产收入规模也越大。而且，经营性国有资产的行业结构也会影响国有资产收益的规模。垄断性行业可以获得垄断利润，竞争性行业能获得平均利润，而公共福利型企业则有可能需要政府补贴。因此，如果一国的公共生产多涉足于垄断行业，则经营性国有资产收益相对较高；反之，如果一国的公共生产多限于公共福利部门，则国有资产收益相对较少。

4. 国家和国有企业的分配关系。这涉及两方面的分配关系：

一是国家和国有企业之间的税收关系。企业的整体税负越低，税后利润占利润总额的比重越大，国家按照出资比例所获得的投资收益就越多，即国有资产收入就越多。

二是国家和国有企业之间的利润分配关系。改革开放前，我国对国有企业实行统收统支，国有企业的利润基本上全部上缴国家，因此，我国国有资产收入的规模较大。而改革开放后，国家逐渐放权给国有企业，企业自主权不断扩大，来自于国有企业的国有资产收入因此也相应地不断下降。

随堂笔记

第二节 税收效应

税收效应是指政府课税造成的影响，包括对纳税人收入、福利的影响以及对其经济行为或选择的影响。研究税收效应，对政府制定税收政策有着非常重要的意义。

一、税收的转嫁和归宿

税收不可避免地将造成税收负担，也就是说，一部分资源将转移到政府手中，一部分社会成员的收入和福利将下降。但是，法律上直接承担纳税义务的个人或经济组织不一定是税收负担的最后承担者，他们有可能通过经济交易，将税收负担转嫁出去。制定正确的税收政策的前提是，必须了解政府课税对社会成员收入和福利造成的最终影响。这就要研究税收的转嫁和归宿问题。

(一)税收转嫁的类型

税收的转嫁主要有三种类型：前转、后转和税收资本化。

1. 前转。前转是指在经济交易中，纳税人通过提高所提供的产品或生产要素的价格，将所纳税款向前转移给产品或生产要素的购买者或最终消费者的一种形式，即税负由卖方向买方转移。一般认为，前转是税收转嫁的最典型和最普遍的形式。如果政府在生产环节对消费品课税，生产厂商往往通过提高商品出厂价格，把税负转嫁给批发商，批发商再把税负转嫁给零售商，零售商最后又把税负转嫁给消费者。这样，消费者付出了包括部分或全部税收在内的价格才购得商品，名义上纳税人是商品生产者，实际上税收却由商品消费者负担。

2. 后转。后转是指纳税人将其所纳税款，以压低生产要素进价或压低工资、延长工时等方法向后转移给生产要素提供者负担的一种形式。税收的转嫁表现为后转，一般是由于市场供求条件不允许纳税人以提高商品销售价格的办法向前转移税收负担。例如，政府在零售环节对某商品课税，但该商品市场价

随堂笔记

格因供求关系难以提高。这时,零售商不能通过提高商品售价把税负转移给消费者,只有设法压低进货价格,把税负后转给批发商,批发商再后转给生产厂商,生产厂商又会通过压低原料价格、劳动力价格(工资)或延长工时等办法,把税负转嫁给原料供应者和工人。这样,名义上的纳税人是零售商,但实际的税收负担者是原料供应者和工人。

3. 税收资本化。税收资本化又称资本还原,它实际上是向后转嫁的一种特殊形式,一般发生在土地等能产生长久收益的资本品的交易中。政府如向资本品的收益征税,在这项资本品出售时,如果市场条件允许,买主会将以后应纳的税款折成现值,从所购资本品的价格中预先扣除,从而使资本品的价格下降,税收实际上由资本品的所有者负担。与一般意义上的后转不同,税收资本化是将多次应纳税款一次性转嫁。以土地为例,拥有土地者能够长期获得租金等收益,这些租金收益现值的计算公式为:

$$PV = \sum_{i=1}^{n} \frac{R_i}{(1+r_i)^i}$$

式中,i 为年数,R_i 为各年收益,r_i 为各年的利率即贴现率。在土地出卖时,买方能够接受的价格一般就是 PV。若政府每年向土地收益征税 T_i,则土地未来收益的现值变为:

$$PV' = \sum_{i=1}^{n} \frac{R_i - T_i}{(1+r_i)^i}$$

这时,买方为购买这处土地愿支付的价格亦降为 PV'。如果卖方仍然出售,买方以后应纳的税款一次性地转嫁给了卖方。价格的降幅为:

$$PV - PV' = \sum_{i=1}^{n} \frac{T_i}{(1+r_i)^i}$$

这就是税收的转嫁总额。

(二)税收归宿的局部均衡分析

前转、后转以及税收的资本化反映了税收转嫁的各种可能性,而税收的归宿究竟如何,取决于市场结构、供求弹性等多种因素。为简化起见,我们首先立足于被课税的产品或要素市场本身来探讨税收归宿问题,也就是先进行局部均衡分析。

随堂笔记

1. 完全竞争条件下的税收归宿：

(1)从量计征产品税的基本模型。在完全竞争的市场结构下，如果政府从量计征产品税，其归宿主要有以下两个基本规律：

第一，税收归宿与对供给方征税还是对需求方征税无关，这个基本规律也称“无关性定理”。

如图5－1a所示，假定D_0，S_0分别为政府征税前某产品的供给曲线和需求曲线，均衡点为E_0；P_0，Q_0分别为均衡价格和产量。如果政府就每单位产品向供给方征收u的从量税，则意味着供给方的成本上升了。为在缴税后保持原有的收益水平，厂商必然希望每单位产品向购买方收取的价格增加u，从而供给曲线将从S_0平行上移u个单位至S_1。新的均衡点在E_1，均衡价格和产量分别为P_2和Q_1，但生产者实际得到的价格为P_1。P_2与P_1之间的差额为政府税收u。可见，从量税的效应就是使需求方支付的价格从P_0提高到P_2，使供给方得到的价格从P_0下降到P_1，并使产量从Q_0下降到Q_1，政府获得了$P_1P_2E_1A$的税收收入。

如果对需求方征收u单位的从量税，需求方愿意为购买这种产品支付的价格不变(以D_0线表示)，但供给方实际能够得到的价格却减少了u个单位，也就是说，从供给方的角度看，需求曲线将由D_0平行下移u个单位至D_1处(如图5－1b)。而市场均衡是由供给曲线与供给方实际面对的净需求曲线所决定

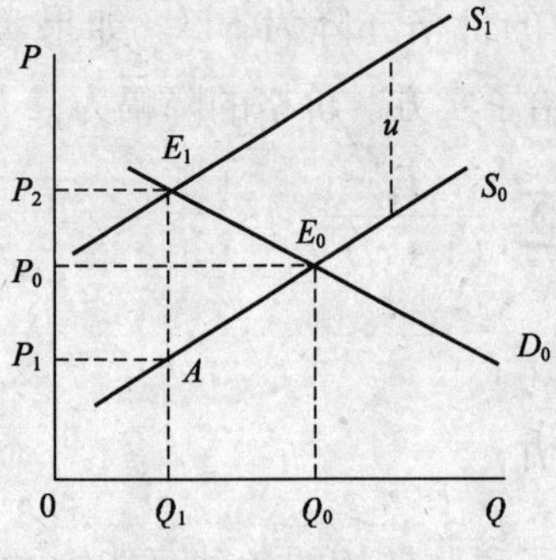

a 对供给方征收从量税

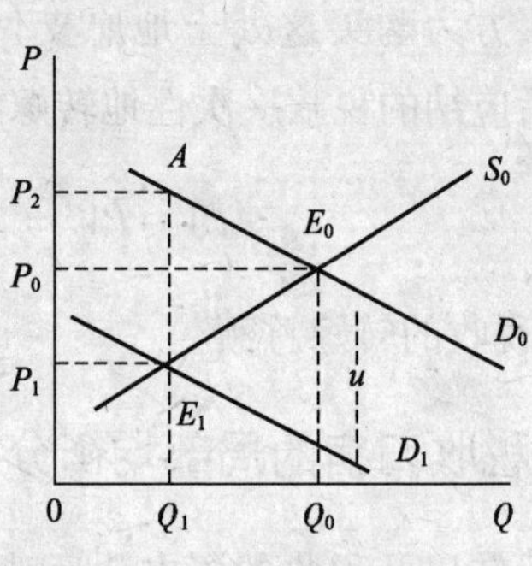

b 对需求方征收从量税

图5－1　从量计征产品税的税收归宿

的,也就是当对购买者征收从量税时,新的均衡点将为 S_0 线与 D_1 线的交点 E_1。P_1 为税后的生产者价格,P_2 为税后的消费者价格,u 为两者之间的差额,同时产量由 Q_0 降至 Q_1。容易看出,这与对供给方征税时的效应完全相同。

由以上分析我们可以进一步概括出:在征收从量税时,税收最终由谁负担,和名义上由谁纳税无关。税收的归宿情况事实上是由税后的均衡价格决定的。税后均衡价格(需求方支付的价格)比税前均衡价格提高的部分就是需求方承担的税收,税收的其余部分则必须由供给方承担,这也就是供给方实际得到的价格比税前均衡价格降低的部分。购买者为单位产品支付的价格永远比销售者实际得到的价格多出 1 个单位的税额。

第二,需求弹性和供给弹性是决定税收归宿的关键因素。

产品的需求弹性越大、供给弹性越小,则供给方承担税负的比例越大;反之,需求弹性越小、供给弹性越大,则需求方承担税负的比例越大。更通俗地说,供求双方在价格变化时调整产量(供给量或需求量)的能力越强,越是处于更为有利的地位,越可以承担较少的税负。

由这个基本规律,我们还可以引申出以下两个结论:

第一,如果产品的需求完全无弹性或供给完全有弹性,税收全部由需求方负担。

第二,如果产品的需求完全有弹性或供给完全无弹性,税收全部由供给方负担。

(2)基本模型的引申。由从量计征产品税的基本模型,我们可以进一步分析完全竞争市场结构下课征从价税和要素税的效应。

当政府征收从价税时,产品的价格成为决定税额大小的一个因素,价格越高,税额越多。因此,税后需求曲线(或供给曲线)不仅会发生位置的移动,斜率也会发生改变。两方面的效应结合起来,课税会使需求曲线旋转下移或供给曲线旋转上移。但是,在征收从价税的情况下,当取得的税收收入一定时,向供给方征税与向需求方征税的效应也是完全相同的,且供求弹性仍是决定税收归宿的关键因素。

至于政府对劳动、资本、土地等生产要素课税的归宿情况,也与对产品课税的归宿十分相似,只不过在这里,征税对象是要素,且一般采用比例税率的从价

随堂笔记

税,前文分析得出的基本结论在这里仍然成立。比如,如果政府对土地课税,由于土地供给完全无弹性,土地税将全部由土地所有者承担。

但是,劳动和资本要素的供给曲线比较特殊,可能发生较为特殊的税负归宿效应。一般情况下,供给曲线向右上方延伸,其斜率是一个正数。但劳动和资本要素的供给曲线却成为一条向后弯曲的曲线,即供给曲线开始时向右上方倾斜,达到一定阶段后又向左上方延伸。以劳动为例,工资率的提高一般会导致劳动供给的增加,然而,在工资率超过一定水平后,人们有可能付出较少的劳动而保持较高的收入水平,这时工资率的提高会使人们的劳动时间减少。

图 5－2 反映了劳动供给曲线后弯时的税负归宿情况。S_0 为向后弯曲的供给曲线,D_0 为需求曲线,两线的交点 E_0 决定均衡工资率 P_0。若对劳动的需求方(即厂商)征收定额税 T,使从供给方角度看的需求曲线下移至 D_1,D_1 与 S_0 交于 E_1 点,则税后劳动者得到的工资率为 P_1,税后需求方为劳动付出的报酬为 P_1+T。图中显示 $P_1+T<P_0$,即税后需求方为每单位劳动付出的报酬减少了。这样,需求方不但未承担任何税收,还从工资率下降中得到了好处,降低了成本;而劳动者不但承担了全部税负,还遭受了额外的损失。

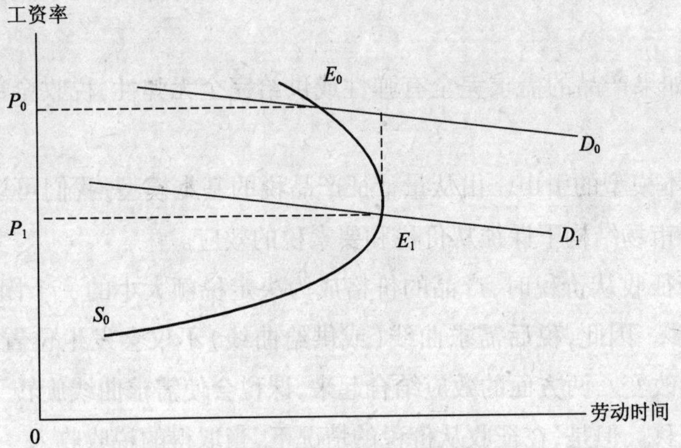

图 5－2　后弯的劳动供给曲线与税负归宿

资本供给曲线也有后弯的特性,在较低的利率水平上,资本的供给(储蓄)随利率的上升而上升,当利率达到一定水平,资本供给反而因利率上升而下降,

随堂笔记

从而税收转嫁也将出现与对劳动收入征税类似的情况。

2. 垄断条件下的税收归宿。在完全竞争市场，均衡价格和产量由供给曲线（代表卖方边际成本）和需求曲线（代表买方边际效用）的交点决定。而在垄断情况下，由于垄断者对价格具有一定的影响力，市场均衡产量为垄断者的边际成本等于边际收益时的产量，均衡价格则在这一产量下由需求曲线决定。这样，即使生产者的边际成本曲线和消费者的边际效用曲线不变，垄断条件下的均衡价格有别于完全竞争条件下的均衡价格，从而税收对价格变动的影响和税收负担的归宿也会有所不同。

（1）垄断条件下从量税的税收归宿。为简化起见，假定边际成本不变。如图 5－3 所示，D_0 为需求曲线，实际上它也代表垄断者的平均收益；MC_0，MR 分别为垄断者的边际成本和边际收益。为达到利润极大化，垄断者将在 MC_0，MR 的交点 E_0 处决定均衡产量 Q_0，与此产量对应的价格为 P_0。若从供给方征收数量为 T 的从量税，则边际成本线上移 T 个单位至 MC_1，它与 MR 相交于 E_1 点，决定新的均衡产量为 Q_1，与之相对应的价格为 P_1，这意味着垄断者可以通过涨价，将一部分税收负担转嫁给消费者。但税额的其余部分他只能自行承担，国家税收为 $GHBE_1$。

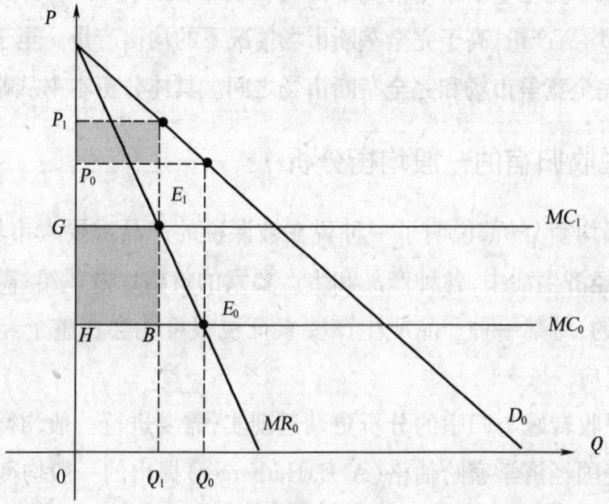

图 5－3　垄断条件下从量税的效应

随堂笔记

在完全竞争市场，边际成本不变意味着供给曲线是水平的，供给完全有弹性，这时税负将完全由买方承担。可见，认为垄断条件下垄断者因为具有控制价格、操纵价格的能力，从而可以将税负的大部或全部转嫁给买方，只是一种错觉，并没有理论根据。

(2)对垄断利润征税的税收归宿。根据经济学的有关原理，在完全竞争市场，理论上的经济利润为零。厂商和劳动者一样，只能就自己投入生产过程的要素的贡献获得回报，于是，政府只能对某个行业的产出(即销售额)或投入要素的收益课税；而在垄断市场，厂商可以获得垄断利润，相应的，政府有可能针对垄断利润课税。

在垄断市场，均衡产量和价格决定的条件是厂商的边际成本等于边际收益，这时厂商实现利润最大化。针对垄断利润的课税不影响厂商的边际成本与边际收益，从而也不会改变厂商利润最大化时的产量和价格。既然价格不变，消费者则无须承担税负，全部税负表现为垄断利润的下降，将由垄断厂商承担。

除了完全竞争市场和完全垄断市场，还有垄断竞争市场和寡头垄断市场这两种市场结构。在这两种市场结构下，均衡的实现十分复杂，已超出了本书的程度，但可以肯定的是，这两种市场结构下的均衡价格将高于完全竞争市场情况下的均衡价格、低于完全垄断市场情况下的均衡价格，而均衡产量将低于完全竞争市场情况下的均衡产量、高于完全垄断市场情况下的均衡产量。至于税收归宿情况，也是介于完全竞争市场和完全垄断市场之间。具体分析本书从略。

(三)税收归宿的一般均衡分析

上述局部均衡分析，说明了一种税在被课税的产品或要素市场中的归宿。但是，在现实经济生活中，各种产品和生产要素的价格以及供给、需求是相互作用、相互影响的，对某一种产品或生产要素征税很可能会在整个经济中引起一系列的连锁反应。

为了使税收转嫁与归宿的分析更贴近现实，需要进行一般均衡分析。以下将简要介绍美国经济学家哈伯格(A. C. Harberger)提出的一般均衡模型。

1. 哈伯格模型的基本假设。该模型的假设如下：整个经济体系中只有食品和制造品两种产品，生产要素只有资本和劳动力，家庭部门没有储蓄(即收入

随堂笔记

全部用于消费，于是产品市场中的交易额与要素市场中的交易额相同）；每个生产部门都使用资本和劳动力这两种要素，但部门间使用的资本和劳动力的比例和替代弹性不一定相同；资本和劳动力可以在不同部门之间自由流动，造成这一流动的原因在于部门间收益率的差异；总的生产要素供给量不变；所有消费者的行为偏好相同；税种之间可以相互替代；市场处于完全竞争状态。

在两种产品和两种要素的假定之下，经济体系中的各种税收可概括为表5-3。

表5-3　两种产品和两种要素情况下的税收体系

t_{KF}	+	t_{LF}	=	t_F
+		+		+
t_{KM}	+	t_{LM}	=	t_M
‖		‖		‖
t_K	+	t_L	=	t_T

以 F 代表食品业，M 代表制造品业，K 代表资本，L 代表劳动，则 t_{KF} 为以食品业的资本要素收入为课征对象的税收，t_{LF} 为以食品业的劳动要素收入为课征对象的税收，t_F 为以食品业的产出为课征对象的税收，t_{KM} 为以制造品业的资本要素收入为课征对象的税收，t_{LM} 为以制造品业的劳动要素收入为课征对象的税收，t_M 为以制造品业的产出为课征对象的税收，t_K 为以食品和制造品两个部门的资本要素收入为课征对象的税收，t_L 为以食品和制造品两个部门的劳动要素收入为课征对象的税收，t_T 为综合所得税。

不难看出，经济体系中的各种税收可以归纳为以下四种类型：

（1）综合所得税 t_T，即对全部要素或全部产品征收的一般税；

（2）对一种要素的收入课征的税：t_L，t_K；

（3）对一个部门的产出课征的税：t_F，t_M；

（4）对一个部门使用的一种要素的收入课征的税，t_{KF}，t_{KM}，t_{LF}，t_{LM}。

为了分析选择性税收的转嫁与归宿问题，我们着重分析其中的两种税：t_F，t_{KM}，即对一个部门的产出征税——食品税，及对一个部门的一种生产要素的收入征税——对制造业的资本收入征税。

2. 对食品行业的产出课税的税收归宿。根据局部均衡分析的结论，征收食

随堂笔记

品税一般会使食品的价格上升、产量下降,买卖双方共同负担税收。在此基础上,我们可以将考察的视野扩大,发现更进一步的税收效应。政府征税后,消费者会减少对食品的购买,而将部分购买力转向制造品,对制造品的需求将增加。如果生产成本是递增的(供给曲线向上倾斜),需求增加后制造品的价格将上涨。同时,食品的价格相对有所下降。于是,税负就会从食品的消费者扩展到制造品的消费者身上。更一般的说,税收负担不仅会落在直接征税商品的消费者身上,也会落在所有消费者身上。在要素市场,税后食品部门生产者的收益率下降,将导致食品部门的资本和劳动力移向制造品部门。但食品部门与制造品部门劳动力和资本之间的比例和替代弹性是不一样的。假定制造业部门为资本密集型,而食品部门为劳动密集型,这样自食品业流出的劳动力相对较多。如果制造业劳动力和资本之间替代弹性较小,劳动力价格即工资必定下降,这将导致整个社会工资水平下降,也就是说两个行业的劳动者都将承担税负。

因此,被征税的部门密集使用的生产要素,税后的价格将要下降。当征税部门产品的需求弹性较大,两个部门生产要素比例的差异较大,非征税部门的要素替代弹性较小时,该种要素的相对价格下降更大。

3. 对制造业资本要素收入征税的税收归宿。根据局部均衡分析得出的结论,对资本要素课税,资本要素的价格将上升,资本要素市场上供求双方将承受税收负担。但从一般均衡的角度看,我们会发现,税收效应还不仅如此。

第一,在产品市场上,资本要素价格上升导致生产成本的上升,从而产品的价格将上升,资本密集型产品的价格上升尤其显著,从而,此类产品的消费者也将承受税收负担。随着消费者以其他产品替代价格上升的产品,其他产品的需求上升,价格随之上升,于是,税收负担扩散到更为广泛的消费者人群中。

第二,在要素市场上,征税后资本要素价格的上升会通过两方面的效应导致资本要素的收益率下降。一是产出效应。由于成本提高,厂商实现利润最大化的产出下降,从而将减少对资本、劳动等各要素的需求,资本要素的收益率因此下降。二是替代效应。政府对资本收征税而对劳动收入不征税,会促使制造品的生产者减少资本的投入,扩大劳动的投入,即以劳动代替资本,这也会使资本要素的收益率下降。在要素自由流动的情况下,制造品行业的资本将向食品行业流动,食品行业的资本要素供给上升,

随堂笔记

其收益率也将下降,因此,食品行业的资本要素也承担了税负。也就是说,政府对某一部门的某一种生产要素征税,不仅该部门的该要素所有者要承担税负,其他部门的该要素所有者也要承担税负。

从以上分析可知,产品税和要素税都存在转嫁的可能,因而直接税与间接税的划分是相对而非绝对的,其区别仅在于转嫁的难易不同。税收的转嫁同产品或要素的供需弹性以及市场结构有着非常密切的关系。选择性税收不仅会影响被课税的产品或要素市场的供需双方,还可能进一步影响到整个经济体系中的所有市场参与者。

二、税收与经济行为

税收除了将给私人经济部门的消费者或厂商带来税收负担,还会对劳动供给、储蓄、投资等重要经济行为产生影响,这些经济行为是决定一国总体经济运行状况的重要因素,因而税收的影响也成为备受关注的研究热点。

(一)税收对劳动供给的影响

税收对劳动供给的影响主要体现在个人所得税对劳动供给的影响。

劳动供给决策是个人面临的基本经济决策。劳动可使劳动者增加收入,提高消费水平,从而带来个人福利水平的提高;而个人将可支配的时间用于休闲,同样可提高本人的福利水平。理性的劳动者将在一定的预算约束下,根据本人的偏好,在劳动和休闲之间进行选择,从而实现效用最大化。个人所得税会改变劳动者的预算约束,因而可能使劳动者的劳动供给决策发生改变。

若以 Y 表示收入,L 表示休闲,假定 L_0 为个人可支配的全部时间,w 为税前工资率,人们没有非劳动收入,则消费者的预算约束为 $Y = w(L_0 - L)$,如图 5-4 中的预算线 AB。AB 线的斜率为税前工资率 w,w 也相当于休闲的价格。若人们对于收入和休闲的偏好如无差异曲线 i 所示,则与预算线 AB 相切的无差异曲线代表税前劳动者的最高效用水平,切点 E_0 决定了收入和闲暇的最佳组合。

随堂笔记

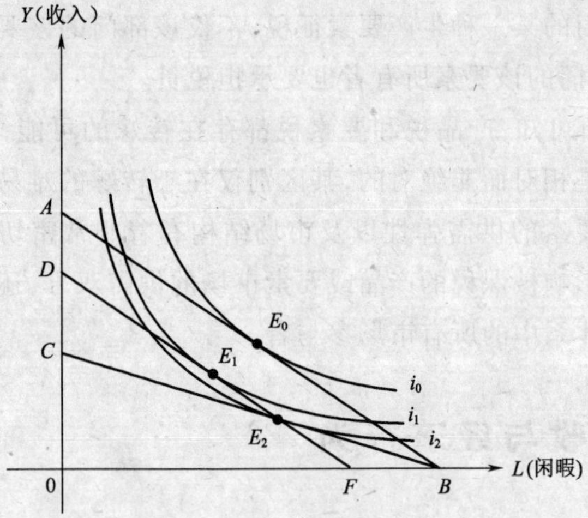

图5-4　消费者的收入、休闲选择和所得税的效应

当政府课征比例所得税时，预算线由AB变为BC，劳动者的均衡点从E_0点移至E_2点，我们可以观察到E_2点在E_0点的右侧，表明劳动者选择的休闲时间增加，劳动时间减少了，因此，此时比例所得税对劳动供给存在抑制作用。

这里，个人所得税对劳动供给的影响可分解为两部分：收入效应和替代效应。第一，政府征税会直接降低劳动者的可支配收入，由于一般认为闲暇是正常商品，那么收入减少的效应是使个人减少对闲暇的享受，同时劳动时间将增加，即均衡点将从E_0点移至E_1点。这种效应也可解释为，征税后劳动者的可支配收入下降，为维持原有的收入和消费水平，劳动者不得不减少休闲而努力工作。第二，个人所得税还会降低工资率，这就降低了休闲相对于劳动的价格，在替代效应的作用下，人们会以休闲替代劳动，从而减少劳动供给，均衡点再从E_1移至E_2。

显然，收入效应和替代效应的作用方向是相反的，综合两种效应的影响，个人所得税对劳动供给的净效应既可能是使劳动供给减少，也可能是使劳动供给增加，这决定于收入效应和替代效应哪一方面更强。现有的实证研究表明，征收个人所得税对劳动供给的影响幅度不大，这正是收入效应和替代效应相互抵消的结果。

随堂笔记

(二)税收对储蓄和消费的影响

为了研究税收对消费和储蓄的影响,首先引进一个简单的跨时消费和储蓄模型。假定消费者的一生可分为现在和将来两个时期,这两个时期消费者分别拥有 Y_p 和 Y_f 的收入,而市场上的利率为 r。个人将把收入分配于两个时期进行消费,以求效用极大化。设其现在消费为 C_p,将来消费为 C_f,现在储蓄为 S,则税前两期的消费公式应为:

$$C_p = Y_p - S$$

$$C_f = Y_f + S(1 + r)$$

将两式合并整理,得:

$$C_p + C_f/(1 + r) = Y_p + Y_f/(1 + r)$$

从而

$$C_f = [Y_f + (1 + r)Y_p] - (1 + r)C_p$$

此式即为个人的期际预算约束,表示在一定的 Y_f, Y_p 水平之下的 C_p 与 C_f 的各种组合,即图 5-5 中的预算线 AB。其中,$I(Y_f, Y_p)$ 为禀赋点,表示消费者

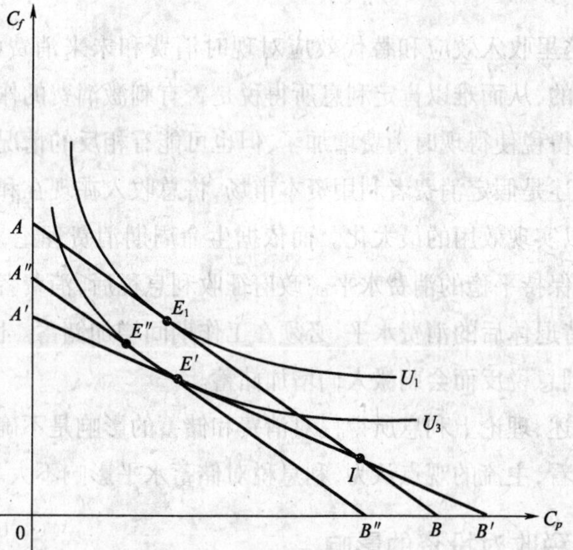

图 5-5　消费者的跨期间选择及税收的影响

随堂笔记

既不借钱也不储蓄时的现时消费和将来消费水平。容易看出，预算线的斜率为$1+r$，也就是说，利率为现时消费相对于将来消费的价格的决定因素。

为了求得消费者在现时消费与将来消费之间进行选择的均衡点，引入无差异曲线，无差异曲线反映消费者的偏好和效用水平。在无差异曲线与预算线的切点E_1，消费者的效用在既定的预算约束下达到最大，为i_1。

当对劳动所得课税时，税后仅产生收入效应，现时消费和未来消费都因课税而减少，储蓄增加。而受到更多关注的，是利息所得税对消费和储蓄的影响，而其效应也复杂得多。

当政府对利息所得课税时，税后同时产生收入效应和替代效应，净效应则比较复杂。如图5-5，征收储蓄利息所得税将使消费者的预算约束线绕禀赋点I逆时针旋转，由AB变为$A'B'$，消费者的均衡点由E_1点变为E'点。可将这一过程分解为收入效应和替代效应，从E点到E''点为收入效应的结果，税收使消费者个人可支配收入减少，从而现时消费和将来消费都减少，储蓄增加；从E''点到E'点是替代效应的结果，课征利息所得税后，利率下降，从而将来消费的收益即现时消费的代价降低，消费者将增加现时消费，减少储蓄。

显然，这里收入效应和替代效应对现时消费和未来消费（储蓄）的作用方向也是相反的，从而难以肯定利息所得税是否有刺激消费的作用。图5-5中，征收利息所得税使得现时消费增加了，但也可能有相反的情况。

以上论述是假定消费者利用资本市场，将总收入在现在和将来的消费之间进行配置，以实现效用的最大化。而依据生命周期消费理论，消费者将努力在生命周期内保持平稳的消费水平。政府征收利息税后，消费者的预期收入水平降低，为维持退休后的消费水平，必须在工作期间增加储蓄。因此，消费者若是平稳消费，利息税反而会刺激人们增加储蓄。

综上所述，理论上利息所得税对消费和储蓄的影响是不确定的。从已有的实证分析来看，主流的观点认为，利息税对储蓄水平影响不大。

（三）税收对投资的影响

企业是私人经济部门投资的主体，根据有关经济学原理，为了追求利润最

随堂笔记

大化,企业会一直投资到其边际收益等于边际成本为止。因此,影响企业投资行为的主要是两个因素:投资收益和投资成本。税收通过改变投资收益和投资成本来影响投资。

影响投资收益和成本的税收主要是企业所得税。存在企业所得税时,企业将使其投资的“税后”边际收益与边际成本相等。

企业所得税一般会使企业投资的边际收益下降,从而抑制投资。

但是,企业所得税法中也有一些规定具有降低投资边际成本的效果,具体体现在:

第一,如果企业贷款融资,利息成本可作为费用,在企业所得税的应税所得额中扣除,从而将抵减企业所得税负担。

第二,税法一般将折旧作为企业费用的一部分,准许在计算所得税时从企业利润中扣除。税法准予扣除的折旧往往并不等于固定资产的真实经济折旧。如果税法中允许扣除的折旧高于真实经济折旧(如允许企业采用加速折旧法),就会降低投资的边际成本。

第三,企业所得税法中还可能有投资税收抵免的规定,即允许企业从每年所得税的应纳税额中减去当年投资额的一定比例。例如,若企业某年实现10万元的投资,投资税收抵免为10%,则可从当年的应纳所得税额中扣除10万元。美国于1962~1986年间实行过投资税收抵免政策。显然,投资税收抵免会直接降低企业购进资本品的成本。

以上这几方面可在一定程度上抵消企业所得税抑制投资的作用,这使得企业所得税对投资的净影响变得不确定。

税收除了影响总投资,还会导致投资在不同地区、部门之间的重新分配。如果一国的市场机制比较完善,生产要素可以自由流动,那么投资会在利益的驱动下流向净收益最高的地方。而政府有意识地采用区别的税收政策,将导致不同地区、不同产品之间投资收益的差别,从而引起资源的重新配置。例如,我国自改革开放以来,为吸引外资流入,在经济特区、沿海经济开放区等地区对外商投资企业和外国企业实行了许多特殊的税收优惠政策,低税负的税收政策为我国吸引外资作出了巨大的贡献。近年来,为平衡东西部的发展,国家制定了西部大开发的方针,与之配套的西部地区税收优惠政策也相应出台,以鼓励资

随堂笔记

金向西部地区流动。又如，为了鼓励企业在研究开发上增加投资，增强创新能力，包括我国在内的不少国家对研发投资都实行特殊优惠的税收待遇，包括允许研发开支加计扣除（即可以按超过实际开支的水平给予扣除），允许用于研发的设备加速折旧，等等。

三、税收的超额负担

政府征税时，纳税人所受到的福利损失可能会大于政府所得到的收入，两者之间的差额就是税收的超额负担，它是征税造成的社会福利的净损失。

我们可以利用图5－6来说明税收的超额负担。在图5－6中，横轴表示产品的数量Q，纵轴表示产品的价格P。D_0为需求曲线，S_0为供给曲线，此时市场在E_0点达到均衡。征税前，社会的总福利为CAE_0。其中，消费者剩余为CP_0E_0，生产者剩余为AP_0E_0。向生产者课征从量税u后，供给曲线上移至S_1，与需求曲线重新交与E_1点。此时，消费者剩余为图中的CP_1E_1，生产者剩余为ABP_2，政府征税得到的收入为uQ_1，即图中$P_1P_2E_1B$表示的面积。与征税前相比，社会福利损失了三角形E_0E_1B所表示的面积，这一部分就是征税带来的超额负担。

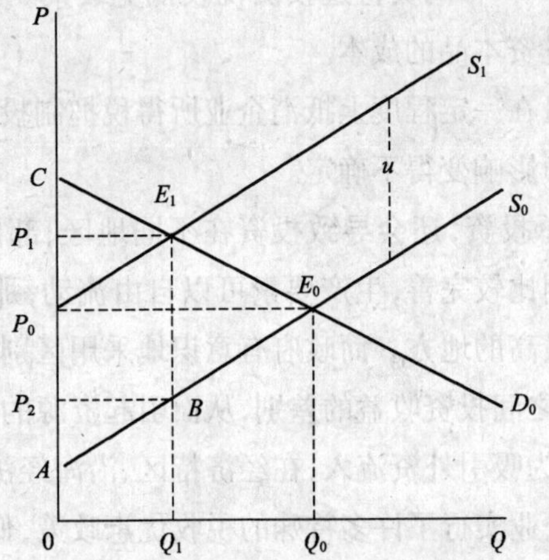

图5－6　税收的超额负担

随堂笔记

从社会资源配置的角度看,超额负担的出现意味着社会资源配置效率的损失。超额负担的大小与税率之间存在正向关系,即税率越高,超额负担越大。因此,减税被认为是减少超额负担最有效的途径。另外,超额负担的大小与商品的需求弹性、供给弹性有着密切的联系,在同等税率的情况下,需求(供给)弹性大的商品超额负担更大,反之,则更小。

专栏

专栏5-1　英国的窗户税

窗户税(Window Tax)是一种按窗计税的房屋税,1696年产生于英国。这种税是以每家住户房间窗户的多少作为征税对象,税额最低为2先令,最高为10先令。住户的窗户越多,征税越重。当时,窗户是奢侈的象征,富人的房屋都有许多窗户,而穷人的窗户很少。政府很难确定每个人有多少收入,个人一般也不记录自己的收入,这样,根据窗户计税便是替代所得税的十分简便有效的办法,那些拥有很多窗户的人就需付较高的税。

但是,为了逃避税收,许多住户将窗户改装成能开能合的活动窗户。税务官员来检查时,便将窗户关上,窗户与墙壁浑然一体,看不出来;税务官员离开后,再把窗户打开。有些人为了少缴纳税款,甚至把自己的窗户砌上。

由于人们纷纷以各种方式避税,窗户税征收后,政府并没有收到税,但少开窗户导致室内光线昏暗,通风差,个人的福利水平显著下降。因此,这种税受到纳税人的强烈抵制,很快就退出了历史舞台。

随堂笔记

第三节 税收原则

既然税收会对国民经济产生重要的影响,在设计税收制度、制定税收政策时,就需要有一种指导原则,借以促进税收积极作用的发挥,并克服税收的消极影响。这种指导原则就是本节要讨论的税收原则。税收原则同时也是税收制度和税收政策的评价标准。

一、税收原则理论的发展

(一)中国古代治税思想

我国古代很多思想家提出了轻税富民的治税思想,如管仲指出:“取之民有度,用之有止,国虽小必安;取之民无度,用之不止,国虽大必危。”夏禹曾提出“任土作贡”,这反映了我国早期公平治税的思想。

(二)西方古典税收原则

随着西方资本主义经济的发展,为了适应完善市场经济、建立现代税收制度的要求,一些经济学家明确提出了税收原则理论。其中,影响最为深远的主要是亚当·斯密和瓦格纳提出的税收原则。

1. 亚当·斯密的税收原则理论。亚当·斯密是西方古典经济学派的创始人,他在1776年出版的《国民财富的性质和原因的研究》(即《国富论》)一书中,提出了著名的四项税收原则:

(1)平等原则,即公民由于受到国家保护而负有纳税义务,应按其在国家中受到的保护与所获得的收入的一定比例分担税收。

(2)确定原则,即公民纳税义务、纳税方式、纳税数额应确定,不得随意变更,以便于公众了解。

(3)便利原则,即各种税收的征收都要从纳税人的角度考虑,在纳税人感

随堂笔记

到最便利的时间,以最便利的方式征收。

(4)最少征收费用,即征税和纳税的成本、费用要最小。

亚当·斯密的税收原则是在资本主义经济自由竞争时期形成的,当时的主流经济思潮是强调自由放任,反对国家干预经济。因此,在亚当·斯密的税收四原则中,除平等原则外,其余三项都是税务行政原则,这反映了消极的不干预经济的治税思想。

2. 瓦格纳的税收原则理论。19 世纪下半叶,资本主义经济逐步向垄断时期过渡,各种社会矛盾日益突出,反对自由放任、主张国家干预的经济思潮逐步发展起来。在这种背景下,德国社会政策学派代表人物瓦格纳提出了四类税收原则:

(1)财政收入原则,包括税收充分和税收有弹性两项原则。税收充分原则是指税收收入必须充裕,能够满足国家的经费开支。税收有弹性原则是指由于国家职能扩大等原因而需要增加政府支出,或者由于税收以外的收入不足导致政府收入不足时,税收应能够相应地增加,以满足政府支出的需要。

(2)国民经济原则,包括慎选税源原则和慎选税种原则。慎选税源原则是指在各种税收来源中,应选择不损害经济、收入充裕的税源作为税收的主要来源。慎选税种原则是指税种的选择应该考虑税负的转嫁,尽可能选择不易转嫁或转嫁方向明确的税种,这样可以尽量避免税收政策的真实效果偏离预期的目的。

(3)社会正义原则,包括普遍原则和平等原则。普遍原则是指每一个公民都必须履行纳税义务,应当排除税收上的特权和不适当的免税。平等原则是指纳税人的税收负担应该与其纳税能力相一致。

(4)税务行政原则,包括确定原则、便利原则和征收费用最少原则。瓦格纳对这三个原则的具体解释与亚当·斯密的主张基本一致,在此不一一赘述。

瓦格纳除了继承和发展了亚当·斯密的平等、确定、便利和最少征收费用这四项原则之外,还进一步强调了财政收入原则、国民经济原则和社会正义原则,这反映出资本主义进入垄断时期后,政府职能的范围有所扩大和深化。

(三)现代税收原则理论

现代税收原则理论反映了市场失灵普遍存在的情况下国家对经济适当干

随堂笔记

预的经济思想和政策主张,除了包括税收应充分、有弹性的财政原则和税收应便利、确定、最少征收费用的税务行政原则以及应努力实现宏观经济稳定的稳定原则以外,着重强调效率和公平这两项税收原则。效率原则是指征税所引起的资源在公共部门和私人部门之间的转移要符合效率准则的要求,公平原则是指征税所引起的对国民收入的再分配要达到公平准则的要求。下面我们对效率原则和公平原则这两大现代税收原则进行详尽的探讨。

二、税收效率原则

税收的效率原则即税收造成的资源在公私部门之间的转移要达到效率准则或实现效率目标。具体可分为经济效率和税务行政效率两个方面。

(一)税收经济效率

当市场机制已经使社会资源配置达到了最优状态时,政府课税可能干扰甚至破坏经济效率。在这种情况下,税收应该避免或减少对资源配置产生扭曲性作用。而如果市场机制下的资源配置没有达到最优状态,政府课税有可能提高资源配置效率。在这种情况下,税收有必要积极地发挥调节作用。总体上说,税收效率原则具体体现为以下几个原则。

1.税收中性原则。税收中性原则是指税收制度的设计应尽可能使税收不影响市场中的各种相对价格。如前所述,如果在市场配置的情况下资源已经处于最优的配置状态,则税收应尽可能保持中性,以减少效率损失。税收导致的效率损失可以用上一节已经提到的税收的超额负担来说明。税收的超额负担是指政府征税干扰纳税人的决策和行为,从而使资源配置偏离了最优配置状态,导致纳税人的福利损失大于政府税收收入,整个社会出现净的福利损失。为了贯彻中性原则,政府在制定税收政策时应该注意以下方面:

(1)在征收选择性商品税时,要充分考虑到它对效率产生的影响。因为选择性商品税会影响商品之间的比价关系,产生一种商品对另外一种商品的替代效应,从而导致消费者对现有的最优消费组合进行重新选择,引起效率损失。

(2)当征收一般商品税时,如果选择差别税率,同样会改变商品之间的相

随堂笔记

对价格，从而造成消费者对商品组合的重新选择，产生超额负担。

(3)政府征收所得税同样会引起效率损失，因为对工资、薪金所得课税，会改变劳动和休闲的相对价格，造成劳动者对劳动供给决策的调整；对利息所得课税，会改变消费和储蓄的相对价格，造成消费者消费决策的调整，如对风险资产收益(如股票买卖的资本利得)和无风险资产收益(如银行存款利息)按不同的税率课税，还会改变不同资产的相对价格，从而造成投资者资产组合的调整。如果这些经济决策在税前已经达到了资源最优配置状态，税收造成的影响就是扭曲性的，将会产生超额负担。

(4)征收统一税率的一般商品税，相当于间接地征收所得税，会产生与对工资所得课税相似的影响。

(5)唯一不产生超额负担的税收是总额税，即实践中的人头税。这种税只导致纳税人收入的下降，与价格体系和纳税人的经济决策无关，因此，不会造成纳税人经济决策的改变，也就不会导致经济福利的损失。

可见，从税收中性的角度看，人头税是最理想的选择，但人们不论贫富都缴纳同样的税收却严重违背税收公平原则，因而人头税在实践中无法推行。英国前首相撒切尔夫人就曾因为实行类似于人头税的地方税制度而下台(参见专栏5-1)。

在这种情况下，在实践中，贯彻税收中性原则只能是尽量降低税收的效率损失，实现税收超额负担的最小化。为此，在征收所得税时，应尽量降低税率的累进程度。在征收商品税时，则要注意遵循反弹性法则，即：对价格弹性大的商品不征税或者按较低税率征税，而对价格弹性小的商品征税或按较高税率征税。因为如果商品需求的价格弹性大，征税所引起的微小的价格变化都会导致消费者对该商品需求量的较大变化，从而对现有的最优资源配置产生较大的扭曲影响，造成更大的超额负担。

2. 税收的矫正性原则。中性税收有助于实现经济效率的前提条件是市场处于完全竞争或接近于完全竞争的状态，没有外部效应，消费者的偏好是合理的。但是，如果这些条件不满足，市场的自发调节结果就不是有效率的，这就需要首先对市场失灵条件下的资源配置进行校正。当然，在市场经济条件下，应以贯彻税收中性原则为主，税收的矫正作用只是一种补充。

随堂笔记

专栏

专栏5-2 撒切尔夫人与人头税

英国前首相撒切尔夫人第三次连任首相后不久,曾积极推行将地方税改为“人头税”的改革。

改革之前,英国的地方税有两种,营业用房产税和住宅用房产税,二者合称财产税。撒切尔政府决定于1990年4月1日开征“社区税”,即将住宅用房产税改成按成年人数计征,每年300~400英镑;营业用房产税按全国人头数重新分配。因为税额与纳税人拥有收入、财产多少无关,人们也把“社区税”称为“人头税”。撒切尔夫人推行“社区税”是基于以下理由:

(1)按人头课税,可实现全国各个地方政府税源一定程度的均等化,抑制地方政府支出扩张。

(2)几百年来地方政府的服务主要是针对房屋、道路、给水、排水,征房产税是有道理的。现在地方政府的服务主要是针对教育、图书馆、个人社区服务,再征房产税已无道理。

(3)征收房产税对居民改善住房条件形成负担,同时评估房价困难很大,征税成本很高。

但是,“社区税”激起了纳税人的强烈不满。1990年3月底“社区税”开征前夕,苏格兰等地发生群众暴动。在各方面的压力下,撒切尔夫人很快下台。

(资料来源:杜萌昆,《成也税收,败也税收》,《税收与社会》,2001年第9期。)

(1)税收可以纠正外部经济。政府可以通过对私人成本小于社会成本,即有外部成本的产品征税,或适用高于一般产品的税率,使外部成本内部化,促进资源配置效率的实现;对私人收益小于社会收益,即有外部收益的产品可以进

随堂笔记

行补贴，或适用低于一般产品的税率，从而鼓励这部分产品的生产达到社会所需要的水平，提高社会资源的配置效率。

(2)税收可以引导正确的消费方向。市场的资源配置取决于消费者对不同产品和劳务的价值判断，对于劣值品，消费者个人的价值判断往往超过了这些产品或劳务给他们带来的实际利益。例如，烟、酒、毒品等，这类产品实际的产出将大于以合理的价值判断为基础的产出水平。此时，政府可以通过对这类产品征收重税来限制社会的消费，进而引导更多的社会资源去生产其他有益的产品。

3. 税收的充分与弹性原则。税制设计在考虑社会资源的有效配置时，首先必须解决税收收入总水平应该怎样确定的问题。这时，须遵循税收的充分原则和弹性原则。

(1)税收的充分原则。税收的充分性是指税收应能为政府活动提供充裕的资金，保证政府实现其职能的需要。当然，不能单从政府的角度来考虑，不能认为税收能提供的收入越多越好。如果将税收看做是为提供公共产品筹集资金，那么税收的充分与否就取决于它是否能满足提供适当规模的公共产品的需要，换言之，取决于它是否能最大限度地改进公共产品与私人产品之间的配置效率。

(2)税收的弹性原则。税收的弹性是指税收应能使税收收入随国民收入的增长而增长，以满足长期的公共产品与私人产品组合效率的要求。从长期来看，随着生产的发展，可用的资源和技术水平将发生变化，适当的公共产品提供规模也会随之发生变化，这就要求税收规模要满足公共产品规模变化的要求。举一个极端的例子，假设一个国家征收单一的人头税，因为大幅度提高单位人头税往往会遭到纳税人的强烈反对，于是该国的税收收入增长将无法满足公共产品提供规模增长的要求。这样，该国的税制就不是有弹性的。

(二) 税务行政效率

税务行政效率是指税务行政管理的效率，通常用税收成本占税收收入的比重来衡量。在税收收入总额一定的情况下，税收成本与税务行政效率呈反比例关系，税收成本越高，说明税务行政效率越低。税收成本包括征税成本和纳税

随堂笔记

成本。征税成本主要是税务行政机关在征税过程中所发生的各项支出,包括税务人员的工资支出、购置日常办公设备和用品的办公经费等。税务行政机关的机构设置、人员素质和技术手段等都会影响征税成本。纳税成本是纳税人因纳税而发生的各项支出,包括纳税人为完成纳税申报所支付的交通费、雇用税务顾问所支付的费用等。

在课税总额既定的条件下,税收的征纳成本取决于征收管理机构的管理水平及税收制度的设计。在税制设计时,要注意贯彻节约与便利的原则。税收制度和税收成本之间一般有如下关系:税制越复杂,税收成本越高;中央集中管理比分级管理成本低;课征于企业的税收比课征于个人的税收成本低,因为企业的数量相对少得多,而缴纳的税额通常较大;商品税、财产税的税收成本一般低于所得税;产品税采取周转税形式比采取增值税形式成本低,财产税中的房地产税等不动产税相对于动产税容易征收;从量税比从价税成本低,人头税比所得税简单得多;比例税比累进税成本低,而总额税更简单易行;单一环节的税收比多环节的税收成本低。

提高税务行政效率的关键就在于控制税收成本。可以通过简化税制、严密税法、合理设置机构、采用先进的征管手段、提高工作人员素质等多种途径达到降低税收成本的目的。

三、税收公平原则

公平原则是公认的税收的首要原则,这一方面是由于公平对维持税收制度的正常运转必不可少,另一方面是由于税收校正收入分配的作用对于维护社会稳定不可或缺。所以,公平历来不仅仅是作为经济目标,更重要的是作为社会目标而出现。税收公平原则的理论更进一步说是税收公平标准的理论。依据不同的标准,人们对税收的公平原则作出了多种解释,这些解释大体可以概括为受益原则和能力原则。

(一)受益原则

受益原则要求纳税人承担的税负应该与其从政府提供的公共产品和公共

服务中的受益相一致。该原则的理论依据是:政府之所以可以向纳税人征税,是由于政府要向纳税人提供公共产品和服务;而纳税人之所以要向政府纳税,是由于他要从政府提供的公共产品和服务中受益。因此,以受益的多少作为衡量税负的标准是合理的,多受益者多纳税,少受益者少纳税。

如果每个人都能根据自己从政府服务中获得的边际效用缴纳相应的税收,就可以确定政府提供服务的最佳规模,实现资源配置的帕累托最优状态。政府一般尽量在可能的范围内应用受益原则,尤其是在能够在一定程度上确定社会成员从公共项目中的收益、采取收费方式又有困难的情况下,可以用受益税来替代使用费。例如,公路的直接受益者是使用公路的行人和车辆,但是在公路网错综复杂、范围很广的情况下,收费成本很高,这时就可以向一些与公路消费相关的互补产品如汽油、车辆、轮胎等征税。

但是,受益原则存在着很大的局限性:

第一,根据受益原则,要规定不同纳税人的税负,关键在于确定纳税人从政府提供的公共产品和服务中受益多少。但根据公共产品理论可知,公共产品具有非竞争性和非排他性,因此,公共产品的消费者一般不会主动显示出其对公共产品的真实偏好和受益水平,为了少缴税,甚至还会竭力隐瞒其偏好。所以,在现实中,很难准确衡量每个社会成员受益的多少,只有那些具有排他性的准公共产品(如高速公路),才能依据受益程度确定税收。

第二,受益原则还存在另一个问题,即它对收入分配是中性的,不会改变市场上已经形成的分配格局,所以实际上仍是一个效率原则。只有收入分配一开始就处在合适的状态时按受益原则课税,最后的结果才可能是公平的。因此,这一原则不能解释应用于社会福利支出的征税情况。比如,英国由政府提供免费的医疗服务,身体不好的人受益比其他人多。依据受益原则,就应该为此缴纳更多的税。但身体差的人通常生存、工作等其他能力也比较弱,有可能成为社会的弱势群体。如果要求他们缴纳更多的税,既违背社会公平的要求,现实中又无法办到。其他的社会福利支出同样存在这样的情况,大部分社会福利支出的受益者主要是穷人,但他们的纳税能力很小甚至没有纳税能力。显然,不可能让他们按照所获得的受益纳税。

随堂笔记

(二)能力原则

能力原则要求依据纳税人的纳税能力来确定其应该承担的税收。该原则有横向公平和纵向公平之分。横向公平是指具有相同能力的纳税人应该承担相同的税收负担;纵向公平是指不同能力的纳税人承担不同的税收负担,能力强者多缴税,能力弱者少缴税。通过按能力原则课税,可以达到调整纳税人之间收入和财富差距的目标。

要体现横向公平和纵向公平,都需要解决一个问题,即如何衡量能力的大小。通常认为,衡量纳税能力大小的指标有收入、支出和财产。

1. 收入标准。用以衡量纳税能力的收入,一般是指个人拥有的资产的任何形式的增加额,即综合收入,包括工资、薪金、利息、股息等收入。综合收入的提高,可以在很大程度上提高纳税人的纳税能力。从横向公平的角度看,同样收入的人应承担同样的税收负担;从纵向公平的角度看,不同收入的人承担不同的税收负担。但是,同样收入的人也有可能因为在家庭人口、健康等方面的差异而具有不同的纳税能力,收入上的差异也有可能是由于工作态度、对劳动和闲暇选择偏好的不同造成的。因此,按收入指标来确定纳税能力,也会有一定的偏差。

2. 消费标准。消费是个人收入没有储蓄的那部分。采用消费标准课税,是考虑到消费标志着一个人对社会的索取,索取越多,纳税能力越强,也就应该多纳税。这在实践中意味着不可征所得税,而应仅征商品税,而且并非对所有商品都征税,应只向消费品征税。课征消费税有利于鼓励投资和储蓄、抑制消费,从而加速资本的形成,有助于经济的长期增长。但是,具有同样消费支出的人也会因为一些具体情况的不同(比如健康状况不同)导致实际的纳税能力有所不同。而且,相对于收入,支出极其分散,不易于掌握每个人的情况。另外,对消费支出征税,还具有累退性的特点,因为对于穷人来说,消费往往占其收入的比重更高,如果以支出为标准课税,会导致穷人的税收负担相对于收入更重,造成税负不公平。

3. 财产标准。一些经济学家主张采用财产标准课税的理由在于:包括动产和不动产、有形资产和无形资产等在内的财产是收入的积累,作为个人在一定

随堂笔记

时点的财富存量,可以看做是一种独立的支付能力。而且,财产的存在意味着纳税人具有获得收入的潜力。比如,纳税人拥有一套房产,将其出租,可以获得租金收入;自己居住,则不用支付房租,相当于获得了隐性收入。但是,对财产课税,相对于对收入课税而言,税基较小,而且,由于财产形式多种多样,收益不同,税务机关不容易掌握(如无形资产),在管理上也存在一定的技术困难。

以上这三个指标中,收入指标是反映纳税人纳税能力最主要的指标,因为收入既可以制约支出水平,又可以在一定程度上代表财产的水平。而且,在实践中,采用收入指标具有税基相对广泛充裕、纳税人资料易于掌控、管理方便的特点。因此,收入指标被许多国家采用。但是,为了全面真实地反映纳税人的纳税能力,也应该将支出指标和财富指标作为参考。

上述三个指标是反映纳税人纳税能力的客观指标。理论上,还有以个人因纳税而感到的牺牲程度来衡量纳税能力的主观标准,如均等牺牲说、比例牺牲说和最小牺牲说等,但在实践中,这些主观标准很难应用到具体的纳税人。

第四节　税制结构

税收制度简称税制,是国家各种税收法律、法规、条例、实施细则和征收管理办法的总称,是规范国家征税和纳税人纳税的法律规范。税收制度的内涵很丰富,本节主要探讨税制结构设计问题,下一章将详细介绍所得税、商品劳务税和财产税这三大主要税类的制度安排。

一、税制结构的类型

税制结构的类型可以分为单一税制和复合税制两类。单一税制是在一个课税权主体下,以某一种税收作为政府税收收入来源的税收制度。复合税制是在一个课税权主体下,以两种或两种以上的税收作为政府税收收入来源的税收制度。

从理论上讲,单一税制具有课征范围小、对生产和流通的影响小、征收方法简单、节约征收费用等优点。但是,单一税制也有严重的缺陷,表现在:①单一税制难以保证稳定财政收入的需要,违背了税收的充分和弹性原则;②单一税制不能对所有的人和物征税,违背了税收的公平原则;③单一税制容易引起某一方面经济上的变动,导致税源枯竭,阻碍经济的平衡发展。这些缺陷,使得单一税制难以在实践中推行。因此,迄今为止,单一税制尚未在哪个国家真正实行过。

相对于单一税制而言,复合税制的优点在于:①税源充裕,能保证国家财政收入的需要;②涵盖面广,容易做到课税普遍和课税平等;③税源多样,可综合调整,以促进社会和经济的发展。其缺点在于税种较多,导致税收的征收程序复杂,征收成本高。随着税收制度设计的完善和征管技术水平的提高,复合税制的缺点可以逐渐得以克服。因此,目前世界各国普遍采取复合税制。

二、税制结构设计的基本问题

税制结构设计是在复合税制条件下,依据一定标准对税收进行系统的划分,以形成各税种的分布格局及其相互关系。税制结构的设计主要解决以下三个方面的问题,即税源的选择、税率的安排和税种的配置。

(一)税源的选择问题

税源的选择问题主要是考虑税源与税本之间的关系。税本是税收来源的根本,税源是由税本产生的收益,税收则来源于税源。税源的选择不能侵蚀税本。可以作为税源的一般主要是工资、地租和利润,如果以这三者作为税源,并将课税的额度限制在一定范围内,则一般不会损害税本。而财产尤其是在财产中占重要地位的生产性资本,则属于税本的范畴,一般不能作为课税对象,否则就会损害资本的形成和积累,最终导致国民经济萎缩、政府税收收入枯竭。当然,一些非生产性的财产是可以作为课税对象的。比如,可以开征遗产税、赠与税,起到调节社会财富分配的作用。

(二)税率的安排问题

税率的安排包括两个层次,一是税率总水平的确定,二是税率形式的确定。

随堂笔记

关于税率总水平的确定,美国供给学派的经济学家拉弗(Arthur Laffer)提出了一个著名的"拉弗曲线"原理。其基本观点是:当税率较低时,税收收入将随税率的提高而增加,因为税源不会因税收的增加而等比例地减少;当税率超过了某个限度,如果继续提高税率,税收收入则不但不能增加,反而会下降。拉弗曲线表示在图形上,为一个倒U型,如图5-7所示。在r这个税率水平上,税收收入最多,超过了这个界限,就是税率的禁区。由此可以看出,r为最佳税率点。

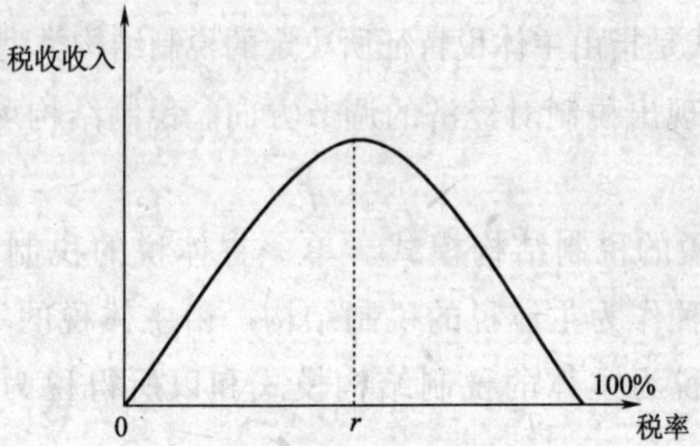

图5-7 拉弗曲线原理

税率形式的确定,主要是选择比例税率还是累进税率的问题。比例税率更有利于实现效率目标,而累进税率更有助于实现收入目标。因此,比例税率和累进税率的选择,本质上是效率和公平的选择问题。

(三)税种的配置问题

某种税收在满足各项税收原则的程度上往往是有冲突的。例如所得税,从税收公平的角度看,累进课税有助于体现纵向公平的要求,但它不能满足效率的要求,因为当边际税率随着收入的增加而逐步提高时,劳动、储蓄、投资等经济行为都会受到消极的影响。又如消费税,它一般采用单一税率,在效率方面看是较好的税种,但是从税收公平的角度来看,高收入者的消费支出占总收入的比重比低收入者更小,从而高收入者所纳税款占其收入的比例比低收入者更少,这不利于缩小社会贫富差距。在这种情况下,税种的配置实际上解决的是各个税种之间的相互配合问题。只有各个税种相互协调、相

随堂笔记

互补充，才能形成一个在总体布局上体现税收原则要求的税收体系。而税种配置的首要问题是主体税种的选择，由主体税种的不同，可形成不同的税制结构模式。

三、税制结构模式

（一）税制结构模式的类型

税制结构模式是指由主体税特征所决定的税制结构类型，它反映了税收制度的总体特征，体现出税制对经济的调节方向。税制结构可以分为以下几种类型：

1. 单一主体税的税制结构模式。单一主体税的税制结构模式即一个国家选择某一税种作为主体税的税制结构。由主体税的不同，这种模式还可以分为以流转税为主体的税制结构模式和以所得税为主体的税制结构模式。

（1）以流转税为主体的税制结构模式。在这种模式中，流转税作为主体税种，在国家税收中所占的比重最大，在各税种中起主导作用。绝大多数发展中国家采用这种模式。其原因在于：第一，发展中国家人均收入水平比较低，无法依靠个人所得税来保证一定的公共收入水平，而增值税、关税等流转税税源相对比较充裕，能够承担提供充足的公共收入的重任。第二，流转税征收手续比较简便，征管成本较低。由于发展中国家税收制度发展相对落后，征税技术也不发达，选用流转税作为主体税种是一种现实的选择。

（2）以所得税为主体的税制结构模式。在这种模式中，所得税作为主体税种，在国家税收中所占比重最大，在各税种中起主导作用。这种模式又包括以个人所得税为主体和以企业所得税为主体两种。目前，绝大多数经济发达国家采用所得税为主体的税制结构模式。其原因在于：首先，经济发达国家有高度发达的社会生产力和较高的人均国民收入，这使得所得税具有丰富的税源和宽广的税基，能够担当提供充足公共收入的重任。其次，以流转税为主体的税制

随堂笔记

模式容易出现重复征税、税负转嫁等情况，妨碍行业之间的竞争，而所得税则可以避免出现这些情况。最后，所得税具有"内在稳定器"的功能，有利于实现宏观经济的稳定。

2. 双主体税的税制结构模式。双主体税的税制结构模式即流转税和所得税双主体的税制结构模式，在整个税收体系中，流转税和所得税占有相近的比重，在调节经济方面共同发挥主导作用。双主体税的税制结构模式可以克服两种单一主体税的税制结构模式分别存在的缺陷。我国目前就是采取增值税和所得税（企业所得税）并重的双主体税的税制结构模式。但是，从发展的角度来看，双主体税的税制结构模式是一种过渡模式，最终将被流转税为主体的税制结构模式或所得税为主体的税制结构模式所取代。

（二）税制结构的影响因素

1. 社会生产力发展水平。由于社会生产力发展水平决定着国民收入的数量、可供分配的剩余产品的数量以及国民经济的结构，因而决定了国家能开征什么税以及在开征的税种中，主要应由哪些税种取得收入和发挥调节作用，从而在根本上制约着税制结构。

从纵向比较来看，随着人类社会生产力的进步，世界各国税制结构的发展经历了从古老的直接税到间接税，再到现代直接税的过程。在奴隶社会和封建社会，生产力水平非常低下，农业收入成为相对广泛、充裕的税源，而农产品的自给性决定了要以土地、人口的外部标志作为计税依据等额征税，这就是古老的直接税。古老的直接税成为奴隶社会和封建社会的主体税种。进入资本主义社会以后，工商业成为国民经济的主要部门，以商品销售和经营服务收入作为课税对象的间接税成为主体税种。在现代商品经济条件下，生产力的发展达到了新的高度，为政府对工资、利润、利息等各种生产要素收入征收所得税创造了条件，现代直接税的典型代表所得税逐渐代替间接税成为主体税种。

从横向比较来看，当前发达国家和发展中国家税制结构的差异，也体现了生产力水平对税制结构的影响。发达国家一般形成了以现代直接税为主体的税制结构，发展中国家则一般以间接税为主体税种。美国财政学家马斯格雷夫曾在20世纪60年代对近40个国家的资料进行了分析,得出的结论是:间接税占税收收入的比重同人均GDP呈负相关关系,间接税占税收收入的比重同农业产值在GDP中的比重呈正相关关系,进出口关税占税收收入的比重同人均GDP呈负相关关系,个人所得税占税收收入的比重同人均GDP呈正相关关系。这个结论说明了不同国家的税制结构差异取决于不同的生产力发展水平。

2. 经济体制。一个国家的经济体制可以分为市场经济体制和计划经济体制。在市场经济体制下,市场这只无形的手可以有效地调节供求关系,形成合理的商品价格,此时如果征收流转税对商品价格进行广泛调节,反而会对经济效率产生负面影响。而由市场机制自发形成的生产要素的价格,一般会使收入差距扩大,社会严重贫富不均。因此,在市场经济体制下,政府往往将所得税作为主要税种。在计划经济体制下,商品的价格由政府按计划确定,为了防止因计划价格引起的生产不同产品的企业利润差异悬殊,需要运用流转税来弥补计划价格的缺陷。同时,由于劳动者的工资也由政府按计划确定,政府在确定工资水平时通常已经考虑了公平的因素,无须再用所得税对劳动者的工资进行调节。因此,在计划经济体制下,政府往往将流转税作为主要税种。

3. 税收政策目标。税收政策的目标可分为效率、公平和稳定。不同国家的政府对税收政策目标的偏好程度不同,这会导致产生不同的税制结构。如果政府认为应当效率优先,则在设计税制结构时,会考虑以一般商品和劳务税作为主体税种,或者以所得税作为主体税种。如果从公平目标出发,政府会以差别流转税和所得税为主要税种,同时,所得税的累进税率对公平分配的调节作用相对更大。从税收稳定的目标考虑,由于累进税率使所得税具有自动稳定经济的作用,为稳定宏观经济,政府往往优先考虑以所得税作为主体税种。

4. 税收管理水平。税收的管理水平也会对税制结构产生一定的影响,它也是政府不得不考虑的一个因素。流转税对商品销售或经营取得的收入征税,征收管理比较简单;而所得税对企业利润所得或个人所得征税,征收管理比较复杂。因此,受征收管理水平、征收管理能力和征收管理成本的制约,所得税往往难以成为发展中国家的主体税种,而流转税则容易被税收管理水平不高的国家采用。

随堂笔记

复习思考题

一、填空题

1. 公共收入的主要形式包括__________、__________、__________、__________。

2. 税收具有________、________和________三个基本特征。

3. 税率是________与________之间的比例，可分为比例税率、________及________。

4. 一般认为，________是税收转嫁的最典型和最普遍的形式。

5. ________是税收的首要原则，它包括________和________两方面的含义。

二、选择题

1. 对以下产品征税，税负更多由需求方承担的是（　）。

A. 生活必需品　B. 需求弹性大的产品

C. 资本密集型产品　D. 耐用品

2. 在竞争市场条件下，产品的供给弹性（　），需求弹性（　），税后价格上涨幅度越大，消费者承担的税负越多。

A. 越小　越小　B. 越小　越大

C. 越大　越小　D. 越大　越大

3. 在竞争市场环境中，以下哪种情况下税负全部由供给方承担？（　）

A. 生活必需品　B. 生产周期短的产品

C. 供给完全无弹性的产品　D. 课税范围几乎覆盖全部商品

三、计算题

假定某产品市场的边际效用曲线为 $P = -0.5Q + 100$，边际成本曲线为 $P = 2.0Q + 5$，向该产品征收金额为 1 的从量税，请计算在完全竞争市场条件下

随堂笔记

政府能取得的税收收入以及消费者及生产者所承担的税负比例。

四、问答题

1. 利息所得税刺激消费的效应如何?

2. 减税对劳动供给是否能起到刺激作用?

3. 公司所得税对投资的效应受哪些因素的影响?

4. 什么是税收的超额负担?为了避免或降低税收的超额负担,税制设计应注意哪些方面?

5. 收入、消费和财产作为税基,各有哪些优越性和缺陷?

6. 简述税制结构的影响因素。

第六章 税收制度

CHAPTER 6

本章要点

所得税是以纳税人的所得额为课税对象的课税体系，主要包括个人所得税、企业所得税。

个人所得税以个人的所得为课税对象，对于应该如何界定应税所得，有着“所得源泉说”和“净资产增加说”两种不同的观点。个人所得税的课税模式有综合税制、分类税制和分类综合税制三种类型。

企业所得税以企业生产经营的毛所得减去成本、费用或损失的余额为课税对象，不少国家实行鼓励投资的税收优惠。为了避免对公司分配利润的重复课税，一些国家还实行了个人所得税和公司所得税的一体化。

商品和劳务税是以商品和劳务的流转额为课税对象的课税体系，主要包括增值税、消费税、营业税和关税等。增值税是针对商品或劳务生产和流通中的新增价值课税，有生产型、收入型和消费型三种类型。消费税一般选择部分消费品课税，体现着商品和劳务税的调节功能。营业税是商品和劳务税的一种传统形式。

财产税是以一定的财产价值为对象，向拥有或转让财产的纳税人课征的税。就一定时点的财产占有额课征的财产税称为静态财产税，静态财产税又可分为一般财产税和特别财产税；就财产所有权的转移或变动课征的财产税称为动态财产税，包括遗产税和赠与税。

中国目前的税收体系是以流转税为第一主体，以所得税为第二主体；重要的税种有增值税、营业税、消费税、个人所得税、企业所得税等。

随堂笔记

第一节 所得税制

一、所得税概述

所得税就是以纳税人的净所得为课税对象的税收。英国最早于1799年开征个人所得税，目前世界上已有140多个国家开征了所得税。这一课税体系主要包括个人所得税、企业所得税（公司所得税）。[①] 与其他税类相比，所得税主要有以下特点：

第一，所得税与宏观经济波动的联系十分紧密。所得税是与宏观经济状况联系最为紧密的税种，被称为经济的自动稳定器。经济过热时，所得税增加，可以抑制消费的膨胀；经济衰退时，所得税相应减少，可以刺激经济尽快恢复。

第二，计税依据的确定较为复杂，征收成本较高。所得税的计税依据是净所得额，即从总所得额中减去各种法定扣除项目后的余额。由于对法定扣除项目的规定较为复杂，因而所得税计税依据的确定也较为复杂，税收成本也随之提高。

第三，比例税率与累进税率并用。所得税强调公平目标，以量能课税为原则，因而各国一般在企业所得税中应用比例税率，同时在个人所得税中应用累进税率。

第四，所得税的征收覆盖面很广，征收管理难度较大。所有企业和个人都是所得税的纳税人。由于覆盖面很广，所得税征收管理的难度很大，以致有较流行的观点认为，评价一个国家税收征管能力的高低，关键要看所得税征管，尤

① 在一些文献中，社会保障税也被列为所得税类的一个税种。但严格地说，社会保障税主要是作为社会保障支出的一种资金筹集方式，在西方国家一般并无社会保障税（Social Security Tax）这一术语，在一些统计资料中出现的是社会保障缴款（Social Security Contribution），社会保障缴款在预算管理上也是独立于其他税种的。在我国，目前同样也没有开征社会保障税，有关企业和个人只是在缴纳养老保险基金、医疗保险基金等社会保障基金。因此，本节只讨论个人所得税和企业所得税这两种典型的所得税。

随堂笔记

其是个人所得税的管理能力。

第五,所得税是直接税。所得税是典型的直接税,其税负由纳税人直接承担,税负不易转嫁。正因为所得税是直接税,因而需要以纳税人的实际负担能力为计税依据,所得多者多征税,所得少者少征税,没有所得则不征税。这与商品劳务税无论有无利润,只要有商品流转额和收入额就要征税是不同的。

二、个人所得税

个人所得税是对自然人个人一定时期内的净所得课征的一种税。一国一般对本国的居民个人就其在世界范围内取得的所得课税,而对本国的非居民就其来源于本国的所得课税。

个人所得税是发达国家的主体税种,这是因为对个人所得课税,其税源广泛,有利于增加政府财政收入;对个人所得征收累进税,可以缓和社会收入分配不公;个人所得税还具有自动稳定器的功能,有助于缓解宏观经济波动。但是,由于税制复杂、征管不便,在发展中国家,个人所得税的地位较弱。

(一)个人所得税的课税对象

1.确定个人所得税课税对象的原则。个人所得税是以个人的所得为课税对象,但是,对于应该如何界定应税所得,却有着“所得源泉说”和“净资产增加说”两种不同的观点。

“所得源泉说”认为,所得的发生应具备循环性和反复性的特点,因此,应税所得是有连续来源的收入(如工资、薪金、经营利润、股息、利息、租金等)扣减相应费用后的余额,资产销售利得、财产继承所得等一次性所得不应包括在内。

“净资产增加说”认为,所得应是纳税人在一定时期内的资产增加额减去同一时期内的资产减少额后的余额。按照这种观点,纳税人在一定时期内因任何原因造成的所持有资产的净增额都应作为应税所得,因此,应税所得不仅应包括经常性、连续性所得,也应包括临时、偶然的一次性所得。

显然,按“净资产增加说”确定的个人所得税的课税对象范围要大于按“所

随堂笔记

得源泉说”确定的个人所得税课税对象的范围。随着所得税在国家税制结构中主体地位的确立及其调节经济功能的加强,越来越多的国家将“净资产增加说”作为确定个人所得税应税所得范围的原则。

2. 应税所得的类型。按照“净资产增加说”,个人在一定时期内的任何资产净增额都应列入应税所得的范围。但是,各国税法对不同类型的所得往往规定不同的税收待遇或征税方法,这就需要了解应税所得的类型。比较重要的分类是将应税所得分为劳动所得和资本所得。

劳动所得指个人从事劳务活动所获取的报酬,包括工资、薪金、奖金、津贴、退休金、年金等。

资本所得指个人因为拥有各类资产而获取的收益,如股息、红利、利息、租金等;以及资产转让产生的溢价收益,即资本利得(Capital Gain)。

个人从事各类经营活动所取得的营业利润兼具劳动所得和资本所得的特征,在将应税所得分为劳动所得和资本所得两类、实行不同税收待遇的国家,经营所得需按一定的标准分割为劳动所得和资本所得。

(二)个人所得税的征收方法

个人所得税的征收方法主要有两种,即源泉课征法和申报法。

源泉课征法是指在所得发生的源泉处课征,不直接向纳税人征税,而间接由支付所得的单位或个人承担代缴税款的义务。这种方法的优点在于,课征手续简便,征管方便,有利于控制税源。但这种方法无法综合纳税人的各项所得、实行累进计税,难以体现税收纵向公平的要求。

申报法是指纳税人自行申报应税所得额和应纳税额,税务机关核实后,由纳税人一次或分次缴纳税款。申报法的优点是有助于强化公民纳税义务,便于综合纳税人的各项所得、实行累进税率,但容易出现隐匿伪报等情况,而且征收成本较高。

由于源泉课征法和申报法各有利弊,实践中,各国往往将两种征收方法结合起来应用,只是各国在两种方法应用的侧重方面有所区别。一些国家主要采用申报法,而另一些国家则以源泉课征法为主。

随堂笔记

（三）个人所得税的课税模式

1. 综合所得税制。这种所得税制是将纳税人在一定期间内的各种所得综合起来，减去法定的减免和扣除项目，就其余额按累进税率进行征税。

美国联邦个人所得税是典型的综合个人所得税。按照税法，总收入被定义为"产生于各种渠道的全部收入，法律排除的除外。"它包括以现金、财产或劳务等各种形式所得的收入。对于不同来源和不同形式的收入，尽管在宽免额和扣除标准方面有一定的区别待遇，但在各项扣除之后，各类所得都要加总求和，按统一的累进税率计税。

综合所得税制一般以申报课征为主。传统的税收理论认为，这种课税模式课征普遍，各类所得税负统一，能够在较大程度上体现纳税能力原则。但是，一些经济学家认为，综合所得税制下按与劳动所得相同的税率对资本所得课税并不合理，原因在于：

第一，具有相同综合所得现值的纳税人在生命周期内，消费和储蓄的偏好可能差别很大。一些纳税人会通过较多的储蓄（广义的储蓄包括对银行存单、股票等各种金融资产以及对房屋等耐用品的购买）实现生命周期内的平稳消费，但由于在综合课税模式下，储蓄形成的利息、股息等资本所得需缴纳所得税，与较少储蓄从而获得较少利息收入的纳税人相比，他们就会承担较高的税收负担。

第二，各国的税法一般不对来自资产的所得进行通货膨胀调整，而是根据名义收益课税，但实际利息才反映真正应税的资本收益。因此，利息所得的税收负担高于其他综合所得，这也与综合所得税制的课税原则相悖。

另一方面，综合所得税制在实践中要求以申报课征为主，课税手续烦琐，税务机关的征收费用和纳税人的遵行费用都很高。由于征管不便等方面的原因，实践中无法避免对于一些所得的减免税，比如，包括美国在内的不少实行综合所得税制的国家，都对资本利得实行比普通所得更为优惠的税收待遇，这使得综合所得税制在实践中不能真正得到推行。

2. 分类所得税制。这种所得税制是将各种所得分为若干类别，对不同来源和性质的所得按不同的税种课征；或虽按同一税种课征，但实行不同的税率和课征方法。比较常见的做法是:对劳动所得适用累进税率,而对资本所得适用比例税率。

分类所得税制一般以税源课征为主,手续简便,节省征收费用,便于控制税源。但其缺点是:对纳税人不同类型的所得实行不同的税收待遇,可能造成总所得相同但所得来源不同的纳税人税收负担不同,不利于体现按纳税能力课税的原则。

3. 分类综合所得税制。分类综合所得税制就是将分项课征和综合计税相结合的所得税制,也称混合所得税制或二元所得税制。根据分类税制和综合税制结合方式的不同,混合所得税制又有交叉型和分立型两种情况。交叉型是指先对各类所得分类从源课征,纳税年度结束时再对综合所得按累进税率计算课税,已从源课征的税款给予抵免,多退少补。分立型则是指对某些所得项目如利息所得、资本利得等单独计税,而对其余大部分所得项目则综合起来运用累进税率课税。

显然,分类综合所得税制是力图将分类和综合两种所得税制的优点兼收并蓄的一种制度。交叉型的分类综合所得税制更接近于综合所得税制,但征纳的步骤十分烦琐,与简化税制和节约税收成本的要求相悖。因此,近年来实行这一税制的国家很少。分立型的分类综合所得税制虽然形式上更接近于分类所得税制,但由于将大部分所得综合计税,也在很大程度上体现了综合所得课税的原则。考虑到在经济全球化背景下,对利息等资本所得实行较低的比例税率已成为一种趋势。可以认为,分立型的分类综合所得税制是一种更为务实的所得税制。

(四)确定个人所得税纳税义务的步骤

个人所得税纳税义务的确定过程比较复杂,在综合所得税制下,比较典型的步骤如下:

第一步,税基排除。即计算税法规定应纳所得税的各项收入的总额,将不予计税的所得排除在税基之外。虽然目前世界各国都主张按"净资产增加说"确定个人所得税的应税所得,但在实践中,各国税法仍然会规定一些免税所得项目,如国债利息所得等。

随堂笔记

专栏

专栏6－1　北欧国家的二元所得税

北欧四国从20世纪90年代初期起推行二元个人所得税制，其基本特征是：对资本所得按比例税率课税，该税率等于或接近公司所得税率，同时接近最低档劳动所得的适用税率。对劳动所得按累进税率课税，但给予一定的个人免税额。各国的税率结构见表6－1。

表6－1　北欧国家的二元所得税制

（2004年，税率单位：%）

	挪威	芬兰	瑞典	丹麦
二元所得税改革时间	1992年	1993年	1991年	1987年
个人所得税率				
－资本所得	28	28	30	28/43[a]
－劳动所得	28－47.5	29.2－52.2	31.5[b]－56.5	38.1－59

a　低于起征点的股息税率为28%，其他税率为43%；

b　仅有地方所得税，收入水平超过约32 000欧元时应缴纳附加的联邦所得税。

二元所得税制可以克服前述综合所得税制的不少缺陷，其优越性体现在以下方面：

第一，对资本所得以较低税率课税，可以缓解综合所得税制下对资本所得课税引起的对高储蓄纳税人的歧视，推动生命周期意义上横向公平的实现。对资本所得适用税率的降低，还可在一定程度上缓解在对资本所得课税时不能进行通货膨胀调整的问题。

第二，在拓宽对资本所得课税范围的基础上对各种资本所得按相同的比例税率课税，可以为各种资本投资提供一个平等的竞争平台，避免不同资本所得税收负担不同引起的对人们资产组合选择的扭曲。同时，由于免税的资本所

随堂笔记

得项目大大减少,事实上将增加高收入人群的纳税,增进税收的公平。

第三,由于获取资本所得的纳税人以高收入者居多,他们有很强的税收筹划能力,因此,对资本所得进行累进课税的空间是有限的。在二元所得税制下对资本所得以较低的比例税率课征最后预提税,征收方法简便,避税机会少,纳税人的避税动机也有所减弱,从而可以大大降低税收的征收和遵行费用,促进税收收入的上升。

第四,对资本所得适用较低比例税率的另一个优越性在于,可以使本国在国际税收竞争中处于更有利的地位,减少本国资本外流。

10多年来,在北欧四国发端的二元所得税制在国际上受到了越来越广泛的支持,美、日、德、瑞士等国的学者都提出了在本国推行二元税制改革的方案。欧洲的学者甚至主张将推广二元所得税作为欧盟范围内所得税协调的目标模式。

(资料来源:杜莉,《论个人所得税的二元课税模式》,《税务与经济》,2007年第5期。)

第二步,税前扣除。即在应纳税的各个所得项目中减去税法允许的标准扣除或专项支出,得到应纳税所得额。可扣除的项目一般包括经营费用扣除、生计扣除、捐赠扣除等。

第三步,将应纳税所得额对应于相应的税率表,计算出应纳税额。在综合所得税制下,各类所得在进行扣除后,要加总适用统一的税率表;而在分类所得税制下,各类所得在进行扣除后,分别适用不同的税率表。

第四步,减去税法允许的税收抵免额,得到抵免后的应纳税额。境外所得已纳税款的税收抵免是个人所得税中一种典型的抵免项目。

抵免后的应纳税额体现了个人一定时期内的个人所得税负担。但是,在实行源泉课征法和申报法相结合的国家,部分税额可能已由支付所得的单位或个人源泉扣缴,这部分税额称为预提税。纳税人在申报纳税时,可以将预提税扣除,从而得到最后的纳税义务。有时,最后的纳税义务为负数,这意味着纳税人可以获得退税。

在分类所得税制下,大部分税款是由支付所得的单位代扣代缴的,而支付所得的单位只需就每项所得按以上的第二至三步计税,不必考虑纳税人的其他

随堂笔记

所得,因此计税过程相对简单。当然,有的纳税人可能需要自行申报纳税,这时计税过程就接近于综合所得税制下的情形了。

三、企业所得税

企业所得税是对企业的净所得课征的税,在以美国为代表的不少西方国家,仅对公司课征所得税,所以在这些国家,不征企业所得税,而征公司所得税。

企业所得税是充满争议的一个税种。反对征收企业所得税的人士指出,既然已对投资者个人课征了个人所得税,再对企业课征所得税有什么必要呢?支持课征企业所得税的人士则指出,如果不对企业课征所得税,股东就有可能通过将利润保留在企业的办法逃避纳税义务,即使利润最终要分配,股东至少可以延缓税收的缴纳,课征企业所得税正是防止这种避税行为的有效措施。

尽管课征企业所得税的理由不是很充分,企业所得税成为世界各国普遍征收的重要税种却已是不争的事实。至少以维护国家税收权益和增加财政收入为目标,没有一个大国愿意放弃对这一税种的课征。

(一)企业所得税的课税对象

企业所得税以企业一定时期内的净所得为课税对象,即应纳税所得额是企业的毛所得扣除成本、费用及损失之后的余额。可以扣除的项目包括企业的原材料成本、工资成本、广告费、招待费、研发开支、固定资产折旧、借款利息等。一般来说,企业的原材料成本可据实扣除,而其他的大部分项目必须按税法规定的扣除标准予以扣除。

(二)企业所得税的课征方法

对于企业所得税,国际上通行的课征方法是采用申报纳税方法。

通常的情况是,纳税年度由企业根据其营业年度确定,但一经确定,便不能随意改变。企业要在年初填送预计申报表,年终填送实际申报表。税款实行分季预缴、年终清算。

就税率而言,各国在企业所得税上大多采用单一的比例税率,即使实行累

随堂笔记

进税率的国家,其累进程度也较为缓和。

(三)企业所得税的税收优惠

课征企业所得税可能存在一定的减少利润、阻碍投资的问题,因此,许多国家都实行鼓励投资的优惠政策,以配合企业所得税的实施。主要的优惠政策有:

1. 加速折旧政策。折旧作为一项费用要计入成本,折旧额的多少直接关系到企业的利润额,进而影响到税基和税收收入。为了促进企业投资和设备的更新改造,不少国家在企业所得税制中采取了增大折旧额、加速折旧的政策,具体措施包括按重置价格计提折旧、缩短固定资产标准折旧年限、实行加速折旧方法等。年数总和法、双倍余额递减法等都是常见的加速折旧方法。

2. 投资抵免政策。投资抵免政策即政府允许企业从所得税应纳税额中扣除投资额的一定比例。这实际上是政府用减免税的方式支持投资,对投资增长是强有力的刺激。

3. 亏损弥补政策。征收企业所得税的国家一般允许企业在不同年度之间以盈补亏。亏损弥补政策的目的在于降低私人投资风险,对刺激投资具有重要的意义。

(四)公司所得税和个人所得税的一体化问题

在有些同时课征公司所得税和个人所得税的国家,在公司层面,公司要就其利润(包含股息)缴纳公司所得税;在股东层面,个人要就其取得的股息缴纳个人所得税,这种制度称为古典制所得税制。古典制所得税制显然导致了对公司分配利润的重复课税,从而产生了多方面的扭曲性影响,比如,促使投资者偏好合伙企业而不是公司作为经营形式,促使公司偏好以贷款而不是以发行股票的方式筹资,促使公司将利润保留而不是以股息形式分配,等等。已有不少国家采取措施减轻这种重复征税,以使公司所得税和个人所得税在一定程度上实现一体化(Integration)。具体做法包括:实行从公司层次上入手的股息扣除制、分离税率制,从股东层次上入手的普通抵免制、归集抵免制和税基排除制。

1. 股息扣除制。股息扣除制即在计征公司所得税时,允许将支付给股东的

随堂笔记

股息比照利息支出，全部或部分在应税所得中扣除，另外，对股东收取的股息征收个人所得税。这种方法操作简单，对股息和利息采取相同的税收待遇，可形成中性的筹资导向，但它会使公司所得税的税基萎缩，而且，由于对股息征收个人所得税漏洞很多，容易造成税收流失。

2. 分离税率制。分离税率制亦称双税率制，即将公司应税所得区分为分配股息和保留利润两部分，对作为股息分配的那一部分利润按较低税率课税，而对另一部分未分配的保留利润按较高税率课税。分离税率制具有事前控制、操作简单的特点，征管成本较低。不过，在这种制度下，两种不同税率的设计比较困难：如果两种税率的差异很小，就接近于古典制；如果差异很大，则又会使公司所得税变为保留利润税。

3. 普通抵免制。普通抵免制又称个人抵免制，是按照一般税收抵免的方法，在个人股东环节，先将股息计入应纳税所得统一征税，随后再按获取股息额的规定比例抵免应纳税额。

4. 归集抵免制。归集抵免制是个人所得税和公司所得税整合的最重要的形式，同普通抵免制相似的是，它也是对公司分配利润已支付的公司所得税在计征股东的个人所得税时全部或部分抵免，只是抵免计算过程比较特殊。

德国在 1977 年至 2000 年的将近 20 多年间，一直实行股息税归集抵免制，具体规则参见表 6 - 2。

表 6 - 2　德国的股息税归集抵免制度

税前公司分配利润	100
减：公司所得税（30%）	30
分配股息	70
加：归集抵免额（抵免率 3/7）	30
还原税前股息收入	100
减：个人所得税（51%）	51
减：归集抵免额	30
股东应纳所得税额	21

资料来源：European tax handbook (2002), International Bureau of Fiscal Documentation, Amsterdam: Netherland。

随堂笔记

不难发现,在这个例子中,金额为100的税前公司利润承担的全部税负为51(其中公司缴纳30,个人股东缴纳21),与个人所得税税率51%刚好相符。可见,股息的税收负担决定于股东的个人所得税负担水平,公司就分配利润缴纳的公司所得税仅相当于一种预扣税,对股息的双重课税完全免除。

5. 分类课征制。分类课征制也称税基排除制,即对股东取得的股息不并入综合所得中课征个人所得税,而是免征个人所得税或专项计征税率较低的股息税。它的效果类似于在公司层次上实行的股息扣除法。能够消除重复征税的程度取决于股息所得可免于征税的比例。

仍以德国为例。该国在2000年税制改革方案中放弃了归集抵免制度,改为将股东收到的股息减半计入个人所得税税基的做法。这种股息税政策转变的一个原因是为了遵从欧盟的无差别待遇原则,因为在归集抵免制下,来自外国公司的股息所承担的公司所得税不能获得抵免,于是对外投资受到了歧视,而股息减半计税的办法则对不同来源的股息一视同仁。

第二节　商品和劳务税制

一、商品和劳务税概述

所谓商品和劳务税,是指以商品和劳务的营业额或销售收入为课税对象的课税体系。由于商品和劳务税最初主要以商品的流转额为课税对象,所以习惯上也称为流转税(Turnover Tax)。商品和劳务税主要包括增值税、消费税、营业税和关税等税种,其中,关税将在本书第十一章加以介绍,本节主要讨论各类国内商品劳务税。

商品课税起源很早,如古代希腊、印度等国就有盐税的课征。当代的商品和劳务税在税制结构中更是占有重要的地位。发展中国家基本上采用以商品劳务税为主体税种的税制结构模式。20世纪70年代以后才出现的增值税在发达国家的税制结构中也发挥着日益重要的作用。

随堂笔记

（一）商品和劳务税的特点

1. 税源普遍，收入相对稳定。商品和劳务税的课征对象是商品（劳务）的销售收入或营业额，伴随商品和劳务交易行为的发生而进行课征，只要发生交易行为，就可以征税，因而税源普遍。另一方面，商品和劳务税可以随经济的增长而自然增长，不受纳税人经营状况的影响，从而收入稳定。

2. 课税是累退的，较难体现公平税负原则。首先，商品劳务税一般采用比例税率，即对同一课税对象，不分数额大小，规定相同的征收比例。由于个人消费商品数量的多寡与收入并不成比例，而且，个人消费总有一定的限度，因此，收入越高的人，消费性开支占其收入的比例就越小。这样，商品课税就呈现出一定的累退性。

3. 税负能够转嫁。商品和劳务税是间接税，在许多情况下，商品和劳务税的缴纳者和税收实际承担人是分开的，纳税人一般很难确切了解自己实际承受的税负。由于征税隐蔽，商品和劳务税推行的阻力较小。

4. 征收管理便利。商品和劳务税采用从价定率或从量定额计征，与所得课税、财产课税相比，计算手续简单。另外，商品和劳务税的纳税人为企业，数量较少，相对容易稽征和管理。

5. 配合社会经济政策的有效性。商品劳务税中的增值税税率相对统一，不重复课税，不会干预企业的经营决策，能够体现税收中性的要求；而消费税可以调节消费，纠正劣值品问题、外部效应等市场失灵。

（二）商品和劳务税的类型

从不同的角度，可以将商品劳务税进行多种分类。

1. 从课税环节的角度，可以分为单环节课税和多环节课税两种类型。

单环节课税是指在商品生产（进口）、批发、零售三个环节中选择一个环节课税，如加拿大的酒税、烟税是选择在生产环节征税，美国的汽油税是选择在零售环节征税。

多环节课税是指在商品流通的两个或两个以上的环节课税，如增值税是在生产（进口）、批发、零售三个环节都征税。

随堂笔记

2. 从计税依据的角度,可以分为从价税和从量税两种类型。

从量税是以商品或劳务的数量单位如重量、容积和体积等为计税标准。从量税简单易行,但是,由于税款与商品价格脱钩,物价上涨时税收不能相应增加,财政税收缺乏保证,故不能广泛推行。现今各国所实行的一般都是从价税。

从价税是以商品或劳务的销售额或营业额为计税标准来计算应纳税额,应纳税额是计税价格乘上计税数量。由于商品价格或劳务价格是计税的重要依据,商品价格的变化会影响税额的变化,税额会随着商品价格的上升而上升。

从价税还有价内税和价外税之别,前者是含税价格计税,后者是不含税价格计税。

以含税价格计税时,计税价格包含税金在内。一般商品或劳务的交易价格就是计税价格,如果课税商品或劳务没有交易价格(如公司集团内部划拨的产品),要按以下公式确定计税价格:

$$计税价格=(成本+利润)/(1-税率)$$

以不含税价格计税时,计税价格不包括税金在内,税在价外。这时,由于商品或劳务的交易价格一般为含税价格,须按以下公式确定计税价格:

$$计税价格=交易价格/(1+税率)$$

3. 从课税范围的角度,可以分为三种类型。

一是就全部商品和劳务课税。即除了全部消费品,也将资本品以及交通运输等一些劳务纳入课税范围。

二是就全部消费品课税。资本品或劳务则被排除在课税范围之外。

三是选择部分消费品课税。如只对烟、酒、小汽车等一些特定的消费品课税。

4. 从税基的角度,可以分为两种类型。

一是按照商品(劳务)流转过程中的新增价值课征,这就是增值税。

二是按照商品(劳务)的销售收入总额课征。各国实行的营业税基本上都属于这种类型。

随堂笔记

二、增值税

增值税即对课税商品或劳务生产和流通各环节新增的价值课征的税收。作为增值税课税对象的增值额,就某一厂商而言,就是该厂商的商品销售收入或营业额扣除规定的非增值项目后的余额。增值税最早于1918年由德国的企业家西门子提出。法国于1954年首先实行增值税,获得了成功。目前,增值税已在世界上100多个国家实行。

(一)增值税的特点

增值税既具有商品和劳务税的一般特点,又有自身的特征。

1. 增值税以增值额为课税对象,也就是说,只就销售额中由本人或本单位创造且尚未征过税的新增价值征税,而对销售额中由其他人或其他单位创造的、已征过税的转移价值不再征税。这可以避免重复课税,有利于社会化专业分工。

2. 增值税的税源广泛,征税普遍。增值税实行多环节征税,即在生产、批发、零售等各个环节都课税,在保证国家财政收入方面具有优越性。

3. 增值税税率相对单一,在针对增值额、多环节课税的情况下,扭曲性影响很小,可以从根本上解决因纳税人所在产业和部门不同等因素而发生的税负不平衡,有利于体现税收中性原则。

4. 增值税有利于加强税收征管,防止逃税。实行抵免法的增值税,要求有健全的发票制度,并且将税款单独开列,凭发票扣除前一阶段已纳税款。这种计税方法具有相互牵制、自动审核的特点,便于税务机关查核,有利于防止逃税。

5. 增值税有利于发展对外贸易。增值税消除了重复征税因素,较易做到出口退税和进口征税。出口退税使本国产品以不含间接税的价格进入国际市场,有利于提高本国产品在国际市场的竞争力;而对进口货物复征,可以使进口产品与本国产品负担相同的税收,在国内市场上实现平等竞争。

增值税同时也在征管和缴纳方面提出了更多的要求,这在一定程度上反映

随堂笔记

了它的局限性。从税务机关方面分析,多环节课征必然带来税务行政费用的增加。纳税户多,计算审查手续比较复杂,对税务人员的素质有较高要求。从纳税人方面分析,要求企业具有健全的财务会计制度和纳税记录,在这些条件不具备或不充分具备时,实行增值税的难度会相当大。同时,工商企业为了登记和处理有关增值税的各类资料,也必须负担大量额外工作。

(二)增值税的类型

增值税按其计算增值额时对资本品处理的不同,形成了生产型、收入型和消费型三种不同的类型。

1. 生产型增值税。生产型增值税即以一定时期内纳税人的商品(劳务)销售收入减去购进中间产品价值后的余额为课税依据,又称 GNP 型增值税。厂房、机器等固定资产的折旧不予扣除,即相当于以企业的工资、利息、利润、租金和折旧为税基。从国民经济整体看,这一税基相当于国民生产总值。

2. 收入型增值税。收入型增值税即以一定时期内纳税人的商品(劳务)销售收入减去购进的中间产品价值及固定资产折旧后的余额作为课税依据,相当于工资、利息、租金、利润之和为税基。从国民经济整体看,这种税基就是国民收入。

3. 消费型增值税。消费型增值税即以一定时期内纳税人的商品(劳务)销售收入减去购进的中间产品的价值,再减去本期购置的资本品价值后的余额作为课税依据。从整个国民经济来看,税基只包括全部消费品的价值,不包括资本品的价值,所以称之为消费型增值税。

上述三种类型的增值税的区别是明显的:第一,税基大小不同,生产型增值税税基最大,收入型增值税次之,消费型增值税最小。第二,对于购入固定资产的价值在计算增值额时是否扣除以及如何扣除,处理的原则不同。生产型增值税不予扣除,收入型增值税按使用年限分期扣减,消费型增值税则实行当期一次扣除。

由于消费型增值税真正实现了仅对增值额课税,不重复课税,能够充分发挥增值税的优越性。目前以欧盟国家为代表的实行增值税的国家大多数采用消费型增值税。

（三）增值税的税率

实行增值税制的国家一般采用比例税率，但往往设置两到三个税率档次，称为基本税率、低税率和高税率，分别适用于不同的应税商品或劳务。

1. 基本税率。基本税率也称标准税率，它体现了增值税的基本课征水平，适用于一般商品和劳务。各国的基本税率差别很大。基本税率的高低，是和各国的经济状况、收入水平、税收政策等相关联的。

2. 低税率。低税率体现了增值税的优惠照顾政策，适用于税法单独列举的属于生活必需品范围的商品和劳务。如法国的增值税除了规定基本税率为18.6%之外，还区别不同商品和劳务，分别规定了7%和5.5%的低税率。

3. 高税率。高税率体现了增值税的限制消费政策，主要适用于税法列举的奢侈品和其他政府限制消费的商品和劳务。

（四）增值税的计税方法

增值税有三种不同的计税方法，分别为税基列举法、税基相减法和税额相减法。

税基列举法也称加法，即把构成增值额的各个项目，如工资薪金、租金、利息、利润等直接相加，作为增值额。然后，将增值额乘以税率，计算出应纳税额。其计算公式为：

增值额 ＝本期发生的工资薪金＋利息＋租金＋利润＋其他增值项目

增值税应纳税额＝增值额×适用税率

税基相减法也称减法，即从纳税人一定时期内的商品和劳务销售收入中减去同期应扣除的项目作为增值额。然后，将增值额乘以税率，计算出应纳税额。其计算公式是：

增值额＝本期应税销售额－规定扣除的非增值额

增值税应纳税额＝增值额×适用税率

税额相减法也称扣税法，即先以纳税人一定时期内的商品和劳务销售收入乘以税率，计算出至本环节为止的累计税额，然后再从中减去同期各项外购项

随堂笔记

目的已纳税额，得出应纳税额。其计算公式为：

增值税应纳税额 = 当期应税销售额 × 适用适率 − 当期外购项目已纳增值税税额

目前，包括我国在内的实行增值税的国家一般采用第三种方法，即扣税法。

三、消费税

消费税（Comsumption Tax）是以消费品（或消费行为）的销售额为课税对象的税收，是商品和劳务税类中的重要税种，为世界各国广泛采用。

消费税按其课税范围的不同，可以分为一般消费税和特别消费税。一般消费税是对一切消费品和消费行为征收的税收，特别消费税则只对部分消费品和消费行为课征。目前各国课征消费税的目的，除了取得财政收入外，更重要的是调节社会成员的消费和收入，因此，多数国家都征收特别消费税，我们这里所分析的消费税就是指特别消费税。

（一）消费税的特点

1. 寓禁于征的目的性。这是消费税区别于其他商品和劳务税的明显特点。特别消费税的课税范围是有选择的，而不是普遍征收，政府往往希望通过对课征范围的选择、差别税率的安排以及课税环节等方面的规定，来达到调节消费进而调节收入的政策目的。如对烟、酒征收高额消费税，一个重要目的就是通过征税对不良的行为加以限制。

2. 税负的转嫁性。消费税选择部分消费品或消费行为作为课税对象，更多的是针对消费品制造商或消费品经营者，而不是向消费者征税，但税额往往包含于消费品价格之中或作为消费品价格的附加，最终由消费者负担。

3. 促进收入公平分配。消费税一般选择高收入者更多消费的奢侈品、高档消费品进行征税，并通过设置高低不同的税率来达到调节收入的目的。

4. 单环节课税。消费税通常采取单环节课税，主要在生产和进口环节征收，这是为了达到降低课征费用、提高征收效率的目的。

5. 纠正市场失灵。在市场机制不能实现资源优化配置的某些场合，消费税

随堂笔记

可以改善资源配置状况。比如,对产生外部成本的产品(如汽油、一次性电池等)征收消费税,可以实现外部成本的内部化。

(二) 消费税的税率和计税方法

消费税一般采用比例税率和定额税率,而且是区别不同税目分别规定差别税率。与此相适应,其计税方法也有从价和从量两种。从量课税是消费税计税方法的独特之处。某些税目的商品(如烟、酒、汽油等)其等级规格有一定的标准,因而有可能针对商品的数量、重量等课征固定的税额。例如,我国消费税制规定,无铅汽油的税率是每升 0.2 元,含铅汽油则是每升 0.28 元。

四、营业税

营业税(Business Tax)是以提供商品和劳务的营业收入额为课税对象的税收。营业税一般着眼于营业行为,只要纳税人发生了营业行为,就要对其营业收入额课税。它是一个十分古老的税种,目前包括我国在内的一些国家仍在征收营业税。

营业税起源很早,我国汉朝时期征收的"算缗钱",就是一种对商业征收的营业税。中世纪欧洲国家对营业商户每年征收一定金额的许可金。法国 1791 年将许可金改为营业税,按商户营业额的大小征收,这种做法很快就推广到其他国家。营业税曾作为西方国家财政收入的主要部分而发挥重要作用。

营业税是一种税源普遍、征收管理容易实施的税种,征收范围大,一般以较低的平均税率多环节课征,可按行业设计税目税率,以调节不同行业的赢利水平,体现国家的产业政策。

营业税的显著缺陷是存在重复课征和累积税负问题,因此,在不少国家已被增值税所代替。我国仍然保留了营业税,将其作为增值税的补充,主要对服务行业征收。

随堂笔记

第三节　财产税制

一、财产税概述

财产税是以一定的财产价值为对象，向拥有或转让财产的纳税人课征的税。在各国的税收体系中，财产税一般是作为所得税、商品和劳务税的补充，并且是地方政府财政收入的主要来源。

（一）财产课税的特点

1. 税负不易转嫁。财产税中的大多数税种具有直接税的性质，由于财产所有者在财产使用上一般不与他人发生经济交易关系，所以财产税较难转嫁。

2. 符合按纳税能力征税的原则，有利于调节社会财富分配。财产可以作为测度个人纳税能力的尺度之一，有财产者必有纳税能力。课征财产税时，有财产者纳税，无财产者不纳税，财产多者多纳税，财产少者少纳税，这就可以在一定程度上缓解社会财富的分配不均。

3. 财产税的收入比较稳定。财产税的课税对象是财产价值，不易受经济波动的影响，因此，对其课税收入的波动也较小。但另一方面，由于财产价值不易发生变动，财产税的征收弹性较小，不易满足财政支出变化的要求。

财产税的局限性在于，财产中的动产，常常成为隐匿对象；不动产也较难估价，征收管理较难掌握，因此，容易导致税负的不公平。而且，课征财产税会减少投资者的资本收益，降低投资者的投资积极性。在经济不够发达的时期，课征财产税在一定程度上有碍资本的形成。

（二）财产课税的类型

以课税范围为标准，可将财产税分为一般财产税和特别财产税。一般财产税是就某一时点纳税人所拥有的一切财产综合课税，课征时要考虑对一定价值

随堂笔记

以下的财产和生活必需品进行免税,并允许负债的扣除。特别财产税是就纳税人所拥有的某一类或某几类财产,如土地、房屋等单独或分别课税。

以课税对象为标准,可将财产税分为静态财产税和动态财产税。前者是就纳税人在一定时点上的财产占有额依其数量或价值进行课征,如一般财产税和特别财产税;后者是就财产所有权的转移或变动进行课征,如遗产税和赠与税。

二、一般财产税

一般财产税是以财产所有者某一时点所拥有的全部财产价值为课税对象,实行综合课征,税率多采用比例税率,纳税人主要是个人。

但从当代国际税收实践看,一般财产税往往名为一般财产税,实际上是有选择的财产税,即以列举的几种财产的估征价值(不规定扣除项目)为课税对象。以下以美国的财产税制为例,介绍一般财产税。

一般财产税是美国地方政府税收收入的主要来源,约占其全部税收收入的75%左右,联邦政府不征收一般财产税,州政府仅征收少量的一般财产税。其基本制度如下:

第一,纳税人。美国一般财产税的纳税人为美国居民(公民)和外国居民(公民)。前者对其存在于世界范围内的财产价值课税,后者仅对其存在于美国境内的财产价值课税。

第二,课税对象。美国一般财产税的课税对象主要是房地产、企业设备、存货、牲畜、机动车等有选择的几类财产,其中征自房地产的税款占绝大比重。财产的估价十分重要。在美国,财产估价的方法基本有三种:一是市场价格法,即以应税财产的市场交易价格为准作出估价。二是资本还原法,即根据财产租金和市场利率,通过折算取得资本化的财产现值。三是原值法,也叫簿册法,即以应税财产的原始价值或购入价格为准作出估价。

第三,税率。美国的一般财产税实行差别比例税率,各地并无一个统一的税率。而且,财产税的实际税率远低于名义税率,这是因为估定的财产价值往往远低于实际的财产价值。美国部分城市的财产税率如表6-3所示。

随堂笔记

表 6-3 美国部分城市的财产税率(1995 年)

城　市	有效税率	评估率	名义税率
休斯敦	2.67	100	2.67
费　城	2.64	32	8.26
凤凰城	1.82	10	18.19
芝加哥	1.79	19	9.44
孟菲斯	1.53	24	6.34
波士顿	1.39	100	1.39
纽　约	0.86	8	10.69
洛杉矶	0.74	70	1.06

来源:Statistical abstract of the United States 1997。

第四,课征方法。征收财产税时,先由税务机关向纳税人发出财产估价、税率、税额和纳税时间的通知,再由纳税人一次性或分次缴纳税款,一般均在秋季缴税。纳税人如不按指定的时间缴税,要加罚拖欠的利息;如再不缴税,政府可以拍卖其财产。

三、财产转移税

财产转移税是对财产所有权变更进行的课税,包括遗产税、赠与税等。

(一) 遗产税

遗产税是对财产所有人死亡后遗留下来的财产课征的税收,在财产课税体系中占有重要地位。近代遗产税于 1598 年起源于荷兰,英国于 1694 年、法国于 1703 年、日本于 1905 年、美国于 1916 年分别开征了遗产税。

遗产税是世界各国征收较为普遍的税种,征收遗产税的依据在于:首先,遗产税采用累进税制,可以调节社会财富分配,缓和社会矛盾。其次,遗产税以财产为课税对象,有稳定的税源,可以增加财政收入。第三,遗产税可以消除人们对遗产继承的依赖心理,有利于推动社会进步。

1. 遗产税的类型。遗产税有以下几种类型:

(1)总遗产税制。它以财产所有人死后的遗产总额为课税对象,以遗嘱执

随堂笔记

行人或遗产管理人为纳税人。总遗产税制的特点是在遗产处理上采用“先税后分”的方式，即先征遗产税，然后才能将税后遗产分配给继承人或受遗赠人。一般设有起征点，按遗产总额减去负债后的净额课征；采用累进税率，但税负一般不考虑继承人与被继承人之间的亲疏关系。

总遗产税具有课税主体单一、税率设计简单、易控制税源、征税简便、征税成本低等特点。目前选择此类型的国家主要有美国、英国、新加坡、韩国等。

(2)分遗产税制。它就各继承人取得的遗产份额课税，以遗产继承人或受赠人为纳税人。在遗产的处理上表现为“先分后税”，即先按国家有关遗产继承的法令分配遗产，然后就各继承人分得的遗产课税。一般采用累进税率，税负高低与继承人同被继承人之间的亲疏关系有关。

分遗产税在计税时，凡继承人为直系亲属的，税率较轻，非直系亲属的，税率较重；继承人所继承或分得的财产数额越多，税率越高；按被继承人子女的多少课以不同的税率，子女越少，税率越高。

分遗产税根据继承人分得遗产的多少计税，更符合按纳税能力课税的要求，但征管复杂，征收成本较高，目前选择该类型的国家主要有日本、德国等。

(3)混合遗产税制。它将总遗产税制和分遗产税制综合在一起，对财产所有人死亡时留下的遗产先课征一次总遗产税，然后再对税后遗产分配给各继承人的遗产份额课征一次分遗产税，在遗产的处理上表现为“先税后分再税”。

这种遗产税的优点是既控制了税源，又体现了公平负担原则，但税收征管较复杂。加拿大、意大利、爱尔兰等国实行该种遗产税。

2. 遗产税的基本规定。开征遗产税的国家一般规定本国居民死亡时，应就其境内、境外全部遗产征税；非本国居民死亡时，只就其境内遗产征税。

世界各国遗产税的课税对象都确定为各类财产，包括动产、不动产和其他具有财产价值的权利。其中，动产包括现金、银行存款、有价证券、金银首饰等，不动产包括土地、房屋、矿产等，具有财产价值的权利包括保险权益、债权和土地占用权等。对上述财产的估价各国多采用市场价值，即以财产所有者死亡时的财产市价为标准。

绝大多数开征遗产税的国家在税率设计上都采用累进税率，这样的税率设计可以体现公平原则，达到调节社会财富分配的目的。20 世纪 70 年代，美国、

随堂笔记

日本等国的最高税率均在75%以上,直至80年代末进行减税改革后,日本的最高税率仍为70%,美国的最高税率为50%。

（二）赠与税

赠与税是对财产所有者或被继承人所赠与他人的财产课征的税收,也有总赠与税和分赠与税之分。前者就赠与人在课税年度内所赠与他人的财产总额课征,以赠与人为纳税人;后者就受赠人在课税年度内的受赠财产额课征,以受赠人为纳税人。

赠与税实质上是遗产税的辅助税种。两者相配合,可以防止纳税人逃避税收,确保财产转移税税源不致流失。凡实行总遗产税的国家,多同时实行总赠与税;凡实行分遗产税的国家,多实行分赠与税。

第四节　中国税制概述

一、中国的税制结构

新中国成立后,税收制度曾经作过多次调整和改革。总的来说,1978年改革开放之前的税制结构比较单一,在税收总收入中,属于对流转额课征的税收收入占71%左右。随着改革开放步伐的加快,单一税制已不能适应我国经济发展的客观需要。20世纪80年代,我国相继开征了国营企业所得税、产品税、增值税、营业税、集体企业所得税、城乡个体工商户所得税、个人收入调节税等多种税。

1994年,根据统一税种、公平税负、简化税制、合理分权的原则,我国对流转税、所得税和其他辅助性的税种进行了重大改革。这是我国新中国成立以来涉及面最广、改革力度最强、影响最大的一次税制改革。这次改革之后,尽管我国的税收制度也经过一些调整,但总体的税制结构格局一直延续至今。当前我国开征的各个税种如表6-4所示。

随堂笔记

上述主要税种收入占税收总收入的比重如图 6-1 所示。可见,目前我国的税收体系中,流转税是第一主体,增值税、营业税、消费税分别为我国的第一、第二、第五大税种,三税合并收入占全部税收收入的 66%。同时,以个人所得税、企业所得税、外商投资企业和外国企业所得税构成的所得税类作为第二主体,在税收体系中的地位迅速提升,所得税类三个税种的收入合计占全部税收收入的 24.7%。财产税等其他税种占税收收入的比重较小,但其中的车辆购置税、房产税、印花税等税种税收收入增长迅速,在国家经济生活中的作用也越来越重要。

表 6-4　当前我国开征的税种

税　类	税　　种
流转税	增值税、营业税、消费税、关税、烟叶税、车辆购置税
所得税	企业所得税、外商投资企业和外国企业所得税、个人所得税、土地增值税
财产税	房产税、城市房地产税、车船税、契税、城镇土地使用税、耕地占用税、船舶吨税、资源税
其他税	城市维护建设税、印花税、筵席税、固定资产投资方向调节税(暂免征)

注:税种及分类依据国家税务总局网站(http://www.chinatax.gov.cn)。

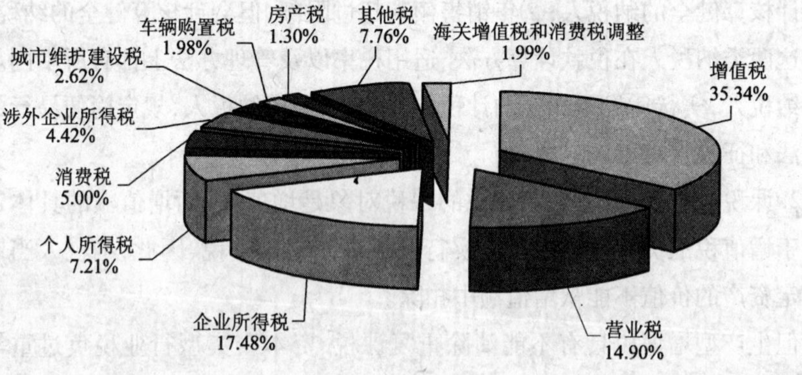

图 6-1　中国的税收结构(2007 年)

注:不含海关征收的关税、船舶吨税和财政部门征收的契税、耕地占用税、烟叶税;海关增值税和消费税调整指海关代征的增值税和消费税减出口退税;涉外企业所得税指外商投资企业和外国企业所得税;企业所得税、外商投资企业和外国企业所得税已于 2008 年 1 月起合并为统一的企业所得税。

资料来源:国家税务总局网站。

随堂笔记

下面对我国税收体系中的重要税种——增值税、营业税、消费税、个人所得税、企业所得税加以详细介绍。

二、流转税制

(一)增值税

1. 纳税人。我国税法规定,凡在我国境内销售货物或者提供加工、修理修配劳务以及从事进口货物的单位和个人,都是增值税的纳税人。

我国增值税的纳税人分为一般纳税人和小规模纳税人。

凡是符合下列条件之一的,确定为小规模纳税人:①从事货物生产或提供应税劳务的纳税人,以及以从事货物生产或提供应税劳务为主,并兼营货物批发或零售的纳税人,年应征增值税销售额在 100 万元以下的;②从事货物批发或零售的纳税人,年应税销售额在 180 万元以下的。

凡是符合下列条件之一的,确定为一般纳税人:①年销售额超过限额以上,且会计核算健全的纳税人;②年销售额未超过限额,但会计核算健全的纳税人。

这两类纳税人在税款计算方法、适用税率以及管理办法上都有所不同。对一般纳税人,实行凭发票扣税的计税方法;对小规模纳税人,规定简便易行的计税方法和征收管理办法。

2. 课税对象。理论上,增值税的课税对象是增值额,而增值额的具体定义取决于增值税的类型。我国当前实行的是生产型增值税,因此,纳税人当期购进固定资产的价值不能从增值额中扣除。

但生产型增值税具有不能消除重复课税、资本密集型行业税负过重等弊端。我国在 1994 年税制改革中选择生产型增值税,是与当时的财政经济背景密切相关的。首先,1994 年前后,我国的通货膨胀率在 20% 以上,抑制投资、缓解经济过热成为宏观经济政策的重要目标;其次,1994 年前后,我国财政收入占 GDP 的比重处于历史的低谷,增加财政收入成为税制改革的重要目标。鉴于近年来我国财政经济状况已发生了显著变化,我国已于 2004 年 9 月起在东北地区选择了 8 个行业进行扩大增值税抵扣范围的试点,待时机成熟时,增值

随堂笔记

税由生产型向消费型转型的改革可望在全国展开。

3. 税率和应纳税额。现行增值税税率分为两种:对于一般纳税人在国内销售货物和应税劳务,适用的基本税率为17%,特定货物销售或进口适用的照顾税率为13%;对于小规模纳税人在国内销售货物和应税劳务,适用的税率为6%或4%。对于向境外出口的货物,实行免税、退税或零税率的优惠政策。

增值税一般纳税人销售或提供应税商品和劳务,应纳税额为当期销项税额抵扣当期进项税额后的余额,即应纳税额的计算公式为:

当期应纳增值税额 = 当期销项税额 - 当期进项税额

其中,当期进项税额是指纳税人因购进货物(材料、半成品和成品部件)或接受应税劳务向货物销售方所支付或者负担的增值税款,而当期销项税额的计算公式为:

销项税额 = 销售额 × 适用的增值税率

由于我国实行的增值税是价外税,这里的销售额指不含税的净销售额。

对于小规模纳税人来说,应纳税额的计算公式为:

应纳税额 =(不含税)销售额 × 征收率

由于小规模纳税人在销售货物或应税劳务时,只能开具普通发票,取得的销售收入均为含税销售额,因此,实践中,可将上述公式转换成:

应纳增值税额 = 普通发票所列金额 ÷(1 + 征收率)× 征收率

(二)消费税

1. 纳税人。在中华人民共和国境内生产、委托加工和进口应税消费品的单位和个人,为消费税的纳税义务人。金银首饰消费税的纳税人,为中华人民共和国境内从事商业零售金银首饰的单位和个人;委托加工、委托代销金银首饰的,委托方也是纳税人。

2. 课税对象。经过2006年4月的重大调整后,我国消费税的税目有14个,有的税目还进一步划分若干子目。一般将14个税目的应税消费品分为6个方面:

(1)有害消费品。包括烟、酒、鞭炮焰火3个税目。

(2)奢侈消费品。包括贵重首饰及珠宝玉石、化妆品、高尔夫球及球具、游

随堂笔记

艇和高档手表 5 个税目。

(3)资源性消费品。包括木制一次性筷子和实木地板 2 个税目。

(4)高能耗消费品。指小汽车、摩托车 2 个税目。

(5)不可再生和替代的石油类消费品。包括成品油 1 个税目(下属汽油、柴油、石脑油、溶剂油、润滑油、航空煤油、燃料油 7 个子目)

(6)具有一定财政意义的消费品。包括汽车轮胎 1 个税目。

3. 税率和应纳税额。目前我国消费税各税目的税率见表 6－5。

表 6－5　消费税的税目和税率

税目	征收范围	计税单位	税率(税额)
一、烟			
1. 卷烟			
定额税率		每标准箱(50 000 支)	150 元
比例税率		每标准条对外调拨价格在 50 元以上(含 50 元)	45%
		每标准条对外调拨价格在 50 元以下的	30%
2. 雪茄烟			25%
3. 烟丝			30%
二、酒及酒精			
1. 粮食白酒、薯类白酒			
定额税率		每斤(或每 500 毫升)	0.5 元
比例税率			20%
2. 黄酒		吨	240 元
3. 啤酒		每吨出厂价格在 3 000 元以上的(含 3 000 元)	250 元
		每吨出厂价格在 3 000 元以下的	220 元
		娱乐业和饮食业自制的	250 元
4. 其他酒			10%
5. 酒精			5%

续表　　随堂笔记

税目	征收范围	计税单位	税率(税额)
三、化妆品	含成套化妆品和高档护肤类化妆品		30%
四、贵重首饰及珠宝玉石		零售环节征收	5%
五、鞭炮、焰火			15%
六、成品油 1. 汽油(无铅) 汽油(含铅) 2. 柴油 3. 石脑油 4. 溶剂油 5. 润滑油 6. 燃料油 7. 航空煤油		 升 升 升 升 升 升 升 升	 0.2 元 0.28 元 0.1 元 0.2 元 0.2 元 0.2 元 0.1 元 0.1 元
七、汽车轮胎 1. 子午线轮胎 2. 其他轮胎			 免征 3%
八、摩托车 1. 排量 250 毫升(含 250 毫升)以下的 2. 排量超过 250 毫升的			 3% 10%
九、小汽车 1. 乘用车 气缸容量(排气量,下同)1.5 升以下(含 1.5 升) 气缸容量 1.5 升至 2.0 升(含) 气缸容量 2.0 升至 2.5 升(含)			 3% 5% 9%

随堂笔记

续表

税目	征收范围	计税单位	税率(税额)
气缸容量2.5升至3.0升(含)			12%
气缸容量3.0升至4.0升(含)			15%
气缸容量4.0升以上			20%
2.中轻型商用客车			5%
十、高尔夫球及球具			10%
十一、高档手表			20%
十二、游艇			10%
十三、木制一次性筷子			5%
十四、实木地板			5%

我国消费税应纳税额的计算分为从价定率、从量定额以及混合计算三种方法。

在从价计税时,应纳税额的计算取决于应税消费品的销售额和适用税率两个因素。其基本公式为:

应纳税额 = 应税消费品销售额 × 适用税率

上述公式中的销售额,为纳税人销售应税消费品向购买方收取的不含增值税的全部价款和价外费用。

在从量计税时,应纳税额的计算取决于应税消费品的应税数量和单位税额两个因素。其基本公式为:

应纳税额 = 应税消费品销售数量 × 单位税额标准

混合计算方法是指采用从价定率和和从量定额混合计算的方法。在现行的消费税征税范围中,只有卷烟、粮食白酒和薯类白酒采用这种计算方法。其计算公式为:

应纳税额 = 应税销售数量 × 定额税率 + 应税销售额 × 比例税率

随堂笔记

（三）营业税

1. 纳税人。凡在我国境内提供应税劳务、转让无形资产或者销售不动产的单位和个人，为营业税的纳税人。

2. 课税对象。我国的营业税有9个税目，即交通运输、建筑安装、金融保险、邮电通信、文化体育、娱乐、服务、转让无形资产和销售不动产。

营业税的计税依据为营业额，即纳税人提供应税劳务、转让无形资产或者销售不动产，向对方收取的全部价款和价外费用。所谓价外费用指向对方收取的手续费、基金、集资费、代收款项、代垫款项及其他各种性质的价外收费。也就是说，营业税的计税依据一般是按照全价计税。但是，在少数情况下，也可以按照余额计税，具体举例如下：

（1）运输企业自中华人民共和国境内运输旅客或者货物出境，在境外改由其他运输企业承运乘客或者货物的，以全程运费减去付给该承运企业的运费后的余额为营业额。运输企业从事联运业务的，以全程联运收入扣除付给对方联运单位的运费后的余额为营业额。

（2）建筑业的总承包人将工程分包或者转包给他人的，以工程的全部承包额减去付给分包人或者转包人的价款后的余额为营业额。

（3）金融业的转贷业务以贷款利息减去借款利息后的余额为营业额；融资租赁以其向承租者收取的全部价款和价外费用减去出租方承担的出租货物的实际成本后的余额，以直线法折算出本期的营业额；金融商品（股票、债券、外汇、期货等）转让业务以卖出价减去买入价后的余额为营业额；保险业实行分保险的，初保业务以全部保费收入减去付给分保人的保费后的余额为营业额。

（4）文化体育业的单位或个人进行演出，以全部票价收入或者包场收入减去付给演出场所的单位、演出公司或者经纪人的费用后的余额为营业额。

3. 税率和应纳税额。我国的营业税采用比例税率，各个税目税率的具体规定如下：交通运输业、建筑业、邮电通信业、文化体育业，税率为3%；服务业、销售不动产、转让无形资产，税率为5%；金融保险业从2003年1月1日起适用税率为5%；娱乐业执行5% ~20%的幅度税率，具体适用的税率，由各省、自治

随堂笔记

区、直辖市人民政府根据当地的实际情况在税法规定的幅度内决定。但自2001年5月起,歌厅、舞厅等营业税统一按20%的税率征收。

营业税税额是根据纳税人提供应税劳务、转让无形资产或者销售不动产所取得的营业额和规定的税率来计算的。其计算公式为:

应纳税额=营业额×适用税率

三、所得税制

(一)个人所得税

1.纳税人。我国税法规定,个人所得税的纳税人分两种情况:在中国境内有住所,或者无住所而在境内居住满1年的个人,为居民纳税人,从中国境内和境外取得的所得均须缴纳个人所得税;在中国境内无住所又不居住,或者无住所而在境内居住不满1年的个人,为非居民纳税人,从中国境内取得的所得须缴纳个人所得税。

2.课税对象。我国的个人所得税法将各类应税所得分为11个类别,即工资、薪金所得,个体工商户的生产、经营所得,对企事业单位的承包、承租经营所得,劳务报酬所得,稿酬所得,特许权使用费所得,利息、股息、红利所得,财产租赁所得,财产转让所得,偶然所得和其他所得。

对这11个类别的所得,税法在扣除标准、税率等方面作了不同的规定。其中,关于扣除标准的具体规定如下:

(1)工资、薪金所得:以每个月收入额减除费用2 000元后的余额为应纳税所得额。在此基础上,雇员对基本养老退休金、医疗保险、失业保险和住房公积金的缴款也可减除。在中国境内无住所而在中国境内取得工资、薪金所得和在中国境内有住所而在中国境外取得工资、薪金所得的纳税人,其附加减除费用标准为3 200元。

(2)个体工商户的生产、经营所得:所有直接和间接经营成本,包括任何损失,均可减除。业主的生计费用扣除为每月1 600元。

(3)对企事业单位的承包经营、承租经营所得:以每一纳税年度的收入总

随堂笔记

额减除必要费用(每月1 600元)后的余额,为应纳税所得额。

(4)劳务报酬所得:按次计算,对每次收入不超过4 000元的,减除费用800元;4 000元以上的,减除20%的费用,其余额为应纳税所得额。

(5)稿酬所得:同第(4)项。

(6)特许权使用费所得:同第(4)项。

(7)利息、股息、红利所得:没有减除。

(8)财产租赁所得:同第(4)项,并另外允许减除与租赁财产有关的税费和修缮费。

(9)财产转让所得:可减除财产原值及与出售资产有关的税费。

(10)偶然所得:没有减除。

另外,我国个人所得税法规定,个人通过非营利的社会团体、国家机关向教育和其他社会公益事业以及遭受自然灾害地区、贫困地区捐赠,可在应纳税所得额的30%内扣除。

我国个人所得税法还规定了以下免税所得:省、部、军以上级别以及外国组织、国际组织颁发的科学、教育、技术、文化、卫生、体育、环境保护等方面的奖金,国债和国家发行的金融债券利息,按照国家统一规定发给的补贴、津贴、福利费、抚恤金、救济金,保险赔款,军人的转业费、复员费,按照国家统一规定发给干部、职工的安家费、退职费、退休工资、离休工资、离休生活补助费,依照中国有关法律规定应予免税的各国驻华使馆、领事馆的外交代表、领事官员和其他人员的所得,中国政府参加的国际公约、签订的协议中规定免税的所得,等等。

3. 税率。中国个人所得税根据所得类别不同,分别规定了超额累进税率和比例税率两种形式。工资、薪金所得适用5% ~45%的九级超额累进税率。个体工商户的生产、经营所得和对企事业单位的承包经营、承租经营所得适用5% ~35%的五级超额累进税率。其他种类的应税所得一般适用20%的比例税率,但也有多项特殊规定。如对稿酬所得,就应纳税额免征30%,因此,实际税率为14%;对劳务报酬所得,应纳税所得额超过2万元不到5万元的部分,加征五成,应纳税所得额超过5万元的部分,加征十成,实际构成20%,30%,40%三级超额累进税率;2007年8月15日起,储蓄存款利息所得适用税率调

随堂笔记

减为5%,等等。

4. 课税模式。我国是实行分类所得税制的典型国家,在征管方式上以源泉课征为主。但为了改革分类所得税制下所得来源不同的纳税人税负不平衡的状况,贯彻量能课税的个人所得税制原则,我国已提出建立综合与分类相结合的个人所得税制,具体做法是将工资薪金所得、生产经营所得、劳务报酬所得、财产租赁所得等有较强连续性或经常性的收入列入综合所得的征收项目,制定统一适用的累进税率;对财产转让,特许权使用费,利息、红利、股息等其他所得,仍按比例税率实行分项征收。不难看出,我国即将实行的是分立型的分类综合所得税制。

(二)企业所得税

改革开放以来的较长时期内,我国一直对内外资企业实行分离的企业所得税制度,而2007年3月16日,全国人民代表大会十届五次会议批准通过了新的企业所得税法,规定自2008年起,内外资企业适用统一的企业所得税法。

新企业所得税法对我国企业所得税制度的基本规定如下:

1. 纳税人。企业所得税的纳税人为个人独资企业、合伙企业以外的企业和其他取得收入的组织。依法在中国境内成立,或者依照外国(地区)法律成立但实际管理机构在中国境内的企业为居民企业,应当就其来源于中国境内、境外的所得缴纳企业所得税。依照外国(地区)法律成立且实际管理机构不在中国境内,但在中国境内设立机构、场所的,或者在中国境内未设立机构、场所,但有来源于中国境内所得的企业为非居民企业。非居民企业在中国境内设立机构、场所的,应当就其所设机构、场所取得的来源于中国境内的所得,以及发生在中国境外但与其所设机构、场所有实际联系的所得缴纳企业所得税。非居民企业在中国境内未设立机构、场所的,或者虽设立机构、场所但取得的所得与其所设机构、场所没有实际联系的,应当就其来源于中国境内的所得缴纳企业所得税。

2. 课税对象。企业所得税的计税依据是企业的应纳税所得额。所谓应纳税所得额,是指企业每一纳税年度的收入总额减除各类免税和扣除项目以及允许弥补的以前年度亏损后的余额。

随堂笔记

专栏

专栏6-2 “假外资”现象与内外资企业所得税的合并

吴老板一直在厦门生产一种污水处理设备。两年前,他在香港注册了一家公司,并以香港公司的名义与原来的厦门企业合资。原来的公司就成了外资企业,吴老板也成了香港合资公司的总经理。合资后,企业用地、贷款都比以前方便了,税更是少缴了不少。

吴老板的情况并非个案。据估计,我国每年实际利用外资中,约1/3是国内资本回流形成的假外资。假外资的大量存在,从一个侧面显示出我国涉外企业税收优惠制度的问题。

按税法规定,我国内外资企业所得税名义税率都是33%,但由于对外资企业实行优惠税率和“二免三减”等多种减免税,再加上来自各级地方政府的优惠待遇,外资企业的企业所得税负担远远低于内资企业。研究表明,外资企业在中国的平均税负率只有11%,相比之下,内资企业的平均税负率要高出1倍,达到22%,国有大中型企业的税负率更是高达30%。

以税收上的超国民待遇吸引外资的做法,使内资企业越来越处于不平等的竞争地位。一些内资企业甚至开始设法钻税法的空子,导致“假外资”现象的出现。在这种情况下,各方面要求取消对外资“超国民待遇”的呼声日益高涨。2007年3月16日,全国人民代表大会十届五次会议批准通过了新的企业所得税法,实行内外资企业所得税的合并。

(资料来源:王小波,《引进“外资”中,三成是内资》,《经济参考报》,2007年8月23日。)

随堂笔记

新企业所得税法规定，向投资者个人支付的股息、红利不得从应税所得中扣除，这反映出我国实行的仍然是古典制所得税制。

计算企业所得税的应纳税所得额时，工资、薪金支出，存货成本，固定资产折旧，无形资产摊销费用，借款利息支出，业务招待费，广告费等都允许扣除，但税法规定了具体的扣除标准或扣除方法，此处从略。

3. 税率。2007 年 3 月发布的新企业所得税法规定，企业所得税采用 25% 的比例税率。从而，企业所得税应纳税额的计算公式为：

$$应纳税额 = 应纳税所得额 \times 25\%$$

4. 税收优惠。税收优惠是企业所得税制的重要内容，我国新企业所得税法规定了一系列有针对性的税收优惠项目，具体包括：

(1) 下列收入作为免税收入：国债利息收入，符合条件的居民企业之间的股息、红利等权益性投资收益，在中国境内设立机构、场所的非居民企业从居民企业取得与该机构、场所有实际联系的股息、红利等权益性投资收益，符合条件的非营利组织的收入。

(2) 对下列所得实行减税：从事农、林、牧、渔业项目的所得，从事国家重点扶持的公共基础设施项目投资经营的所得，从事符合条件的环境保护、节能节水项目的所得，符合条件的技术转让所得。

(3) 对企业的下列支出，可以在计算应纳税所得额时加计扣除：开发新技术、新产品、新工艺发生的研究开发费用，安置残疾人员及国家鼓励安置的其他就业人员所支付的工资。

(4) 创业投资企业从事国家需要重点扶持和鼓励的创业投资，可以按投资额的一定比例抵扣应纳税所得额。

(5) 企业综合利用资源，生产符合国家产业政策规定的产品所取得的收入，可以在计算应纳税所得额时减计收入。

(6) 企业购置用于环境保护、节能节水、安全生产等专用设备的投资额，可以按一定的比例实行税额抵免。

(7) 对符合条件的小型微利企业，减按 20% 的税率征收企业所得税；对国家需要重点扶持的高新技术企业，减按 15% 的税率征收企业所得税。

随堂笔记

复习思考题

一、填空题

1. 我国商品和劳务税体系的主要税种有__________、__________、__________和__________。

2. 从价税根据税额与计税价格的关系可分为__________和__________。

二、选择题

1. 下列哪项不是商品和劳务税的特点？(　)

A. 课税对象为商品流转额　　B. 具有累退性

C. 税负不易转嫁　　D. 征收管理便利

2. 实行增值税的国家较多采用下列哪种计税方法？(　)

A. 税基列举法　　B. 税基相减法

C. 税额相减法　　D. 估征法

三、问答题

1. 公司所得税和个人所得税一体化的含义和具体方式是什么？

2. 试比较分类、综合和混合个人所得税制。

四、论述题

1. 结合国际惯例，探讨中国增值税转型改革的必要性。

2. 谈谈你对中国个人所得税制进一步改革的看法。

第七章 公共预算

CHAPTER 7

本章要点

公共预算是指政府在每一财政年度经立法程序批准的全部公共收支计划。公共预算的年度规划按照起讫期间的不同,可分为历年制和跨历年制。公共预算具有法定性、公开性、完整性、精细性、预测性和时效性等特点。

我国的预算体系总体上分为中央预算和地方预算,地方预算按照一级政权一级预算的原则建立。各级政府的预算单位分为三级,即一级预算单位、二级预算单位和基层预算单位。公共预算管理体制是处理各级预算单位之间的分配关系,确定各级预算收支范围和管理职权的制度。

公共预算可按不同标准进行分类,按公共预算编制的形式,预算可分为总预算和分预算、普通预算和特别预算、单式预算和复式预算等;按照预算编制的方式,预算可分为绩效预算、计划项目预算、部门预算和零基预算等;预算的会计核算基础有权责发生制和收付实现制之别;按照公共预算政策,预算可分为平衡预算和非平衡预算、扩张性预算和紧缩性预算、总量预算和结构预算;等等。

公共预算的过程包括预算编制、预算批准、预算执行和决算。

我国自 2000 年起,对公共预算制度进行了较大力度的改革,具体包括部门预算制度改革、国库集中支付制度改革、政府采购制度改革、财政收支分类改革等。

随堂笔记

公共预算是政府经过法定程序产生的全部收支计划。在现代社会条件下，几乎所有的政府收支活动都是在公共预算的框架下进行。本章主要探讨公共预算的一般规律，并结合我国的实际情况，介绍公共预算的具体制度安排。

第一节　公共预算概述

一、公共预算的起源

无论是个人或组织，在资源有限的前提下，往往都要进行一定的预算行为。预算(Budget)一词起源于法文 Bougette，意思是用皮革制成的公文包。19 世纪中期，英国财政大臣在提出下年度税收计划时，常在议员们面前打开公文包，展示他所需要的数字，因此，财政大臣们的"公文包"就逐渐被用来指下一年度的岁入岁出预算数。预算从字面理解，简而言之，就是事先计划或打算。

英国是世界上最早确立现代国家预算的国家，其他资本主义国家的预算产生较晚，法国是 1817 年，美国则是在 1921 年。随着资本主义社会生产力的发展，资产阶级的力量逐渐壮大，他们在政治上要求民主，因此要求政府应事先就各项财政收支制订计划，即编制公共预算。

二、公共预算的概念和特点

公共预算是指政府在每一财政年度经立法程序批准的全部公共收支计划。公共预算的主体是政府等公共机构，预算的客体是预算资金。政府的预算活动主要是围绕着预算资金的筹集和使用而展开，公共预算资金的有限性与公众社会需求的无限性之间的张力和矛盾始终存在着，而公共预算的主要目的就是要保证预算资金合理、有序和高效使用。

公共预算的年度规划是根据各个国家的具体情况而定的。按照起讫期间的不同，预算年度分为历年制和跨历年制。历年制的预算年度从公历 1 月 1 日

随堂笔记

起至12月31日止，大多数国家都采用这种年度制，我国的预算年度就是采用这种与公元纪年的自然年度保持一致的年度制。跨历年制即财政年度与公历年度周期不符，跨越了公历年度。如美国的财政年度是从公历10月1日至次年的9月30日，英国、日本等国的财政年度是从公历4月1日至次年的3月31日。

公共预算作为一项法定的经济活动，体现了对财政收支的计划和控制。它具有以下特点。

（一）法定性

公共预算的法定性要求在预算管理的各个环节都必须遵循法定程序，不得以个人意志为转移。经法定程序审批后的公共预算，即成为具有法律效力的文件，预算部门必须无条件执行，不得随意更改。如果遇到特殊情况需要调整原来的预算方案，同样必须遵循法定程序，而不得在法律范围以外进行调整或变更。

（二）公开性

公共预算本质上是反映公共需求和公共供给的计划，公开性是构成良好的政府治理的关键因素。公开性体现在预算过程中，即预算编制、审查批准、执行、变更的过程必须公开，接受社会监督；体现在内容中，即批准的预算内容必须向全社会公开，其内容具有透明性，能为全体公众所了解。公开性和透明性是公共预算的本质要求，也便于社会公众的监督，并有利于预算效率的提高。

（三）精细性

为防止预算执行中的随意性，公共预算要求相应的报表必须细化到具体的支出项目，并且有详细和精确的说明。我国于2007年正式在国家预算中实施的政府财政收支分类改革的目的就在于进一步将预算精细化。

（四）完整性

预算的完整性是实现预算科学、规范管理的一个基本前提。也就是说，公

随堂笔记

共预算必须包括政府所从事的所有财政收入和支出的内容。换而言之,政府的一切收支活动都应在公共预算中得到反映,不允许有在预算管辖之外的政府财政活动。预算要设立统一的科目,每一项收支指标都必须依据充分可靠的资料,运用科学合理的方法加以测算。政府的预算必须包括其全部公共收支,不允许有预算外的公共收支。然而,我国传统预算的编制范围仅限于预算内收支,预算改革后开展的部门预算,其编制范围则涵盖了预算部门的全部收支,既包括一般预算收支,又包括基金预算收支。

(五)预测性

公共预算作为一项收支计划,具有预测性的特点,即它是对未来财政年度内财政资金的预期安排。因此,必须提前对各项收入和支出进行对比分析,科学测算。既然公共预算具有预测性,所以,在实际执行中往往会产生一定的偏差,而预算管理的一个重要任务就是提高测算的准确度,研究预算执行中客观条件变化后的应变措施,从而进行科学的管理。

(六)时效性

在一定的期限之内,即在预算年度内,政府财政收支才被视为具有合法性,预算的编制与实现也是在这个时间界限内完成。预算年度又称财政年度,系指政府财政收支的有效起讫期限。许多国家规定,如果某个财政年度已经开始但预算尚未获得立法机关批准,在此期间的政府财政收支需要经过特别的法律程序,才能获得合法性。就我国目前的情况而言,每年的预算都存在一段时间的法律空白,即在全国人大未审批之前而新的预算年度已经开始,各部门暂时按照不具有法律效力的预算草案执行,这在一定程度上损害了预算的法律严肃性。

三、公共预算体系

在现代社会,大多数国家都实行多级预算,从而产生了公共预算的级次和组成的问题。在预算级次和组成体系上,我国的公共预算组成体系是按照一级

随堂笔记

政权一级预算建立的，即有一级政府，有一级财政收支活动主体，也就应有一级预算。各级政府的公共部门预算根据行政隶属关系分为三级：一级预算单位、二级预算单位和基层预算单位。一级预算单位是与同级政府总预算直接发生预算资金缴拨款关系的单位，如果该单位之下还有下属的预算单位，则该级预算单位称之为主管预算单位。二级预算单位则是与主管预算单位发生预算资金的缴拨款关系，同时还有下属的预算单位。基层预算单位是最小的预算单位，一般是与二级单位或一级预算单位发生预算资金的缴拨款关系的单位。同时，在预算层级设立上，1994 年的《预算法》规定：我国设立中央，省、自治区、直辖市，设区的市、自治州、县、自治县，不设区的市、市辖区，乡、民族乡、镇五级预算。各级政府之间的预算职责有明确的分工和相应的制度规定。

我国预算体系总体上分为中央预算和地方预算。中央预算是经法定程序批准的中央政府的年度财政收支计划，由中央各部门（含直属单位）的预算组成，并包括地方向中央上解的收入数额和中央对地方返还或者给予补助的数额。中央预算有利于调整国民经济的结构，整体协调各地区的发展。地方预算则是经法定程序批准的地方各级政府的年度财政收支计划的统称，由各省、自治区、直辖市总预算组成。地方各级总预算由本级政府预算和汇总的下一级总预算组成。地方预算主要担负着地方经济建设、文化教育等各项重要任务。

当然，由于现有的五级预算体制层级过多，提高了管理成本，降低了管理效率，减少层级是今后预算管理改革的一个方向。2006 年我国颁布的《国民经济和社会发展第十一个五年规划纲要》中，就明确提出要“理顺省级以下财政管理体制，有条件的地方可实行省级直接对县的管理体制”。

四、我国公共预算管理的体制

公共预算管理体制是处理各级预算单位之间的分配关系，确定各级预算收支范围和管理职权的一项制度。预算收支范围主要涉及的是公共资金在中央与地方以及地方各级政府之间的筹集和分配状况，预算管理权则涉及的是各级预算单位在支配公共资金过程中的权限与责任问题。在预算管理中，主要维持纵向和横向两方面的均衡。所谓纵向均衡，是指中央与地方之间的财政关系，

随堂笔记

具体是指各级政府的财政资金来源与各自的支出责任或事权范围相对称；所谓横向均衡，主要是指基本公共产品的供给标准和供给数量在各地区的均等化。

公共预算管理权包括国家预算方针政策、预算管理法律法规的制定权、解释权和修订权，国家预决算的编制和审批权，预算执行、调整和监督权等。在公共预算管理过程中，社会公众对于公共预算管理的各环节，如编制、执行、决算和监督等具有政治参与的权利，而国家各级权力机关、政府机构、财政部门及各预算的具体执行部门是预算管理职能履行的具体单位。在职权划分上，有一条基本原则，凡全国性的财政方针政策、法律法规都由中央统一制定，其解释权、修订权也归中央，各地方也有权制定地区性的财政预算管理制度。统一领导、分级管理的模式有利于提高公共产品的配置效率。我国《预算法》规定了各级机关的相应权力和职能。我国宪法也规定，国务院行使编制和执行国家预算的职权，全国人民代表大会行使审查和批准国家预算的职权，全国人大常委会行使审查批准预算调整方案和监督国家预算执行的职权。

（一）各级人民代表大会

各级人民代表大会是审查、批准预决算的权力机关。

全国人民代表大会作为国家最高的权力机构，其职权最为广泛。主要负责审查中央和地方预算草案及中央和地方预算执行情况的报告，批准中央预算和中央预算执行情况的报告，改变或者撤销全国人民代表大会常务委员会关于预算、决算的不适当的决议。

县级以上地方各级人民代表大会负责审查和批准本级总预算草案及本级总预算执行情况的报告，只能改变或者撤销本级人民代表大会常务委员会或者本级政府关于预算、决算的不适当的决议或命令。

（二）各级人民代表大会常务委员会

作为各级人民代表大会闭会期间常设的权力机构，各级人民代表大会常务委员会是监督预算执行，审查和批准预算调整方案的权力机关。

全国人民代表大会常务委员会主要负责监督中央和地方预算的执行，审查和批准中央预算的调整方案，审查和批准中央决算，可以撤销国务院制定的同

随堂笔记

宪法、法律相抵触的关于预算、决算的行政法规、决定和命令，撤销省、自治区、直辖市人民代表大会及其常务委员会制定的同宪法、法律和行政法规相抵触的关于预算、决算的地方性法规和决议。

县级以上地方各级人民代表大会常务委员会负责监督本级总预算的执行，审查和批准本级预算的调整方案，审查和批准本级政府决算，撤销本级政府和下一级人民代表大会及其常务委员会关于预算、决算的不适当的决定、命令和决议。

（三）各级政府

各级人民政府是预算管理的国家行政机关，各级人民政府确定预算管理体制的具体实施办法；组织编制本级预算草案，向本级代表大会作关于本级总预算草案的报告，组织本级总预算执行，决定本级政府预备费动用；编制本级预算调整方案；监督本级各部门和下级人民政府的预算执行情况。国务院作为预算管理的最高国家行政机关，享有中央预算管理体制具体办法的确定权，预算决算草案的编制权，预备费动用的决定权，预算组织和监督权，对中央各部门和地方政府预算、决算方面不适当的决定的撤销权。

（四）各级财政部门

各级财政部门是预算管理的职能部门。各级财政部门具体编制本级预算、决算草案，具体组织本级总预算的执行，提出本级预备费动用案，编制预算调整方案，定期向本级人民政府和上一级财政部门报告预算执行情况。

（五）各部门

各部门根据国家预算的法律和法规，编制本部门预算、决算草案，制定本部门的预算具体执行办法，组织和监督本级部门预算的执行，并定期向本级财政部门报告执行情况。

（六）各单位

各单位负责编制本单位的预算、决算草案，并按照规定上缴预算收入，安排预算支出，接受来自预算管理部门的监督。

随堂笔记

第二节 公共预算的种类

以什么样的方式对财政收支进行安排,是公共预算制度和管理中一个非常重要的问题,它关系到财政资金使用效果的好坏。随着社会经济生活和财政活动的逐步复杂化,公共预算逐步形成了包括多种预算编制形式和预算方法的复杂系统。

一、公共预算编制的形式

(一)总预算和分预算

预算按照内容可分为总预算和分预算。总预算可以从两方面进行理解。即从预算的项目来划分,总预算指政府财政的综合收支计划,包括一般经费收支和各类特别收费收支;而分预算是一般经费收支和各类特别收费收支的明细。如果从预算的部门分类来看,各部门预算的汇总称之为总预算,而国防、教育等部门预算称之为分预算。

(二)普通预算和特别预算

按照收支的范围,预算可分为普通预算和特别预算。普通预算是指政府编制的一般财政收支项目的预算,特别预算指政府对某些具有特别意义的项目进行特别安排的预算。在西方国家,公共工程投资预算、社会保险预算等都属于特别预算。

(三)中央预算和地方预算

在单一制国家中,按照政权的级次,预算可以分为中央预算和各级地方政府预算。在联邦制国家中,预算可以分为联邦预算、州(邦)预算和各级地方政府预算。由于国家的政权组成结构不同,预算体系的组成环节也不尽相同,有

随堂笔记

些国家的预算由中央预算和地方预算组成，即地方预算包括在国家预算当中；有些国家的预算只包括中央预算。我国的预算是由中央预算和地方预算组成。

（四）单式预算和复式预算

公共预算最为基本的划分形式是单式预算和复式预算。

单式预算是多数国家历史上使用的预算形式，是将政府的全部财政收支汇编在一个统一的预算表之中。它编制简单，能从整体上反映年度内政府财政收支情况，易于为立法机关在总收支方面进行控制和为社会公众所了解，完整性较强，但由于其不是按照财政收支的经济性质分别编列的，往往不能反映复杂的经济活动，不利于宏观调节与控制。

复式预算是指国家将年度内的全部预算收支按照经济性质划分，分别编成两个或两个以上的预算。复式预算产生以后，迅速发展成为国际性的预算编制方式。复式预算按照支出性质，可以分为经常性预算和资本性预算。经常性预算是政府编制的用于反映国家经常性开支及其资金来源的预算，资本性预算是反映投资资金的来源与使用的预算。复式预算列项清晰，便于考核预算资金的来源和用途，有利于分析预算收支对社会供求的影响。但复式预算缺乏整体性，需要对每一项收支进行定性分析，操作具有一定的难度，而且容易导致政府债务规模的扩大。

新中国成立以来，我国一直采用单式预算的形式。20 世纪 90 年代，我国改革了传统的单式预算编制方式，实施复式预算。1994 年颁布的《预算法》规定，中央预算和地方各级政府预算按照复式预算编制。在具体分类上，1995 年我国《预算法实施条例》中规定，“各级政府预算按照复式预算编制，分为政府公共预算、国有资产经营预算、社会保障预算和其他预算。”

二、公共预算编制的方法

（一）绩效预算

所谓绩效预算，是指以项目的绩效为目的，以成本收益分析为基础而编制

随堂笔记

和管理的预算。绩效预算是20世纪50年代初由美国联邦政府首先提出并应用于政府支出管理的预算模式，目前，世界上大约有50个国家和地区采用绩效预算模式。

绩效预算主要由三个部分组成，即政府事务的项目和活动的类别、绩效度量和绩效报告。它要求政府各部门首先制定有关的事业或工程计划，再依据政府职能和施政计划制订计划实施方案，并在成本收益分析的基础上，根据实施方案所需费用来编制预算。

绩效预算的特点在于按计划决定预算，按预算计算成本，按成本分析效益，根据效益来衡量其业绩。绩效预算必须集中于可以明确评估的项目上，在预算中引入绩效评价，旨在提高政府提供公共服务的能力。但在实际操作中，绩效预算面临着一系列问题，如注重经济效率而忽视政治性，无法对政府一些很难量化的行政行为和活动进行评估，等等。诸如此类的问题在绩效预算的运用中逐渐暴露出来。由于我国《预算法》还没有对预算绩效作出明确规定，预算绩效管理在整个法律体系中尚处于空白状态，这使得实施绩效预算缺乏必要的法律依据，缺乏一定的操作规范性。但实施绩效预算不失为预算制度改革的一个中长期发展战略。

(二)计划项目预算

计划项目预算是在绩效预算的基础上发展起来的，主要是依据国家确定的目标，着重按照项目的安排，并运用定量分析方法进行编制的一种预算。计划项目预算首先按照政府确定的总目标来进行项目划分、制订计划。这些计划共同构成一个总系统，下面由不同的子系统构成。计划项目预算的特点在于：可以将政府的中长期计划和预算中安排的项目相结合，有利于政府经济活动的开展；由于在选择和安排项目过程中重视成本效益，因而要求依据数据资料对各个项目进行经济分析和评估，并通过项目之间的比较，促进项目费用的降低和资金使用效果的提高，为政府决策提供参考和依据；对跨年度的项目安排预算，可以根据发展变化情况，对目标、计划和预算进行调整。和绩效预算相比，二者虽然都属于可用成本—效益作为衡量支出的标准，重视资金使用成效的预算形式，但是，绩效预算的基本构想重点放在一个预算年度上，而计划项目预算制是

随堂笔记

把政府活动的长期计划和年度预算所包括的各项活动规划结合起来考虑，属于滚动式预算的一种类型，具有灵活性，其视野更为开阔，设计更为科学，但实施难度大。自1960年在美国产生以来，计划项目预算只在几个发达国家短暂实施过。

（三）部门预算

部门预算是一种与市场经济体制相适应的预算编制方式，是由各级政府部门编制，经财政部门审核后报立法机关审议通过，反映一个部门全部收入和支出的预算。通常一个部门一本预算，反映了各部门为履行职责使用财政资金的情况。部门预算包括部门收入预算和部门支出预算。

实行部门预算是改革预算编制方法、细化预算编制的一项重要内容。将部门作为预算编制的基本单位，而预算由基层单位开始编，再进行层层汇总，能够全面反映预算内外资金的安排，满足了预算的细化和全面的要求。

（四）零基预算

零基预算是指在编制预算时，对各项财政支出均不以上年度预算为基数，而是以零为基底，一切从零开始，按正常经费和专项经费两部分重新核定，从根本上研究分析每项预算有否支出的必要和支出数额的大小。这种预算完全打破了基数加增长的预算编制方式，不以历史为基础作修修补补，预算方案的一切安排从实际需要出发，根据成本—收益分析确定各项目支出数额，然后综合确定支出的总体方案。零基预算要求每个政府的行政部门在申请预算时，不仅对年度内新增的任务进行审核，而且还要对以前年度确定的项目进行审核，即首先对本部门所有的计划项目和行动进行系统评价和审查，然后再编制预算。其优点在于不受现行预算执行情况的约束，促进各预算单位合理地使用资金。我国自1993年起，陆续有部分省市采用零基预算。

三、公共预算的会计核算基础

预算会计是核算、反映和监督政府及行政事业单位各项财政资金收支活动

随堂笔记

的专业会计,是与预算编制和执行密切相关的一项基础性工作。采用何种会计核算基础,是一个国家公共预算的重要特征。

权责发生制与收付实现制是两种重要的会计核算基础。权责发生制原则是指在收入和费用实际发生时进行确认,不必等到实际收到现金或者支付现金时才确认。按照该原则进行会计核算时,凡在当期应当取得的收入或者应当负担的费用,不论款项是否已经收付,都应当作为当期的收入或费用;凡是不属于当期的收入或费用,即使款项已经在当期收到或已经当期支付,都不能作为当期的收入或费用。收付实现制则是以收到或支付现金作为确认收入和费用的依据。对于企业会计来说,按照权责发生制确认收入和费用,才能更真实地反映特定会计期间经营活动的成果,所以,在企业会计中,收入和费用均按照权责发生制来确认和计量。但是,在政府会计中,收付实现制与权责发生制这两个会计核算基础都在一些国家得到应用。

收付实现制是传统的政府预算会计核算基础。收付实现制对于确保政府行为的合规性是有利的。政府可以通过控制其下属单位的现金支出状况来达到控制的目的。现金易于跟踪和监督,很符合公立单位强调控制和确保不超支的传统做法。但是,收付实现制存在三个主要缺点:

首先是易于操纵。例如,一个机构不支付商品或劳务账单,并且年复一年地拖延,这样就隐藏了潜在的由这些账单代表的债务。

其次是收付实现制在收集信息时提供的经济事项可能是最晚的记录。某一年度内预算决定产生的现金流量,不能反映有关资产、负债的重要信息,也不能预警某些决策的长期影响。到了信息被记录时,发生的事件已不可逆转。

最后是收付实现制难以提供准确的成本信息,不利于项目绩效管理。有的资产可供若干期间使用和耗费,整个政府的实际成本和单个产品和服务的具体成本可能在某几个期间被高估,而在另几个期间被低估。现金流量不能恰当地将年度中耗费的资源与提供的产品和服务进行配比,难以充分评价某一项目的成本。

与收付实现制相比,权责发生制更具有决策的相关性。它以权利义务的发生作为基准确认收入和费用,有利于更充分地评价政府部门的财务状况,反映项目的绩效,更好地控制政府债务和财政风险。

随堂笔记

目前,世界上有不少国家开始进行实行权责发生制预算的改革,如美国、加拿大、澳大利亚、新西兰等。我国目前政府预算的会计基础仍是收付实现制,其弊端已充分显现出来。比如,一些地方政府长期拖欠企业建筑材料和施工款项,拖欠职工工资和应付医药费等,这些都不能在当年的政府财务报表中反映出来。因此,从长远看,我国也应该推行向权责发生制转型的政府预算会计制度改革①。

四、公共预算政策

公共预算政策是指在预算编制、执行和决算等一系列预算管理活动中,为实现一定时期政府预算管理的目标所实施的指导预算工作的各种行为准则。根据不同的划分标准,公共预算政策可以划分为不同的类型。

第一,按照预算收入和支出是否平衡,可将预算政策分为平衡预算政策和非平衡预算政策。

平衡主要是指预算收入和支出的对比关系表现为基本相等,而不是绝对相等。平衡预算政策是指政府在筹集预算收入、安排预算支出时实行的收支大体平衡的政策。执行平衡预算政策的政府一般不主张举借债务,因而不会形成政府债台高筑的局面,同时,可以有效地克服因弥补财政赤字所产生的通货膨胀,对于政府的随意支出有抑制作用。

非平衡预算政策又可以分为赤字预算政策和盈余预算政策。从当前世界各国预算政策的实践看,赤字预算政策比较普遍。赤字预算政策即在政府编制预算时就列有赤字,以增加政府支出来刺激社会需求,促进总产出的增长。盈余预算政策是在政府编制预算时就列有盈余,预算盈余主要表现为一定时期政府所筹集的预算收入并没有完全用于政府支出,在预算会计账户上存有余额。

在预算政策的执行过程中,不外乎会产生三类情况:预算平衡,预算赤字和预算盈余。支出和收入相等为预算平衡,支出大于收入为预算赤字,支出小于收入为预算盈余。预算平衡、预算赤字和预算盈余与平衡预算、赤字预算以及

① 据报道,上海已开始尝试实行权责发生制预算会计。参见 2005 年 11 月 28 日《21 世纪经济报道》《上海财政预算改革胎动,权责发生制直指灰色财政》一文。

随堂笔记

盈余预算是不同的概念。例如,赤字预算是一种预算政策,而预算赤字则是预算产生的客观结果。

第二,按照与经济运行周期的关系,可将预算政策分为扩张性预算政策和紧缩性预算政策。

扩张性预算政策是指在国民经济运行陷入周期性衰退,对未来经济形势的预期不佳时,政府在预算管理过程中采取增加政府支出、减少税收的措施,以刺激经济增长;紧缩性预算政策是指在经济过热时期,政府在预算管理中采取减少政府支出、增加税收的措施,以缓和经济过热。

第三,按照预算政策的重点,可以将预算政策分为总量预算政策和结构预算政策。

总量预算政策是以社会总供给和总需求为调控对象,实现宏观经济总量平衡的预算政策。结构预算政策主要是以经济结构为调控重点的政府预算政策,包括产业结构、区域结构和部门结构等预算政策。例如,产业结构预算政策是指根据国家的产业结构特点,实行旨在支持国家需要发展的产业的预算政策。又如,区域预算政策是指针对国家区域经济发展不平衡的特点,实行旨在缩小地区经济差距的预算政策。

第三节　公共预算的过程

世界上大多数国家公共预算的过程分为预算编制、预算批准、预算执行和决算等四个阶段,这四个阶段共同构成一个预算周期,在时间上,它起始于一个财政年度开始以前,而讫止于一个财政年度结束之后。由于政治体制不同,各国在预算程序上执行的权力主体有所差异,但基本上是按照上述四个阶段展开的。

一、预算编制阶段

预算编制是整个预算工作程序的开始,是预算管理的基础环节,也是保证

随堂笔记

预算质量的基础性工作。在此阶段,应主要完成预算草案的编撰工作。预算草案是指各级政府、各部门、各单位编制的未经法定程序审查和批准的预算收支计划。预算草案要真实、全面和明确地反映财政收支情况,其编写的主要依据是:国家的法律、法规,国民经济和社会发展计划、财政中长期计划以及有关的财政经济政策,本级政府的预算管理职权和财政管理体制确定的预算收支范围,上一年度预算执行情况和本年度预算收支变化因素,上级政府对编制本年度预算草案的指示和要求。

各国预算编制工作开始的时间不尽相同。标准周期预算的预算编制一般从每个预算年度前一年的年初开始至年末结束,期限为 12 个月。美国的预算编制工作是从财政年度开始的十几个月前就开始。我国的预算编制一般在财政年度开始前的一个季度开始,一般是自上一年度的九、十月份开始。国务院一般于每年九月初前向省、自治区、直辖市政府和中央各部门下达编制下一年度预算草案的指示,提出编制预算草案的原则和要求。由财政部主持预算编制工作,即由财政部负责指导政府各部门编制支出预算草案并审核和协调这些草案。各地方政府应按国务院规定的时间,根据各种经济统计资料和预测,编制收入预算草案,并将本级总预算草案报国务院审核汇总。

在预算的编制阶段中,也可以由专门的预算机关主持预算编制工作,如美国和法国即由政府特设的专门预算机关主持预算编制工作,而财政部只负责编制收入预算。分开编制预算可在一定程度上加强预算编制工作,保证支出和收入有更多的合理性和科学性,避免财政部统编支出和收入预算带来的各种矛盾。预算草案编制完成后,需要将预算草案交给有法定预算提案权或国会审议权的个人或机构核定。

以往我国预算编制方面主要存在两类问题:一类即预算编制的形式较为粗糙,过于简单。编制出来的预算往往是“外行人看不懂,内行人说不清”,严重影响了预算审查和监督。有些财政部门甚至仅简单采用基数递增法来进行粗略的预算。另一类即预算编制的内容残缺。预算只反映了预算内的财政收支活动状况,大量预算外的公共收支行为仍然游离于预算的监督约束之外,破坏了预算的完整性,肢解了公共财政预算的职能。随着我国预算管理制度的改革,这些问题正逐步得到解决。

随堂笔记

另外，预算编制客观上还要求安排充裕的编制时间，这是保证预算编制质量的重要条件。从我国的实际看，预算编制的时间并不充裕，预算编制的时间不到半年，不利于预算执行与监督。因而，我国有必要借鉴西方国家预算管理的经验，建立标准周期预算制度，延长预算编制的时间。应当在年度预算正式批准后，就着手开始下一年度的预算编制工作，使预算的编制有较充分的筹备、测算、讨论过程，保证经济资料收集、指标测算、项目取舍等工作的必要时间，提高预算编制的准确性，促进预算编制的科学化和规范化。

二、预算批准阶段

预算的审批是指预算草案经过法定程序，得到国家法定机构审核批准的环节。一般而言，经过法定程序批准的预算方可实施。在不同政治体制的国家，预算的批准权力属于不同的机构。在西方国家，预算的批准权力属于议会。在实行一院制的国家，国家预算直接由其批准，如瑞典、荷兰、西班牙等就是这种类型。在实行两院制的国家，大部分国家议会的两院都有批准国家预算的权力。一般的说，两院中的下院在预算批准上拥有比上院更大的权力，往往拥有预算先议权和最后批准权，美国、法国、德国、日本等就属于这种类型。

我国具有预算批准权力的是全国人民代表大会及各级人民代表大会。各级政府财政部门应在每年本级人民代表大会会议举行的一个月前，将本级预算草案的主要内容提交本级人民代表大会的专门委员会进行初审。我国现在提交全国人大审查批准的预算包括三类表格：第一类是一般预算收支表，该表反映一般预算收支规模、收入来源和支出方向。第二类是中央政府性基金预算收支表。政府性基金收入是指按照国务院或财政部批准的项目和标准，向企事业单位和个人征收、募集或以政府信誉建立，由财政部门管理，具有特定用途的各种基金（资金、附加）收入。第三类是有关附表，包括中央对地方税收返还和补助支出明细表、中央财政支农支出表、中央财政科技支出表、中央财政教育支出表、中央财政社会保障支出表、中央财政医疗卫生支出表。

各级政府财政部门在人民代表大会举行会议时向大会作关于预算草案的报告。中央预算由全国人民代表大会批准，地方各级政府预算由本级人民代表

随堂笔记

大会审查和批准。预算的审批完成后，预算草案即被赋予了法律效力，进入第三个环节，即预算执行阶段。

三、预算执行阶段

公共预算的执行过程是实现预算管理目标，完成预算收支任务，实施政府预算政策的过程，也是整个预算工作程序的重要环节。一般从每个预算年度的年初开始至年末结束均为预算执行阶段。预算执行机构主要由国家行政领导机关、职能部门及各类专门机构所组成，并且按照国家政权级次和行政管理体制来统一执行预算。主管财政收支的政府机构即财政部负责指导和监督国家各所属预算单位具体执行收支预算。

预算收入征收部门必须依照法律、行政法规的规定，及时、足额征收应征的预算收入；不得违反法律、行政法规规定，擅自减征、免征或者缓征应征的预算收入；不得截留、占用或者挪用预算收入。各级政府财政部门必须依照法律、行政法规和国务院财政部门的规定，及时、足额地拨付预算支出资金，加强对预算支出的管理和监督。

预算执行中，会出现因特殊情况而需要增加支出或者减少收入，即进行预算调整的情况。预算调整方案由政府财政部门负责具体编制。预算调整方案应当列明调整的原因、项目、数额、措施及有关说明，经本级政府审定后，提请本级人民代表大会常务委员会审查和批准，未经批准不得调整预算。各部门、各单位的预算支出，不同科目间需要调整使用的，也必须按照财政部门的规定报经批准。

预算调整主要是动用预备费，各级政府应按照本级政府预算支出额的1%~3%设置预备费，主要是为解决在预算执行过程中发生突发性重大事件的开支而设置的备用资金。预备费主要是备不时之需，但在使用上也需要从严控制。地方预备费的动用方案由本级财政部门提出，经同级人民政府批准；而中央预算预备费的使用则由财政部提出，报国务院批准。

预算的调整还包括追加或追减，即在原核定的预算收支总额以外变更数额。由于特殊原因需要追加或者追减财政收支，同样需要编制追加或者追减预

随堂笔记

算，按照规定的程序报主管部门或者财政部门审批，提交各级政府或者上报上级政府审定通过后才能执行。

预算是经法定程序批准的政府在一个财政年度内的财政收支计划，具有法律的约束力，任何部门和个人都不得随意变更。但在我国，预算实际执行过程中，由于某些政府领导法制观念薄弱，加上对预算调整的有关规定不明确，预算变动十分随意和频繁，在预算执行过程中，违反规定进行追加追减的情况也时有发生。

对预算执行的监督主要包括两个方面：一是财政监督，即各级政府财政部门负责监督检查本级各部门及其所属各单位预算的执行，并向本级政府和上一级政府财政部门报告预算执行情况。二是审计监督，即由立法机构或对立法机构负责的专门监督机构对预算执行的监督，其目的是监督行政机构是否依法执行预算。各级政府审计部门对本级各部门、各单位和下级政府的预算执行、决算实行审计监督。

在预算执行监督体制中，各级政府监督下级政府的预算执行，下级政府应当定期向上一级政府报告预算执行情况。事实上，预算监督渗透在预算程序的每一个环节。我国法律规定，全国人民代表大会及其常务委员会对中央和地方预算、决算进行监督，县级以上地方各级人民代表大会及其常务委员会对本级和下级政府预算、决算进行监督。各级人民代表大会和县级以上各级人民代表大会常务委员会有权就预算、决算中的重大事项或者特定问题组织调查，有关的政府、部门、单位和个人应当如实反映情况并提供必要的材料。

政府预算不仅是政府的年度财政收支计划，还是财政收支活动接受立法机关和社会成员监督的重要途径。政府的收与支必须全部置于各级立法机关和全体社会成员的监督之下，不允许有不受监督、游离于预算之外的政府收支。通过政府预算的编制、审查、执行和决算，可以使政府的收支行为始终置于立法机关的监督之下。但在预算执行过程中，预算监督缺位是我国预算管理制度在实践中存在的潜在问题，应进一步加强财政监督和审计监督的力度。近年来，连续进行的审计风暴所暴露出来的问题从一个侧面说明了预算监督的缺位，需要进一步强化预算监督。在我国，主要是需要强化全国人民代表大会和各级人

随堂笔记

民代表大会的监督职能，推进政府预算报告制度改革，同时，应当开辟社会监督渠道，发挥新闻媒介和社会公众的监督作用，建立人大、审计、社会公众、新闻媒体等全面的综合监督体系。

四、决算

决算是对公共预算执行情况的总结和评价，是经法定程序批准的年度预算执行结果的会计报告，由决算报表和文字说明两部分构成。决算是预算程序的最后一个环节，是一种事后监督。在编制决算的程序方面，主要是从执行预算的基层单位开始，自下而上层层汇编，并由各级财政部门汇编成本级决算。

首先要编制决算草案。决算草案是指各级政府、各部门、各单位编制的未经法定程序审查和批准的预算收支的年度执行结果，往往是由各级政府、各部门、各单位在每一预算年度终了按照国务院规定的时间编制。编制决算草案必须符合法律、行政法规的规定，做到收支数额准确、内容完整、报送及时。在编制决算草案阶段之前，往往要经过一段时期的准备阶段，一般在年度终了时，各级财政部门和行政、企事业单位应按照国家的有关政策、规章制度等，对全年的预算收入、支出、会计项目、财产物资等进行全面清理结算和核对，然后由政府下达政府决算的编报办法，提出本年度编制决算的基本要求，如决算草案编制的原则、方法和报送期限等，并制发各类决算报表等。决算报表的数字是决算的重要内容，各级财政部门和行政、企事业单位在列出决算报告时，需要列出各项数字，如预算数字、决算数字和基本数字等。

我国政府决算分为中央决算和地方各级政府决算。中央决算草案由国务院财政部门具体编制，地方决算草案则由地方财政部门具体编制。决算草案审批和预算草案的审批的程序相同，各级政府决算批准后，财政部门要向本级各部门批复决算，地方各级政府还应将批准的决算报上一级政府备案。由预算执行机构编制的反映预算年度内预算收支执行情况的决算报告经审计机构审核和国家立法机构批准后，即告正式成立。决算的正式成立标志着该预算年度预算程序的结束。

随堂笔记

第四节 我国公共预算制度的改革

为进一步加快建立公共财政体系的进程,我国自2000年起,对公共预算制度进行了较大力度的改革,具体包括部门预算制度改革、国库集中支付制度改革、政府采购制度改革、财政收支分类改革等。

一、部门预算制度改革

在试行部门预算之前,我国政府编制的预算主要是功能预算,即按照政府的政策目标或职能来分类编制预算,各部门没有一本完整的预算。这样编制的预算粗糙,缺乏科学、合理的定员定额标准;缺乏有效的监督机制;预算资金部门分配权分散,不利于统一管理;预算的机动权力过大,容易造成预算约束软化的局面。2000年,中央开始试行部门预算改革,部门预算是由政府各部门编制,经财政部门审核后报立法机关审议通过,反映部门所有收入和支出的预算,即一个部门一本预算。部门预算要求从基层单位逐级编制、逐级汇总,改变了以往由部门代替下属单位按资金性质代编预算的情况,有利于强化预算观念,提高预算管理水平。

部门预算的试行,确定了预算不仅按照功能分类,而且要按照部门分类,反映部门的所有收入和支出,并且扩大了预算的编制范围,提前了预算编制时间,有利于提高预算的综合性和预算编制的科学性。

在编报程序方面,部门预算主要实行“两上两下”的程序。“一上”指由部门编制预算建议数上报财政部门;“一下”指财政部门与有预算分配权的审核部门审核预算建议数后,下达预算控制数或预算指标;“二上”指部门根据预算控制数,对本部门预算进行编制,并报送财政部门;“二下”指财政部门根据人民代表大会批准的预算草案,再批复部门预算。实行“两上两下”的预算编报和审批程序,有利于提高预算的科学性和准确性,及时、动态地交流信息,保证预算执行的顺利实施。

随堂笔记

专栏

专栏7-1 一个穷县的财政预算风暴

湖南省衡阳县退休教师和乡镇干部的基本工资常常被拖欠,2005年,新任县委书记到任后,县财政投入了1 300万元解决了这个问题。作为一个典型的农业大县、工业弱县、财政穷县,衡阳县10年间县级财政可支配的财力一直徘徊在8 000万元左右。1 300万元这样巨额的财政资金从何而来呢?

原因就在于严格实行财政预算,压缩非生产性支出。其动作之大,力度之猛,被当地一些干部与百姓称为“预算风暴”。具体措施有三:一是压缩了300多万元“会议费”,将全县财政支出的会议费由上年的600多万元缩减到280万元以内;二是压缩了近200万元的“接待费”,将县委、人大、政府、政协“四大家”的接待费由上年的340万元缩减到150万元;三是杜绝领导预算外批条,减少财政支出800万元。

衡阳县这样一个穷县一压缩就能多出1 000多万元财政资金,可见就更大范围而言,严格财政预算管理、提高公共财政资金使用效率的空间很大。据推算,在全国范围内,仅公车消费、公务接待这两项大的职务消费,一年就可以节省约2 000亿元,约占全国财政收入的十分之一。

(资料来源:段羡菊、丁文杰,《一个穷县的财政“预算风暴”》,《瞭望东方周刊》,2005年第23期。)

部门预算具体的编制流程主要有中央各部门预算的流程和一般部门的预算编报流程。中央各部门预算的流程是首先由中央各部门编制、汇总和上报本部门的预算建议数;然后,由财政部业务司按照其管理职能分别对部门预算的建议数进行审核,下达预算控制数;各部门根据预算控制数编制预算,上报财政部;财政部再对部门预算数进行审核汇总,由国务院审定后报送全国人大批准;预算获得批准后,由财政部统一批复给各部门。

随堂笔记

一般部门编报预算的流程主要有：由预算单位编制上报预算建议数，然后根据下达的预算控制数，编制、汇总单位预算，上报部门，一级部门编制汇总本部门预算，上报财政部，由财政部审核部门预算，再经过人民代表大会的审查和批准，才成为公共预算。

二、国库集中收付制度

国库又称国家金库，是国家预算资金收支的保管和出纳机关，负责办理国家预算收入的收纳、划分、留解与预算支出的拨付业务。国库集中收付制度一般也称为国库单一账户制度，包括国库集中支付制度和收入收缴管理制度，是指由财政部门代表政府设置国库单一账户体系，所有的财政性资金均纳入国库单一账户体系收缴、支付和管理的制度。

国库集中支付制度主要包括三个方面的含义：一是集中收入管理，即所有的财政收入均应纳入国库或者国库指定的代理商业银行的单一账户。二是集中支出管理，即原则上所有的财政性支出均应在实际支付行为发生时，从国库单一账户体系，以财政直接支付和财政授权支付的方式，拨付到商品和劳务供应者或用款单位。预算单位使用资金但见不到资金，未支用的资金均保留在国库单一账户。三是集中账户管理，设置与国库单一账户配套使用的国库分类账户，集中反映各预算单位的预算执行情况。由财政部门代表政府对国库分类账户进行管理运作，以降低政府筹资成本，为实施宏观调控政策提供可选择的手段。

我国的国库收付制度长期以来实行的是分散支付制度，这种制度是将预算确立的各单位年度支出总额按期拨付到各单位在商业银行开设的账户上，由各单位自主使用。其突出问题是，大量资金分散在各部门、各单位，资金使用情况的透明度较低，而且，财政部门对用款单位何时使用财政资金，是否按照规定使用缺乏有效的监督，容易发生克扣、挪用、截留财政资金的现象。

国库集中收付制度改革的核心是预算收入和支出的集中管理。通过建立国库集中收付制度，实现对财政资金的集中管理，从而对公共预算收入和支出进行全过程的监督和控制，实现预算内外资金的统一编制和管理。

随堂笔记

国库集中收付制度是我国公共预算执行改革的一个重要内容。截至2006年底,中央各部门及所属6 100多个基层预算单位,全国36个省、自治区、直辖市和计划单列市本级及所属270多个地市,1 000多个县(区)的16万多个基层预算单位都实施了国库集中收付制度改革。

三、政府采购制度

政府采购是指各级国家机关、事业单位和团体组织在财政的监督之下,使用财政性资金,以法定的方式、方法和程序,对货物、工程或服务的购买。包括采购政策、采购程序、采购过程及采购管理等。

政府采购作为一项公共采购管理制度,主要有以下特点:第一,资金来源的公共性,即政府采购的资金均来源于纳税人的税收和政府公共服务收费。因此,在采购方式和采购程序的选取上,需要尽量做到规范运作,使公共资金得到合理有效的使用。第二,政府采购的主体是政府,主要指依靠国家财政资金运作的公共部门即政府机关、事业单位和公共事业部门等。第三,政府采购不同于一般的营利活动,政府采购的对象内容广泛,包罗万象,主要有货物、工程和服务。第四,政府采购通过政府自身的采购行为,对整个社会经济发展状况、产业结构调整等会产生重大的影响。

政府采购的方式多种多样。如根据招标范围,可以分为公开招标采购、选择性采购和限制性采购;根据采购金额是否达到一定的数额,可以分为招标性采购和非招标性采购;根据采购规模,可以分为小额、批量与大额采购;根据采购手段,可以分为传统采购方式和现代化采购方式;等等。公开招标采购是应用最为普遍的一种采购方式,它是通过公开程序,邀请供应商参加投标。公开招标又称无限竞争性招标,是一种由招标人按照法定程序,在公开出版物上发布招标公告,所有符合条件的供应商或承包商都可以平等参加投标竞争,从中择优选择中标者的招标方式。

在采购模式的选取上,国际通行三种采购模式:集中采购模式、分散采购模式,半集中半分散采购模式。集中采购即由财政部门或另一专门的部门负责本级政府所有的采购;分散采购即由各支出单位执行采购;半集中半分散采购指

随堂笔记

财政部门或另一专门部门直接负责部分高价值和一般性商品采购,而其他低价值和特殊商品由各支出单位自行采购。

政府采购在西方发达国家已实行200多年之久,无论是观念和制度设计都趋于成熟和规范。政府采购主要由采购实体提出采购需求,由相关财政部门审核通过后,再具体选择采购方式,签订采购合同,并执行采购。在履行完采购合同之后,相关的管理监督部门需要对已经实施的采购项目的运行进行效益评估。

政府采购制度改革是财政支出管理改革的重要内容,对社会资源的有效利用和提高财政资金的使用效益具有重要意义。我国的政府采购首先是从上海市开始的。1995年,上海市财政局开始政府采购制度的试点,对部分行政事业单位大额财政拨款的设备购置试行集中采购。1998年12月,上海市政府正式颁布《上海市政府采购管理办法》。此后,政府采购的做法迅速在全国推广。2002年,第九届全国人民代表大会常务委员会通过了《中华人民共和国政府采购法》,正式以立法形式规定了政府采购的方式、程序和监督等问题。

根据财政部公布的2006年全国政府采购信息统计数据,2006年全国实施政府采购预算4 122.2亿元,实际采购规模3 681.6亿元,比上年增长25.8%;节约资金440.6亿元,节约率为10.7%;占全国GDP的比重为1.8%,比上年增长0.2个百分点。2006年全国通过公开招标进行的政府采购的规模为2 489.4亿元,占采购总规模的67.6%。集中采购机构的采购额达2187.5亿元,占采购总规模的59.4%。

目前,我国政府采购制度的目标已经从单纯的节约财政性资金上升到推动国家政策目标的实现。我国政府实施的绿色采购制度已正式启动,由财政部和国家环保总局联合发布的《环境标志产品政府采购实施意见》和首批《环境标志产品政府采购清单》于2007年1月1日起首先在中央一级预算单位和省级(含计划单列市)预算单位实行,并于2008年1月1日起全面实施。在人口、资源、环境和经济增长的矛盾日益加剧的情况下,政府绿色采购对于调整产业结构和实现经济增长方式的转变具有重大意义,有利于建设环境友好型社会。

同时,利用政府采购手段保护国内产业,支持本国企业的发展,已经成为一种国际惯例。我国政府采购也开始重视自主创新品牌,支持国内企业的发展。

2006 年 10 月，公安部与奇瑞汽车在北京签署协议，一次性采购超过 700 辆奇瑞东方之子轿车，作为公安系统警用车。在四家签约轿车企业名单中，奇瑞是唯一的自主品牌。此次采购项目，也创下自 2003 年《政府采购法》实施后中国自主品牌第一大单的纪录。

但政府采购制度实施以来，仍然存在许多问题。虽然我国的政府采购规模每年都有增长，从 1998 ~ 2006 年，实施政府采购制度改革 8 年来，全国政府采购规模年均增长 68.1%，但占年度 GDP 的份额仍显过少；采购项目单一，结构比例不合理。从发达国家的情况看，政府采购的市场规模通常相当于其年度 GDP 的 10% ~ 15%。我国实施政府采购制度以来，虽然相继出台了包括《政府采购法》在内的一系列法律和法规，但由于与《政府采购法》相配套的实施细则至今仍未出台，各地在政府采购实际操作中还不规范，存在着较大的随意性，采购程序也不够科学严密。因此，需要建立一个多层次、系统性的政府采购法律体系。同时，政府采购信息发布制度虽已初步形成，并发挥着日益重要的作用，但政府采购信息的公布还存在许多问题，这在一定程度上影响了政府采购工作的透明度和公正性。政府采购制度存在的这些问题，都需要逐步加以解决。

四、政府收支分类改革

在社会主义市场经济体制下，为进一步深化财政改革，转变政府职能，需要建立一套符合我国国情和国际惯例的政府收支分类体系。2007 年 1 月 1 日起，我国开始全面实施政府收支分类改革。改革后的政府收支分类体系由收入分类、支出功能分类、支出经济分类三部分构成。

根据目前我国政府收入构成情况，结合国际通行的分类方法，本次改革将政府收入分为类、款、项、目四级，比现行的只设类、款、项三级收入的做法多了一个层次。四级科目逐级细化，以满足不同层次的管理需求。改革后，对政府收入进行了统一分类，以全面细致地反映政府收入的来源和性质。原来的一般预算收入、基金预算收入及社保基金收入和预算外收入等都统一纳入政府收入分类体系，并进行了编码，形成了一个既可以按一般预算收入、基金预算收入分别编制预算,又可以根据需要统一汇总整个政府收入的统计体系。其中类、款两级科目分为6类、49款,类级科目主要有:税收收入、社会保险基金收入、非税收入、贷款转贷回收本金收入、债务收入、转移性收入。

专栏

专栏7-2 预算内资金和预算外资金

根据1996年《国务院关于加强预算外资金管理的决定》(国发〔1996〕29号)的要求,财政部颁发了《预算外资金管理实施办法》(财综字〔1996〕104号),其中第2条明确规定,预算外资金是指国家机关(即国家权力机关、国家行政机关、审判机关和检察机关)、事业单位、社会团体、具有行政管理职能的企业主管部门(集团)和政府委托的其他机构,为履行或代行政府职能,依据国家法律法规和具有法律效力的规章而收取、提取、募集和安排使用,未纳入财政预算管理的各种财政性资金。预算外资金是国家财政性资金,由财政部门建立统一财政专户,实行收支两条线管理。预算外资金收入上缴同级财政专户,支出由同级财政部门按预算外资金收支计划,从财政专户中拨付。

与预算外对应,纳入财政预算管理的各种财政资金都是预算内资金。在预算内收支科目体系可以看出,预算内收入资金以税收为主,预算内支出主要包括行政管理费、文教科卫、国防、基本建设等内容。

把预算外资金纳入预算内管理,是改善财政管理的一种方式。比如,养路费、车辆购置附加费、铁路建设基金、电力建设基金、三峡工程建设基金、新菜地开发基金、公路建设基金、民航基础设施建设基金、农村教育事业费附加、邮电附加、港口建设费、市话初装基金、民航机场管理建设费等13项数额较大的政府性基金(收费),在1996年前都是预算外资金,但是,根据《国务院关于加强预算外资金管理的决定》,这些资金自1996年起就转为预算内,

随堂笔记

纳入财政预算管理。

预算外资金可以转为预算内资金,然后,根据社会经济发展及财政管理的需要,也可以进一步实行"费改税"。这一点,可以从车辆购置附加费改为车辆购置税及其代征改直征的过程看出。根据《国务院批转财政部、国家计委等部门〈交通和车辆税费改革实施方案〉的通知》(国发〔2000〕34号)和《中华人民共和国车辆购置税暂行条例》(国务院令第294号)的规定,从2001年1月1日起开征车辆购置税,取代车辆购置附加费,并暂由各省、自治区、直辖市、计划单列市交通部门(含天津、上海市市政工程局)所属车购费稽征机构负责代征。根据国家税务总局、交通部、人事部、财政部、中编办《关于做好车辆购置税费改革人员财产业务划转移交工作的通知》(国税发〔2004〕144号)规定,自2005年1月1日起,车辆购置税由国家税务局负责征收。类似的"费改税",还有把养路费改为燃油税的改革方案等。

支出功能分类主要反映政府活动的不同功能和政策目标。新的支出功能分类不再按基建费、行政费、事业费等经费性质设置科目,而是根据政府管理和部门预算的要求,统一按支出功能设置类、款、项三级科目,分别为17类、170多款、1 100多项。其中类级科目综合反映政府职能活动,如外交、国防、公共安全、教育、科学技术、文化体育与传媒、社会保障和就业、医疗卫生、环境保护、交通运输、工业商业金融等事务;款级科目反映为完成某项政府职能所进行的某一方面的工作,如"教育"类下的"普通教育";项级科目反映为完成某一方面的工作所发生的具体支出事项。新的支出功能科目能够清楚地反映政府支出的内容和方向,从而更加清晰地反映政府各项职能活动。当然,受财政管理体制的制约,新的功能分类有些科目还有些交叉。

支出经济分类主要反映政府支出的经济性质和具体用途。支出经济分类体系主要是对原来支出的目级科目作了扩充和完善。按照简便、实用的原则,支出经济分类科目设类、款两级,分别为12类和90多款。款级科目是对类级科目的细化,主要体现部门预算编制和单位财务管理等有关方面的要求,全面、规范、明细地反映政府各项支出的具体用途。类级科目具体包括:工资福利、商品和服务支出、对个人和家庭的补助、转移支付、基本建设支出等。全面、明细的支出经济分类是进行政府预算管理、部门财务管理以及政府统计分析的重要手段。

随堂笔记

复习思考题

一、填空题

1. 公共预算最为普遍的划分形式是__________和__________。

2. 政府预算的会计核算基础可以分为__________和__________。

3. 在公共预算程序上，世界大多数国家的预算程序分为__________、__________、__________和__________等四个阶段。

4. 国际上通行的三种政府采购模式分别为：__________、__________、__________。

二、问答题

1. 简述公共预算的特点。

2. 试比较不同的公共预算编制方法。

三、论述题

论述我国公共预算制度改革的主要内容、成效和进一步改革的方向。

第八章 公共规制

CHAPTER 8

本章要点

公共规制是政府运用法律、政策、行政或劝告等手段对企业、个人或其他市场经济主体的活动所进行的一系列行政管理与监督行为。公共规制的主要目标是克服垄断、外部效应、信息不对称等方面的市场失灵，为市场竞争创造良好的制度环境。

根据不同的标准，可以对公共规制进行多种分类，如直接规制和间接规制、经济规制和社会规制、行为规制和结构规制等。其中，经济规制和社会规制是最基本的分类。

在公共规制理论发展的不同阶段，产生了公共利益理论、规制俘虏理论和激励规制理论等。其中，最新的激励规制理论认为，应当对企业提供适当的激励，促使它做出有利于提高社会福利的行为，具体包括特许投标理论、区域间比较竞争理论和价格上限规制理论等。

公共规制的方式包括价格规制、进入和退出规制、信息规制、投资规制和标准规制。其中，价格规制最为复杂。政府一般要求企业按平均成本定价，即实行公正报酬率规制。其他的价格规制方法还有差别定价和价格上限模式等。

公共规制的过程一般包括规制立法、规制执法和规制的放松和解决三个阶段。

随堂笔记

除支出和收入外,公共部门经济活动的另一个重要表现就是公共规制。虽然不一定要直接耗费公共部门的资源,但是规制会对全社会的资源配置和收入分配产生较为深远的影响。了解公共规制,对于全面理解公共部门经济活动十分重要。

第一节　公共规制概述

一、公共规制的概念

一般意义上的规制(Regulation)是指规制主体根据一定的规则,运用法律、规章、制度等手段,对特定的个人和经济组织的活动进行控制和限制。日本学者植草益认为,按照规制主体区分,规制一般有私人规制和社会公共机构规制两种形式。由私人进行的规制,比如父母约束子女的行动,可以称之为私人规制;而由具有法律地位、相对独立的社会公共机构如国家行政、立法和司法机关等公共部门对于微观经济主体行为进行的规制,可以称之为公共规制。

我们可以把公共规制(Public Regulation)定义为:具有法律地位的社会公共机构为了实现特定的政策目标,运用法律、政策、行政或劝告等手段,对企业、个人或其他市场经济主体的活动所进行的一系列行政管理与监督行为。公共规制是现代市场经济国家的政府为了弥补市场缺陷、增进社会福利所采取的政策措施的重要组成部分。

二、公共规制的目标

政府进行规制的主要目的,就是通过采取规制手段来克服市场失灵,为市场竞争创造良好的制度环境,确保市场经济的有序运行。其具体目标如下:

首先,限制垄断的负面影响。垄断是典型的市场失灵。垄断形成后,垄断厂商一般都会为了获得垄断利润而限制产量、提高价格,而消费者的利益则会

随堂笔记

受到损害,整个社会的福利也会产生净损失。因此,垄断是一种既不符合效率目标也不符合公平目标的状态,政府应当积极采取措施加以干预。对垄断企业进行规制,已成为世界各国政府限制垄断的重要手段。

其次,消除外部效应的负面影响。当经济主体的私人成本或收益与社会成本或收益不相等时,就会产生外部效应。当个人或企业的某种经济行为对于他人产生有利的影响但不能获得相应的报酬时,有外部正效应;而当个人或企业的某种经济行为对他人产生不利的影响却不必进行补偿时,则有外部负效应。无论是外部正效应还是外部负效应,其结果都将使资源配置脱离帕累托最优。在很多情况下,市场自身的力量无法解决外部效应问题,需要依靠包括政府在内的非市场力量进行调节。环境污染是最为典型的例子。工厂生产会产生污水、有害气体和噪声,个人使用小汽车会排放废气,这些问题不可能靠市场机制自发调节和纠正,必须由政府采取措施来解决,而规制也就成为解决外部效应的重要手段。

最后,减少信息失灵的负面影响。信息失灵是指生产者或消费者不具备达成帕累托效率状态所需的完全信息。具体来说,又可以区分为信息不充分和信息不对称两种情况。信息不充分反映的是生产者或消费者在作出生产或消费决策时,无法获得足够的信息来实现其利润或效用的最大化;信息不对称反映的则是在交易过程中,交易双方拥有的与交易有关的信息不相同。信息失灵使消费者或生产者难以作出理性的决策,在商品市场信息不对称的条件下,还容易发生"二手车市场效应",即高质量的产品被排除在市场之外,消费者的利益也受到损害。公共规制是解决信息失灵问题的有效政策工具,具体可采取两种措施:一是政府设法提供信息,或要求经营者提供信息;二是建立或实施产品质量标准,或向生产厂商发放生产经营许可证。

三、公共规制的类型

根据不同的标准,可以对公共规制进行多种分类。

(一)直接规制和间接规制

直接规制是指由政府行政部门直接实施的规制行为,即对外部负效应等与

随堂笔记

社会公众利益有密切关系的经济活动直接进行约束的规制。直接规制的形式是依据政府(行政机构)认可的法律手段,直接干预经济主体的定价、投资、产品销售、原材料选择等经济决策。由于规制者直接介入微观经济主体的行为,容易产生过度规制,导致种种弊端,如:公用事业企业亏损经营,政府财政补贴沉重;企业缺乏自主权和积极性;生产效率低,服务质量低下;等等。同时,还涉及对于规制者自身的规制问题。

间接规制是指由司法部门通过司法程序实施的规制行为。它主要以维护市场竞争秩序为目的,一般不直接介入经济主体的决策。间接规制的内容主要是依照反垄断法、商法、民法等来制约不公平竞争行为,同时,政府还可以制定和实行反垄断、反不正当竞争的政策以及以克服信息失灵为目的的信息公开政策等。间接规制有助于保护市场机制下公平竞争的环境,同时尊重经济主体的自由决策,是公共规制的主体。

(二)经济性规制与社会性规制

经济性规制(Economic Regulation)和社会性规制(Social Regulation)是对公共规制最主要的分类,是根据规制作用的范围来划分的。

1. 经济性规制。所谓经济性规制,是指公共部门通过价格、产量、进入与退出等方面的规定,对企业等经济主体的决策所实施的各种强制性约束。它主要针对的是市场中不合理的价格形成过程、不合理的生产过程以及要素收益的不合理形成过程,表现为对产品价格、要素收益率的干预以及市场准入机制的建立。早期的经济规制主要限于公用事业领域,后来所涉及的领域逐步扩大。目前,世界许多国家将存在自然垄断和信息不对称的领域视为经济性规制的对象。

传统的自然垄断理论主要针对单一产品生产者的情况,认为自然垄断行业是指由于存在显著的规模经济性,产品平均费用曲线随产品市场容量的扩大而向下递减,单一一家企业独占市场,将取得较低的平均成本,从而市场竞争的结果将使该行业成为垄断行业。

在现实世界里,单一产品生产者非常少见。在多产品生产中,产品间的相互依赖性非常重要,范围经济就是衡量这种依赖性的重要概念。范围经济是指

随堂笔记

在单一企业内生产不同产品较之几个特定企业分别生产不同产品来说是廉价的，即联合生产比单独生产节约费用。

在考虑多产品生产和范围经济的情况下，成本劣加性则成为定义自然垄断行业更科学的依据。所谓成本劣加性，是指由一个企业来生产某种产品或多种产品一定的产量，其成本比两个或更多企业来生产这些产品同样产量时的成本低，即单一企业对产品组合的生产花费最低的成本。

随着自然垄断产业的进化和发展，当代自然垄断已经收敛到仅具有网络经济特性的产业上来了。所谓网络经济，是指依靠一定的网络设施运作的行业，网络的固定成本极高，高到多建一个网络的成本不仅数量巨大，而且一旦投入，即使在一个相当长的时期内成本都无法收回；同时，边际成本极低，低到网络多传输一个单位的成本很小，甚至小到可以忽略不计的程度。因此，在网络经济显著的行业，多家企业竞争只会导致低效率的重复建设，自然垄断从节约成本的角度来看反而是合理的。

综上所述，自然垄断行业的基本特征可以归纳为具有成本劣加性，显著的规模经济、范围经济和网络经济等。典型的自然垄断行业包括有线通信、电力、铁路运输、自来水和管道燃气供应等。在这些行业，由一家或极少数家企业提供产品和服务，通常比多家企业提供相同数量的产品和服务具有较高的生产效率。但由于这些行业的生产经营企业具有相当大的市场垄断力量，有较强的议价能力，如果不对它们进行规制，这些企业就会利用其垄断力量，通过制定高价而取得垄断利润，在价格、服务等方面损害用户、消费者的利益。因此，政府通过规制手段干预企业的经营行为非常必要。

另一方面，所谓信息不对称，是指市场交易的各方所拥有的信息不对称，即买卖双方所掌握的关于商品或服务的价格、质量等方面的信息不相同，形成一方比另一方占有较多的相关信息，处于信息优势地位，而另一方则处于信息劣势地位的状况。在大部分情况下，企业往往是信息的发出者和操纵者，处于信息的优势地位，而商品或服务的购买或接受者即消费者只是信息的被动接受者，处于信息劣势地位。处于信息劣势的买方在多种多样的服务和价格中无法作出帕累托最优决策，使竞争机制不能发挥作用，从而造成效率损失，这就需要政府进行干预。存在信息不对称的行业主要是银行、证券、保险等金融业，大部

随堂笔记

专栏

专栏8-1　我国电信业重复建设造成巨大浪费

电信业是典型的网络经济显著的行业，自然垄断有其合理性。如果多家企业共同运营，又不进行一定的协作，反而会引起重复建设和资源浪费问题。据估算，我国电信基础设施方面因重复建设造成的浪费超过2 000亿元。

干线光缆是连接各省份和大城市的光缆。本来一根光缆就能解决问题，现在每家电信企业都要铺一张全国网，而且这种现象仍在继续。截至2004年底，我国几大电信运营企业的光缆线路总长度已达360万公里，这些光缆线路(还不包括设备)上的总投资超过千亿元，而目前我国的光纤利用率不足20%。

接入网是连接用户与电信运营企业之间的桥梁，其投资一般要占整个固定通信网络投资的40%左右。由于历史原因，这些资源90%以上掌握在传统运营商手中，其他企业为了开展业务，也纷纷自建。通信管道也存在同样问题，各家企业为了发展业务，就在同一条路上重复铺设。

随着手机的普及，移动基站的重复建设问题日益突出。在国外，经常可以看到几家企业共用一个基站铁塔的情形。但在我国，两个铁塔并肩而立的现象十分普遍。按照一个铁塔30万元的造价来估算，如果目前全国24万个基站中，有1/3实行共建，即可避免重复建设，节约资金240亿元。

(资料来源：于绍良，《我国电信业重复建设浪费惊人》，《半月谈》，2005年第15期。)

分运输业，医药卫生、食品酿造等生活服务领域等。这些行业由于技术专利、专业知识、组织垄断、特殊许可等原因，存在企业对各种信息在一定程度的垄断，消费者难以拥有充分的信息。而且，一些企业为了实现其利益最大化目标，完

随堂笔记

全有可能通过信息误导,欺诈消费者。因此,政府对这些行业实行规制非常必要。通常,信息不对称导致的健康、产品质量和各种安全问题,主要通过社会性规制来解决;而由信息不对称导致的经营垄断、不正当竞争和不合理定价等问题,主要由经济性规制来解决。

2. 社会性规制。所谓社会性规制,是指以保障劳动者和消费者的安全、健康或者以保护环境、防止灾害为目的,对某些产品和服务的质量以及与其生产相关的各种活动制定一定的标准或禁止、限制特定行为的规制。与经济性规制相比,社会性规制是相对较新的规制。它不以特定行业为对象,而是围绕一定的社会目标,实行跨行业、全方位的规制。

社会性规制的理论依据主要是外部性理论和信息不对称理论。人类社会的生存离不开环境。在经济发展的同时,由于外部负效应的存在,环境污染问题也日益严重,危及人们的生存质量。同时,在食品、卫生等社会安全领域,由于生产者和消费者之间存在严重的信息不对称问题,消费者对消费品缺乏足够的知识信息,如果企业生产经营的食品和药品质量低劣,消费者无法完全辨认,其结果必然损害消费者的利益,危害人们的身体健康。因此,需要政府站在社会公众利益的角度,加强对这些社会问题的规制。当然,在实践中,社会性规制和经济性规制往往是结合在一起的,并不能将两者截然分开。

社会性规制的内容非常丰富,日本学者植草益根据日本社会性规制的政策实践,将社会性规制的内容分为确保健康和卫生,确保安全,防止公害和保护环境,确保教育、文化、福利这四大类,各大类中又包括若干小类,其范围十分广泛。而在美国,社会性规制包括卫生健康、安全和环境保护三方面,因此,又称为 HSE 规制(Health, Safety and Environmental Regulation),其中,卫生健康规制主要涉及食品、药品、医疗、保健等,安全规制主要涉及工作场所安全、职业安全、交通运输安全等,环境保护规制主要涉及尽可能减少和控制大气污染、水污染、固体废物污染等各种污染,积极发展循环经济,节约利用各种资源等。

(三)行为规制和结构规制

按照规制方式的不同,公共规制可以分为行为规制和结构规制。行为规制主要针对市场主体的行为,其最为简单的形式是指令,即规制者告诉被规制者

随堂笔记

做什么。因为规制者与被规制者之间存在着生产成本等方面的信息不对称，规制者无论是在发出命令，还是在对命令执行的控制上，都处于获取信息的弱势地位；同时，由于缺乏有效的激励机制，规制者也缺乏积极性去获取相关的信息。结构规制是针对市场主体的组织方式，指决定哪些特定企业或个人实施哪些行为。结构规制的一种重要形式是职能分解，比如规定享受垄断地位的公司不能同时进入竞争性领域。行为规制和结构规制在大多数情况下可以交互使用，两者在运用上也并不总是具有明显的区别。但是，实施行为规制，政府常常处于信息弱势地位，而实施结构规制所要求的信息一般不是很多。从这一点上看，结构规制具有较大的优势。

四、公共规制理论的产生和发展

经济学界对公共规制理论的最初研究，可以追溯倒公元 19 世纪中叶。当时，西方国家政府就已经认识到铁路运输行业具有自然垄断的特点，进而尝试对其经济活动进行公共规制，以维护公共利益不受损害。更一般地说，现实经济的运行，促使人们认识到某些类型的市场缺陷需要政府对经济关系进行直接协调，公共规制实践和公共规制理论于是就开始出现并逐步发展起来了。

公共规制理论主要是对政府规制活动的过程及作为其结果的市场均衡所进行的系统研究，主要包括公共利益理论、规制俘虏理论和激励规制理论等，其发展经历了从规范分析到实证研究的转变。20 世纪 80 年代以来，信息经济学等前沿微观经济学理论的发展给规制理论的研究带来了新的生命力，规制理论得以进一步发展成熟。

(一)公共利益理论

公共利益理论首先建立了公共规制理论研究的规范分析框架，主张政府规制是对于市场失灵的回应，其理论前提在于市场是脆弱的，如果任其发展，就会导致低效率和不公正。而政府规制的目的是通过纠正市场失灵，来提高资源配置的效率，增进整个社会的福利水平，并且这也是政府追求的唯一目标。此理论假定，政府是社会公共利益的合法代表，而不是某些特别利益集团的代表。在相当长的

随堂笔记

一段时间内,公共利益理论在规制理论中占据了统治地位。但是,政府规制的实践表明,由于政府行为目标的偏差和特殊利益集团的影响,人们认为,政府规制政策并未真正增进公共利益,规制者本身存在的合法性遭到挑战。

(二)规制俘虏理论

规制俘虏理论认为,传统规制理论的基本前提即规制者以社会利益最大化为目标是不能成立的。该理论强调,规制者具有寻求经济利益或政治利益的动机,而相关的利益集团在决策过程中会积极行动,以形成对自己有利的决定。于是,出现了规制者被特定的利益集团所俘获的现象,规制的结果有利于提高生产者的利润水平而非公众的福利水平。也就是说,政府规制的提供实际上是为了满足特定利益集团的需要,政府成为被规制者获得更多利润的工具。1971年,为规制俘虏理论作出最大贡献的经济学家斯蒂格勒通过系统的研究,得出了受规制产业并不比无规制产业具有更高的效率和更低的价格的结论。

(三)激励规制理论

激励规制理论是20世纪90年代以后在西方发达国家出现的一种新的规制理论,该理论主要解决如何为以利润最大化为目标的企业提供适当的激励,从而促使它作出有利于提高社会福利的行为。激励规制理论认为,规制问题实质上是一个“委托—代理”问题。规制者与被规制企业之间存在着信息不对称,双方进行的是非对称信息的博弈。政府规制部门并不是万能的,而解决问题的关键是设计出既能充分激励被规制企业,又能有效约束其利用特有的信息优势谋取不正当利益的激励规制合同或者机制。激励规制理论建构了具有不同激励强度的成本补偿机制,即按照企业实际的成本和努力程度进行相应数量的货币补偿。激励性规制的主要内容包括特许投标理论、区域间比较竞争理论和价格上限规制理论等。特许投标理论主张将政府给予企业的特许经营权限制在一定时期内,特许期结束后,再通过竞争投标方式重新授予特许权。其意义在于,当政府认定由一个特定的企业经营某个项目是经济的情况下,可以给予这个企业以垄断权,但同时又给予企业提高内部效率的刺激,在一定时间以后由竞争投标来决定,将特许权授予那些能够以更低的价格提供更优质的服务

随堂笔记

的企业。区域间比较竞争理论主张将受规制的全国性垄断企业划分为几个地区性企业,使特定地区的企业在其他地区企业绩效的刺激下提高自身内部效率。价格上限规制理论则主张政府规制部门与被规制企业之间签订价格变化合同,规定价格上限,原则上价格只能在上限以下变动。这种规制可给予企业提高生产率的动力,因为如果企业提高生产效率,进一步降低成本,其收益就可以增加。同时,由于不超过上限价格的价格下降是企业的自由,在有多家企业竞争的情况下,企业有可能降低价格,这也将为消费者带来收益。

第二节 公共规制的方式

针对不同的规制对象,规制主体往往采取不同的规制方式,以求达到最佳规制效果。每一类型的规制方式都有其特定的内涵和实施条件,需要视具体情况而进行选择。

一、价格规制

(一)基本概念

价格规制作为经济规制的一种重要方式,主要指公共部门对某些特定商品和服务的价格水平和价格体系进行规定的规制方式。价格规制的主要对象是企业的定价行为,具体方式包括规定价格上限或下限,规定以边际成本或平均成本定价,以及规定价格波动幅度等。由于存在自然垄断、过度竞争等市场失灵现象,价格规制被广泛应用于市场机制作用发挥不充分的经济活动当中,其主要内容是在特定产业或特定业务领域设立一个定价模型,由政府在一定时期内规定产品或服务的最高、最低限价,并规定价格调整的周期,或者设立一套标准来指导企业的价格。

(二)定价方式

价格规制一般是针对垄断企业进行的,在对价格规制进行具体介绍之前,

随堂笔记

首先需要了解一下垄断市场结构下各种可供选择的定价方式。

1. 企业自行定价。在没有政府干预的前提下，垄断企业以利润最大化为目标，根据边际成本等于边际收益的原则来确定其产量水平，进而在一定的市场需求条件下决定价格水平。

一般来说，企业的平均成本曲线（AC）和边际成本曲线（MC）都呈倒U形，先下降后上升：当 $MC < AC$ 时，AC 下降；反之，$MC > AC$ 时，AC 上升。从而，AC 曲线与 MC 曲线相交于 AC 曲线的最低点，MC 曲线先于 AC 曲线达到最低点（考虑到固定成本）。也就是说，MC 曲线与 AC 曲线呈如图 8－1 所示的形状。

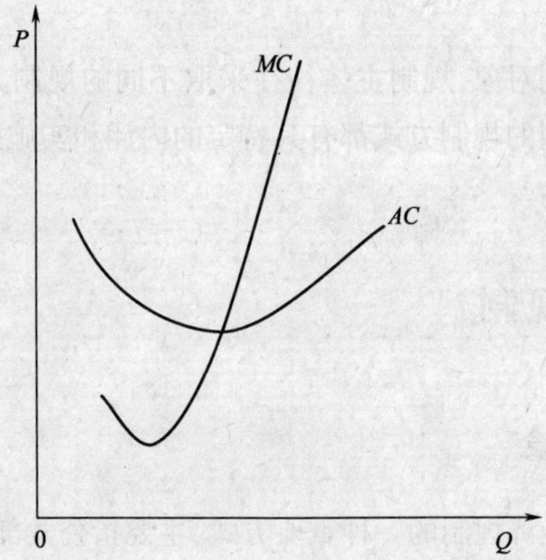

图 8－1　平均成本曲线与边际成本曲线

对于大部分自然垄断行业而言，其规模效应作用明显，AC 由下降转而上升的产量值很大，所以，其生产一般在 AC 递减阶段进行；而对于其他行业而言，规模经济的效应没有这么明显，AC 在不高的产量下就进入上升阶段，于是，这些行业的生产一般在平均成本递增阶段进行。

考虑典型的自然垄断行业——供水行业，如图 8－2，其成本函数特点可由下斜的边际成本曲线 MC 和平均成本曲线 AC 来表示，由于规模经济显著，AC 曲线递减且处于 MC 曲线的上方。若由企业自行定价，该企业会将产量定在 Q_0，此时 $MR = MC$，当供水量为 Q_0 时，水价为 P_0。

随堂笔记

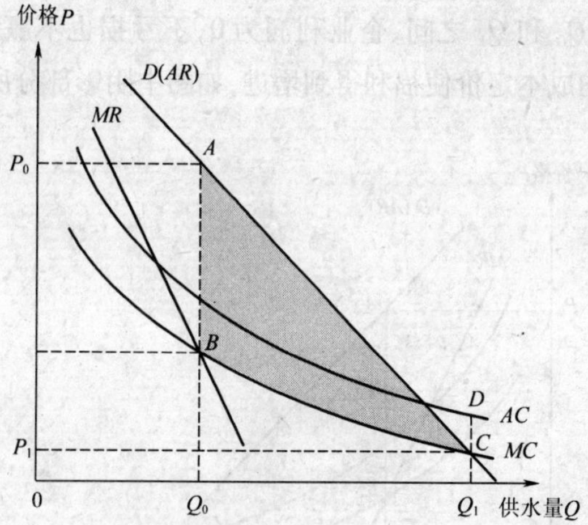

图 8－2　自然垄断行业的企业自行定价和边际成本定价

2. 边际成本定价。价格规制的目的主要是通过定价达到社会福利最大化，也就是说，应以社会边际收益与社会边际成本相等为原则定价。因此，价格应与企业的边际成本相等，即实行边际成本定价。在图 8－2 中，边际成本定价要求价格为 P_1，这时供水量为 Q_1。可见，在没有政府干预的情况下，供水量不足，价格较高。而按边际成本定价原则，均衡点为图中的 C 点，将实现供水量为 Q_1 和水价为 P_1 的组合，福利的增进如图中阴影部分所示。

但是，在自然垄断行业中，按照边际成本定价也存在问题。大部分自然垄断行业规模经济显著，其产量要达到高水平时，平均成本才会递增并高于边际成本。这样，如果按边际成本来定价（图中 P_0 水平），由于平均成本高于价格，企业就会发生亏损。如果亏损由政府财政来补贴，又会造成财政压力过大，不利于鼓励企业改善经营管理，会产生企业低效率经营等问题。为避免这种情况，在各国的价格规制实践中，更经常采用的是平均成本定价法。

3. 平均成本定价。平均成本定价法（Average Cost Pricing）即按照自然垄断企业的平均成本确定价格，在保持企业收支平衡的前提下，尽可能使经济福利最大化。

仍然考虑上述供水行业的例子。在图 8－3 中，平均成本定价要求价格为

随堂笔记

P_m，即均衡点为 E 点，它是企业平均成本线 AC 与市场需求线 D 的交点，此时供水量为 Q_m，介于 Q_0 和 Q_1 之间，企业利润为0，不亏损也不赢利。与企业自行定价相比，按平均成本定价使福利得到增进，如图中阴影部分所示。

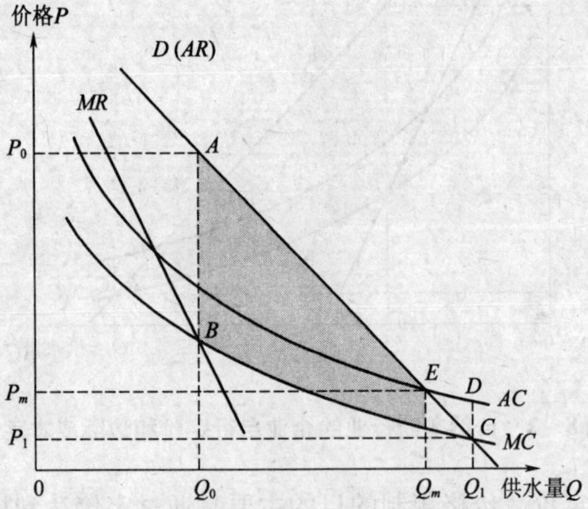

图8－3　自然垄断行业的平均成本定价

当然，与边际成本定价法相比，平均成本定价法存在一些效率损失，故按平均成本定价法确定的价格只是一种次优价格。

（三）公正报酬率规制

1. 公正报酬率规制的概念。从上面的分析可以看出，平均成本定价综合来看是较理想的定价方法。而平均成本定价的一个很重要的方式就是公正报酬率规制。我们已经知道，在平均成本定价下，企业的超额利润为0，但仍然能够获得正常利润，而公正报酬率（Fair Rate of Return）就是社会平均或正常利润率。公正报酬率也叫做资本的机会成本，是与所投入资本的长期利率相适应的资本报酬（即如果企业的资本不投入生产而用于投资将获得的利率回报），因此，公正报酬额也就是被规制企业投入生产中的资本乘以长期利率得出的数额。公正报酬率规制就是规制者从调控某一市场的公正报酬率的角度入手，来对该市场进行平均成本定价规制，具体操作流程大致是：通过某种手段估算出公正报酬率，进而计算出公正报酬额（企业经营总资产乘以公正报酬率）；然

随堂笔记

后，再估算市场需求量，以公正报酬额除以平均需求量，就得到了产品平均价格，这就是平均成本定价。

2. 公正报酬率规制中的激励问题。公正报酬率的计算和管理以企业在生产、销售和筹资等方面能进行有效率的经营为前提，反过来，也包含着激励企业进行有效率的经营的机制。企业只要想方设法改进经营管理，降低本企业成本，就可以在公正报酬率规制的平均成本定价下留存更多收益。但另一方面，公正报酬率管理也包含着企业能把成本上升较易地转嫁收费的机制。受规制的企业虽然不能变动产品价格，但是可以尽可能更多地申请公共事业费计划，一旦批准，将会比降低实际事业费用更容易获得超额利润。对此，政府要加强审批和监督，或者是通过允许新企业进入以及允许区域性竞争等方法引进竞争机制来刺激企业降低成本，但同时，要在一定程度上允许通过努力改进经营管理的企业获得一定数量的超额利润。因此，具体操作中，规制者要根据具体的规制需要和目标激励程度来进行权衡。

3. 阿巴契和约翰逊模型。阿巴契和约翰逊模型简称 A－J 模型，由学者阿巴契（Averch）和约翰逊（Johnson）于 1962 年提出。它假设企业只使用资产 K 和劳动 L 两个生产要素，并假定公共规制机构对受规制企业确定了一个高于资本收益率而低于或等于垄断收益率的公正报酬率，进而研究了企业通过选择投入和产出水平使利润最大化的行为。该模型显示：被规制企业并非选择成本最小的投资组合，而是选择需要过多资本的投资组合，即规制会使企业出现规模过大的倾向。

（四）差别定价规制

1. 二部定价。二部定价（Two－part Pricing）也是一种成本定价法。所谓二部定价，就是根据固定成本和边际成本，将价格分为两部分：一部分反映基础设施投入的固定费用，这一部分是与使用量无关的按月或按年支付的“基本费”；另一部分反映单位价格，就是每提供一个产品或服务的边际费用，这是一种“从量费”。这一方法既能使产品在边际上价格等于边际成本，又能使产品的价格能够补偿生产成本。因此，二部定价实际上是定额收费和从量收费二者合一的定价体系。

随堂笔记

假定某产品的消费者有 K 人，该产品的固定成本总额为 N，首先向每个使用者收取 N/K 的款项作为基本费，然后再向每一单位消费量收取与边际成本水平相当的从量费 a。如果某个消费者的使用量为 Q，则二部定价对该消费者的收费额为：

$$F = N/K + a(Q)$$

由于二部定价中的基本费不管使用量是多少，都收取额度固定的费用，有助于企业财务的稳定。二部定价法还具有“以收支平衡为条件实现经济福利最大化”的性质，所以，现在许多受管制的行业特别是电信、城市煤气等垄断行业都普遍采用这种定价方法。现在国内的市话收费分为月租费和计次费，月租费应该反映固定成本，计次费则应该反映打一次电话的可变成本。美国的天然气运输收费也是二部收费。天然气管道运输费为容量预留费（相当于用户对运输管道的占用费，主要用来回收建设管道的固定成本）和使用费（主要用来回收天然气运输的可变成本）两部分。

二部定价是否能改进效率呢？仍考虑图 8－3 所示的情况。为了方便起见，我们将边际成本曲线 MC 假定为一条水平线，平均成本线 AC 也假定为一条直线，如图 8－4。

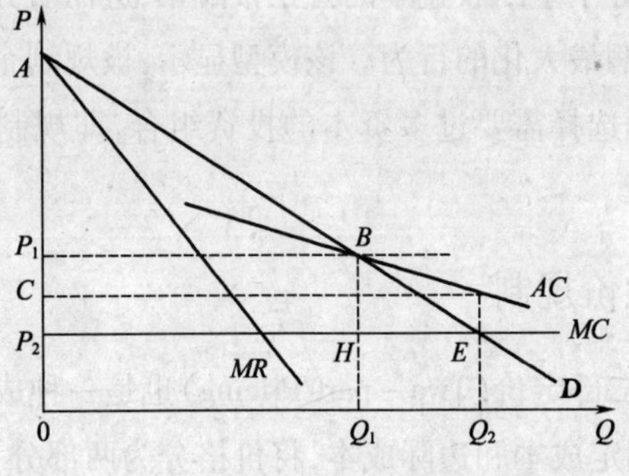

图 8－4　二部定价对经济效率的影响

若按平均成本定价，均衡点是 $B(Q_1, P_1)$，此时的消费者剩余为图中三角形 ABP_1 的面积，若按二部定价法定价，由于所有成本由该产品消费者自己承担，则消费者剩余就等于消费者按边际成本支付产品价格的剩余（三角形 AEP_2

随堂笔记

的面积)减去固定收费的数额(矩形 P_1BHP_2 的面积),因此,消费者剩余在图中表现为三角形 ABP_1 的面积与三角形 BEH 的面积之和。若用数学方式来表达,以 CS 代表消费者剩余,则有:

平均成本定价下:

$$CS = S_{\triangle ABP_1}$$

二部定价下:

$$CS = S_{\triangle AEP_2} - S_{\square P_1BHP_2} = S_{\triangle ABP_1} + S_{\triangle BEH}$$

效率增进水平为:

$$\triangle CS = S_{\triangle BEH}$$

从这个式子我们可以看出,二部定价条件下的消费者剩余大于平均成本定价条件下的消费者剩余,其差额表现为图中三角形 BEH 的面积。

2. 拉姆塞定价。拉姆塞定价(Ramsey Price)是指在相同生产成本条件下,同一种质量的商品对不同需求弹性的用户群实行不同的价格。差别定价模式包括以下四种形式:一是消费者类型不同,对于相同的产品或服务,不同消费者可能会愿意支付不同的价格;二是产品形式不同,不同形式的产品价格不同,而且差异并不一定完全反映成本;三是销售地点不同,这相当于一种区域歧视定价,在不同地点,尽管成本没有差异,价格也可能不同;四是销售时间不同,价格可能因为年、月、日甚至是时点的不同而有所不同,旺季与淡季、高峰期与非高峰期,产品或服务的定价都可以有所不同。在此,我们主要介绍第一种与第四种类型的差别定价。

通常的差别定价主要是对于不同类型消费者实行的差别定价。实现差别定价的典型行业是航空业。如果在同一个航班上做一次票价的调查,那么就会发现有十几种价格,这一点也不奇怪。这些价格差别有时部分地反映服务质量上的差别,如头等舱旅客有更多的伸腿空间和更丰盛的餐食。但是,同样的旅行经历也可能付出不同的价格,航空公司可能根据不同顾客的不同价格敏感性来定价。一般来说,公务顾客对价格不太敏感,因为他们必须满足供应商和顾客对具体时间和地点的要求,通常接到通知就要马上动身,航空公司就利用这种情况向他们收取高价。相反,假期旅行者可以在许多目的地之间进行选择(包括不坐飞机旅行)并在很早以前就预先作好计划,这些旅客对价格的变化很敏感,航空公司就针对他们定低价,前提是必须提前订票。在煤气、电力、供水以及通信行业中,企业也经常采取差别定价手段。例如,美国的联合爱迪生公司与太平洋煤气和电力公司联合起来,依据时间和服务对象,针对主要消费群体制定了5至10种收费价格。

第四类型的差别定价也称高峰负荷定价法,是指对不同时段或时期的需求制定不同的价格,当需求处于最高峰时,收费最高;当需求处于低谷时,收费标准也相应降低。在电力、煤气、自来水、电信等行业,企业往往按需求的季节、月份、时区的高峰和非高峰的不同,有系统地制定不同的价格,以平衡需求状况。

与传统的单一垄断定价模式相比,差别价格可以减少社会福利的损失。当然,与竞争定价相比,差别价格使消费者剩余减少,生产者剩余增加,是一种社会福利的转移。差别定价根据用户的实际支付能力和需求特点定价,可以充分利用现有生产能力,尽量扩大产出量,补偿生产者的成本,调动生产者的积极性。

但差别定价模式在应用中也有不少需要注意的问题。首先,要正确进行市场细分,要取得每个细分市场的需求弹性信息,必须收集大量的用户信息并进行细致的分析工作。其次,根据消费者的需求弹性确定价格,有时会与公平目标相矛盾。比如,水、电、煤气等公共设施产品属生活必需品,需求弹性较低,根据差别定价的原则应定高价,但从公平的角度看却应定低价。为了克服这一问题,可与二部定价法结合,即基本需求量之内的价格较低,超出一定基本用量部分的价格较高。最后,采用差别定价模式时,一部分用户的价格高于另一部分用户,还可能出现一部分用户补贴另外一部分用户的现象。为了防止这种现象发生,一般最低定价不能低于边际成本。

在实际应用中,还常常用选择性定价来代替拉姆塞定价。典型的做法是,设计不同的两部价格:一种是固定费用较高,边际费用较低,这种模式有利于大规模用户,鼓励用户更多地利用已有能力;另一种是固定费用较低,边际费用较高,这种模式适用于用量较小的用户。可选择的两部价格满足了各种用户的需求,给用户以选择的余地。比如,上海市以前在居民用气定价时采用的是定额价格,用量超过一定额度时价格提高。有关方面在对上海市用气量进行分析

随堂笔记

时,发现用气量多的家庭主要有两类:一类是人口多的低收入家庭,另一类是各种设施多的高收入家庭。如果普遍提高超额气价,高收入的人家可能不在乎,或者会减少一部分额外的用气。但是,高收费对于多人口的低收入家庭来说则负担沉重。因此,有关方面根据供气企业的成本结构、消费者的收入和消费特点,采取了选择性收费的办法,提供两种收费方式。一种是收取固定费用,边际费用较低;另一种是无固定费用,边际费用高一些。

(五)价格上限规制

价格上限规制是英、美国家应用较多的一种价格规制,是指规制者与被规制者之间以合同的形式确定价格上限,被规制者可以在这一上限之下自由定价,进而逼近拉姆塞价格结构。也就是说,它是提供多产品的被规制者在努力实现社会福利最大化的同时,又保证不亏损的一组次优价格组合。价格上限规制通过赋予被规制者更多定价的自由决策权,可以更有效地促使被规制者降低成本、提高效率,因此,是目前应用最为广泛、效果最明显的一种激励性规制。

RPI - *X* 最高限价规制模型是一种主要规制企业价格变动的方式,其价格上限规制方案由斯蒂芬·李特查尔德1983年设计出来,并最早于1984年运用于英国电信业,其中 *RPI* 代表一般物价指数,即通货膨胀率;*X* 是规制机构确定的在一定时期内生产效率的增长率。假如某年的通货膨胀率为5%,*X* 确定为2%,那么受规制企业提价的最高幅度是3%。这样,如果企业本期的价格为 P_t,则下期的价格 P_{t+1} 为

$$P_{t+1} = P_t \cdot [1 + (RPI - X)]$$

按照该模型,在企业生产率的增长中,规制机构预先确定的 *X* 部分归消费者享有,超过 *X* 的部分则由企业保留。这样,企业生产率的增长中超过 *X* 的部分越大,企业获取的利润就越高。同时,由于企业的价格不能超过规制机构设定的最高限价,所以企业只有通过降低成本、提高效率才能获得更多的利润。由于政府规制机构的决策能力有限以及规制机构与受规制企业之间存在信息不对称,该模型在实际应用中的主要困难是如何确定一个科学合理的 *X* 值及初始的价格水平 P_0。

随堂笔记

专栏

专栏8－2　京沪空中快线与政府规制

2007年8月6日起，中国民航在北京首都机场和上海虹桥机场之间推出“京沪空中快线”，由国航、东航、上航、南航、海航5家航空公司共同实施，往来于北京和上海之间的旅客将使用固定的值机柜台、安检通道、候机区域、登机口和行李提取区域。旅客在办理乘机手续之前，可以在几家航空公司之间自由签转。航班正常情况下，通过缩短地面流程时间，3个小时就能够完成京沪两地机场之间的航空旅行，较以往能缩短差不多两个小时。京沪航线是我国最大的国内商务航线，根据民航总局既定目标，这一服务品牌将为旅客带来极大的便利和实惠。

但是，在京沪空中快线开通当日，从北京首都机场飞往上海虹桥机场的所有航班，机票价格在之前5折的基础上全线上调至6～8折，而从上海虹桥飞往北京首都机场的航班，机票则几乎全部为全价票。这随即招致了媒体的口诛笔伐。媒体报道称，机票价格上涨的根本原因是5家在北京——上海航线上运营的航空公司形成了所谓的价格联盟。

国家发改委7月曾发布紧急通知，除了要求各地严控政府提价措施的出台和审慎干预价格之外，还明确提出“经营者或者行业组织不得以会议纪要、协调价格、价格联盟等形式串通定价、联合提价。要严肃查处价格垄断、价格欺诈、价格歧视、囤积居奇、哄抬物价等价格违法行为”。

面临舆论的压力，民航管理部门紧急召集京沪快线5家航空公司开会，并在会上明确表示，坚决反对垄断、维护消费者利益，不允许出现“价格联盟”，同时要求方便旅客出行，开放多等级舱位，多放出低价机票。于是，“快线”开通一周后，上海——北京航线又出现大量4折以及4.5折的低折扣机票。

随堂笔记

相比之下，在京沪空中快线运营之前，旅客只有购买了高折扣甚至全价机票时，才有可能在航空公司之间进行签转。部分航空公司为了争夺客源，更是明令禁止已购票旅客再签转到其他航空公司。而按照目前民航总局的规定，旅客在各家航空公司之间随意签转已经没有任何限制，只要通过正常渠道购票，旅客就可以随时随意签转到别家航空公司。

显然，京沪空中快线的推出为旅客带来了好处。但是，目前的做法存在5家航空公司利益分配不均的问题。按照5家航空公司在京沪线上所拥有的座位数比例进行收益分成、每月一结的结算方式，国航与东航将成为最大的受益者。另外，也有人士指出，旺季时在客座率最高的航线上出现如此之低折扣的机票也不符合市场规律，7～8折的机票较为合理。可见，有关部门规制的具体方式仍有值得改善之处。

（资料来源：根据人民网《深度：京沪空中快线票价异动调查》（http://finance.people.com.cn/GB/1045/6102791.html）一文改编，作者陈建、刘星良。）

二、进入和退出规制

进入、退出机制是指规制部门为了维持行业的成本劣加性和供给的稳定性，针对经济发展所需产品的行业结构和市场结构以及企业进入该市场的行为结构，来限制某些新企业进入某行业或现有企业任意退出某产业的行为。进入、退出规制可以确保规模经济、范围经济和网络经济效益的实现，提高资源利用率，减少浪费，同时保证行业内企业的合理利润水平和消费者的消费效用。

具体而言，政府对行业进行进入规制，主要是出于防止过度竞争和提高经营效率的目的。它是通过控制进入某类行业主要是自然垄断行业的企业的数量来实施的。具体措施通常是实行特别许可制、特别注册制、特别申报制等制度。政府一般要求所有企业实行注册登记制度，即按照《公司法》的相关规定，企业必须具备相关规定条件，经政府有关部门认可，履行注册登记手续，领到营业执照后，方可从事生产经营活动。在特殊许可制度下，企业需要履行特殊的

随堂笔记

报批手续，经政府部门赋予特许经营的权利，才能进入特定行业。政府对各行业可制定不同的进入规制标准。如寿险行业，中国保监会对设立寿险公司的申请者的资金充足程度、股东经营状况等各方面进行严格审核，审核合格者才能拿到寿险营业执照，开展寿险业务。2006 年国信寿险就是由于未通过保监会审核而流产，筹备小组被迫解散。

退出规制是指公共部门对某些特定行业的运营者退出该行业的行为进行的限制。比如，邮政、电信的普遍服务义务要求即是公共部门对于特定行业运营者的规制。普遍服务义务即要求邮电、通信等企业要对所有用户提供价格可以承受的、有一定质量保证的某些基本服务。普遍服务义务覆盖的具体产品或服务随国家和产业的不同而不同，但各国多要求邮政局和电信公司必须以可以接受的资费水平向农村地区、边远地区或其他高成本地区的居民提供有质量保证的服务。这些地区往往因为业务量小导致运营成本高，如果按照市场原则进行经营，企业是不会为这些地区提供服务的。

三、信息规制

信息规制指规制主体即政府公布信息或者规定信息处于强势地位的一方应向信息处于弱势地位的一方提供商品或服务的详细、准确的信息，以减少信息不对称带来的负面影响的规制方式。信息规制包括对信息本身的规制和通过信息的规制两种。对信息本身的规制主要是由规制的主管机关强制要求披露有关信息，如美国食品和药物管理局要求药物的相关信息包括危险警告，都必须在标签上标明。通过信息的规制是指在现代网络和资讯发达的社会背景下，由规制机关公布一定的信息，以达到规制和惩罚的目的。

四、投资规制

投资规制就是政府通过对经济主体对特定产业进行投资的鼓励或限制，控制产业主体的数量以及确定的投资回报率。投资规制的一个重要手段就是规制垄断企业的投资回报率，该规制实质上是政府、企业及消费者就企业投资回

随堂笔记

报率达成共识并签订的一种合约。规制者既要鼓励企业投资,以满足社会不断增长的对产品或服务的需求,又要防止企业间过度竞争、重复投资,还要促进投资品的最优组合,以保证投资效率和效益。

在投资回报率规制下,只要被规制企业的资本收益率不超过规定的公正报酬率,则企业的价格可以自由确定。在这种情况下,被规制企业缺乏降低成本、提高生产效率的激励。并且,被规制企业会选择更多地使用资本这一方式,以提高产品或服务的价格,进而增加企业总收入。这样,在既定的产出下,只会导致被规制企业过度投资,发生所谓的 A - J 效应。

五、标准规制

标准规制是指公共部门对某些商品和服务在质量等方面制定一定的标准,并将符合此类标准作为该商品和服务能够在市场上向消费者销售或提供的前提条件。也就是说,规制部门对一些特定商品的性能、结构、原料、质量等方面进行规定,比如环境标准、产品质量标准等。理论上,只有符合这些标准的生产和销售行为才能在市场中得以继续,否则将会受到惩罚。标准规制的应用相当广泛,如各国对环境污染的规制就是以标准为主要依据。我国国家污染物排放标准包括固定污染源水污染物排放标准、大气污染物排放标准、固体废物污染控制标准、噪声排放标准、国家放射性污染防治标准等。又如,政府对食品中的微量元素的含量规定标准(包括上限和下限),严禁不符合该标准的食品上市。目前,我国已制订完成 400 余项食品卫生标准,如《食品添加剂使用卫生标准》、《食品中农药最大残留限量》、《食用植物油卫生标准》等,基本覆盖了食品从原料、添加剂到产品的各种卫生安全指标,也覆盖了食品生产经营各个环节的卫生要求。一度成为媒体报道热点的"苏丹红"事件、雀巢奶粉碘超标事件、SK - Ⅱ化妆品重金属超标问题等,都属于违反了国家的规制标准。标准规制经常与法律手段相结合,政府通过立法,把这些标准上升到法律高度,可以使得规制的执行有法可依,效率大大提高。

在现实的经济生活中,经济规制和社会规制这两类规制形式采用的具体方式往往是交融在一起的,但两类规制采用的方式仍有所侧重,如价格规制和进

随堂笔记

入、退出规制是最基本的经济规制的内容，而社会规制则主要采用标准规制，适用于环境、安全等领域。

第三节 公共规制的过程

公共规制的过程大致包括立法、执法、放松和解除三个部分，三个部分都是以法律和法规为基础实施的。

一、规制立法

规制立法是为开展政府规制活动提供法律的依据。规制立法的总体目标是通过法律的制定，赋予规制机构相应的权力，或对规制法律的内容进行适当的调整和修改，从而形成适应规制实践的新的规制法律。因此，规制立法环节主要包括两部分：一是制定并出台新的规则，二是对旧规则进行调整和修改。规制立法的主体是各国的立法机构，立法机构可以是全国性的，也可能是地方性的。我国的全国人民代表大会和西方的议会均为规制的立法机构。在立法过程中，立法机构由于享有立法权，无疑是影响力最大的主体，它可以根据规制的特定目的，决定规制的对象、规制的方式及规制的程度等各方面问题。但是，除了立法机构，还有许多利益相关主体会通过各种方式对规制的立法产生影响，如消费者、企业、工人、官员等，他们通过集会、游说等方式对立法机构的决策产生影响，只不过这种影响是通过立法机构来实现的，是一种间接影响，但利益相关者的影响力不容小觑，常常会左右规制政策的制定和出台。

反垄断法是最为典型的规制法律。为反对垄断，西方许多国家都制定了反托拉斯法，如美国1890的谢尔曼反托拉斯法、1914年的联邦贸易委员会法、克莱顿反托拉斯法等。在反托拉斯法制定之初，美国对垄断的界定主要是根据企业规模和产品的市场份额来判断。企业规模过大，产品在全国市场上占有的份额过大（如80%），就可能被判定是妨碍竞争和贸易的垄断企业。随着企业兼

随堂笔记

并风潮和全球化趋势的增强，企业规模和市场份额似乎不能再成为判定垄断的指标。美国反托拉斯焦点也因而转向滥用已形成的垄断地位非法进行不正当竞争。

二、规制执法

规制执法是立法之后的法律实施阶段。执法的主体也就是进行规制的公共部门或机构。一般而言，规制立法涉及的是原则和方向性的要求，缺乏具体可操作性，规制机构往往依据立法机构授予的权力，以行政法规的形式制定规则和标准，颁布规章制度，以督促规制的执行。规制机构制定的法规通常是相应的规制立法的补充和细化。现实中，经济规制政策的制定和执行涉及广泛的公共谈判，规制者更像一名仲裁者，既建立谈判规则，又斡旋于消费者和企业利益集团之间。

在执行规制的过程中，经常会发生利益主体的纷争，这就需要裁决。裁决是指规制机构对于特定事件或案例所作出的最终决定。通过裁决形成规制的结果，如制定规制费率，颁发执照和许可证等。在裁决过程中，听证是最常用的政策工具之一，它也是各国在行政实践中得到证明的一种有效的法定形式，其目的主要是为了增强规制决策的公开、公平和公正性。价格听证是听证的一种常见形式，2002 年 12 月，我国发布了《政府价格决策听证办法》，其中规定：政府制定或调整关系群众切身利益的公用事业价格、公益性服务价格和自然垄断经营的商品价格时，应该举行价格听证会。

在规制执行的过程中，规制对象的行为模式无外乎两类，一类是遵循，另一类是不遵循。遵循是指被规制企业在经营过程中，采取相应的行为以达到规制法规、标准或执照条款的要求。但规制过程中也会产生不遵循的行为，即企业在经营过程中，并未采取相应的行为来达到法律法规、标准或执照条款的要求，这可以认为是规制失灵的现象。

三、规制的放松和解除

规制过程的最后一个环节是放松或解除规制，这也可以理解为是规制

随堂笔记

的反过程。放松规制是在市场机制可以发挥作用的行业部分取消对价格和市场进入的规制,取消某些限制性规定或使规制条款的内容更为宽松。解除规制是撤销对于被规制企业的价格、进入、投资、服务等方面的限制,使企业处于完全自由的竞争状态。放松或解除规制的原因,是规制目的的变化或客观经济环境的变化等使得原定的规制对象不复存在或者发生了变化。比如,某些自然垄断行业在一定条件下会转变为竞争性产业,这就需要放松政府规制。放松规制有多种形式和组合,往往依据放松规制的目的和规制对象的行业特征而定。

20 世纪 70 年代以后,以美国为首的西方国家发起了以放松规制为主要内容的规制改革运动,竞争之风席卷了电信、航空、铁路、电力、能源等自然垄断行业。从规制转变到放松规制的原因众多。如政府规制的膨胀带来了寻租行为和搭便车行为与日俱增。公共选择理论认为,政府官员作为公共权力的代理人,也是经济理性人,并非会完全追求社会公共利益,于是,在规制膨胀的过程中,会通过设租等行为而获取自身的私利。因而,政府进行的规制无法做到完全客观公正。此外,规制也使得政府成本增加,因为政府规制促使政府机构膨胀,从而增加了政府行政支出的成本。在美国,规制成本居高不下一直是一个突出的问题。例如,1996 年,美国规制机构发布的规章达到7 000多个,规制成本达到6 300多亿美元,各种名目繁多的规制政策使得小企业的负担更为沉重;同年,美国独立企业联合会对3 471家小企业的调查结果显示,在小企业所面临的 10 个最为严重的问题中,不合理的政府规制位居第四位。

20 世纪 80 年代以来,在全球范围内出现了“放松规制”(Deregulation)与“加强规制”(Reregulation)两种声音并存的现象,但基本趋势是经济性规制趋于放松,而社会性规制趋于加强。因为社会性规制是以保证公众的健康和安全、保护环境、实现人与自然和谐发展为目的,其放松需要谨慎行事;而经济性规制的放松主要表现为在原受规制产业引进竞争机制,同时对规制进行改良,从而解决政府规制中的越位问题,并改善规制中不完善的地方。

随堂笔记

复习思考题

一、填空题

1. 在公共规制理论的发展进程中，主要形成了__________理论、__________理论和__________理论。

2. 激励性规制理论认为，规制问题实质上是一个__________问题。激励性规制的主要内容包括：__________、__________和__________等。

3. 公共规制的最基本的分类是__________和__________。

二、问答题

1. 公共规制的目标有哪些？

2. 什么是经济性规制和社会性规制？各自适用的范围有哪些？

3. 政府在价格规制中如何通过不同的定价方法来引导企业定价？

4. 政府公共规制的方式有哪些？

三、论述题

结合我国经济生活实际，论述目前社会性规制的主要方式、存在的困难和解决的途径。

第九章 赤字、公债与宏观财政政策

CHAPTER 9

本章要点

财政赤字指财政收入和支出的差额。财政赤字有不同的口径和类型，包括对应不同层次的公共部门的财政赤字,以不同的会计记账基础为标准的财政赤字,实际赤字和基本赤字,等等。

财政赤字的弥补方式有利用历年结余、出售国家资产、直接发行货币、发行内债和发行外债等。这些方式会导致不同的经济影响。发行国内债务是弥补财政赤字常用的方法,其经济影响包括对通货膨胀的影响、对投资和资本形成的影响以及对后代负担的影响。

公债的运行机制包括公债的发行条件、发行方式、偿还方式、偿还资金来源等。公债市场可分为发行市场和流通市场,公债市场在实现公债的发行和偿还、增强公债的流动性等方面发挥着重要作用。

宏观财政政策的目标主要是充分就业、物价稳定、经济增长和国际收支平衡。宏观财政政策的典型方式是在经济萧条时期,通过增加政府购买支出或减税,影响总需求,进而在乘数效应的作用下,带动总产出的多倍扩张。宏观财政政策的工具可分为自动稳定器和积极的财政政策。

随堂笔记

为了实现宏观经济的稳定，包括中国在内的不少国家经常通过扩大财政支出、减税等手段积极干预经济，这就会导致财政赤字的增长。本章着重探讨财政赤字的衡量和弥补，财政赤字的经济影响等宏观财政问题。

第一节 财政赤字的衡量和弥补

一、财政赤字的衡量

（一）财政赤字的含义

财政赤字通常被简单地定义为政府预算收入和支出的差额。然而，由于计算时财政收支的口径不同、采用的会计记账基础不同或者存在不同层次的公共部门，财政赤字的衡量有许多种方法，不同口径的财政赤字不仅有不同的经济含义，而且还会令人对一国的财政状况产生迥然不同的看法。

按照国际惯例，计算财政赤字时，财政收入应包括税收收入、规费等非税收收入、国有资产收入及国内外援赠收入等，而财政支出应包括行政管理费、社会保障支出、文教科研卫生事业费支出、政府投资性支出以及债务利息支出等。收支项目中一般不包括政府对内对外发行债券或借款获得的"债务收入"，以及偿付债务本金的"债务支出"。债务收入和债务支出只能视为弥补赤字的手段。每年的政府债务变化净额，即当年发行债券的收入减去当年偿还债务本金支出的余额，是对当年财政赤字的一种弥补。

在 IMF 的《政府财政统计年鉴》中，财政赤字的计算公式如下：

财政赤字（或盈余）=（总收入 + 无条件赠款）-（总支出 + 净增贷款）

其中：

总收入 = 税收收入 + 非税收收入

无条件赠款 = 外国政府赠款和本国其他各级政府赠款 + 国际组织赠款

总支出（按职能划分）= 一般公共服务支出 + 国防支出 + 教育支出 + 保健

随堂笔记

支出 + 社会保障和福利支出 + 住房和社区生活设施支出 + 其他社区和社会服务支出（如文化、宗教）+ 经济事务和服务支出 + 其他支出

总支出（按经济特征划分）= 经常性支出（如商品和服务支出、利息支出、补贴等）+ 资本性支出（如购买固定资产、土地支出等）

净增贷款指本期政府对国内外提供的各类贷款数额与从国内外回收的各类贷款数额之间的差额。

（二）财政赤字的衡量

根据不同的衡量财政赤字的方法，我们可以有不同类型的财政赤字。

1. 不同层次公共部门的财政赤字：

(1) 中央政府赤字。中央政府赤字单独统计，有助于衡量在中央政府直接控制下的财政政策的影响。而且，由于中央政府往往能从中央银行获得信贷（地方政府则不可以），中央政府的赤字可能对货币量变化产生更直接的影响。

(2) 广义政府部门赤字。根据广义政府的定义，广义政府部门赤字是指一国所有各级政府税收和非税收收入之和与所有各级政府的经常性、资本性支出的差额。通常，广义政府部门赤字及其构成表明一国政府营运的规模和政府为各种目的分配资金的状况。

(3) 统一非金融公共部门总赤字。统一非金融公共部门总赤字即广义政府部门赤字加上国有企业营运的赤字，后者是指国有企业经常收入与经常支出之差。

(4) 统一公共部门总赤字。统一公共部门总赤字即统一非金融公共部门赤字加上公共金融部门（包括中央银行及国有银行和非银行金融机构）的赤字。公共金融部门赤字通常被称为准财政赤字（Quasi-fiscal Deficits）。

后两种赤字的计量对发展中国家尤其是转轨经济国家更为重要，原因在于：发展中国家普遍存在较大的非金融公共企业部门，且金融体系从事大量影响国家财政的活动。在转轨经济国家，政府、国有企业与国有银行之间又存在着千丝万缕的联系。从表面上看，政府、国有企业与国有银行已相互独立，但实际上，银行、国有企业对财政的依赖关系依然存在。所以，为了全面判断和分析一国的财政状况，准确衡量后两种财政赤字很有意义。当然，鉴于获取数据的

困难，在很多相关财政问题的研究中，使用最多的还是广义政府部门赤字。

2. 不同会计核算基础上的财政赤字。以上讨论的财政赤字的衡量都是建立在现金收付制会计核算基础上的。但在政府购买商品、支付工资和债务利息拖欠严重的情况下，以现金收付制为会计基础的衡量往往会低估财政赤字。若以权责发生制计算，得出的赤字额会比以现收现付制计算得到的大。按权责发生制会计基础衡量财政赤字时，财政收入可以扩大到包括无形的以及将来可获得的收入的现值，如采矿权的价值、政府将来能得到的税收收入的现值等。但是，以这种方式衡量财政赤字，在理论上虽然能够成立，在实际应用中却有很大困难。

3. 通货膨胀条件下的财政赤字。在通货膨胀条件下，有必要对名义的财政赤字作出调整。剔除债务利息支付中的通货膨胀因素之后，得到的财政赤字被称为实际赤字或称业务赤字（Operational Deficits）。之所以从利息支付中剔除通货膨胀因素，是因为在通货膨胀情况下，公众持有的政府债券的实际价值会受到损失，这种损失应从政府的利息支出中扣除。

4. 不考虑利息支付的财政赤字。对债务利息的支付是过去的赤字而不是政府现时的行为造成的。准确衡量政府财政现时状况的指标应该排除所有债务支付。公共部门借款要求减去债务利息支出就是所谓的基本赤字（Primary Deficits），它反映了现时的政府活动如何引起公共部门净负债情况的变化。基本赤字在评估政府赤字的维持能力方面有着重要意义。若实际利率超过经济增长率，即债务利息支付增长快于税收收入增长，而基本赤字又大于政府铸币收入，那么债务与 GNP 的比率就会一直上升，这就是一种不稳定的债务动态均衡。一旦公众意识到政府债务日益增长的危险性，避免购买政府债券，就有可能使政府陷入债务危机之中。所以，财政赤字虽然可以持久地出现并用债务弥补，但基本赤字最终必须为正数，这样才能以盈余越来越多地抵消债务利息而使政府债务不至于永久地膨胀下去。

为了使国与国之间或一国在不同时期之间的财政状况具有可比性，通常不用财政赤字的绝对额，而以财政赤字与 GNP 或 GDP 的相对额来衡量财政赤字。通常有两个指标可以衡量财政赤字规模：一个是财政赤字占财政支出的比例，另一个是财政赤字占国内生产总值（GDP）的比例。这是两个不同的指标，

随堂笔记

反映的经济内涵不同。前者可称为赤字依存度,说明一国在当年的总支出中有多大比例是依赖赤字支出实现的;后者也可称为赤字比率,说明一国当年以赤字支出方式动用了多大比例的社会资源。

赤字依存度的高低表明的是政府在一定时期内(通常为1年)总支出中依赖赤字支出的程度,反映了财政本身状况的好坏。赤字依存度越高,表明在财政支出需要很大的前提下,税收收入和其他非税收收入却相对短缺。赤字依存度说明的是财政本身的问题,特别是说明了财政支出需要与财政收入供给能力之间的缺口或差距。赤字比率的高低表明的是政府在一定时期内动用社会资源的程度。如果赤字比率过高,就会对国民经济运行造成负担,这种负担主要表现在两个方面:一方面,高赤字比率会扰乱正常的国民经济运行,特别是可能形成通货膨胀的压力;另一方面,高赤字比率必然会形成沉重的债务负担,会使将来年度的财政状况难以好转或更加恶化。赤字比率说明的是财政与经济的关系,特别是说明了国民经济对财政赤字的承受能力。

二、财政赤字的弥补及其效应

财政赤字发生时,政府总是要以某种方式弥补,财政赤字的经济影响因不同的赤字弥补方式而有所不同。

(一)动用历年财政结余来弥补财政赤字

动用历年财政结余,被认为是弥补财政赤字的一种比较中性的方式。按照周期预算平衡准则,随着经济的周期循环,财政赤字也具有一定的周期性,在经济繁荣时会出现财政结余,在经济萧条时会出现财政赤字。从长期看,财政结余和财政赤字可以互相抵消,出现经济周期内的财政收支平衡。因此,根据周期预算平衡准则,财政结余是弥补财政赤字的有效方式。并且,财政出现结余,意味着一部分财政资金没有被利用,构成财政部门在银行的一笔存款,当经济出现财政赤字时,财政动用其在银行的这笔存款,一般并不会引起经济的波动和货币供应量的超常增加,体现的只是财政和银行金融资产和负债的增减变

随堂笔记

动,对经济的影响是中性的。

但是,从当今世界各国的实践来看,财政出现结余并不是一种经常性的现象,政府不可能经常用这种方式弥补财政赤字。

(二)出售国家资产来弥补财政赤字

用出售国家资产的方式来弥补财政赤字,一方面会使国有资产存量下降,更重要的是会令公众对国家失去信心;另一方面,可供出售的国有资产也是有限的。因此,这种方法在世界各国应用得也较少。

(三)直接发行货币来弥补财政赤字

用直接发行货币的方式来弥补财政赤字会直接造成货币供应量上升,货币数量超经济地增加,必然会引起通货膨胀。因此,世界各国一般将货币发行权赋予与财政部相对独立的中央银行,以防止财政部滥发货币。也就是说,用增发货币来弥补财政赤字一般也是不可行的。

(四)发行国外债务以弥补财政赤字

当国内的储蓄量不足,政府又需要资金用于投资性支出时,发行国外公债可以突破资金缺口的限制,从而促进经济发展。

但发行外债有可能对一国经济产生显著的负面影响。首先,对外借款会导致本币升值,这既不利于出口,又容易引发过量的进口,最终将导致经常项目的逆差。其次,外债会给后代造成比内债严重得多的负担。在偿还时,资金从国内转移到国外,国内的所有纳税人都将承担债务负担,却没有相应的利息收入作为回报。因此,国内居民的收入将下降,这会阻碍经济的长远发展。最后,外债的还本付息通常要用外币来支付,这会影响一国的国际收支,因为一国可用于偿还外债的外汇主要来源于出口,若利用外债没有提高出口能力,那么很可能导致该国没有足够的外汇偿还外债,造成债务危机。

由于发行外债明显的负面效应,政府在向国外举债时应谨慎从事。当国内储蓄充足,有很多的闲置资金时,政府首先应充分利用国内资源,之后再考虑发行外债。

（五）发行国内债务来弥补财政赤字

发行国内债务是最常用的一种弥补财政赤字的方法，其产生的经济效应也是多方面的，包括对通货膨胀的影响、对投资及资本形成的影响和对后代负担的影响等等。

1. 发行内债对通货膨胀的影响。内债由于发行对象不同，对货币供应量和通货膨胀的影响有很大的区别。内债的发行对象一般有三类：社会公众，商业银行，中央银行。

政府向社会公众包括个人、工商企业、保险公司等非银行金融机构、国际投资者等发行政府债券，一般表现为仅仅使资金转移到政府手中，不会增加货币供给，对物价也没有任何影响。

商业银行认购政府债券的影响，要分两种情况：当商业银行没有超额准备金时，认购政府债券必须将贷款等其他资产变现，然后调换成政府债券，而其在央行的存款余额保持不变，从而对货币供应量、物价乃至总体经济的影响基本上是中性的；当商业银行有超额准备金时，其购买政府债券可通过资金的使用和转移，引起相当于认购债券金额的货币供应量增加。

如果中央银行购进政府债券，无论中央银行采用直接认购还是公开市场买进的方式，都会增加与所购债券等额的商业银行的准备金，从而通过一系列的存款创造过程，导致货币供给量数倍增加。

政府发行债券通过商业银行与中央银行的存款创造过程而导致货币供应量增加，这被称为赤字货币化。在这种情况下，如果经济中有大量闲置资源，由于货币供应量的增加，企业和家庭都更容易获得贷款去支持他们的投资与消费，再通过乘数作用，产出会增长，从而货币需求的增长可以吸收掉这部分增加的货币供给，不会引发通货膨胀。但如果经济已处于充分就业状态，货币供应量的增加就是超经济的，就会导致较多的货币去追逐数量不变的商品和要素，其结果必然是通货膨胀。

综上所述，政府发行债券不一定增加货币供应量，货币供应量的增加也不一定引发通货膨胀，发行国债与通货膨胀之间没有必然联系。只有在赤字货币化，同时经济处于充分就业状态时，发行国债才会导致通货膨胀。

随堂笔记

2. 发行内债对投资及资本形成的效应。当政府发行国债时，如果中央银行为了维持货币供应量的稳定而不购买国债，那么利率必然会上升，私人部门的借款者——家庭或企业有可能被迫退出市场，因此，政府发行国债挤出了私人消费或投资，由于私人投资对利率更为敏感，挤出的主要部分应该是投资。这就是国债对私人投资的“挤出效应”。因为只有投资才会形成资本，一种常见的观点是，发行国债会降低资本形成，从而不利于经济的长期增长。

但是，政府获得资金后，不会把它放在银行不用，而是会投资出去，这对整个社会的资本形成又会产生正面的影响。如果政府发行国债挤出的是私人投资，并且政府将获得的资金用于消费性支出，也就是古典学派经济学家所说的非生产性用途，那么整个社会的总投资的确会下降，会造成资本形成减少，从而对经济的长期发展产生不利影响。但是，如果政府将获得的资金用于投资支出，如用来兴建基础设施等，那么就整个社会而言，私人投资加政府投资的总量并没有改变，只是原本用于私人投资的那部分资金现在转移到用于政府投资，因此不会影响整个社会的资本形成。

实际上，在更多情况下，政府发行国债所得资金是用于发展私人投资一般不会涉及的基础设施部门，这些基础设施的建设有利于改善整个社会的投资环境，克服私人投资的“瓶颈”问题，从而吸引更多的私人投资者进行投资。因此，政府发行国债对私人投资也有促进作用，这被称为国债对私人投资的“挤入效应”。在这种情况下，整个社会的投资总量会增加，资本形成也随之增加，发行国债不但不会阻碍经济的发展，反而会促进经济的长期增长。应该说，当社会上有闲置资源时，这种“挤入效应”比较明显，这也是萧条时期政府发行国债用于基础设施建设的理论依据。而在经济处于繁荣时期时，因为没有闲置资源的存在，私人投资无法增加，1 元钱的政府投资则会完全替代 1 元钱的私人投资，几乎没有“挤入效应”。

如果政府发行的国债挤出的不是私人投资，而是私人消费，当政府将资金用于消费性支出时，社会投资总量不受影响；如果政府将资金用于投资性支出，那么整个社会中的一部分消费资金就会转化为投资，从而将增加投资总量，促进资本形成。

综上所述，虽然国债会对私人投资产生“挤出效应”，但只要政府将发行国

随堂笔记

债取得的资金用于投资性支出，政府投资的增加就可以弥补私人投资的减少；当社会上有闲置资源时，由于“挤入效应”的存在，还会促进私人投资的增加，就整个社会而言，资本形成会不变或增加，从而发行国债对经济增长不但没有阻碍，还可能有促进作用。

3. 内债对后代的负担问题。内债对后代的负担问题主要是指内债本息的偿还对后代的影响。有些经济学家认为，国债归根结底是要用税收收入偿还的，这会对后代造成负担，是这一代人提前享用了后一代人的面包。这种观点其实是一种误解。

我们先来分析债务本金的偿还问题。由于政府是在持续不断地运行当中，当一笔国债到期时，政府往往可以通过发行一笔新债务来偿还旧债务。于是，对后代人来说，资金从新债券的所有者转移到旧债券的所有者，而新债券的所有者也因为暂时让渡了资金的使用权而获得报酬——债券的利息，因此，归还到期债务的行为既不会给后代人造成负担，也不会导致政府的财政崩溃。

此外，如果政府将发行的公债用于公共投资，公债的发行是否构成未来负担，还要取决于公共投资项目的未来收益和这些投资所产生的间接效果。如果公共投资产生的社会经济效益大于或等于这笔公共投资的资金用于私人投资的收益，则对公债的持有者不会产生负担；反之，则会构成负担。即使公众购买公债支出的资金来自于消费，如果政府将通过发行公债筹集的资金用于公共产品生产，也会增加现在和未来公共产品的供给能力，导致社会福利的增进。

再来分析债务的利息支出问题。虽然本金不用偿还，但债务利息是要支付的。在发行内债的情况下，政府往往为了利息支付而向公众征税，又以利息形式将之还给公众。对社会公众来说，资金只是从一些人的口袋转移到另一些人的口袋而已。尽管如此，这种资金转移仍然会引起额外的经济损失，因此会给后代造成负担。假定纳税人与利息获得者完全一一对应，每个人的税收支出都等于利息收益，即使在这种极端情况下，这种转移也会造成负担。它会使人们产生错觉，认为自己勤奋工作要多缴税，而持有国债却可以不劳而获，取得利息收入，因此，人们的工作积极性会下降，从而给经济的长期发展造成不利影响。

事实上，大部分的国债都集中在富裕阶层手中，即纳税人与利息获得者不是完全一致的。这时，资金转移会使社会的收入分配状况恶化，这显然是一种

随堂笔记

负担。许多收入中下阶层的纳税人缴了税,却因为没有持有债券而无法获得利息收入;而富裕阶层获得的利息收入却会超过他们缴纳的税收。从整个社会看,资金从中下阶层流向富裕阶层,收入分配状况会趋向不合理。此外,由于中下阶层的人们边际消费倾向较高,资金转移会导致消费需求降低,从而对产出的增长具有抑制作用。

更为严重的是,利息的支出会随债务的增加而不断增加,可能导致利息支出占 GNP 的比重过高,若税收收入已经不足以支付利息,政府将被迫提高税率,过高的税收会严重扭曲收入分配,对经济产生更大的抑制作用。而且,如果政府必须将收入的大部分用于支付国债利息,财政政策会变得缺乏弹性,政府难以根据经济情况调整支出,这对经济的稳定也是不利的。通常情况下,这种情况很少发生,因为虽然利息支出在增长,但 GNP 也在不断增长,利息支出占的 GNP 比重变动较缓慢。根据美国的数据,即使在公债利息支付达到前所未有的水平时,公债利息占 GNP 比率也仅仅是一个很小的数字,税收收入是公债利息数额的好几倍。因此,发行国内债务是否会对后代构成负担,需要作具体的分析。

第二节　公债的运行机制

公债(Public Debt)即公共债务,是政府以信用形式从社会上吸收资金以弥补财政赤字或满足其他财政需要的一种手段。公债的经济影响我们在上一节已作叙述,本节主要介绍公债的具体运行机制。

一、公债的概念和分类

(一)公债及其产生条件

公债的定义有狭义和广义之分,狭义的公债是指由政府发行的具有一定金额的债券,广义的公债是指公共部门以承诺到期偿还债务本息为条件所取得的

随堂笔记

收入。

与税收的强制性、固定性和无偿性的特征相比，公债具有自愿性、灵活性与有偿性的特征。自愿性是指人们有权根据自身的情况和判断，自愿认购政府发行的公债，国家是依托国家信用吸引公众而不是国家权力强制公众认购。灵活性是指公债不像税收的征收需要依据有关的法律预先规定，不能随意改变，公债的发行规模、发行时间、偿债方式、期限等都可以根据公共支出的具体需要灵活地加以调节。有偿性是指公债取得的收入必须按照规定的方式和期限归还，同时要支付一定的利息。

公债的产生必须具备两个条件：第一，财政支出的不断增长导致财政收不抵支；第二，社会上存在可供借贷的闲置资本。

（二）公债的种类

按照不同的标准，可以将公债作以下分类。

1. 按照发行地域划分，公债可以分为内债和外债。内债的债权人是本国的公民和法人，内债的发行和还本付息一般以本国货币为计量单位。外债的债权人是外国政府、国际组织、外国公民和法人，外债的发行与还本付息一般以外币计量。

2. 按照偿还期限划分，公债可以分为定期公债和不定期公债。定期公债是指明确规定还本付息期限的公债。具体按照时间长短，又可以分为偿还期在1年以内的短期公债、偿还期在1年以上5年以内的中期公债和偿还期在5年以上的长期公债。不定期公债是在发行时不规定还本期限，持有人可以定期获得利息，但没有要求偿还本金权利的公债；政府可以在其财政收入较为充裕时从市场购入并注销这种公债。

3. 按照发行的主体划分，公债可以分为中央政府公债和地方政府公债。中央政府公债由中央政府决定，列入中央预算，由中央政府支配使用。地方政府公债由地方政府决定，列入地方预算，由地方政府支配使用。

4. 按照利率的确定方式划分，公债可以分为固定利率公债和浮动利率公债。固定利率公债是在公债发行时将利率确定下来，以后利息支付时都按照既定的利率来计算。浮动利率公债是指公债发行时不确定利率，利率随着市场利

随堂笔记

率和物价水平的变化而变化的公债。

5. 按照流动性强弱划分，公债可以分为可转让公债和不可转让公债。可转让公债是指能够在证券市场上自由流通的公债，持有者可以随时将其转让变现。这种债券往往以不记名方式发行。不可转让公债是指不能在证券市场上自由流通的公债，持有者只能到期获得本金和利息，这种债券一般采用记名的形式。

另外，还有一些其他的分类。比如，按照有无担保划分，可以分为担保公债和无担保公债；按照公债发行的计量单位划分，可以分为货币公债、实物公债和折实公债；等等。

二、公债的发行

公债的发行主要包括公债发行的条件和方式。

（一）公债的发行条件

公债的发行条件是指对公债发行本身诸多方面所作的规定，也即政府以证券形式筹集资金时所申明的各项条款或规定。公债发行条件主要包括发行额、票面偿还期限、发行价格、发行日期、利息支付方式、兑付方式等。发行条件是公债政策的体现，涉及投资者和筹资者双方的利益。如何平衡两者的利益，是债券能否成功发行的关键。因此，要结合债券具体的风险程度、受益大小、通货膨胀等因素决定一个能使筹资者和投资者都能接受的条件。发行条件主要包括以下几方面：

1. 公债的发行额。公债的发行额是指每次公债发行的计划数量。政府决定每次公债发行数量的多少，需要综合考虑多方面的因素，如财政本身对债务资金的需要量、政府支付利息的能力、市场承受能力和公债经济功能的发挥等。政府需要的债务资金将来的还本付息能力越强，公债市场的承受能力越强，公债的功能越需要强化，公债的发行额就越大；反之，则反是。

2. 公债的期限。从公债发行日起到偿清本息日止这段时间叫做公债的期限。公债的期限由发行者使用资金的周转期、市场利率的发展趋势、流通市场

随堂笔记

的发达程度以及公众的投资意向等因素来决定。

发行人在考虑债券的期限时，首先要考虑自己使用资金的周转期，因为发行不同的债券，主要是为了满足不同的特定的资金需求。其次，要考虑未来市场利率的发展趋势，如果预测市场利率今后要下降，发行人就应该尽量缩短债券的期限，以发行短期债券为宜；反之，如果预测市场利率今后要上升，发行人就要尽量发行长期债券，这样既可以避免利率风险，又可以减少市场利率上升所引起的筹资成本的上升。最后，还要考虑流通市场的发达程度，如果流通市场发达，投资者就敢于购买债券，因为债券可以随时变现。另外，投资人的投资意向、心理状态以及市场其他债券的期限构成，也是发行人确定债券期限的重要因素。

此外，公债期限的决定要充分考虑到市场的可接受程度及其对资本市场的影响。发行长期公债占用资金的时间长，可能会产生挤出私人投资的问题，对经济会产生紧缩效果；发行短期公债有助于公债利率的下降，使资本市场利率也出现下降，这会使私人投资和消费增加，从而会对经济产生膨胀效果。在公债期限的选择上，传统的观点主张公债期限宜长，以保证资金的稳定供给；现在的观点是，政府可通过在公债市场上借新债还旧债的方式偿还短期公债，公债期限的长短应着重考虑与微观经济的运行相适应。公债期限种类应多样化，长、中、短期公债交叉进行，以便满足不同投资者的需要。

3. 公债的发行价格。公债的发行价格是指政府债券的出售价格或购买价格，政府债券的出售价格不一定就是票面值，可以低于票面值发行，少数情况下，也可以高于票面值发行。按照国债发行价格与其票面值的关系，可以分为平价发行、折价发行和溢价发行三种情况。

平价发行就是政府债券按票面值出售，到期亦按票面值还本。平价发行必须有两个前提条件：一是市场利率要与国债发行利率大体一致，如果市场利率高于国债利率，按票面值出售便无法找到认购者或承购者；如果市场利率低于国债利率，按票面值出售，财政将遭受不应有的损失。二是政府的信用必须良好，唯有在政府信用良好的条件下，人们才会乐于按票面值认购。

折价发行就是政府债券以低于票面值的价格出售，到期仍按票面值还本。政府债券价格低于票面值的原因主要有两方面：一是政府出于鼓励投资者踊跃认购的目的而用减价的方式给予额外的利益。二是市场利率上升,政府必须降低发行价格,债券才能找到认购者或承购者,压低发行价格与提高利率相比,前者更不至于引起市场利率随之上升,干扰经济的正常发展。

溢价发行是政府债券以高于票面值的价格出售,到期仍按票面值还本。政府债券能按高于票面值的价格出售,必然是由于市场利率低于国债利率以至于认购者认为有利可图。

如果就公债发行的三种价格作比较,从政府财政的角度看,平价发行对政府财政及管理最为有利。采用平价发行,政府可以按事先的票面值取得预期收入,并按此偿还本金,除需按正常的利息率支付一定的债券利息外,不会给政府带来额外负担。此外,按票面额出售债券,不会给市场利率带来上涨或下降的压力,既有利于市场的稳定,也有利于避免债券投机之弊端。

4. 公债的利率。公债的利率是指公债利息与本金的比例。对于发行者来说,公债利率高低影响其未来利息支付水平,构成未来的支出。对于投资者来说,利息率就是投资于公债的年度收益率。利率越高,发行者成本越高,认购者收益越大。公债利率的确定要考虑政府的资金需求,也要兼顾偿还的可能,并要权衡政府的经济承受能力,进行发行收益及成本的对比。

市场利率是制约国债利率的主要因素。市场利率一般指证券市场上各种证券的平均利率水平,国债利率必须与市场利率保持大体相当的水平,才能使国债具有吸引力。具体地说,国债利率主要以银行利率为基准,一般不低于或略高于同期存款的利率水平。另外,国债作为一种特殊的信用形式,还受政府本身信誉的影响。一般而言,由于国家信用的保证性较强,政府的信誉越高,国债的吸引力就越大,国债也就越有可能在利率低于市场利率的条件下顺利推销出去。国债利率还受制于社会资金的供求状况。若社会资金比较充裕,闲置资金较多,国债利率就可适当降低,反之,国债利率则必须相应提高。

在正常的情况下,政府确定国债利率,就是以上述几方面的因素为依据的。但是,政府为了实现特定的经济政策,打破常规,选择较高或较低的国债利率,以诱导社会资金流向,刺激或抑制投资或消费,也是十分必要的。在当今世界各国,利用国债利率的升降调节证券市场运行和资金运转,已经是政府宏观经济管理的重要手段之一。

随堂笔记

除了以上四个方面,公债的发行条件还包括:公债的名称与发行目的,票面金额和编号,公债的发行对象,发行与交割时间,还本付息的方式和公债的分销主体等等。

(二)公债的发行方式

公债的发行方式指的是采用何种方法和形式来推销公债。公债的发行方式主要有以下几种。

1. 公募法。公募法是指政府向社会公众募集公债资金的方法,通常有两种具体的办法。

(1)直接公募法,即由国家财政部门或其他政府部门通过强制派购或者自由认购等形式,向社会直接公开发行公债,取得资金,其发行费用和损失皆由国家承担。这种方式的优点是能利用政府部门原有的资源,免去与银行等金融机构的交涉协调工作,发行面也比较广,可以普遍吸收社会上的闲散资金,一般不会引起通货膨胀。缺点是政府直接推销时间长,发行成本高,而且运用行政手段推销通常会降低公债的声誉,因此,这种方式不宜多用,也不常被使用。

(2)公募拍卖方式,即政府在金融市场上通过公开招标发行国债。公募拍卖方式是基于投资者自己的判断参加投标,通过竞争,完成公债的发行。通常认为,这种方法最能够体现公平竞争的市场法则。这种方法具体包括三种形式:

一是竞争拍卖与非竞争拍卖。竞争拍卖是政府按投资者自报的价格和利率,从高价开始或者从低利率开始,依次决定中标者的名单,一直到完成预定的发行额为止;非竞争拍卖是政府决定公债的发行价格和票面利率,投资者就认购数额进行投标,当投标额超过预定发行额时,则按照投标额来决定投标者的认购比例。

二是价格拍卖与利率(收益)拍卖。价格拍卖是由政府事先规定公债的票面利率,由投资者以不同的价格投标,投标结束后,从最高的投标价格开始,依次决定中标者名单,在达到预定发行额时截止;利率拍卖则是事先规定认购价格,使投资者以各种利率投标,投标结束后,即由发行人从最低的投标利率开始,依次决定投标者的名单,直至达到预定的发行额时为止。

随堂笔记

三是对公债实行多种认购条件和单一认购条件。多种认购条件是指中标者按投标时自报的价格(利率)认购公债,单一认购条件是指中标者按投标后形成的同一价格(利率)来认购公债。

2. 公卖法。公卖法是指由政府将要发行的国债委托银行或其他金融机构在证券市场上代为销售,国债价格可由财政部或其代销机构根据证券市场的行情相机决定。这种方法的优点是:政府可以根据需要,随时向证券市场发行国债筹集资金,能吸收大量的社会游资,并能调节货币供应量。其缺点是:国债价格在证券市场时涨时落,国债收入不稳定。

3. 承购包销法。承购包销法指国家将发行国债的数额、费用等条件与金融机构协商,统一由金融机构承购,金融机构再向社会推销。如果在承销期内无法把国债全部推销出去,其差额部分由金融机构承担。这种发行方式的优点是:发行手续简便,发行时间较短,有利于资金及时入库。不足之处是:如果金融机构难以全部将国债推销出去,自身承担的差额过多,会助长信用膨胀。

三、公债的偿还

公债的偿还是指政府根据公债的发行条件,对到期公债支付利息和本金的过程,它是公债运行的终点。公债的偿还主要涉及两个问题:一个是公债偿还的方式,一个是公债偿还资金的来源。

(一)公债的偿还方式

公债的偿还方式大致有以下五种:

1. 分期逐步偿还法。分期逐步偿还法即对一种债券规定几个还本期,每期偿还一定的比例,直至债券到期时,本金全部偿清。这种偿还方式可以分散公债还本对国库的压力,避免集中偿还给财政带来的困难。但在这种偿还方式下,须频繁地进行本金兑付,公债利息率也往往要有差别地规定,即还本愈迟,利率越高,以鼓励债券持有人推迟还本期。公债偿还的工作量和复杂程度会因此而加大。

2. 抽签轮次偿还法。抽签轮次偿还法即在公债偿还期内,通过定期按债券号码抽签对号以确定偿还一定比例的债券，直至偿还期结束，全部债券皆中签偿清为止。这种偿还方式的利弊与分期逐步偿还法大致类似。我国 1981 ~ 1984 年发行的国库券，就是采用抽签轮次偿还法偿还的。

3. 到期一次偿还法。到期一次偿还法是指国家在公债发行后，在公债到期日一次性地向公债持有者偿还本息。这是一种传统的偿还方式，目前我国发行的大部分国库券就是规定到发行期限后一次还本付息。其优点是：公债还本管理工作简单易行，且不必为公债的还本而频繁地筹措资金。其缺点则是：一次集中偿还公债本金，有可能造成政府支出的急剧上升，给国库造成较大的压力。

4. 市场购销偿还法。市场购销偿还法即由政府委托金融机构在债券期限内，定期或不定期地从证券市场上赎回一定比例的债券，赎回后不再卖出；待这种债券期满时，已全部或绝大部分被政府所持有，从而债券的偿还实际上已变成一个政府内部的账务处理问题。这种公债的偿还方式实际上是提前偿还，而且其适用的对象是流通性的公债。因此，在实践中，这种方法多数是以短期的上市公债为主。这种方式的优点是：给投资者提供了中途兑现的可能性，并会对政府债券的价格起支持作用，其缺点是：政府需为市场购销进行大量繁杂的工作，对从事此项业务的工作人员也有较高的素质要求。在公债市场较为发达的国家，这是一种重要的公债偿还方式。

5. 以新债代旧债。以新债代旧债即通过发行新债券来兑换到期的旧债券，以达到偿还公债的目的。也就是说，到期债券的持有者可以用到期债券直接兑换相应数额的新发行债券，从而延长持有债券的时间。这种偿还方式具有较明显的优越性，从财政的角度看，国债既可用一般预算资金偿还，也可以通过发行新债券偿还，增加了筹措还债基金的灵活性；从债券持有者的角度看，只要其认为有利，便可拥有继续持有政府债券的优先权（当然往往也允许到期兑现），在对新债券需求量大的情况下，对原持有者有利。问题在于，如果经常使用这种偿还方式，等于无限期推迟偿还债务，可能会破坏政府偿债信誉。

（二）公债偿还的资金来源

政府偿还公债，必须要有一定的资金来源。从形式上看，偿债资金来源主要有预算盈余、偿债基金、举借新债、投资收益和课征税款等。

随堂笔记

1. 预算盈余。预算盈余是政府预算执行的结果所形成的收入大于支出的余额，该余额属于政府当年未消耗的资金，自然能够成为偿付公债的资金来源。但是，从目前世界各国财政收支状况来看，财政预算盈余是否出现，其数额是多少，都是十分不确定的，因此，这种方法不具有实践价值。

2. 偿债基金。偿债基金是政府专门设置用以偿还债务的基金，一般由预算拨款形成，逐年累积，专门管理，以备偿债之需。从理论上分析，用偿债基金偿还公债有明显的优点：一是可以为偿还债务提供一个稳定的资金来源，提高政府的偿债信誉；二是可以平衡各年度政府的偿债负担，缓解偿债高峰年份对政府的压力；三是可以把政府的正常预算和债务收入、使用和偿还分离开来，有利于资金使用效率的提高。但是，偿债基金往往容易被财政挪作他用，使偿债基金形同虚设。

3. 举借新债。举借新债偿还公债是指政府通过发行新的公债，来替换旧的公债，以新债收入作为偿还旧债的资金来源。从形式上看，举借新债是解决偿债资金来源的一种方式，很多国家目前实际上也是采用这种借新还旧的方式。然而，从实际上看，举借新债偿还旧债只是原有债务期限的延长，或者说是推迟了实际的偿债时间。所以，采用这种方法，只能作为政府延缓债务期限、暂时度过偿债高峰的权宜之计。

4. 投资收益。投资收益这里是指政府举借公债投资于某个具体项目的收益。理论上，按照资源配置效率的要求，资源使用的受益者同时也应该是其成本的承担者，因为只有这样，才能从收益与成本的比较中，选择最有效率的资源使用状态。因此，如果政府举借公债投资于某一工程项目，而这一项目将来又有直接的资金收入归政府，那么，政府就可以用该投资收益来偿还原先举借的公债。但是，由于政府投资的项目多具有公共产品的特点，其收益往往是无形的，很难确定。所以，如果把投资收益作为政府偿债资金的主要来源，在实践中将会非常困难。

5. 课征税款。税收收入是政府财政的主要资金来源，尤其是当今世界各国，税收收入占财政收入的比重都非常高，因此，税收收入就成为政府偿还公债的主要资金来源。也正是由于这一点，公债有时被称为延期的税收，因为以前发行的到期公债要用现在的税收来偿还，而现在发行的公债需要用以后的税收来偿还。

随堂笔记

四、公债市场

（一）公债市场的分类

公债市场是证券市场的重要组成部分。按公债交易的层次或阶段，可将公债市场划分为公债发行市场和公债流通市场。

1. 公债发行市场。公债发行市场是公债发行的场所，又称公债一级市场或初级市场，是公债交易的初始环节。一般是政府与证券承销机构如银行和证券经纪人之间的交易，通常由证券承销机构一次全部买下政府发行的公债。公债的发行市场没有集中的具体场所，是无形的观念性市场。公债可以直接发行，即由政府自行办理债券的发行手续；也可以间接发行，即由政府委托中介机构办理债券的发行手续。

2. 公债流通市场。公债流通市场又称公债二级市场，是公债交易的第二阶段。一般是公债承销机构和认购者之间的交易，也包括公债持有者与政府或公债认购者之间的交易。

公债流通市场的交易方式又分为交易所交易（场内交易）和柜台交易（场外交易）。

（1）交易所交易（场内交易）。在证券交易所进行的债券买卖，称为交易所交易。公债与其他债券和股票一样，可以通过证券交易所进行交易。交易所交易有如下特点：有集中的、固定的交易场所和交易时间；有较严格的组织和管理规则；交易所采用公开竞价的方式进行交易，是持续性的双向拍卖市场。在双向拍卖方式中，既有买者之间的竞争，也有卖者之间的竞争，在上笔交易的基础上，买者竞相以尽可能低的价格买入，卖者竞相以尽可能高的价格卖出。在这种竞买竞卖的过程中，当买卖双方对某一价格表示同意时，即拍板成交，成交价格可作为下笔交易价格的参考。

（2）柜台交易（场外交易）。柜台交易泛指在证券交易所以外的市场所进行的交易，也被称为“店头交易”或者“场外交易”。柜台交易大都是在证券公司之间或者证券公司与客户之间直接进行的。目前，美国和日本的债券交易大部分是以柜台交易的形式进行。与交易所交易相比，柜台交易主要有以下特点：交易是分散的，是没有固定交易场所和交易时间的无形市场；交易方式灵活多样；交易规则限制较少；定价的方式为协商议价。柜台交易又可以分为自营买卖和代理买卖两种，其中自营买卖占有较大的比重。

公债的一级市场和二级市场是紧密联系、相互依存、相互作用的。一级市场是二级市场的基础和前提，只有具备了一定规模和质量的发行市场，二级市场的交易才有可能进行，而且，一级市场债券的发行条件、发行方式等对二级市场债券的价格及流动性都有着重要的影响；同时，二级市场的交易又能够促进一级市场的发展，二级市场为一级市场所发行的债券提供了变现的场所，使债券的流动性有了实现的可能，从而增加了投资者的投资兴趣，有利于新债券的发行。二级市场上形成的债券价格及流动性，是决定一级市场上新发债券的发行规模、条件、期限等的重要因素。

（二）公债市场的功能

公债市场一般具有两个方面的功能。

1. 实现公债的发行和偿还，同时，能增强公债的流动性，提高其竞争力。在现代社会，主要发达国家的公债大都是通过公债市场发行的，并有相当部分是通过公债市场偿还的。在二级市场上，公债的变现能力明显提高，能较好地满足购买者和持有者对债券灵活性的要求，有助于鼓励他们购买和持有公债，提高公债与其他债券的竞争能力；有利于新债的发行，并减少发行费用、降低发行成本。

2. 调节社会资金的运行。公债市场能为社会闲置资金提供良好的投资场所，有助于减少投资风险。首先，在公债市场进行投资，既可以获得比银行储蓄存款更多的利息，减少因通货膨胀造成的资金损失风险，又可以获得比股票更有保障的收益，减少投资风险；其次，债券的二级市场使债券有可能随时变现，并可以为债券买卖双方提供公平的市场价格；最后，债券市场一般都会有严格的管理法规，能有效地防止欺诈行为的发生。

公债市场是中央银行进行金融宏观调控的重要手段。公债市场建立后，公债可以上市买卖，这为中央银行实施间接调控增加了一个有效的工具。中央银行可以根据不同时期决策的需要，协调总需求和总供给的关系，其重要的手段

随堂笔记

就是公开市场业务。而中央银行在进行公开市场业务操作时,必须能够自主地随时买卖任何数量的某些资产,这就要求这些资产具有较高的信誉和较强的流动性,公债符合这些条件。因此,中央银行的公开市场业务绝大部分是买卖公债,特别是短期公债,例如,美国、英国的国库券就分别是美国联邦银行和英格兰银行进行公开市场操作的主要内容。近年来,随着公债规模的扩大和对社会资金进行调节的必要性增强,发展中国家也开始重视公债市场的作用,并逐步建立适合本国国情的证券市场和公债市场。

专栏

专栏9-1　中国的国债规模

目前,国际上通用的衡量国债规模的指标有如下三个:

(1)国债依存度=年度国债发行额/当年财政支出,它表示财政收入对于国债的依存程度;

(2)国债偿债率=当年国债还本付息额/当年财政收入,是当年国债的还本付息额占当年财政收入的比例;

(3)国债负担率=国债余额/当年GDP,它用来衡量整个国民经济负担国债的能力。表9-1是我国近年来的这几项指标。

下面根据以上三个指标,具体分析我国的国债规模。

(1)债务依存度。这一指标的计算有两种不同的口径:一是用当年的债务发行额除以当年的全国财政支出,二是用当年的债务发行额除以当年的中央财政总支出。在我国,由于国债是由中央财政来发行、掌握和使用的,所以,使用后一种口径(即中央财政的债务依存度)更具有现实意义。债务依存度反映了财政支出有多少是依靠发行国债来实现的。当国债的发行量过大,债务依存度过高时,表明财政支出过分依赖债务收入,财政处于脆弱的状态,并对财政未来的发展构成潜在的威胁。

随堂笔记

表9-1 我国近年来的国债水平 单位:%

年份	国债负担率	国债依存度	中央财政债务依存度	国债偿债率
1996	6.52	24.78	91.45	18.29
1997	7.53	26.82	97.80	22.17
1998	10.09	30.66	105.93	23.82
1999	13.08	28.17	89.47	16.69
2000	14.75	26.31	75.73	11.79
2001	16.32	24.36	79.82	12.25
2002	18.60	25.75	83.86	13.56
2003	23.09	24.96	82.93	13.60
2004	21.50	24.15	87.15	13.91
2005	17.81	20.40	78.88	12.40

注:1.财政支出已包括债务支出在内。2.债务收入包括国内债务收入和国外借款,债务支出包括国内债务还本付息、国外借款还本付息和归还人民银行借款。

[资料来源:根据《中国统计年鉴》(1996~2006年)和《中国证券期货统计年鉴》(2003~2006年)的有关数据编制而成。]

从表9-1可以看出,我国中央财政的债务依存度一直保持在70%以上的高水平。而国际公认的安全线是,国家财政债务依存度在15%至20%之间,中央财政的债务依存度在25%至30%之间。因此,1996年以来,我国中央财政的债务依存度一直远远超过国际公认的安全线。我国的中央财政支出已经处于过分依赖债务收入的脆弱状态,国债风险和财政风险日益加大。

(2)国债偿债率。债务收入的有偿性,决定了国债规模必然要受到国家财政资金状况的制约。一般情况下,国债规模应同当期财政收入状况相适应。不少学者主张,我国的国债偿债率应控制在8%~10%。

由表9-1可明显看出,我国国债偿债率明显高出10%的警戒线。

由于债务本息支出的刚性较强,必须无条件如期偿还,而且,在税收收入不足以支付债务本息的情况下,我们不得不发新债还旧债,于是,国债规模将像滚雪球一样越滚越大,国债风险也就持续累积,并终将凸显出来。

(3)国债负担率。国债负担率是从国民经济的总体和全局,而不是仅从

随堂笔记

财政收支来考察和把握国债的数量界限。国外经济学家多数都认为，国债累积余额一般应控制在当年 GDP 的 45% 以内，欧盟签订的《马斯特里赫特条约》规定的国债负担率指标为 60%。

从表 9-1 来看，虽然我国的国债负担率在逐年上升，但这一指标仍远低于发达国家的水平。有人因此认为，既然我国的国债负担率远低于国际警戒线，说明我国国债还大有增发空间。但是，我们不能忽略以下两点：

第一，高的国家债务应建立在高的财政收入基础之上，国债负担率上限的规定应同财政收入占 GDP 的比重基本适应。发达国家的财政收入占 GDP 比重一般在 30% 以上，而我国预算内财政收入占 GDP 的比重低于 20 %。因此，根据我国的实际情况，国债负担率应维持在 20% 以内。

第二，我们上面所说的国债负担率仅仅是根据中央名义国债来计算的，远远不能反映我国的实际债务情况，如果加上诸如各级政府欠发工资，粮食收购和流通中的亏损挂账，国有银行和非银行金融机构的大量不良资产以及养老保险欠账等隐性和或有债务，我国政府的实际国债负担率可能已过 100%，远远超过发达国家和欧盟的标准。

以上分析表明，我国的国债规模目前已经偏大，由此引起的国家财政风险应该予以重视。即使宏观经济形势要求我国政府扩大国债发行来刺激经济发展，也应尽量控制国债规模，以减少其负面效应。

第三节 宏观财政政策概述

宏观财政政策是指一国政府为达到既定的宏观经济目标，对财政收支所作出的决策，其制定和实施的过程，也是国家实施宏观调控的过程。

一、宏观财政政策的目标

宏观财政政策得到广泛的关注，是在 1929 ~ 1933 年资本主义世界发生经

随堂笔记

济危机之后。自此,凯恩斯主义开始流行。凯恩斯主义者首先关注的是就业问题。大萧条带来了大量工人失业,使得政府不得不更多地致力于失业问题的解决。当今世界,各国多以将失业率控制在一定范围之内为目标,有的国家选择4%的失业率为就业目标,有的选择6%,有的甚至选择更高的失业率。失业率的选择取决于一国的经济状况和民意,从根本上说,它要由公共选择过程来决定。

物价稳定是财政政策的另一个重要目标。物价稳定包括反通货膨胀和反通货紧缩两个方面的内容。通货膨胀表现为物价的持续上涨,而通货紧缩是以物价的持续下降为特征的。经济高涨时,通常伴以通货膨胀。超过一定比例的通货膨胀,会给经济带来极大的负面影响。物价下降可能是技术进步的结果,但如果物价普遍持续地下降,则可能是通货紧缩。经济萧条时,通货紧缩常常出现。无论是通货膨胀还是通货紧缩,都会破坏市场价格信号作用的发挥,因此,政府要将稳定物价作为经济政策的重要目标。

在开放经济中,国际收支状况会对一国宏观经济运行产生重要的影响,而一国经济状况的变化会影响到该国的进出口状况,从而影响该国的社会总需求和总供给。在经济全球化的今天,各国的经济是相互影响的,因此,当国内市场自身的总需求和总供给能够平衡时,一国应注意国际收支的平衡;而当国内市场自身总需求和总供给不平衡时,该国则要通过国际收支的适度顺差或逆差来弥补,以实现宏观经济的均衡发展。

经济的稳定增长是政府宏观经济政策的根本目标。在市场经济中,经济运行的周期性是无法避免的。市场经济的历史表明,市场有可能通过自身的力量摆脱经济危机,但要耗时较多,生产力受到的破坏也较为严重。财政政策有可能通过政策工具的调节,减缓经济周期带来的波动,避免经济的大起大落,促进经济的稳定增长。

在宏观财政政策的四大目标中,充分就业和物价稳定对社会成员经济福利的影响更为广泛和直接,因此尤其为决策者和社会公众所关注。由于就业水平和产出有着稳定的关系,换言之,就业水平决定于社会产出水平,从而总产出和价格水平就成为宏观经济政策调节的主要目标。

二、财政需求管理政策的效应

总产出和价格水平由社会总需求和总供给决定。财政政策既可以影响总需求,将需求控制在与充分利用现有资源的产出能力相一致,也可以从供给方面着手,运用财政政策措施促进产出能力的增长,使之满足不断变化的需求。供给方面的财政政策主要着眼于微观主体的行为,而不是宏观经济总量。本节将主要讨论财政的需求管理政策,也就是从社会总需求的角度探讨宏观财政问题。

一般认为,当社会处于非充分就业状态时,在经济处于严重萧条时期,由于存在大量失业工人、闲置的设备和资源,总需求的扩张将带来总产出的增长,并保持价格水平的稳定;随着需求的扩大,产出进一步扩张,劳动力与其他生产资料的供给逐步趋于紧张,导致价格上扬;当社会资源已处于充分就业状态时,总需求扩张不能带来产出的增长,只会导致价格水平的上升。

为了将分析集中于需求方面,以下均假定社会处于非充分就业状态。

(一)乘数效应

如前所述,政府购买支出和税收变动,在一定条件下都将导致总需求的变化,从而使产出和就业水平变化,而凯恩斯的乘数理论则具体指出了国民收入决定的机制。首先假定:社会处于非充分就业状态,总需求的增长直接带来产出的增加。

根据凯恩斯的需求恒等式,国民收入由消费、投资和政府购买组成,即

$$Y = C + I + G$$

其中,

$$C = a + cY$$

这里,a 是常数,表示基本消费;c 为边际消费倾向。将以上两式合并整理,得

$$Y = \frac{1}{1 - c}(a + I + G)$$

可见,若 G 增长 ΔG,则 Y 的增长不仅限于 ΔG 的水平,因为第一轮增长 ΔY 以后,消费支出 C 会随之扩大,从而产出将进一步扩大。这个过程持续下去,

随堂笔记

结果是

$$\Delta Y = \frac{1}{1-c}\Delta G$$

这就是所谓的乘数效应，$\frac{1}{1-c}$即为乘数。

政府减税也将导致产出的扩张，与政府支出的增加相比，减税对产出扩张的影响显然要小，其原因在于，纳税人从减税中增加的收入并不是百分之百地用于当期消费，而是将其中的一部分用于储蓄，从而减税并不带来同样水平的消费需求的增加。另外，增加政府支出会使总产出中归于政府的部分上升，而减税的结果是使产出中归于消费者的部分增加。因此，如何在两种财政政策措施之间进行选择，取决于某种价值判断，即希望资源更多地被用于个人消费支出还是更多地被用于公共产品的提供。

政府支出中的转移性支出可视为负税收，其增加对总产出的影响与减税相同。

（二）投资变动情况下财政政策的效果

以上分析假定投资是一个固定的量，不受财政变量变动的影响。若将投资作为一个变量考虑，则财政需求管理政策的效果需要修正。

由于投资是利率的减函数，即

$$I = I - br$$

则有

$$Y = C + I + G = a + cY + I - br + G$$

利率 r 取决于货币市场均衡，根据货币理论，实际货币余额 M/P 是利率 r 的减函数，是产出 Y 的增函数，因此有

$$\frac{M}{P} = kY - hr$$

政府扩大购买支出时，产出将增加，从而促使货币需求增加。如果此时中央银行的货币供给不变，利率将上升，由于投资 I 是利率 r 的减函数，利率上升会排挤部分对利率敏感的非政府部门的投资，产生所谓的挤出效应，致使扩张性财政政策的效果受到影响，使原有的财政乘数效应缩小。

随堂笔记

三、宏观财政政策工具

宏观财政政策工具包括两种类型：自动稳定器与积极的财政政策。这两类工具对经济运行的影响不同。

（一）自动稳定器

1. 自动稳定器的概念。自动稳定器（Automatic Stabilizers）又称内在稳定器（Built-in Stabilizers），是指财政制度内在具有的自动调节经济，缓和经济波动，从而稳定经济的特性。

税收特别是所得税是最重要的一个自动稳定器。在税率不变的条件下，税收随经济周期自动同方向变化，在经济繁荣阶段，随着生产扩大，就业增加，收入增加，在累进所得税制下，人们进入更高的纳税级次，税收占收入的百分比上升，税收的增长快于收入的增长，人们税后的可支配收入上升幅度小于收入增加的幅度，从而税收的增加具有自动抑制消费需求增长及经济过热的作用。当经济处于萧条阶段，国民收入下降，税收自动减少，从而减小了消费支出的下降幅度，缓解了经济紧缩。

转移支付是另一个重要的自动稳定器。当经济处于衰退或萧条阶段时，失业增加，领取失业救济金的人数增加，社会保障福利支出增加，这抑制了人们可支配收入的下降；反之，当经济繁荣时，失业人数下降，转移支付减少，从而抑制了可支配收入及消费需求的增长。

2. 自动稳定器作用的衡量。若用公式进行推导，我们能较准确地测出自动稳定器缓和经济波动的作用。因为转移支付可看做负税收，我们以税收为例。没有税收制度时，均衡产出水平为：

$$Y=\frac{1}{1-c}(a+I)$$

若 I 由于某种原因自发变动 ΔI，则：

$$\Delta Y_1=\frac{1}{1-c}\Delta I$$

随堂笔记

而在实行比例所得税制度的情况下，

$$Y=\frac{1}{1-c(1-t)}(a+I)$$

若 I 仍然自发变动 ΔI,则：

$$\Delta Y_2=\frac{1}{1-c(1-t)}\Delta I$$

因为 $t>0$,故 $\Delta Y_2<\Delta Y_1$,显然，由于所得税制的存在，经济的波动幅度减小了。自动稳定器作用的大小可通过内在稳定性指数 α 来衡量。

$$\alpha=\frac{\Delta Y_1-\Delta Y_2}{\Delta Y_1}=\frac{ct}{1-c(1-t)}$$

可以看出，α 的大小取决于边际消费倾向 c 和税率 t。税率越高，稳定机制的力度越大，即自动稳定器使由于私人经济部门变动引起的产出波动的幅度越小。

比例税制稳定作用的大小仅仅由税基的收入弹性（即税基对收入变动所作出的反应）所决定。对累进税制来说，则要多考虑一个因素，那就是平均税率对税基变动所作的反应，即税率的税基弹性。只要弹性为正值，自动稳定器就发挥作用，而无须弹性大于1。

个人所得税实行的是累进制，在税率提高时，实际收入上升，人们进入更高的纳税等级，税收对收入的弹性大于1，即税收比收入增加要快，因此，对经济的稳定作用很强。但在通货膨胀时，人们以货币表示的收入上升，若税率等级不随物价指数变化来调整，则会出现与此类似的情况，这就使政府获得了“通货膨胀股利”。

自动稳定器只能缓和经济波动，但若产出原本就处于充分就业的水平，那么任何形式的经济波动对经济都是有害的。为了消除经济波动，我们需要使用积极的财政政策。

（二）积极的财政政策

积极的财政政策（Discretionary Fiscal Policy）又称权衡性的、相机抉择的财政政策，是指政府密切注视经济的变动趋势，预测未来的经济发展，并对此加以分析权衡，通过变动税率及政府支出，达到一定的宏观调控目标。其关键是：逆经济风向行事，消除经济波动。

随堂笔记

1.财政杠杆与积极的财政政策。为考察财政政策对收入水平的影响,我们引入财政杠杆这个概念。财政杠杆是指公共部门存在时的收入水平 Y^* 与其不存在时的收入水平 Y 的差额,其数学表达式为:

$$L = Y^* - Y$$

在比例所得税制下,

$$L = \frac{a + I + G}{1 - c(1 - t)} - \frac{a + I}{1 - c}$$

如果政府的目标是使产出维持在充分就业的水平,那么 Y^* 应看做充分就业下的收入水平,L 就是为了达到充分就业政府所必须填补的差额。

因为 L 与 G,t 的绝对水平有关,为了更方便进行政策操作,我们要更多地考察财政杠杆的变动,以求得为了达到充分就业的产出水平。在原有的政府支出与税收水平上,若 $\hat{Y}$ 为在 G 和 t 的某个给定值下的最初水平,Y^* 是所要求的收入水平,则为了达到 Y^* 所需的财政杠杆变动为:

$$\Delta L = Y^* - \hat{Y} = \frac{\Delta G}{1 - c(1 - t)}$$

从上式可以看出,ΔG 与 t 这两个财政变量是互相关联的,为了达到既定的 ΔL 的值,当一个变量定下来后,另一个变量也随之而定,两者间存在着无数种可能的组合,政府应根据实际情况从中选择。

当 $\Delta L > 0$,即 $\hat{Y} < Y^*$ 时,经济处于衰退或萧条时期,政府可以仅通过降低 t 或增加 G,也可以通过选择 ΔG 与 t 之间的某种组合来刺激经济。这称为膨胀性的财政政策(Expansionary Fiscal Policy)。

当 $\Delta L < 0$,即 $\hat{Y} > Y^*$ 时,经济处于过热的状态。为了防止通货膨胀,政府可以通过提高 t 或减少 G 或双管齐下来压低总需求。这称为紧缩性的财政政策(Concretionary Fiscal Policy)。

以上两种积极的财政政策均可以使均衡产出重新回到充分就业的水平,即它可以完全消除经济波动。

2.自动稳定器对积极财政政策的影响。在短期作用方面,如果经济原本处于充分就业状态,那么自动稳定器就是有益的,它可以自动缓和经济波动,减少对积极财政政策的需要。但如果经济原本处于失业或通货膨胀的情况,自动稳定器就会阻碍经济朝充分就业水平移动,从而增加积极财政政策的负担。例

随堂笔记

如，若要求的财政杠杆变动为 ΔL，则：

$$\Delta L=\frac{\Delta G}{1-c}=\frac{\Delta G'}{1-c(1-t)}$$

即：

$$\Delta G'=\frac{\Delta G[1-c(1-t)]}{1-1c}$$

这里，ΔG 是没有自动稳定器时所需的 G 的变动，$\Delta G'$ 是有自动稳定器时所需的 G 的变动，当 $t>0$ 时，$\Delta G'>\Delta G$，即所得税制使稳定经济所需的政府财政支出的规模必须增加，政府的负担加重。在长期作用方面，自动稳定器会对经济产生财政拖累作用。若经济原本处于充分就业状态，由于劳动力与资本存量的增长以及技术的进步，生产能力在不断提高，因此，为了维持充分就业，产出必须有一定的增长。若一项财政政策年复一年地实行下去，即税率与政府支出保持不变，则随着产出的增加，税收也不断增加，在实行累进所得税制的情况下，税收增加的幅度甚至大于产出增加的幅度，财政盈余会不断上升，从而使经济越来越难以维持充分就业，这种现象就是财政拖累作用。在经济增长时期保持税率及政府支出不变的政策，实际上是一种紧缩性政策；要使政策保持中性，必须不断改变政府支出和税率，以扩大需求。因此，对政府积极财政政策的需要不是减少而是增加了。因为经济增长使政府财政盈余增加，政府可以在不影响政府支出的情况下降低税率，或在不提高税率的情况下增加政府支出，或同时增加支出和降低税率，以扩大总需求。这种因经济增长而带来的好处称为财政股利。

为了减小自动稳定器所造成的财政拖累作用，有些国家实行了所得税指数化，将累进所得税制税率与物价指数挂钩，这同时也防止了政府从通货膨胀中获得通货膨胀股利。

随堂笔记

专栏

专栏9-2　亚洲金融危机后中国的积极财政政策

1997年下半年爆发的东南亚金融危机,很快席卷了整个亚洲。我国当时正处于经济周期的低谷阶段,受危机影响,经济增长明显趋缓。1998年上半年,经济增长率仅为7%,与全年8%的增长目标形成明显差距,同时,物价水平持续负增长,出现了通货紧缩的迹象。由此,我国在1998年下半年开始实施积极的财政政策,具体措施包括:增发1 000亿元长期国债,所筹资金用做国家预算内的基础设施建设专项投资;将年初预算中原用于基础设施建设的180亿元调整为经常性项目支出,用于增加科技教育投入、增加抢险救灾支出、保障国有企业下岗职工基本生活费和保证离退休人员养老金的按时足额发放。1998年,财政部还向国有独资商业银行发行了2 700亿元特别国债(期限为30年),用于增加四家国有独资商业银行的资本金。截至2004年年末,7年间,我国共发行长期建设国债9 100亿元,累计实际安排国债项目资金8 643亿元。

据有关部门测算,积极财政政策对于我国经济的持续增长发挥了明显的促进作用,它对GDP增幅的贡献率,1998年为1.5个百分点,1999年为2个百分点,2000年为1.7个百分点,2001年为1.8个百分点。2002~2004年,也在1.5~2个百分点的水平。

国内外不断有研究者提出,中国大规模发行国债、增加政府投资、扩大支出,可能会产生挤出效应。依据对经济运行各项指标的分析,我国实行积极财政政策后,并未出现显著的挤出效应。但国债规模持续上升,可能引起财政风险的累积,当通货紧缩的宏观经济形势有所好转时,我国的积极财政政策应逐步淡出。

(资料来源:贾康,《应对危机,积极财政政策功不可没》,《中国经济时报》,2007年7月2日。)

随堂笔记

复习思考题

一、填空题

1. 赤字依存度是__________占__________的比例，赤字比率是__________占__________的比例。这是衡量财政赤字规模的两个常用指标。

2. 政府最常用的一种弥补财政赤字的方法是__________。

3. 国债负担率 = __________，它衡量整个国民经济负担国债的能力。国债依存度 = __________，它表示财政收入对于国债的依存程度。国债偿债率 = __________，它表示在一般情况下，国债规模应同当期财政收入状况相适应。

二、问答题

1. 财政赤字有哪些不同的衡量方法?

2. 不同的财政赤字弥补方式的经济效应分别是什么?

3. 什么是国债发行的公募法?

4. 在经济衰退时期，政府往往实施增加财政支出或减税的政策，这两种政策的效果相同吗? 为什么?

三、论述题

试分析我国公债规模的适度性。

第十章 多级政府与公共经济

CHAPTER 10

本章要点

在分级政府体制下，首先必须解决各种政府职能应该如何在中央政府和地方政府之间分配的问题。一般情况下，财政的收入分配和稳定经济的职能应由中央政府行使，而资源配置职能则由中央政府和地方政府共同行使。政府间职能的分配进而决定着政府间支出的划分。

政府间收入分配的基本原则是：与宏观经济稳定密切相关的税种，与收入再分配紧密相关的税种，税基流动性大的税种，税基在全国范围内分布不均衡的税种，税收体系中的主体税种，具有较高的收入弹性的税种，产地性产品税应划归中央政府；具有地方性税基且流动性较小的税种应划归地方政府。

建立政府间转移支付制度的目的是纠正政府间的横向财政不平衡和纵向财政不平衡，克服政府间的利益外溢问题，促使地方政府的支出符合中央政府的政策意图。

政府间转移支付可以分为一般补助和条件补助两大类。一般补助对于补助金的使用不作任何规定；条件补助中的专项补助是指规定了资金使用方向的补助，而配套补助则要求地方政府须拿出一定的自有资金与补助资金共同使用。

我国 1994 年的分税制改革基本上建立了中央与地方政府间规范的财政分配关系，确立了中央政府的主导地位。但还需要在政府间职能和支出的划分、转移支付制度的规范、省以下政府间财政关系的建立等方面进一步完善。

随堂笔记

在包括我国在内的很多国家,政府职能是由不同级别的政府共同承担的,因而政府间的财政关系是否合理,直接影响到政府职能的发挥。本章将探讨政府间的职能分配和支出划分、政府间的收入划分、政府间的转移支付制度,并结合我国的实际情况,对1994的分税制改革作出评价和分析。

第一节 政府间职能分配和支出的划分

一、政府间职能的分配

在分级政府体制下,首先必须解决各种政府职能应该如何在中央政府和地方政府间分配的问题。本章讨论的地方政府包括中央政府以下的所有政府级别(比如在我国,包括省、市、县、乡四级政府)。

在现代市场经济国家的制度下,政府的职能大体可分为三大类:稳定职能、分配职能和配置职能。经济学家们从不同的角度入手,论证了财政分权的必要性,也就是说,相当一部分政府职能由地方政府来执行更为有利。下面我们来具体讨论财政职能如何分工的问题,即哪些职能应由中央政府行使,哪些职能应由地方政府行使。

(一)稳定职能

一般来说,稳定职能应以中央政府履行为主。这是因为:

第一,总供给与总需求的调节必须由中央政府进行。经济稳定所要求的总供给与总需求之间的平衡关系到国民经济的全局和整个社会的利益,并非某一个区域能够实现。事实上,地方政府更多地从局部利益出发所作出的决策,常常与全局利益产生矛盾。只有具有管理整个国民经济的能力,并代表全社会利益的中央政府,才能更有效地调节总供给和总需求的关系。

第二,地方政府的稳定政策会因“贸易漏损”而失效。在一个国家内部,各地区之间商品、资本和劳动力具有高度的流动性,每个地区都处于一个具有高

随堂笔记

度开放性的经济环境中。如果一个地区实行扩张性财政政策,通过减税或增加政府支出提高本地区的有效需求,刺激经济,大量新增的有效需求就会用于购买外地商品和劳务,从而使其他地区在不付出任何代价的情况下获益,本地区的政策效应却被削弱;同样,如果某地区实施紧缩性的财政政策,会导致对外地商品和劳务需求的减少,而本地经济仍然过热。可见,一个地方实施扩张性或紧缩性的稳定政策都会因"贸易漏损"而大部分失效。然而,国家间的经济开放度远远小于一国内各地区间的开放度,由中央政府来实施稳定政策,国家间的贸易漏损微乎其微,财政政策才会发挥作用。

第三,地方政府筹资和偿债能力较弱,难以实施赤字财政政策。财政政策的实施往往导致预算赤字,但是,对地方政府来说,进入全国性资本市场或国际性资本市场发行债券筹措资金困难重重;而中央政府由于其信誉、权威、财政实力和行政管理上的相对优势,融资能力更强。因此,与地方政府相比,中央政府可以更有效地通过赤字财政政策,对宏观经济可能出现的不平衡作出反应。

中央政府承担稳定经济的主要职能,并不意味着地方政府在这方面毫无作为。地方财政是国家财政的重要组成部分,国家财政政策对经济稳定的影响离不开地方财政的共同努力。只是每个地方政府的个体不具备对经济全局产生决定性影响的条件和能力。

(二)分配职能

一般来说,分配职能应由中央政府在全国范围内统一贯彻执行。原因在于:

第一,从个人之间的收入再分配来看,如果由地方政府行使再分配的权力,则会在全国范围内出现地区之间的差别税收、差别转移支付等制度,在劳动力和其他要素具有充分流动性的情况下,会干扰生产要素的正常流动,损害资源配置的效率。具体地说,如果某一地方政府实行较大幅度的收入再分配政策,在向高收入者课征高水平的累进税的同时给予低收入者以较多的转移性支付,则会出现本地区高收入者迁出、外地低收入者涌入的状况。这种富人的迁出和穷人的迁入是与地方政府决策者的初衷大相径庭的。本来地方政府想通过再分配政策来促进公平、减少贫穷,但政策执行的结果却客观上起到了增加贫困

随堂笔记

的作用,从而原来的再分配方案无法继续下去。鉴于地方政府推行收入再分配政策的困难,应由中央政府制定和推行全国统一的累进个人所得税和转移支付制度,以缩小贫富差距。

第二,从地区间的再分配来看,各个地方政府由于财政能力和财政需求的不同,提供相同的公共服务水平所需征税的税率不同。这样,两个条件相同的人会由于所处地区政府的财政状况的不同,承担不同的税负,这不符合税收的横向公平原则。因而中央政府有必要在各地区间进行收入的再分配,将一些经济发达地区的收入集中起来,转移支付给经济不发达地区,以平衡各地方政府的财政能力。另一方面,由于地区经济水平和财政能力的差距,同一级地方政府提供相同的公共产品形成的税收负担不同,也就是公共产品的价格会大不一样,一般是经济落后地区公共产品的价格更高一些。这种情况不利于全国统一市场的形成,不利于私人产品的有效配置。因此,应由中央政府实施地区间的再分配政策,对一部分地区实施财政补助,从而缓解以至消除各地区公共产品的价格差异,减少这种差异对市场机制的干扰。

可见,无论是从个人之间的再分配还是从地区间的再分配来看,都应由中央政府来承担分配职能。

(三)配置职能

与稳定职能和分配职能的划分不同,配置职能应由中央政府和地方政府共同承担,而且地方政府应发挥主导作用。这是因为:

第一,应按受益范围来确定履行资源配置职能的政府层次。一些公共产品如国防、外交等,只要是该国的居民,都能享用,被称为全国性公共产品。该类公共产品应由中央政府在全国范围内统一提供。而大多数公共产品的受益范围有明显的地域限制,如废品收集、消防等,其服务对象主要是某一地区的居民,受益面仅限于该地区,被称为地方性公共产品。一般认为,地方政府更接近当地居民,能更好地了解居民的不同偏好,并且能对当地的环境及时作出反应,提供满足居民需要的公共产品及劳务。因此,地方性公共产品应主要由地方政府来提供,以提高资源配置的效率。如果由中央政府统一提供,就不能考虑到各地的需求差异,就可能只在全国范围内有提供相同即无地区差异的公共产品和劳务,这样会产生效率和福利的损失。

第二,克服地方公共产品供给中的外溢性是中央政府的职责。部分地方公共产品的成本或收益常常会溢出到辖区以外。与私人部门的决策相同,地方政府在决定公共产品的供应量时,考虑的也仅是使本辖区内的边际成本等于边际收益,因而会产生对有外溢收益的产品提供不足或对存在外溢成本的产品过量提供的问题,使资源的配置效率达不到帕累托最优。既然存在这些发生成本或收益在辖区间外溢的场合,就要求中央政府或者担负可能产生外部性的公共产品和劳务的提供,或者采取征税、专项补助等措施去纠正外部性问题。水利工程的建设就是个典型的例子。一般来说,在河流的上游修建水利工程,不仅会使本辖区受益,下游的辖区也会受益。但如果由相关的各辖区自主协商,往往难以在水利工程的费用规模和分摊比例上达成共识,因为每个地区都强调对方获益大,以提高对方的分摊份额。这样,很难达成共识,甚至可能使工程无法进行。因此,中央政府应协助各有关辖区达成各方都能接受的协议,并且在这些协议的执行过程中提供帮助;当这样的协议不可行时,应考虑通过转移支付等手段,推动各辖区有效率地提供具有外溢性的公共产品和服务。

第三,中央政府应承担规模经济显著的地方公共产品的提供。有些公共产品的受益范围虽然完全局限于某一辖区内,但其生产却具有显著的规模经济特征,即大规模生产可以大大降低单位成本,使成本最小的产出大于该地区的需求量。因此,如果由各个地方政府分别提供这类产品,则会因生产达不到一定规模而增大成本、降低效率。对于这些地方公共产品,也应该由中央政府来负责提供。

总之,为了实现资源配置的高效率,在多级政府体制下,财政的资源配置职能应采取分权模式,由地方政府发挥主要作用,而中央政府也必须承担一定的责任。

二、政府间支出的划分

政府间支出划分的依据主要是政府职能的划分。在各国的实践中,政府间支出的划分大致形成了以下基本框架:对于全国性的公共产品,应该由中央政

随堂笔记

府安排支出。这些全国性的公共产品和服务一般包括国防、外交、国际贸易、稳定币值、全国性立法和司法以及国际协调等。由本地居民享用的地方公共产品应由地方政府安排支出,这些地方公共产品和服务主要包括交通、教育、卫生、环保、警察、消防、治污等。

中央与地方政府支出责任划分的基本框架如表 10－1 所示。

表 10－1　中央与地方政府支出责任划分的基本框架

支出项目	责任归属	理由
国防	中央	全国性公共产品或服务
外交	中央	全国性公共产品或服务
国际贸易	中央	全国性公共产品或服务
金融与银行政策	中央	全国性公共产品或服务
管制地区间贸易	中央	全国性公共产品或服务
对个人的福利补贴	中央、地方	收入再分配
失业保险	中央、地方	收入再分配
全国性交通	中央、地方	全国性公共服务、外部效应
地区性交通	地方	地区性公共服务
环境保护	地方	地区性公共服务、外部效应
对工业、农业、科研的支持	地方	地区性公共服务、外部效应
教育	地方	地区性福利
卫生	地方	地区性福利
公共修建的住宅	地方	地区性福利
供水、下水道、垃圾	地方	地区性公共服务
警察	地方	地区性公共服务
消防	地方	地区性公共服务
公园、娱乐设施	地方	地区性公共服务

资料来源:马海涛,《财政转移支付制度》, 中国财政经济出版社,2004 年版。

随堂笔记

第二节　政府间收入的划分

政府职能分工和支出责任的层次性,必然要求财政收入具有与之相对应的层次性。换言之,由于各级政府分别提供受益范围各异的公共产品,各有侧重地行使政府职能,必须对作为财政收入最主要来源的税收在中央与地方政府之间进行划分。

一、税收划分的方法

根据各国的实践,政府间税收划分的方法主要有分割税额、分割税率、分割税种以及分割税制四种。

第一,分割税额。即先统一征税,然后再将税收收入的总额按照一定比例在中央与地方政府之间加以分割。这种方式又可称为收入分享。我国经济体制改革之前曾经实行的"总额分成"的财政体制,就其做法而言,实际上就是属于这种方式。

第二,分割税率。这是一种按税源实行分率计征的方式,即由各级财政对同一课征对象按照不同的税率征收。此类方式又可进一步划分为两种:一为上级政府对某一税基按照既定比率征税并将税款留归本级财政之后,再由下级政府采用自己的税率,对相同的税基课征且自行支配该税收款项(下级政府亦可在上级政府征税的同时或之前按自己的税率对同一税基实施课税);二为上级政府在对某一税基采用自己的税率征收本级税款的同时,代替下级政府按照下级政府的税率对同一税基课征,然后将这笔税款下拨给下级政府。

第三,分割税种。在税收立法权、税目增减权和税率的调整权(有时也包括税种的开征和停征权)等税收权限主要集中于中央的条件下,针对各级政府行使职能的需要,结合考虑主体税和辅助税中各个税种的特征及收入量等因素,把不同税种的收入分割给各个级别的政府财政,即按税种划分收入范围,确定哪些税种归中央、哪些税种归地方、哪些税种由中央与地方共享。但在这种

随堂笔记

方式下，地方政府不享有等同于中央的税收立法权。

第四，分割税制。在这种方式下，分别设立中央税和地方税两个相互独立的税收制度和税收管理体系，中央与地方均享有相应的税收立法权、税种的开征和停征权、税目的增减权和调整权，并且有权管理和运用本级财政收入。当然，尽管两级税收体系相对独立，但它们之间又是相互衔接和相互补充的，不可能截然分开。

在实践中，上述几种方式是可以综合运用的。例如，在以分割税制为主的情况下，辅之以对某一个或某些税种的收入实行共享；或者以分割税制为主，同时中央和地方政府也对某一个或某些税源实行分率计征。

二、收入划分的原则

在各国的税收实践中，出于便于履行政府职能、便于税收征管、适应经济运行特点等方面的考虑，税收在政府间划分的一般原则是：

第一，与宏观经济稳定密切相关的税种划归中央政府，如个人所得税。该税种一般是累进税，当国家经济快速增长时，个人收入增加，平均税率便随之上涨。税率的上升会抑制需求和供给的过快增长，从而防止出现经济过热。当国家经济衰退时，个人收入下降，平均税率便随之下降，税率的下降会刺激需求和供给的增长，从而促进经济复苏。个人所得税由于其有这种内在稳定器的功能，适宜作为中央政府实施稳定政策的政策工具，而稳定经济属于中央政府的职责，因此，服务于稳定经济职能的税种就应划归中央政府。

第二，与收入再分配紧密相关的税种划归中央政府。有差别的地方累进税率会同时引起低收入和高收入者在地区间的流动，形成居住地选择上的扭曲，并阻碍政府再分配职能的实现。因此，该类税应由中央政府在全国范围内统一征收，形成统一的累进税率，以使之成为中央政府进行收入再分配的有力工具。

第三，税基流动性大的税种划归中央政府，如个人所得税、企业所得税、销售税、遗产税等。如果将这些税种划归地方政府，地区间的税率差异会引起税基从高税地区流向低税地区。例如，居民和所得会流向个人所得税、销售税和

随堂笔记

遗产税较低的地区,公司会迁移到企业所得税较低的地区。这种税基的流动不是根据经济效率的要求,从边际产出较低的地区流向边际产出较高的地区,因而会引起资源配置的扭曲,影响经济效率的实现。由地方政府征收流动性大的税收的另一个缺点是,容易引起地区间的税收竞争。为了吸引更多的产业和个人进入本地区,扩大当地的税基,各个地方政府会纷纷以降低效率、提供税收优惠等为手段进行竞争。以企业所得税为例,如果企业所得税完全划归地方,各地税率不同,有些企业就会通过转让定价的办法将利润由高税区转到低税区,造成非正常的税收竞争和税负输出,影响经济的正常运行和发展。这种税收竞争的最终结果是压低了所有地区的税率,地方政府因而不能有效地取得足够的收入,财政支出也只能维持在一个较低的水平。因此,地方政府不适宜对流动性税基征税。由中央政府征收该类税收,则可在全国范围内形成统一的税收标准,避免税基向低效率地区的流动和税收竞争的出现,从而能够提高资源配置的效率和税收效率。

第四,税基在全国范围内分布不均衡的税种应划归中央政府。因为这类税如果由地方政府来征收,就会引起各地财政收入的巨大差异,影响地方政府间财政能力的平衡,加大地区间净财政收益的差距。

第五,税收体系中的主体税种应划归中央政府,从而使中央政府能够取得稳定而大量的财政收入,增强调节地区间财政差异的能力,实现宏观经济目标。

第六,具有较高的收入弹性的税种应划归中央政府。此类税种对于收入变化更具敏感性,在经济增长中具有周期性变动趋势,将其分配给中央政府,既可以向中央政府提供保持财政稳定性的工具,同时又可以使地方政府的预算免受周期性经济波动的影响。

第七,产地型产品税(Origin Type Product Tax)的税负极易转嫁,征收自某一地区生产者的税收可能通过提高销售价格转嫁到其他地区的消费者身上,由此会产生该地区的公共支出成本由其他地区居民分担的不合理现象,因此不适于地方政府征收,而应由中央政府征收;而终点型产品税(Destination Type Product tax)不易转嫁,可以由地方政府征收。

第八,具有地方性税基且流动性较小的税种,如房产税、土地税、土地增值税、车船税等,应划归地方政府。

随堂笔记

以上是关于如何在中央和地方政府之间进行税收划分的一些基本原则,可以看出,大部分重要的税种都应由中央政府掌握。而从税收管理的角度看,集权式的税收体系还有另一些优点:由中央政府在全国范围内对一些税种进行统一的征收和管理,具有显著的规模经济,可以大大降低税收征管的单位成本,并且可以解决地方政府对于一些跨地区的税基无力征管的问题。

三、税种的划分

综合上述原则,按照国际惯例,一些重要的税种一般作如下划分。

(一)关税

关税应由中央政府负责征收,这是因为关税涉及国家主权,而主权只能由中央政府来行使。更重要的经济理由是,如果关税划归地方,则不同地方辖区之间的差别性关税将不可避免地造成重大的贸易扭曲,而将关税划归中央,就可以避免这种情况。

(二)增值税

增值税的税基具有流动性,且在全国各地的分布不均衡,差别的税率容易形成生产及交易格局的扭曲,因此,增值税应由中央政府进行统一管理。

(三)个人所得税

大多数国家的个人所得税划归中央,一部分国家作为共享税(共享税基)。个人所得税划归中央的理由相当充分:第一,该税种的一个显著特征是税率是累进的,并且税收收入会随着经济的发展发生周期性波动,可以成为中央政府实行收入再分配以及宏观经济稳定政策的重要手段。第二,个人所得税的税基分布不平衡,如果完全由地方政府征收,会加大地区间的财政差异。

但是,个人所得税由地方分享(如采取附加税的形式)也是可行的。在发展中国家,个人所得税占税收收入的比重小,收入再分配和稳定经济的作用不显著。如果出于保证地方政府收入的考虑,有必要将一部分个人所得税收入留

随堂笔记

给地方政府,可以让地方政府按照中央制定的税基征收一定比率的所得税,也就是采取"共享税基、分享税率"的模式。在此模式中,地方政府可以在获取税基信息方面搭中央政府的"便车",不需要花费额外的信息成本;纳税人也不需要两次申报纳税,从而节约了纳税费用。为了更充分地利用征收管理上的规模经济,地方政府可以将属于自己的那部分所得税委托中央政府代征,然后由中央返还给地方政府。

(四)企业所得税

由地方政府对企业所得税进行差别征税,可能导致企业资本由高税率辖区流向低税率辖区,这种流动是扭曲性的;而由中央政府征管,可以减少各地区间的税收竞争,并有利于降低征收成本。因此,大多数国家将企业所得税的课税权划归中央政府。

从国际范围来看,也有一部分国家将企业所得税划归地方或者作为共享税。从受益原则来说,地方政府征收一部分企业所得税也是可行的。由于每一个公司都从所在的那个辖区享受到了由当地政府提供的诸如技术、教育、交通和通信等基础设施服务,因此,由地方政府基于产地原则对企业所得征收一部分所得税也是适当的。较好的办法是把所得税作为中央与地方政府的共享税。

(五)终点型产品税

终点型产品税如在零售环节课征的销售税,可以由地方政府征收。但是,为了避免跨区购物(若某一地区的零售税高于其周边地区,该地的居民就会到其他地区去买东西)等问题的出现,应在各地区保持大体一致的税率。

(六)非流动性税基的税收

非流动性税基的税收如土地税、房产税等,可以作为地方政府的主要税种,以稳定地方的财政收入。

(七)使用费和受益型税

地方政府可以根据本地的实际情况,开征一些使用费和受益型税(如

随堂笔记

车船税等)。使用费和受益型税都是根据社会成员从公共产品或服务中的受益而课征的,不会引起资源配置的扭曲,由地方政府课征可增加地方政府的收入。从全国范围看,该类税费较为分散,由地方政府征收可以因地制宜,提高效率。

专栏

专栏 10-1　美国的地方(包括州和地方政府)财政收入

美国政府从级次上分为联邦政府、州政府、地方政府三级架构,除联邦和州之外的所有政府都被称为地方政府,包括县(Counties)、乡镇(Townships)、自治市(Municipalities)、特别区(Special Districts)等。

美国州和地方政府的收入来源包括税收、政府间补助、公共服务收费、利息收入、特别课征、出售财产、保险信托收入等,根据2000年的数据,州和地方政府财政收入中,政府间补助约占15%,税收约占45%,收费、保险信托收入各占12%和16%。

税收是美国的州和地方政府最重要的财政收入来源,州和地方政府都有相对独立的税收体系,享有税种设置、税率设计和征收管理的权力。

州的课税权受州宪法的约束。地方政府的课税权由州授予。但联邦宪法对各州课税权有一定的限制。州税务局和地方税务局,分别负责各自税收收入的征管工作。与其他国家相比,美国的州和地方政府有较大的税收管理权限。

州和地方政府都有自己的主体税种。州政府的主体税为销售税,地方政府的主体税种为财产税,如表10-2所示。

美国的各级政府采用共享税源、税率分享的形式划分税收收入。比如,所得税是联邦政府的主体税种,但许多州政府也征收所得税,一般采取在联邦税率的基础上增加一定比例或附加费的做法。联邦政府对州政府的税率

表 10－2　美国州与地方税收结构(2000 年)

各税种占税收总额的比重	合计	州	地方
财产税	28.56%	2.04%	71.59%
个人所得税	24.26%	36.06%	5.14%
公司所得税	4.13%	6.03%	1.06%
销售和毛所得税	35.45%	46.72%	17.18%
汽车执照税	2.03%	3.05%	0.39%
各税种占税收总额的比重	合计	州	地方
遗产和赠与税	0.92%	1.48%	0.01%
其他税	4.63%	4.63%	4.63%

资料来源:U. S. Bureau of the Census, Statistical abstract of the United States 2003, edition 123, Washington D. C. 2001.

规定一个最高限,在该限度范围内,州政府有权调整税率。其他共享税还有销售税、遗产税、赠与税等。

由于地方政府享有较大的税收立法权,美国各州、各地方政府的税收制度虽然总体上相似,但具体规定差别很大。到 2000 年,45 个州课征税率为 3% ~7% 的一般销售税,大多数州豁免食品、处方药品、公用事业费,有的州还有其他豁免,如服装。所有的州都以不同的税率对汽油和烟草课征特别销售税,大多数州还对酒精饮料课税(或者实行对酒精饮料的政府专卖)。

课征个人所得税的州有 44 个,大部分州实行累进税率,但累进幅度差别很大,例如,在阿拉巴马州,收入达到3 000美元即适用最高边际税率 5%,而在威斯康星州,收入达到112 500美元才适用仅 6.75% 的最高边际税率。马塞诸塞州对不同来源的收入以不同的税率课税,工资的税率为 5.85%,股息的税率为 12%。但由于各州豁免、扣除的标准差别很大,无法根据名义税率对税收负担进行比较。

2000 年 45 个州实行公司所得税,其中少数几个州实行累进税率,关于州向跨国公司课税方法的争议较多,因为跨国公司常能通过公司内部的安排逃避州所得税,一些州就采取总利润法来对这些企业课税,即将公司在世界范围内的收入按一定的公式计算出应归属于各地区的份额,然后对应归属于

随堂笔记

本州的份额课税。

美国地方政府的课税权力是由州的法律决定的，大约一半的州允许本州的地方政府课征销售税，大约10个州允许县和市政府课征所得税。在地方层次，使用费也十分重要，但在所有地方政府的收入来源中，最重要的是财产税，对建筑物和土地的课税成为地方政府公共服务特别是公共教育的主要资金来源。

财产价值评估是决定财产税应纳税额的重要步骤。评估价值理论上应相当于市场价值，但评估率（即财产评估价值和市场价值的比率）在不同的州和地方各不相同，最高的评估率达到100%。财产税的税率由地方政府确定，一般表示为每100或1 000美元财产评估价值的应纳税额。这一税率同样在各地方很不相同，一般在大城市最高，而在乡村地区最低。例如，在马塞诸塞州，1980年以完全市场价值估定的财产的应纳税额在乡村为每1 000美元财产评估价值5～10美元，在小城市为50美元，而在波士顿则为114美元。

第三节　政府间转移支付制度

由于多方面因素的影响，根据统一标准进行的政府间收入和支出的划分往往不能避免政府间事权与财权的不平衡以及政府间财力的不平衡。为了实现财政平衡，世界各国一般都在划分中央与地方收支的基础上，建立政府间的转移支付制度。

政府间转移支付从广义上讲，包括税收或收入返还和补助金两大组成部分；而从狭义上讲，仅指补助金而言。本节中所讨论的转移支付主要是指后者，在以下的分析中，补助和转移支付的含义是一致的。

一、政府间转移支付的目标

转移支付制度的设计要使各种转移支付的方法与所要达到的目标相一致，

随堂笔记

因此，在介绍分析转移支付的种类及其效应之前，先要明确政府间转移支付的目标。

（一）确保地方政府最低公共服务水准的实现

公共产品根据其受益范围的大小，可以分为全国性公共产品和地方性公共产品。为了提高资源配置效率，地方性公共产品的提供应该由地方政府来承担。但由于自然条件、经济条件和历史背景等方面的原因，各个地方政府的自有财力存在差异，有的地区无法满足基本的公共产品和劳务的提供水平，这就要求中央政府向这些地区提供补助，使各地区居民享有的基本社会公共服务的水准均等化。

（二）校正各地方政府间的横向财政不平衡

某些地区与其他地区相比，自然资源较为贫乏或人均收入较低，因而其税基相对较小；有些地区有比其他地区较高的支出需要（比如，由于贫困和老年居民人口所占比重很大，需要较高的社会福利支出）。地区之间财政能力和支出需求的差异，使得在同样的税收努力下，一些地区无法提供其他地区所能提供的公共产品和服务（如教育、卫生、道路、治安、社会福利等）。因此，应由中央政府向公共产品需求较大而税基较小的地方政府提供转移支付，以缩小各地方政府财政状况的差异。

（三）校正中央政府和地方政府间的纵向财政不平衡

由于中央政府掌握了大部分的主要税种，而资源配置效率的实现却需要地方政府承担更大的支出责任，于是，中央政府的财源将大于其支出需求，而地方政府的自有收入无法满足其支出需求，这就形成了纵向财政缺口。为解决这一纵向的财政失衡问题，必须由中央政府通过转移支付来平衡地方政府的预算。

（四）地区间利益外溢的补偿

由某一个地方政府提供的公共服务，其利益有时会“外溢”到其他辖区，产生正的外部效应。例如，某些环境保护项目不仅使本地居民受益，也会使邻近

随堂笔记

地区的居民受益；机场和跨地区的公路、铁路项目的使用者不限于本地居民；发展教育事业，不只是为本地培养人才，很多人在一个地方学习，却去另一地工作。对这些利益外溢的现象如果不采取校正措施，地方政府就会仅从自身利益出发，削减利益外溢的公共产品或服务的提供，从而降低资源配置效率。这就需要中央政府运用转移支付来矫正外部效应，鼓励地方政府提供那些利益外溢的公共产品。

（五）促进地方政府支出与中央政府意图的一致性

除以上所述内容外，中央政府还可以通过一定方式的转移支付实现特定的社会经济政策，促使地方政府进行与中央政府意图一致的公共支出。

二、政府间转移支付的种类和效应分析

根据地方政府使用转移支付资金时自主权的大小，政府间转移支付可以分为一般性转移支付和选择性转移支付两大类。一般性转移支付也称为无条件补助，是指对地方政府使用补助金的方向不作任何规定，也没有任何附加条件；选择性转移支付也称条件补助，在发放时都附带一定的条件，地方政府只有满足了这些条件，才能获得补助。根据附带条件的不同，条件补助又可分为专项补助和配套补助。专项补助是指规定了资金使用方向的补助；配套补助则是规定地方政府必须拿出一定比例的自有资金，与补助资金共同使用。

由于一般性转移支付便于地方政府集中灵活、因地制宜地使用资金，地方政府往往偏好争取一般性转移支付，以获取更大的财力自主权。而中央政府则偏重选择性转移支付，以强化对地方政府的控制。

下面对一般性补助、专项补助和配套补助的政策效果进行具体分析。

（一）一般性转移支付的效应

对于既无配套要求也不规定具体用途的一般性补助来说，它在增加公共产品供给的同时，也会增加私人产品的供给。

如图 10－1，设在某一地区内居民对产品的偏好是一致的，图中 AB 为地区

随堂笔记

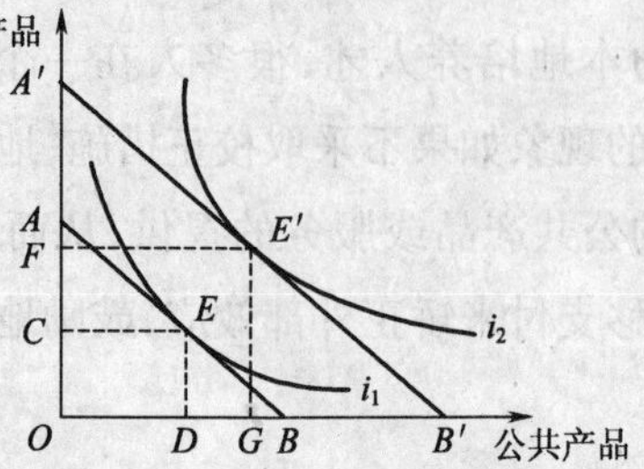

图 10－1　一般性补助的效应

原有的预算约束线,代表各种可行的公共产品和私人产品的组合。AB 与无差异曲线 i_1 相切于 E 点,此时,该地区消费的公共产品为 OD 单位,消费的私人产品为 OC 单位,这意味着居民要消费 OD 单位的公共产品,必须放弃 CA 单位的私人产品,即课以 CA 单位的税收,税率为 CA / OA。当来自中央财政的一笔一般性补助 BB′(仍以私人产品为单位)进入本地区地方预算并被使用之后,预算约束线右移至 A′B′,并与无差异曲线 i_2 相切于 E′点,表明此时该地区消费的公共产品为 OG 单位,比补助前提高了 DG 单位;而私人产品的消费为 OF 单位,比补助前增加了 CF 单位。由于税收由 CA 减少到 FA,税率降为 FA / OA,部分补助漏损为私人产品支出的增加,这意味着,给予地方财政的一般性补助具有收入效应,补助款项的一部分会移向私人产品的生产和消费,使私人产品的支出也有所增加。

(二)专项补助的效应

专项补助的突出特征在于中央政府规定了转移支付的具体用途,以下将说明专项补助对公共支出的扩张效应,并与一般性补助进行比较。

如图 10－2 所示,AB 表示补助前地方政府的预算线,均衡点为 E。此时如果给地方政府 BC 单位的一般性补助(用公共产品 X 来衡量),则预算约束线右移至 DC,新的均衡点为 E′,公共产品 X 和 Y 的支出同时增加了。

如果中央政府给予同样数量、但指定用于公共产品 X 的专项补助,则地方政府实际的预算约束线仅为 RC 一段,因为实行对公共产品 X 的专项补助时,地方政府可用于公共产品 Y 的支出最高为将原有的地方自有资金全部用于 Y

随堂笔记

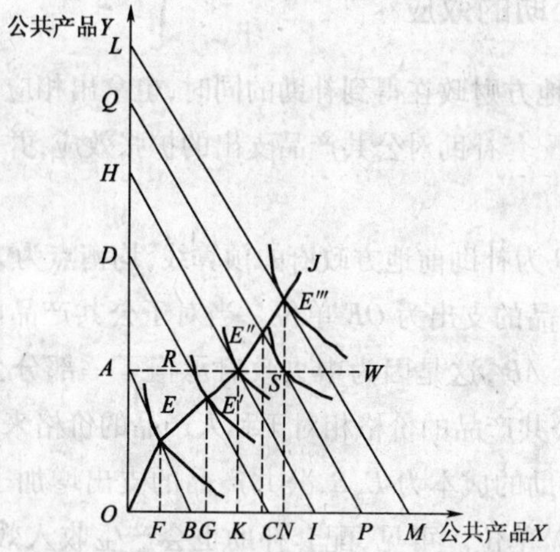

图 10－2　专项补助与一般性补助的比较

的支出，每条预算线在图中 *AW* 线以上的部分表示地方政府愿意将更多的收入用于 *Y* 的支出，但受专项补助条件的约束，这部分预算线实际上并不可能达到。当预算线为 *RC* 时，均衡点仍为 *E′*，可见，专项补助和一般补助的效果是一样的，专项补助的资金并未被地方政府用来“增加”*X* 的支出，而是用来替代地方的自有资金了，地方政府将一部分本用于 *X* 的自有资金用于 *Y* 的支出，导致 *Y* 的支出也增加了。

但如果中央政府想使地方对 *X* 的支出增加到 *ON* 单位，一般补助必须为 *BM* 单位，预算线右移至 *LM*；而如果采用对 *X* 的专项补助，则只需要 *BP* 单位，即预算线只需右移至 *PQ*，*SP* 为地方政府在专项补助条件下实际可行的预算线，*S* 为补助后的均衡点。

可见，当 *X* 的供应量超过一定数量以后（图 10－2 中为 *OK* 单位）以后，专项补助比一般补助更有效①，这时地方政府本来希望用于 *X* 的支出小于专项补助的金额，专项补助用于替代地方自有资金后仍有余，于是，用于 *X* 的支出进一步上升。

① 这里的有效是从扩大某种公共产品的支出所花费的补助成本为最小的角度出发的，而不是指帕累托效率。若按后者的标准，一般补助反而更符合效率原则。

随堂笔记

（三）配套补助的效应

配套补助要求地方财政在得到补助的同时，也拿出相应比例或数额的配套资金。以下将说明配套补助对公共产品支出的扩张效应，并与一般性补助进行比较。

如图 10－3，AB 为补助前地方政府的预算线，均衡点为 E，公共产品的支出为 OG 单位，私人产品的支出为 OF 单位。当对于公共产品的支出给予配套补助时，预算线右旋至 AB'，这是因为中央政府承担了一部分公共产品的提供成本，使辖区内提供公共产品的价格相对于私人产品的价格来说下降了。此时新的均衡点为 E_m，补助的成本为 E_mS，公共产品的支出增加了 GP 单位，私人产品的支出增加了 FN 单位。可见，配套补助也会产生收入效应，使得公共产品和私人产品的消费都有所增加，这一点与一般性补助是相同的；与此同时，配套补助还具有替代效应，因为公共产品的价格相对下降。未补助之前，消费 OG 单位的公共产品必须放弃 OF 单位的私人产品，税率为 FA / OA，实行配套补助之后，税率降为 NA / OA，区域内公共产品相对于私人产品的价格下降，区域内的福利水平提高。

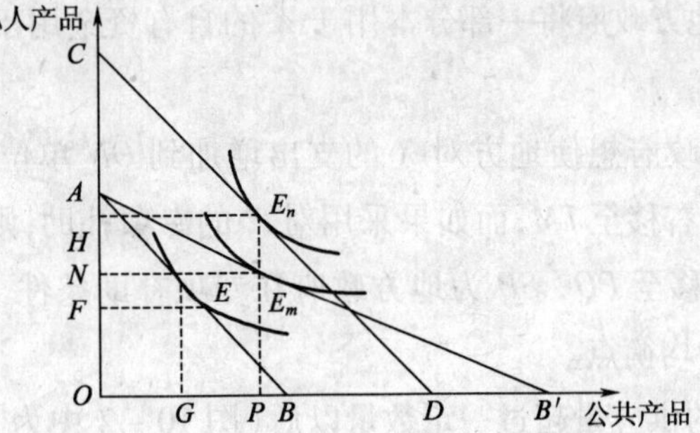

图 10－3　配套补助与一般性补助的比较

如果中央政府给予的是一般性补助，为了取得 OP 单位的公共产品的支出水平，预算线必须右移至 CD，公共产品的支出同样增加了 GP 单位，但补助成本却为 E_nS，比配套补助多了 E_mE_n 单位。可见，在扩张公共产品支出方面，配套补助比一般性补助更有效。当然，配套补助也可以用来增加某一类公共产品

随堂笔记

的支出,采取配套专项补助的形式,会比非配套的专项补助更有效。

在肯定配套补助能够降低地方税率、产生收入和替代效应并增加公共产品供给的同时,也必须认识到这种补助方式可能带来的问题。地方政府通常是无法准确预测中央政府是否给予补助或给予多少补助的。如果中央政府给予的是一般性或专项补助,那么相当于增加了地方政府的财政收入,不会造成支出的压力;但如果是配套补助,就会对地方预算产生一定的干扰,甚至可能会导致地方财政赤字的出现,成为加剧地方财政失衡的重要动因之一。

各种补助形式的比较如表 10－3 所示。

表 10－3　各种补助形式的特征比较

程度 形式 / 特征	一般性补助	专项补助	配套补助
体现中央政府意图	弱	强	强
地方政府运用补助金的自由度	强	中	中
促进特定效果的提高	弱	强	中

三、目标和手段的基本对应关系

如前所述,政府间转移支付的目标之一,是确保地方最低公共服务水准的实现;目标之二,是缩小地方政府间横向的财政不平衡。要达到这两个目标,在各种转移支付方式中,最合适的方式为无条件补助,因为补助的目的是为了平衡财政能力,而不是刺激某项公共支出,所以,配套补助或专项补助并不适用。无条件补助的发放一般要确定一个全国的财政净受益平均数,然后根据各地的实际情况,对财政状况较差的地方给予更多的补助。

政府间转移支付的目标之三,是校正纵向财政不平衡。在转移支付方式的选择上,也只能选择无条件补助,因为在这种补助形式下,地方政府有选择各自支出方向的权力,这也有利于资源配置效率的实现。在设计一般性转移支付时,可结合收入分享方式,充分考虑到各地区总人口、非农业人口、国民收入等变量,努力使转移支付额接近各地方的财政缺口。这样,既使中央政府掌握一定的调控权,又使地方政府有执行各自职能的必要财力。

随堂笔记

政府间转移支付的目标之四，就是对地方政府支出利益外溢的校正。由于利益外溢是地方政府在为本地区提供公共产品时产生的正外部效应，首先是本辖区受益，其次才是利益外溢到其他辖区。因此，在转移支付方式的选择上，应由中央政府运用配套补助，根据利益外溢程度的高低，对地方政府特定公共支出项目的成本给予部分补偿。对外溢性进行校正不能采取一般补助，以免补助资金被用来替代地方的自有资金，对某一特定项目的扩张作用不大。

政府间转移支付的目标之五，是促进地方政府支出与中央政府意图的一致性。在转移支付方式的选择上，应采取专项补助或配套补助，从而限定补助资金的使用方向，更显著地体现中央政府在支持地方政府提供某项公共产品方面的政策意图，或者要求地方财政在得到补助的同时，也拿出相应比例或数额的配套资金，以加强上下级政府之间的协作关系。

专栏

专栏 10－2　德国的政府间横向转移支付制度

政府间横向财政转移支付是德国政府间财政关系的一个重要特色，具体包括两个层次：一是德国16个州级财政单位之间的转移支付，二是州内各个市之间的转移支付。这两种横向分配又称为财政平衡。所谓财政平衡，就是通过财政手段，保证各地区居民能够实现这种相同的生活水准。其基本出发点是：德国国内各个地区的居民具有享受相同生活条件的权利。

（一）州级财政平衡

州级财政平衡的具体实行分为三步：

1. 增值税收入的预先平衡。德国的增值税在具体分配形式上带有明显的“劫富济贫”性质。首先，将增值税应当属于州级财政部分的至少3/4按州的居民人口进行分配。其次，将增值税应当属于州级财政部分的最多不超过1/4部分进行一种平衡性非对称分配，主要是针对那些财政能力弱的州。

随堂笔记

只有经过税收能力和标准税收需求测算的贫困州才有资格参加分配，分配的目标是使那些贫困州的财政能力达到全国平均水平的92%。

2. 财力水平平衡。具体操作程序是，先测量财力指数与平衡指数，然后进行平衡关系的比较，并通过富州向穷州的横向拨款来实现各州之间财力水平的基本接近。

(1)财力指数 = 增值税前的税收能力 + 增值税 + 补贴税 - 港口税 + 地方税。

财力指数主要衡量各州的税收能力水平。

(2)平衡指数Ⅰ = [(所有州的增值税前的税收能力之和 + 增值税 + 补贴税 - 港口税)/所有州测定居民数总和] × 各州测定居民数

平衡指数Ⅱ = [所有州的地方(区)税之和 ÷ 所有州测定居民数总和] × 各州测定居民数。

平衡指数实际上体现的就是通常所说的标准财政支出需求，是一个用来与各州的财力指数相比较，以确定财力平衡情况的数值。

(3)财力平衡超额(+)及短缺(-) = 财力指数 - 平衡指数之和(Ⅰ+Ⅱ)。

通过各州财力指数与平衡指数的对比，确定某州是接受转移支付的州还是贡献的州，以及各州之间财政转移支付的资金流向和数量规模。经过比较，对于州财政能力低于平均财政能力95%的州进行第二次转移支付，保证经过第二次转移支付后，每一个州的财政能力(包括接收转移支付以后的财力)至少要达到平均财政能力的95%。而转移支付的资金来源于经过上述测算财政能力超过标准的州按均衡法规定的比例所贡献出来的财力。

3. 联邦补充补助。它是联邦政府对贫困州的补助拨款，目的是平衡各州之间的财力。联邦的补充补助分为差额补助、其他补充补助和投资补助。联邦差额补助是对州级平衡以后各州之间仍然存在的差别进行补助。补助的限额是差别的90%。通过联邦补助以后，各个州财政支出需要的99.5%得到了保证。通过三个步骤的州级财政平衡，德国各个州之间的人均财政收入差别大大缩小。例如，汉堡在财政平衡之前的原人均收入为7 232马克，最贫穷的图林根人均财政收入为2 600马克，前者几乎是后者的3倍。财政平衡

随堂笔记

后，汉堡的人均财政收入降为6 743马克，图林根则提高到人均4 293马克。

（二）市镇之间的财政平衡

市镇之间财政平衡的主要手段是税收在市镇之间的横向分配，具体为工资所得税在市镇之间的分配。税收的横向分配是为了解决因税收技术方面的原因而导致的税收不公平分配的问题。根据德国 1971 年的《税收分解法》，公司所得税和个人所得税实行不同的分配方式。工资税及个人所得税由雇主代缴，因此可能产生雇主缴税的地区和雇员的居住地区分离的现象。在一个企业在全国各地设有许多分支机构、职工工资由总公司支付的情况下，就要采用税收分解法。征得税收的市镇财政局要将工资所得税划归纳税者的居住地财政局。这种税收分解制度不仅有利于那些有条件发展工业企业的地区，也有利于那些有条件发展居民生活区的地区。公司所得税的征收也采取所在地原则。总公司将公司所得税交给总部所在地的市镇财政局以后，征得税款的市财政局必须将各个分公司的所得税分解，划归分公司所在地的市镇财政局。

（根据毛蕾、王海萍《德国的横向财政转移支付及对我国的启示》一文改编，原文见 http://www.crifs.org.cn。）

第四节　中国的分税制改革

一、分税制改革的背景

经济体制改革启动后不久，为适应市场化改革的总体要求，我国自 1980 年开始实行“分灶吃饭”的财政管理体制，即改变以统收统支为主的政府间财政关系格局，扩大地方政府的财权财力，发挥地方政府在发展经济、提高财政收支效率方面的积极性。1988 年以后，我国又实行了收入递增包干、上解递增包

随堂笔记

干、定额上解、总额分成、总额分成加增长分成、定额补助等多种形式的"大包干"财政管理体制。

随着市场经济的深入发展,财政包干体制的弊端日益凸显,表现为:企业禁锢于条块分割的行政隶属关系之中,各级政府对企业的行政干预严重;地区间日趋严重的分割与相互封锁,严重妨害了国内统一大市场的形成;国家财力分散,财政收入占 GDP 的比重和中央财政收入占财政总收入的比重过低。为了抑制财政收入比重的下降,消除财政体制对经济的扭曲性影响,调整中央政府与地方政府之间的收入分配,增强中央政府的宏观调控能力,1994 年,我国推行了分税制改革,基本建立起了分税分级的财政体制框架。

分税制财政体制改革的主要内容是:按照中央与地方政府的事权划分,合理确定各级财政的支出范围;根据事权与财权相结合的原则,将税种统一划分为中央税、地方税、中央与地方共享税;中央税、地方税、中央与地方共享税的立法权都集中在中央,并建立中央税收和地方税收体系,分设地方与中央两套税务机构分别进行税收征管;科学地确定地方收支数额,逐步实行比较规范的中央财政对地方的税收返还和转移支付制度;建立和健全分级预算制度,硬化各级预算。

二、分税制改革的具体措施

(一)中央与地方事权和支出的划分

事权与支出的划分不仅是财政管理体制的重要构成要素,而且是确定财政管理体制其他内容的前提。1994 年分税制改革首先根据中央与地方事权划分的情况,对财政支出进行了初步界定。

中央财政主要承担国家安全、外交和中央国家机关运转的所需经费,调整国民经济结构、协调地区发展、实施宏观调控所必需的支出,以及由中央直接管理的事业发展支出。具体包括:国防费,武警经费,外交和援外支出,中央级行政管理经费,中央统管的基本建设投资,中央直属企业的技术改造和新产品试制费,地质勘探费,由中央财政安排的支农支出,中央负担的国家外债还本付息

随堂笔记

支出,以及中央负担的公检法支出和文化、科学、教育、卫生等各项事业费支出。

地方财政主要承担本地区政权机关运转所需支出以及本地区经济、事业发展所需支出。具体包括:地方行政管理费,公检法支出,部分武警经费,民兵事业费,地方统筹的基本建设投资,地方企业的技术改造和新产品试制费,支农支出,城市维护和建设经费,地方文化、教育、卫生等各项事业经费,价格补贴支出以及其他支出。

(二) 中央与地方收入的划分

在中央与地方财政收入的划分上,根据事权与财权相结合的原则,将维护国家权益、实施宏观调控所必需的税种划分为中央税,将同经济发展直接相关的主要税种划分为中央与地方共享税,将适合地方征收管理的税种划分为地方税,具体划分情况如下:

中央政府固定收入包括关税,海关代征的增值税、消费税,中央企业缴纳的企业所得税,地方银行、外资银行和非银行金融机构缴纳的企业所得税,铁道部门、各银行总行、各保险总公司等集中缴纳的收入(包括营业税、企业所得税、利润和城市维护建设税),中央企业上缴利润等。外贸企业的出口退税全部由中央财政负担。

地方政府固定收入包括营业税(不含铁道部门、各银行总行、各保险总公司集中交缴的营业税),地方企业所得税(不含地方银行和外资银行及非银行金融企业所得税),地方企业上缴利润,个人所得税,城镇土地使用税,固定资产投资方向调节税,城市维护建设税(不含铁道部门、各银行总行、各保险总公司集中缴纳的部分),房产税,车船使用税,印花税,屠宰税,农牧业税,农业特产税,耕地占用税,契税,遗产和赠与税,土地增值税和国有土地有偿使用收入等。

中央与地方共享收入包括增值税、资源税、证券交易税(目前即证券交易印花税)。增值税(不包括上述划为中央收入的部分)收入中央分享75%,地方分享25%;资源税收入按照资源品种划分,大部分资源税收入作为地方收入,海洋石油资源税收入作为中央收入;证券交易税收入中央与地方各分享50%。

在实际执行中,上述收入划分陆续作了一些调整。2002 年开始,企业所得

随堂笔记

税和个人所得税改为中央和地方共享税,中央与地方各分享50%。2003年起,改为中央分享60%,地方分享40%。在早期的证券交易印花税分成比例中,中央和地方各分享50%;1997年1月1日起,国务院决定分享比例调整为中央80%、地方20%;1998年6月,证券交易印花税再次调整分享比例,改为中央88%、地方12%;从2000年10月1日起,又将分享比例由中央88%、地方12%分三年调整为中央97%、地方3%,即:2000年中央91%、地方9%,2001年中央94%、地方6%,2002年起中央97%、地方3%。目前,固定资产投资方向调节税、屠宰税、农牧业税、农业特产税已停征,遗产和赠与税尚未开征。

(三)中央财政对地方财政税收返还的确定

为了保持地方既得利益格局,逐步达到改革的目标,中央财政对地方税收返还数额以1993年为基期年核定。按照1993年地方实际收入以及税制改革和中央地方收入划分情况,核定1993年中央从地方净上划的收入数额(即消费税+75%的增值税-中央下划收入)。1993年中央净上划收入全额返还地方,保证地方既得利益,并以此作为以后中央对地方税收返还的基数。1994年以后,税收返还额在1993年的基数上逐年递增,递增率按本地区增值税和消费税增长率的1:0.3系数确定,即本地区两税每增长1%,对地方的返还增长0.3%。如果1994年以后上划中央收入达不到1993年的基数,则相应扣减税收返还数额。

之所以发生"税收返还",主要是由于按新税制设置的税种划分中央和地方收入后,中央和地方之间收入发生互转,但总体上是地方收入净上划中央。为了适当保持地方政府既得利益格局,减少改革阻力,建立中央财政在收入增量中的份额逐步增长的机制,有必要将净上划中央收入返还地方。

三、分税制改革的成效

第一,取消了中央和省级政府间的财政包干或讨价还价式的财政制度,建立了一个明确的收入分配机制,使得中央与地方政府间的财政分配关系相对规范化,初步确立了具有中国特色的分税分级财政体制的基本框架。

随堂笔记

第二,形成了收入稳定增长的机制。分税制改革按税种划分了中央与地方的税收收入,并分设国税与地税两套税收征管机制,分征分管,从而调动了各级政府理财的积极性。各地普遍加强了税收征管,使财政收入保持了持续稳定的增长。实行分税制前的1978~1993年,全国财政收入平均每年仅增加500亿元左右,且财政收入占GDP的比重不断下降。实行分税制改革以后,每年新增财政收入超过1 000亿元,财政收入占GDP的比重由1994年的11.2%上升到2005年的17.3%,为政府实施宏观调控提供了财力保障。

第三,确立了中央财政的主导地位。从中央收入项目的构成来看,分税制改革后,与国内生产总值增长呈明显正相关关系的消费税、增值税上划为中央税或中央与地方共享税,形成了中央财政收入稳定增长的源泉,使得中央财政收入占国家财政收入的比重从1993年分税制改革之前的22%提高到2005年的50%以上①,从根本上改变了财政包干体制下中央财政支出依靠地方上解的被动局面,强化了中央在政府间财政分配中的主导地位和宏观调控能力,并使中央能够建立和完善对地方政府的转移支付制度。

第四,促进了资源的优化配置和产业结构调整。在财政包干体制下,税收增量的大部分留给了地方,这在一定程度上刺激了地方政府发展价高利大的加工工业的积极性,导致经济结构趋同、地区封锁和条块分割现象愈演愈烈。分税制改革调整了中央与地方间的收入分配格局,明确了各级地方政府的收入和支出范围,强化了对地方财政的预算约束。各地区为了适应改革带来的财源结构变化,减少了对国家产业政策限制发展项目的投入,并根据本地区的实际情况寻找新的经济增长点,加大了对农业、第三产业和地方优势产业的投资。因此,分税制改革在一定程度上促进了地方各级政府经济行为的合理化,促进了资源的优化配置和产业结构的调整。

第五,初步建立起了规范的政府间转移支付制度。分税制改革选择了“存量不动,增量调整”的方针,旨在通过渐进性改革,逐步加大中央财政所控制的增量,用增量部分进行以公共服务水平均衡化为目标的地区间财力再分配,逐步建立起科学、规范的财政转移支付制度。1995年到2001年间实行的过渡期

① 资料来源:《中国统计年鉴》(2006)。

转移支付制度以及2002以后实行的一般转移支付制度体现了均等化原则,使财政越困难的地区得到的转移支付数量越多,缓解了地区间财力不平衡状况,缩小了地区间在公共服务水平上的差距,促进了地区间经济的协调发展。

四、目前分税制体制存在的问题

10多年来的实践充分证明,分税制改革成绩斐然。但是,由于受到多种因素的影响和制约,分税制改革过程中也出现了一些不容忽视的问题,主要表现在以下几方面:

第一,政府间支出责任的划分不够清晰合理。我国现行法律对政府间支出责任只作了原则性划分,还不够清晰,也不够合理。一些应当完全由中央承担的支出责任,如气象及地震等管理职能,地方也承担了一部分;完全属于地方的支出责任,如地方行政事业单位人员工资等,中央也承担了一部分;部分支出中央与地方职责划分不确定,执行中经常发生交叉、错位,如我国养老保险由地方政府管理,而实际执行中,中央政府又承担了大部分支出责任;省、市、县、乡政府间支出责任的划分更为模糊,地区之间差别较大。政府间支出责任不清,不利于各级政府加强支出计划,切实承担支出责任,也为财政可持续发展留下了隐患。

第二,税收立法权和政策制定权过度集中于中央,地方没有税收立法权,只有征收管理权及制定一些具体的征税办法和补充措施的权限。这种税权划分格局与分税制的基本原则存在着矛盾,因为分税制的核心是划分中央与地方的权力边界,为各级政府行使其职能确立制度基础。我国目前过度集中型的税收管理模式很难适应各地复杂的经济情况和千差万别的税源情况，既不利于地方政府事权与财权的统一，也不利于地方政府利用税收杠杆因地制宜地调控地方经济。

第三,缺乏稳定、有效的地方主体税种。现行地方税体系税种庞杂，搭配不当，没有大的主体税种。几个较大税种如增值税、企业所得税、资源税等都不是独立的地方税，剩下的税种大多是收入不稳定、税源分散、征管难度大的小税种。地方税主体税种不突出,使得地方政府税收收入来源不足。这一方面限制了地方政府职能的有效发挥,另一方面促使地方政府寻求税外收入,以解

随堂笔记

决其行政事业经费或建设资金不足的问题。我国近年来存在的乱收费、乱摊派、乱集资以及预算外资金加剧膨胀问题，与地方政府收入制度不完善存在着密切的联系。

五、分税制体制进一步改革的方向

针对现行分税制财政管理体制存在的问题，今后应该在以下几方面进行探索和完善：

一是进一步明确政府职能，合理界定各级政府的具体支出责任。

二是规范政府间收入权限的划分。在税收立法权方面，中央税、共享税及全国普遍征收的地方税的税收立法权仍由中央立法机关行使，相关的税务行政法规也由中央政府统一颁布；其他地方税的税收立法权可考虑下放给省级机构，同时，地方对全国统一实施的地方税的征收应拥有一定的调整权，以适应当地的经济和社会发展情况。

三是加快税费改革步伐，建立较为完善的地方税制体系，增强地方财力。

四是进一步加强政府间转移支付制度，努力实现政府间纵向财政平衡和横向财政平衡。

五是在规范中央政府和省级政府收入划分的同时，积极实施省以下各级政府的分税制。

复习思考题

一、填空题

1. 政府间职能和支出划分的基本原则是__________与__________相对应。

2. 根据各国的实践，政府间税收划分的方法主要有__________、__________、__________以及__________四种。

3. 根据地方政府使用补助时自主权的大小，政府间补助可以分为

__________和__________,其中后者又可以分为__________和__________。 随堂笔记

二、选择题

1. 按照政府间职能分配的原则,以下职能中不应由中央政府承担的是:( )

A. 在经济衰退时期扩张经济　　B. 建立社会保障体系

C. 消防工作　　D. 本国某城市申办奥运会

2. 以下问题中,会影响地方政府提供地方公共产品时的效率的是:( )

A. 公共产品成本和收益的外溢性　　B. 地区经济之间的高度开放性

C. 各地区人口结构的差异　　D. 要素的流动性

3. 根据政府间分税的原则,下列税种中适宜作为地方税的是:( )

A. 个人所得税　　B. 公司所得税

C. 增值税　　D. 土地税

4. 解决外溢性问题最合适的补助方式是:( )

A. 一般补助　　B. 专项补助

C. 配套补助　　D. 无条件补助

三、问答题

1. 财政职能在中央与地方政府间应如何划分,为什么?

2. 简述中央与地方政府间划分税种的基本原则。

3. 政府间的转移支付有哪些形式? 针对不同的目的,应选择怎样的补助形式?

4. 简述 1994 年我国分税制改革的内容、已取得的成效和进一步完善的方向。

第十一章 开放经济条件下的公共经济

CHAPTER 11

本章要点

关税和国内商品税都会对商品的国际流动产生影响。政府征收进口关税将导致商品的价格上升，进口量下降，同时产生国家经济福利的净损失。

政府征收国内商品税时，可以选择出产地原则或消费地原则。为了避免商品税的国际重复课税并防止扭曲国际生产格局，可采取出口退税和征收补偿性进口税的措施，即实行边界税收调整。

税收管辖权是指国家在税收领域中的主权，确立税收管辖权的原则有属地原则和属人原则，税收管辖权的类型有地域管辖权、居民管辖权和公民管辖权。各国行使这几类税收管辖权范围的重叠导致对所得的国际重复征税，包括法律性的重复征税和经济性的重复征税。对所得国际重复课税的免除方法主要有抵免法和免税法。

各国行使税收管辖权在范围和程度上的差异导致大量的国际避税活动，其主要方式是主体转移和客体转移。针对这些行为，高税国采取的反避税措施有对避税性移居的制约、对向避税地积累所得的约束、对转让定价的调整等。国际避税地和国际税收竞争现象是导致国际避税活动的重要原因。

为了缓解国家间税收利益的冲突，避免国际重复课税以及恶性税收竞争等诸多负面结果，国际间在所得税和商品税方面都展开了积极的税收协调，具体措施有世界贸易组织和欧盟对关税和国内商品税的协调，各国通过签订国际税收协定对所得税的协调等。

随堂笔记

随着经济全球化的不断深入,世界上几乎所有的国家都或多或少融入了全球经济共同体,进行国际贸易,参与国际分工,分享全球投资、生产、销售以及提供服务的利润。在开放经济条件下,政府的经济行为必将有所扩展,由此也会产生不少新问题,其中,最为突出的就是税收对商品和要素国际流动的影响以及国际税收竞争和协调问题。

第一节　税收与商品国际流动

一、关税与商品国际流动

关税(Tariff)是进出口商品经过一国关境时,由政府设置的海关向其进出口商所征收的一种税收。

一国对进出口商品征收关税,势必影响课税商品的价格以及生产和消费的数量,最终会影响商品的国际流动和所在国的经济福利。由于各国课征关税的主体是进口关税,我们着重对进口关税的效应作详尽分析。

(一)进口关税的资源配置效应

首先,我们假定所考虑的国家为"小国"。这里的"小国",是指其进出口额占世界贸易的比重太小,以至于征收关税对世界市场的价格没有影响。因此,对于小国来说,本国进口商品的国际市场价格是给定的,不受本国生产、消费的影响。

如图 11 - 1 所示,在自由贸易情况下,某进口商品的国内市场价格等于国际市场价格 P,而该商品由供需决定的国内市场均衡价格为 P_E,$P<P_E$,于是该国的消费者会选择以较低的价格 P 大量进口其他国家的同类商品来满足其需要。在 P 的价格水平上国内总需求为 OD,而国内的供给量仅为 OA,这之间的差额 AD 将由进口来满足。如果政府决定对该商品征收进口关税,假设征收从量税 T,则进口商品的国内市场价格上升至 P',$P' = P + T$。由于进口商品价

随堂笔记

格上升，对进口商品的需求量将减少，一部分消费者转向国内替代产品，这就刺激了国内替代产品的生产。一些原来由于生产成本较高，无法与国际市场价格竞争而不得不停产的企业也会投入生产。尽管由于生产成本较高，国内替代产品的价格会高于国际市场价格，但只要这一价格仍然低于征收进口关税后的进口商品的价格，国内替代产品就有市场，生产就会扩大。当国内替代产品的市场价格等于进口商品的税后价格时，国内生产的扩张就会停止。在新的均衡价格 P' 下，国内的需求量为 OC，而国内的供给量上升至 OB，这之间的差额 BC 由进口量来满足。

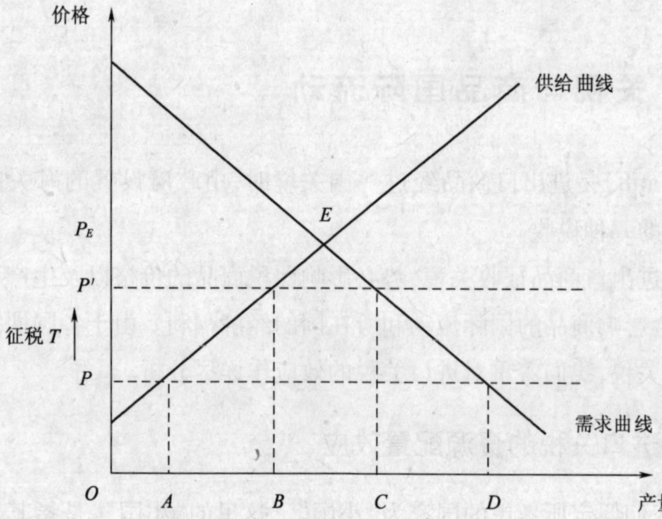

图 11－1　征收关税对小国进口的影响

当然，如果征收的税收 T 超过 P_E 与 P 之差时，进口商品进入国内市场的价格将超过 P_E，此时该商品的需求将由国内供给来满足，不会再有进口，这就是禁止关税，其目的是为了阻止国外商品进入本国市场。

（二）进口关税的福利效应

进口关税的征收会给社会的福利水平带来什么影响呢？从直觉上说，消费者是不喜欢进口关税的，因为关税提高了商品的价格。国内与进口商品相竞争

随堂笔记

的厂商是欢迎关税的，他们甚至会要求政府征收关税来保护他们的生产。但消费者究竟受了多少损失，生产者又得到了多少好处，整个社会的经济福利是增加了还是减少了呢？对此，可以用图 11－2 加以说明。

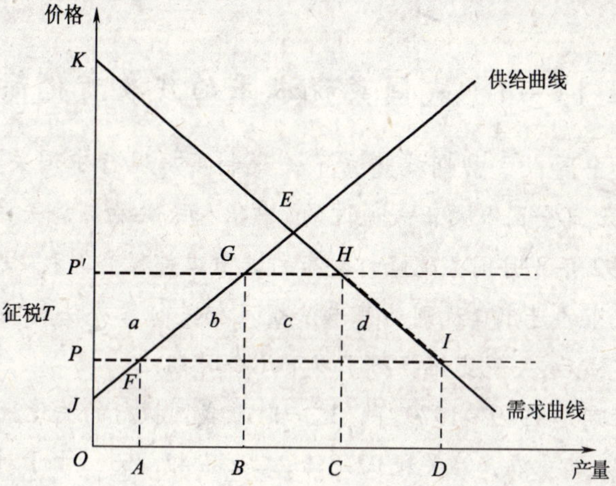

图 11－2　进口关税的福利效应

如图 11－2，对某一进口商品课征关税后，价格从 P 上升至 P'，消费者剩余将损失图中 $(a+b+c+d)$ 的部分，生产者剩余将增加图中 a 的部分，而该国政府将获得图中 c 的部分所示的关税收入。三方面综合来看，消费者由于价格提高导致的损失一部分被转移到生产者和政府手中，还有一部分却没有得到补偿，这就是总体经济的净损失，即图中的 $(b+d)$ 部分。

二、国内商品税与商品国际流动

国内商品税也能产生跨国的经济影响，这是因为它也会涉及进出口商品。进口商品在进入最终消费之前，会在进口国经过批发、零售等流通环节，有的商品经过加工制造，还会经过生产环节，对这部分流入国内的外国商品，各国有权而且实际上也都在课征国内商品税；另一方面，出口商品在离境之前，也要在出口国经过一系列的国内流通环节，出口国也要对这些商品课征国内商品税。

随堂笔记

专栏

专栏11－1　我国关税水平的发展变化简介

我国在新中国成立初期就建立了关税制度。现行中国关税制度是以1987年1月22日全国人大正式通过的《中华人民共和国海关法》为基本法律依据，以1992年3月国务院修订发布的进出口关税条例和1994年1月海关总署修订发布的进出口税则为基本法规及相关征管办法和实施细则组成的。新中国建立后，关税变化经历了以下几个时期：

第一个时期是1949～1979年。这一时期我国执行的关税税则算术平均税率是52.9%，其中农产品关税92.3%，工业品47.7%。由于对外贸易额很小，关税收入也很少，关税的调节进出口贸易的功能没有充分体现，国家主要是通过实行高关税政策来保护本国产业。

第二个时期是1980～1993年。这一时期我国关税政策的指导思想逐渐从以保护为主转变为保护与促进经济发展并重，并不断向国际惯例靠拢。到1993年，我国平均关税水平已下降到36.4%。

第三个时期是1994～2001年。这一时期我国关税制度进行了重大调整和改革。按照1994年1月我国向GATT成员国提交的一揽子关税减让承诺书，我国把关税平均水平降至19.2%。

2001年末我国加入世界贸易组织，此后，我国遵守入世承诺，进一步削减了关税。入世当年我国关税算术平均水平就降低到15.3%，目前已降至10%以下。关税水平的下降有助于国内经济健康、稳定的发展，同时也推动了近年来我国对外贸易的持续快速增长。

政府征收国内商品税时，可以选择两种征税原则，即出产地原则（Origin Principal）和消费地原则，后者又称目的地原则（Destination Principal）。出产地原则是指一个国家只对本国国内生产的商品课税，不管这种商品是供出口还是

随堂笔记

供国内消费，但对进口商品不予课税；按这种原则课征的商品税称为出产地税。目的地原则是指一个国家只对国内消费的商品课税，不管这种商品是从国外进口的还是由国内生产的，但对出口商品不予课税；按这种原则课征的商品税称为目的地税。

显然，如果一种商品的产地国按出产地原则课征商品税，而消费地国按照目的地原则课征商品税，将导致重复课税。避免这种重复课税的途径只能是两个国家都按同一种原则课征商品税。那么，究竟应选择哪一种原则呢？下面我们分析按这两种原则课税对商品国际流动的影响。

（一）按目的地原则课税

我们仍然考虑一个小国，其对进出口商品的征税无法影响到课税商品的国际市场价格。假定仅有两类商品，可出口商品 E 和可进口商品 I。可出口商品 E 的国际市场价格为 P_E，而可进口商品 I 的国际市场价格为 P_I。对于可出口商品 E，在未征税时，国内均衡价格低于国际市场价格，在自由贸易时，国内生产者会以国际市场价格来出售，一部分满足国内需求，剩余部分出口，如图 11－3a；对于可进口商品 I，在未征税时，国内均衡价格高于国际市场价格，国内生产者将以国际市场价格来出售，否则国内消费者将选择进口该产品，国内需求只有一部分通过国内生产来满足，剩余部分则要进口，如图 11－3b。

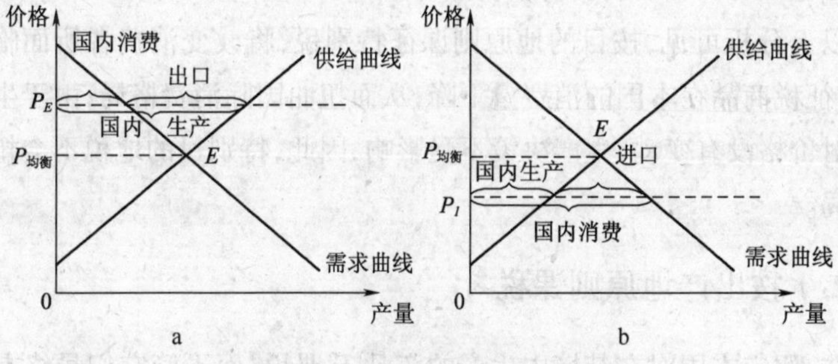

图 11－3　可出口商品和可进口商品

当本国政府对在其境内购买的 I 从量课征 t_I 的特别目的地税时，由于本国是小国，外国生产者所得到的价格不会因为征税而下降，于是消费者所支付的

随堂笔记

价格必然上升，升幅恰好等于对 I 课征的税收；因此，征税的结果是生产者（无论国内或国外）将价格定在 P_I+t_I 上，本国消费者面临的供给曲线上升①，而生产者得到的税后价格仍为 P_I，见图 11－4。而由于对商品 E 没有征税，消费者和生产者面临的均衡价格仍然都为 P_E。

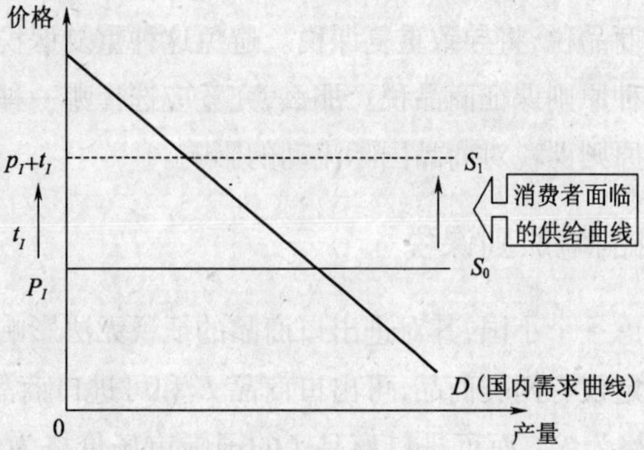

图 11－4　特别目的地税的效应

如果是对商品 E 从量课征 t_E 的特别目的地税，其效果与上面相仿。国内生产者所得到的价格不会因为征税而下降，消费者所支付的价格将上升，其升幅恰好是等于对 E 课征的税收。因此，征税的结果是本国的消费者面临的价格上升为 P_E+t_E，生产者得到的税后价格仍为 P_E。而由于对商品 I 没有征税，消费者和生产者面临的均衡价格仍然都为 P_I。

由以上分析可见，按目的地原则课征特别税，将改变消费者所面临的相对价格，使征税商品在本国的消费量下降，从而扭曲国际消费格局；由于生产者面临的相对价格没有变动，生产决策不受影响，因此，特别目的地税不会扭曲国际生产格局。

（二）按出产地原则课税

现在，假定本国对在其境内生产的商品 E 课税，而不管它们最终是在国内还是在国外消费，根据本国是小国的假定，本国商品 E 的消费者所支付的价格

① 这里假定是对生产者征税，实际上，对消费者征税和对生产者征税的效应相同。

随堂笔记

不会上升，于是税后本国生产者得到的价格必须下降，其降幅恰好等于所课征的税收。假定政府对 E 从量课征税率为 t_E 的税收，生产者面临的实际价格将变为 P_E-t_E，消费者得到的价格则仍为 P_E。而由于对商品 I 没有征税，商品 I 的消费者和生产者面临的均衡价格仍然都为 P_I。

当本国对在其境内生产的可进口产品 I 课征特别出产地税时，本国 I 的消费者所支付的价格同样不会上升，本国生产者所得到的价格必须下降，其降幅为所征的税收，如果我们对 I 从量课征税率为 t_I 的税收，那么生产者面临的价格变为 P_I-t_I，消费者得到的价格仍为 P_I。而由于对商品 E 没有征税，消费者和生产者面临的均衡价格仍然都为 P_E。

由此可见，按出产地原则课征特别税不会改变消费者所面临的相对价格，从而不会扭曲国际消费格局；而由于面临的相对价格发生变动，生产者的生产决策将改变，征税商品的产量将下降，因此，这种税收将扭曲国际生产格局。

（三）边界税收调整

实践中，各国课征商品税时往往会对不同商品适用不同的税率，也就相当于课征特别商品税，因此，如果按出产地原则课税，会扭曲国际生产格局；按目的地原则课税，会扭曲国际消费格局。

相对而言，有效率的国际生产格局对于资源在国际间优化配置的意义更为重大，因此，为了避免商品税的国际重复课税，国际上达成的共识是统一按目的地原则课税。这就涉及边界税收调整（Border Tax Adjustment）问题。

边界税收调整一般由出口退税与补偿性进口税组成。按照我们上面的例子，若由出口国在产品出口时对在国内已纳的税收提供出口退税，而由进口国在产品进口时征收补偿性进口税，就相当于各国统一按目的地原则课税，从而消除对国际生产格局的扭曲性影响。这种通过边界税收调整增进资源配置效率的思想已经体现在了关税与贸易总协定之中，并指导着不少国家的税收实践。

以下我们借助于一个图形来阐释这种边界税收调整。假定 A 国生产 X 与 Y 两种产品，同时出口 X 而进口 Y，而 A 国的贸易伙伴国 B 国也生产 X 与 Y 两种产品，但它同时出口 Y 进口 X。我们用箭头起点上的 OT 表示征收出产地税

随堂笔记

收，用箭头终点上的 *DT* 表示征收目的地税收，用出口边界上的 *ER* 表示提供出口退税，用进口边界上的 *CID* 表示征收补偿性进口税。还假定 A 国采用出产地原则，而 B 国采用目的地原则。这样，两国间的边界税收调整可以结合图 11－5 来说明。

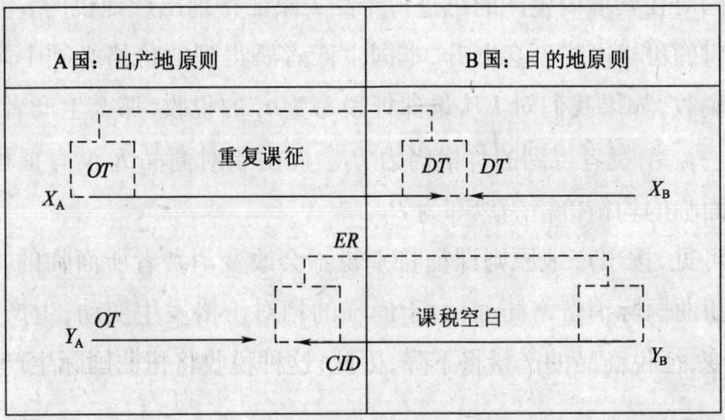

图 11－5　特别出产地税和边界税收调整

从图 11－5 中看出，就 A 国出口的产品 X_A 而言，它已在国内按出产地原则缴纳了出产地税，但当它出口到 B 国时，又要按当地的目的地原则缴纳目的地税。于是，A 国出口到 B 国的 X_A 产品就被重复课税了。若不对这种重复课税的情况进行调整，则势必造成出口商品承担过重的税收负担。对 A 国政府来说，这种情况虽能保证其财政收入，但不利于出口贸易。因此，A 国必须首先设法避免对出口品的重复课税，在边界退还对出口品 X_A 已课征的特别出产地税。

另一方面，就 A 国消费的进口产品 Y_B 来说，由于 B 国实行目的地原则，该产品在其出产地 B 国无须征税，而到了 A 国又因 A 国实行出产地原则也无须纳税，这就造成了对这种产品课税的空白，其结果是 Y_B 的价格在 A 国市场上将低于 A 国同类产品，这无异于向 A 国实行倾销，对 A 国十分不利。因此，A 国应该采取征收补偿性进口税的措施。

边界税收调整客观上要求推行增值税，因为完善的增值税一般既无重复课税又无课税脱节，在实行出口退税时比较容易确定国内已征税款。从理论上说，增值税被认为是能够有效协调各国财政利益与贸易利益的一个良好税种，这也是增值税在现代国际社会被广泛推行的重要原因。

随堂笔记

第二节 税收与要素国际流动

随着经济全球化进程的不断加快,跨国公司普遍在全球范围内配置资源,劳动和资本等要素的国际流动也日益经常化。各国政府为了行使税收管辖权,在对各种要素收入的课税过程中形成了复杂的国际税收分配关系,也不可避免地影响着要素的国际流动。

一、国家税收管辖权

由对要素收入的课税形成的国际税收分配关系中的大部分矛盾和问题都与税收管辖权有关,研究税收与国际要素流动的问题,必须了解各国行使税收管辖权的原则及有关法律规范。

(一)税收管辖权的概念

税收管辖权(Jurisdiction to Tax)是指国家在税收领域中的主权,即主权国家依本国政治、经济状况以及相关法律,独立地确定本国的税收法律制度的权力。

按照国际惯例,国家管辖权的确立有两大基本原则,即属地原则和属人原则。所谓属地原则(Principal of Territoriality),是指一国政府对其所属领土内的一切人与物以及所发生的事件,有权按照本国法律和习惯做法实施管辖,而领土包括领陆、领水、领空以及拟制领土——船舶和航空器。所谓属人原则(Principal of Person),是指一国政府有权对本国公民或居民按本国法律和习惯做法实行管辖。其中,公民是指具有本国国籍的人,居民是指居住在本国境内享有一定权利并承担一定义务的人。

(二)税收管辖权的类型

根据属人原则和属地原则确立的税收管辖权,可以分为以下三种类型:

随堂笔记

1. 税收地域管辖权（Area Jurisdiction）。地域管辖权是按属地原则确立的，指国家仅对产生于或位于本国国境内的课税对象行使课税权。国家在行使地域管辖权时，不考虑与课税对象相联系的纳税人是哪一国的公民或居民，而是以课税对象在本国境内发生的事实为依据。

2. 税收公民管辖权（Citizen Jurisdiction）。公民管辖权是按属人原则确立的，指国家对具有本国国籍或被认定具有本国国籍的自然人和法人产生于或位于世界范围内的课税对象行使课税权。行使这一税收管辖权的依据是纳税人是本国公民的法律事实，而不考虑课税对象的发生地点。

3. 税收居民管辖权（Resident Jurisdiction）。居民管辖权也是按属人原则确立的，国家对于取得本国居民地位或被认定为本国居民的自然人和法人产生于或位于世界范围内的全部课税对象行使课税权。

税收管辖权作为国家主权的组成部分，任何一个国家都可根据本国的具体情况和税收制度的特点选择税收管辖权的类型。美国是比较典型的同时行使上述三类税收管辖权的国家，而我国与其他大多数国家一样，实行双重税收管辖权，即属人原则的居民管辖权和属地原则的地域管辖权，参见表 11－1。在同时行使居民管辖权和地域管辖权的国家，居民将承担无限纳税义务，即就来源于世界范围内的所得向本国申报纳税；而本国非居民将承担有限纳税义务，即仅就来源于本国境内的所得向本国申报纳税。

表 11－1　世界主要国家和地区税收管辖权一览表

税收管辖权	国家或地区
地域税收管辖权＋居民管辖权	中国、阿富汗、澳大利亚、孟加拉国、印度、斐济、印度尼西亚、日本、韩国、马来西亚、新西兰、巴基斯坦、新加坡、泰国、斯里兰卡、西萨摩亚、哥伦比亚、萨尔瓦多、洪都拉斯、秘鲁、奥地利、比利时、希腊、西班牙、瑞典、瑞士、土耳其、英国、爱尔兰、卢森堡、摩纳哥、荷兰、法国、南斯拉夫、俄罗斯、加拿大等
地域税收管辖权	中国香港、文莱、阿根廷、玻利维亚、巴西、多米尼加、厄瓜多尔、危地马拉、尼加拉瓜、巴拿马、巴拉圭、委内瑞拉等
地域税收管辖权＋公民管辖权	罗马尼亚、菲律宾
地域税收管辖权＋居民管辖权＋公民管辖权	美国、墨西哥

随堂笔记

二、国际重复课税及其免除方法

国际重复课税的问题在本章第一节讨论国内商品税课税原则时已经有所涉及,出口退税解决的就是商品税的重复课税问题。其实,与要素国际流动相联系的国际重复课税更是频繁发生,下面我们就集中探讨所得税的国际重复课税及其免除方法。

(一)国际重复征税的定义与类型

国际重复征税是指两个或两个以上国家的不同课税权主体在同一时期内对同一或不同跨国纳税人的同一征税对象或税源所进行的重复征税。国际重复征税一般包括法律性重复征税和经济性重复征税两种类型。

法律性国际重复征税或称狭义的国际重复征税,是指两个或两个以上的国家在同一时期内对同一纳税人的同一课税对象征收类似的税收。典型的情况是,甲国的居民由于投资、提供劳务等原因取得来自乙国的收入,甲、乙两国分别行使居民税收管辖权和地域税收管辖权,都向这笔收入课税,就会发生法律性国际重复课税。由于不同国家对税收管辖权的理解和判定标准不同,在行使同一种税收管辖权时,也会发生国际重复征税。如对法人居民身份的确定,有的国家采取总机构所在地标准,有的国家采取注册地标准,有的国家则采取实际管理和控制中心标准。这样,就可能使同一跨国纳税人具有双重居民身份,从而造成两国同时对该纳税人行使居民管辖权课税。

经济性国际重复征税是指两个或两个以上的国家在同一时期内对不同纳税人的属于同一税源的课税对象征收了相同或类似的税收,最为典型的是有关国家对公司利润和股东股息的重复征税。当公司和股东分别为不同国家的纳税人时,按照两国的税法规定,公司所在国要对公司利润课征公司所得税,而股东所在国又要对股息课征个人所得税,这就会发生对不同纳税人(公司和股东)出自同一税源的利润和股息的重复征税。

在发生国际重复课税的情况下,如果一个人由于参与国际经济活动,有来自国外的收入,另一个人仅在国内从事经济活动,那么,即使两人的收入水平相

随堂笔记

同，前者的税收负担却要大于后者，这显然违背了税收的公平目标。同时，由于国际重复课税的发生，跨国投资者承担的税负显著高于仅在国内进行投资的投资者所承担的税负，跨国投资者可能避免或减少国际投资，而这将破坏资源在国际范围内的有效配置，因此也违背了税收的效率目标。

（二）国际重复征税的免除方法

鉴于国际重复课税损害效率和公平，不利于国际经济活动的开展，最终将损害课税国家的利益，必须积极采取措施来免除国际重复课税。免除国际重复课税的国际惯例是承认来源国的地域税收管辖权优先行使，而居民管辖权作出一定的让步，也就是由纳税人的居住国对外国来源所得采取一定的税收优惠措施。具体方法主要是免税法和抵免法。

1. 免税法。免税法（Tax Exemption Method）亦称豁免法，是指在本国计算课征所得税时，对本国纳税人已被外国政府征收同类税收的境外所得免征本国税收。免税法的主要形式为全额免税法，即对本国居民，只就来源于本国境内的所得征税，而对本国居民来源于国外的全部所得实行免税。

假定对某纳税人来说，居住国应征税额为 T_d，居住国境内所得为 Y_d，境外所得（即非居住国所得）为 Y_f，纳税人总收入 $Y = Y_d + Y_f$，居住国适用税率为 t_d，则根据免税法有：

$$T_d = Y_d \times t_d = (Y - Y_f) \times t_d$$

当居住国的所得税率为累进税率时，以下计算公式变为：

$$T_d = Y \times t_d (Yd/Y)$$

也就是说，确定纳税人在居住国的应纳税额时，要先按照来自居住国和非居住国的应税所得总和来确定在居住国缴税时适用的各级税率，计算出税收总额，再乘以国内所得占全部所得的比重。

2. 抵免法。抵免法（Tax Credit Method）即在本国计算课征所得税时，对本国纳税人的境外所得已向来源国缴纳的同类税收部分或全部从本国应纳税额中扣除。假设境外所得（非居住国）的适用税率为 t_f，则居住国应征税额的计算公式为：

$$T_d = Y \times t_d \begin{cases} -Y_f \times t_f (t_f \leqslant t_d) \\ -Y_f \times t_d (t_f > t_d) \end{cases}$$

随堂笔记

实际的税收抵免有三种情况：

(1)居住国税率与来源国税率相同。这时税收抵免就相当于税收豁免，已向来源国缴纳的税收可全部抵免。

(2)居住国税率高于来源国税率。当 $t_d > t_f$ 时，居住国政府可补征境外所得按本国税率计算的应纳税额高于在来源国实际纳税额的差额。

(3)居住国税率低于来源国税率。当 $t_d < t_f$ 时，居住国政府一般只允许抵免境外所得按居住国税率计算的应纳税额，也就是实行限额抵免。这是因为居住国政府一般只承认来源国政府优先行使地域税收管辖权，而不愿以本国的一部分税收收入去补贴跨国纳税人承担收入来源国政府的较高税负。

在以上三种情况下，抵免法都保证了重复课税的消除，同时又避免了居住国财政收入的较大损失，因此成为世界范围内实施最为普遍的消除国际重复课税的方法。

三、国际避税和"有害的税收竞争"

(一)国际避税的概念和主要方法

随着人们经济活动的国际化，一方面，各国税收管辖权的重叠带来了国际重复征税问题；另一方面，各国行使税收管辖权的范围和程度的差异，也为国际避税活动提供了客观条件，使得税收管辖权事实上出现了脱节和空白，这同样会对国际要素流动产生重要影响。

国际避税是指跨国纳税人在不违反税收法规的前提下，利用税法的漏洞，通过自身以及资金、货物、劳务和财产在不同国家的税收管辖权范围内的流动或其他有意安排而尽量减少其纳税义务的行为。

在国际税收实践中，跨国纳税人进行国际避税活动所采用的方法主要是主体转移和客体转移。

主体转移指跨国纳税人通过自身在各国税境之间的迁移，避免或改变其居民身份，以规避无限纳税义务的行为。一个处于高税居住国的跨国纳税人，可以通过移居到一个低税国的办法来减轻税负。同时，由于各国在居民身份的认

随堂笔记

定上多考虑居住时间的长短，通过在各国之间旅行，并在不同国家逗留不长的时间，纳税人可以避免在所有国家的居民身份，从而在所有国家都不承担无限纳税义务。

跨国法人往往通过选择低税国或无税国作为居住国来达到避税的目的，或者通过消除使自身成为某国居民公司的实际管理中心、注册地、总机构和控股权等方面的外部特征，避免在某国的居民身份。

跨国纳税人（包括自然人和公司）也可以并不离开原居住国，而通过建立信托等方式使某些所得在形式上与本人分离，达到本人在高税居住国避免就这部分所得纳税的目的。

客体转移的主要表现是跨国纳税人通过将各类所得、财产以及资金、商品、劳务、费用等相关要素在各国国境之间的流动，将课税对象从高税国向低税国转移，借以减轻税收负担。

在关联企业的内部交易中，应用转让定价是客体转移的主要手段。关联企业指相互有特殊利益关系的企业。比较常见的企业关联关系有两类：一类是母公司与其子公司以及同一个母公司的各个子公司之间的关联关系，另一类是总公司与其分支机构以及同一个总公司的各分支机构之间的关联关系。这两类关联企业之间都会发生大量的内部交易，为了反映各企业的经营成果，以在有关国家履行相应的纳税义务或服务于其他目的，必须对这些内部交易进行计价。在内部交易的计价中，应用偏离正常市场交易价格的转让定价，往往可以降低公司集团的总体税负。

比如，甲国居民公司 A 公司在乙国设立了一家子公司 B 公司，甲、乙两国公司所得税税率分别为 40%、30%。A 公司为 B 公司提供一批零部件，由 B 公司加工后出售，这批零部件的正常交易价格为 100 万元，A 公司的成本为 80 万元，B 公司的市场销售价格为 140 万元。在不采取任何避税措施的情况下，A，B 两公司税前利润分别为 20 万元和 40 万元，分别在两国纳税 8 万元和 12 万元，公司集团的总税负为 12 + 8 = 20 万元。

A 公司压低价格，以 90 万元的售价向 B 公司销售零部件后，A，B 两公司取得的利润分别为 10 万元和 50 万元，分别缴纳所得税 4 万元和 15 万元，公司集团总税负变为 19 万元。可见，在居住国（甲国）税率高于非居住国（乙国）税率

随堂笔记

的情况下,母公司A公司通过转让定价的方式将10万元的利润转入子公司B公司,公司集团减轻了税负,具体数额为利润转出额和两国税率差的乘积,即

$$20-19=10\times(40\%-30\%)=1\text{ 万元}$$

客体转移的一个重要环节是在低税国设立具有独立法人地位的关联实体(避税地子公司)。各国一般规定,国外子公司取得的利润,只要不汇回母公司,就不必向本国申报纳税。因此,在避税地设立了关联实体之后,可以更方便地利用转让定价等手段,使各类所得不断从高税国流入并在此积累,从而降低公司集团的总体税负。即使利润最终需汇回母公司,纳税人至少可以获得延期纳税的好处。

(二)反国际避税的主要措施

由于跨国纳税人广泛实施各种国际避税活动,造成国际税收负担的不公平和资本的不正常流动,并对有关国家的财政利益造成重大损失,近年来,各高税国纷纷采取对策,采取完善税收立法和加强征收管理等反避税措施,来阻止纳税人的避税活动。

1. 对避税性移居的制约。根据国际公法的一般原则,一国政府不应禁止其公民或居民外侨移居出境。但是,对于有避税意图的移居者,仍可采取一些手段加以制约。《美国国内收入法典》第877节规定,从1966年起,如果一个美国人以逃避美国联邦所得税为其主要目的而放弃美国国籍移居他国,美国在此后的10年内保留征税权,对其实现的全部美国来源所得和外国的有效联系所得,按累进税率纳税。这种规定,使以放弃国籍移居外国来逃避美国税收的做法受到很大的限制。

2. 对向低税国转移并积累所得的约束。为了有效约束跨国纳税人利用避税地公司独立法人的身份向低税国转移并积累所得,逃避高税居住国的税负,一些国家在税法中设立了受控外国公司条款,规定当本国居民纳税人成为依照一定的标准认定的受控外国公司的积极投资者时,其在该公司中实现的所得不论是否以股息形式汇回,一律按控股比例计入当年所得征税。

3. 转让定价的调整。转让定价是跨国纳税人进行国际避税活动的一种最常见的手段,针对转让定价采取的措施也是各国反避税实践的最重要方面,这

随堂笔记

具体体现在:由税务机关对内部交易的转让定价按照无关联方进行类似交易时的正常交易价格进行调整。

货物交易是国际关联企业应用转让定价的最主要方面,在不同的具体情况下,确定货物交易的正常交易价格可采用多种方法,包括通过参考无关联买卖双方之间非受控销售中的可比价格来确定关联企业之间的货物交易价格;对于购自关联企业的产品,按照转售给独立企业的价格减去适当的毛利额作为正常交易价格;以关联卖主在受控交易中的成本加上合理的利润额来确定正常交易价格;根据关联企业在交易中产生的净利润来确定正常交易价格;等等。

(三)国际避税地和“有害的”国际税收竞争

国际避税问题产生的根本原因是各国税制的差异和低税国的存在,这与国际避税地和国际税收竞争现象密切相关。

1.国际避税地。在当今世界,有一部分国家或地区出于发展本国或本地区经济等多种考虑,采取对所得和一般财产价值提供免税或低税优惠待遇的税收政策,为跨国纳税人提供避税的便利条件,这些国家或地区就是国际避税地,亦称避税港。

国际避税地大体上有四种类型:

(1)不征所得税和一般财产税的国家和地区,人们常称之为“纯避税地”。如开曼群岛、巴哈马、百慕大等。

(2)虽然开征某些所得税和一般财产税,但税负远低于国际一般水平的国家和地区。这类国际避税地大多对境外来源的所得提供优惠的税收待遇。如巴林、英属维尔京群岛、澳门、摩纳哥、荷属安的列斯群岛、新加坡和瑞士等。

(3)对境外所得免税,只对来源于境内的收入按较低税率征税的国家和地区。如巴拿马、中国香港等。

(4)在制定和执行正常税制的同时,提供某些特殊税收优惠的国家和地区。如希腊、爱尔兰、加拿大、荷兰、卢森堡、菲律宾等。

显然,避税地涉及的国家很多,通过使本国成为著名的国际避税地来吸引国际资本,已成为一种比较普遍的现象。但是,由此导致的国际避税活动愈演愈烈,对世界经济的长期健康稳定发展是不利的。

随堂笔记

2.“有害”的国际税收竞争。国际避税地事实上是在开放经济条件下税收竞争跨越国界不断发展的一种表现。

在封闭经济中,税收竞争作为财政激励手段的一种,往往会在地方政府之间展开。如在美国等联邦制国家中,各州拥有一定范围的税收立法权,因此可以通过提供某方面的税收优惠来吸引其他辖区内偏好这些优惠的纳税人,同时也会将其他辖区的劳动力和资本等要素吸引到本辖区。

国家之间同样会展开以争夺相对稀缺的生产要素为目的的税收竞争。20世纪80年代以来,伴随着经济全球化进程的加快,货物、服务与资本的跨国流动大为增强,国际税收竞争日益加剧。

从一个国家的角度来看,参与国际税收竞争有利于防止本国的资本外流,吸引国外资本,促进本国经济增长。国际税收竞争的压力使政府不能随意增税,有利于抑制财政支出的扩张,迫使政府提高效率。实行扩大税基、降低税率的改革,还会削弱税收对于经济活动包括劳动、储蓄和投资的扭曲作用。

但是,国际税收竞争也会带来负面影响,一国的税收竞争政策会为本国政府和享受税收优惠政策的纳税人以外的第三方带来成本,这主要表现在以下三个方面:

首先,这会导致本国税收不公,扭曲税负的分配。一国的税收竞争政策必然会侵蚀本国的税基,如果该国不能通过减少财政支出来弥补因此所造成的财政损失,就必须对流动性弱的课税对象(如劳动所得)课以重税。也就是说,税收竞争可能会使富人更富,而穷人愈穷。

其次,国际税收竞争会侵蚀其他国家的税基。国际税收竞争以吸引来自非居民的税基、把产业活动引向本国为根本目的,其直接后果是导致流动性较强的资本、金融及其他服务业从高税国转移至低税国,从而使高税负国家的税基受到严重损害。如果各国竞相参与税收竞争而不受任何约束,那么流动性强的经济活动将从各国税基中消失,最终导致所有国家税收主权的弱化甚至丧失。

最后,在一定程度上,税收竞争将损害世界资源的有效配置。如果仅有少数国家利用税收制度中的优惠措施来吸引经济活动,使国际资本更多地投向这些低税负国家,那么就破坏了税收中性,破坏了资源在世界范围内的合理配置。

事实上,如果某个国家纯粹为了吸引资本的流入而大幅降低税率,不仅会

随堂笔记

给他国造成损害，长期来看，也将威胁满足本国公共支出所需的财政收入的稳定，这将是一种恶性的和"有害的"税收竞争，不利于本国和世界经济的健康发展。

第三节　国际税收协调

所谓国际税收协调，是指两个或两个以上的主权国家（或地区）就对跨国纳税人各自行使税收管辖权所产生的冲突而进行协调的一种行为。

国际税收协调的主要目的在于缓解国家间税收利益的冲突，避免国际重复课税以及恶性税收竞争等诸多负面结果，具体措施有达成适当的税基分享原则、促进各国在税制结构上的协调以及加强税收征管方面的协作等。以下将分别探讨商品税的国际协调和所得税的国际协调。

一、商品税的国际税收协调

跨国商品课税的国际协调包括关税制度的协调与国内商品税制度的协调，在这一领域，世界贸易组织及其前身《关税与贸易总协定》（GATT）和欧盟等区域性的国际经济组织发挥着重要作用。

（一）关贸总协定和世界贸易组织的税收协调

长期以来，各国关税政策所导致的关税冲突是国际贸易的主要障碍，因此，致力于推动国际贸易发展的世界贸易组织与其前身《关税与贸易总协定》也把关税政策的国际协调作为其首要任务。自 1947 年《关税与贸易总协定》签订后，在总协定的制约与协调下，各缔约国纷纷规范本国的关税制度，进行关税减让谈判，使国际关税冲突基本趋向缓和。1995 年 1 月 1 日世界贸易组织（World Trade Organization，简称 WTO）正式成立，它保留了关贸总协定所形成的各种原则和规则。

1. 关贸总协定的关税减让谈判。在互惠互利的基础上大幅度削减关税，是关贸总协定的基本宗旨。为此,在总协定先后发动的八轮多边贸易谈判中,关税减让都占有突出的地位。

1986~1993 年的第八轮谈判(又称为乌拉圭回合)之后,就工业产品而言,发达国家受到协议约束的税目比例扩大到97%,加权平均税率降至4%;同时,发展中国家受到约束的产品比例也增至65%。就农产品而言,工业化国家承诺在6年内削减农产品关税36%,受约束的贸易比例由58%提高到99%,发展中国家承诺在10年内削减24%,受约束的贸易比例由17%提高到89%。在纺织品贸易方面,要求在10年内取消多种纤维协定,发展中国家向发达国家出口纺织品和服装不再受配额限制。

乌拉圭回合还将世界贸易规则扩展到服务业,达成了服务贸易总协定,不仅要求各缔约国对外国的服务和服务提供者给予最惠国待遇和国民待遇,还要求它们具体承诺开放服务业市场的义务。

关贸总协定的关税协调对于缓和国际贸易摩擦、促进世界经济发展发挥了重要的作用,它促使国际贸易向着自由化方向发展,发达国家和发展中国家都从中获益匪浅。

2. 关贸总协定对完税价格审定方法的协调。为了防止缔约国通过人为提高进口商品完税价格的办法来限制商品进口,关贸总协定对于进口商品完税价格的审定方法也进行了协调。

《关贸总协定》明确规定:缔约国不得通过改变完税价格的审定方法来减损其所作出的关税减让的价值,同时,它还规定了审定完税价格的一般原则,即应以进口商品或相同商品的实际价格,而不得以国产品的价格或者以武断的或虚构的价格作为计征关税的依据。所谓实际价格,是指购货时的成交价格,如果进口商品的实际成交价格不能确定,这一成交价格应以当时进口的相同货物或类似货物的成交价格作为海关估价,如果相同和类似进口货物的价格不能确定,则应采用倒扣法或结构法加以测定。

关贸总协定的完税价格审定方法与海关合作理事会提出的方法略有不同。海关合作理事会是专门致力于统一和协调成员国关税征收制度和征收方法的国际组织,1950 年 12 月在布鲁塞尔成立。根据该组织成员国缔结的《海关商品估价公约》,成员国应以进口商品的"正常价格"作为确定完税价格的依据。

随堂笔记

也就是说，进口商品的完税价格不能完全以其发票上的价格为确定依据，而应以采购地市场上在买卖双方相互独立的情况下任何买方都可买到该种商品所需支付的价格为依据，这种方法的目的是防止进口商假报发票价格从中逃税。另外，《海关商品估价公约》还规定，进口商品的完税价格应按到岸价格来确定。

为了进一步统一关税完税价格的审定方法，在“东京回合”的谈判中，《关贸总协定》全体缔约国通过了《海关估价协定》。该协定在上述两种方法的基础上，确定了一种折中的估价方法，即海关在审定进口商品的完税价格时，应以合同价格或发票价格(即“实际成交价格”)为依据，同时可对合同或发票上的价格进行必要的调整。至于完税价格应以到岸价格还是离岸价格为依据，则允许缔约国根据本国法律确定。

3. 关贸总协定与国内商品税的协调。如前所述，为了消除对跨国商品流转额的国际重复课税，且为了更有利于有效率的国际生产格局的形成，各国在国内商品税的课征上应统一实行消费地原则，具体应通过由出口国实施出口退税，进口国对进口产品征收国内商品税来实现。

《关贸总协定》中的许多条款都鼓励各国采取出口退税的做法，以在国内商品税方面统一实行消费地原则。例如，第 6 条第 4 款规定，一缔约国的产品输入到另一缔约国，进口国不得因产品出口国已经退税便对它征收反倾销税或反补贴税；另外，关于第 16 条的补充规定也指出，退还与所缴数量相等的国内税，不能视为出口补贴。

根据关税与贸易总协定的原则，公司所得税是由利润负担的，不进入生产成本，所以没有资格退税；退税率也不应高于实际征收率，否则就意味着采取保护出口政策，等于支付出口补贴，为协定所禁止。

(二)欧盟的商品税协调

欧盟(European Union)是在当今世界经济舞台上发挥着重要影响的区域性经济集团，在欧盟及其前身欧洲共同体(European Community)的发展进程中，其经济一体化程度不断加强，而成员国之间的税收协调就是最突出的表现之一。欧盟的商品税协调包括关税协调和国内商品税协调两个主要方面。

1. 欧盟的关税协调。根据 1957 年签订的《欧洲经济共同体条约》(又称《罗马条约》)的规定,当时的六个成员国法国、德国、意大利、荷兰、卢森堡、比利时同意逐步降低直至取消成员国之间的关税和类似关税的税收,逐步废除进口数量限制,并逐步建立统一的对外关税税率和贸易政策。

在欧共体建立初期,六个成员国的政治经济发展很不平衡,对外关税政策也很不一致,其中德、意、荷、比、卢实行的是低关税政策,而法、意实行的是高关税政策。出于排挤美国商品对欧共体倾销以及加强在"关贸总协定"中同美国谈判的地位的需要,在对高关税国家的损失有所补偿的基础上,六国仍很快完成了废止内部关税的协调进程,从 1958 年 1 月 1 日《罗马条约》生效之日起至 1968 年 7 月 1 日,只用了 10 年半的时间。1972 年以后陆续加入欧共体的英国、爱尔兰、丹麦等新的成员国同早期的六个成员国之间内部进口关税和出口关税的废止,则是根据它们当时所达成的协议分别进行的。

欧共体对外关税协调的目标,是确立成员国对外部第三方国家进出口的共同关税率,并将这个关税率削减到一般水平以下,以促进欧共体对外贸易的发展。共同关税率的制定,是对外关税协调的关键环节。欧共体确定共同对外关税率的具体做法是:以共同体内四大关税区(前联邦德国、法国、意大利及荷比卢关税同盟)1957 年 1 月 1 日的实际关税率为基础,按算术平均法求得共同对外关税率。共同关税率的具体实施采取分步到位的办法,于 1968 年 7 月 1 日全部完成。共同关税率的实施,使欧共体初步形成一个用统一的关税壁垒保护起来的大市场,有力地促进了成员国对外贸易的发展。

2. 欧盟的国内商品税协调。为了在成员国之间最大限度地消除破坏竞争条件的因素,使商品和劳务不受阻碍地自由流通,欧共体从 20 世纪 60 年代后期起开始了国内商品税的协调,具体涉及增值税的协调和消费税的协调两个方面。

(1)增值税的协调。为了在各方面对国内商品税进行协调,首先必须统一国内商品税的课征方式,而增值税是能够适应各种政策要求的理想税种,为此,欧共体于 1967 年起正式要求各成员国协调彼此的国内流转税立法,由传统的周转税向统一的增值税过渡,并将实行增值税作为新的成员国加入共同体的财政条件之一。到 1973 年,九个共同体创始国全部建立了增值税制。目前,增值

随堂笔记

税已成为欧盟成员国统一的基本间接税税种，占各国税收收入的比重一般为15%～20%。在统一了增值税税种之后，欧共体又于1977年5月提出关于统一增值税应税范围、计征方法的意见，统一了增值税的应税交易、应税地点、应税金额、免税项目以及征收方法。

在增值税的征税原则方面，欧共体主张除对外部国家的交易仍实行按消费地原则征税以外，对于成员国之间的内部交易，采用单一的产地原则。虽然协调国内商品税征税原则的一般做法是统一实行消费地原则，因为这时国家间的税率差别发生在商品流通的最终环节——消费上，不会对生产和资源配置造成干扰。但是坚持统一的消费地原则必须进行边境税收调整(Border Tax Adjustments)，即商品由产地国家征税后，进出口时在边境先由出口国办理退税，再由进口国补征税款。边境税收调整必将大大延长商品的过境时间，还会使进出口商品的交易成本提高，这与欧共体建立内部共同市场的目标是相违背的。为此，欧共体提出统一实行产地原则，商品由产地国家征税后，消费地国家不再征税，这样商品在成员国之间如同在一国之内，可以自由流通。

税率的统一是欧共体增值税制协调的重要目标，只有成员国之间税率的差异逐步缩小以至消失，才能保证单一的产地原则不对资源配置造成严重的扭曲，也才能避免成员国通过差别的国内商品税率来实施隐蔽的贸易保护政策。欧共体多次发出缩小各成员国之间税率差距的指令要求。考虑到实行一档统一税率难以一步到位，允许采取两档税率作为过渡。1991年欧盟规定，从1993年开始，各国增值税基本税率的最低限为15%，而低税率应在5%以上；同时，坚持要求各国取消零税率。但是，由于增值税税率统一对各成员国的财政收入和社会经济政策贯彻的影响各不相同，成员国之间的分歧较多，目前各成员国执行的税率仍然差别很大。可见，协调过程相当困难。

(2)消费税的协调。在欧盟各国的间接税体系中，消费税是增值税的一个重要配套税种。消费税的税率一般均高于增值税的税率，且税额占商品销售价格的比重相当大，因此，消费税制的差别对资源有效配置的消极影响非常显著，在商品税协调中，消费税的协调是不可或缺的一个组成部分。

在消费税的应税范围方面，欧共体在1972年发布的有关指令中规定成员国只能对烟草、酒精饮料和矿物油三种主要消费品征收消费税，对其他消费品

随堂笔记

一律取消课征消费税。1987年,各国就烟草制品的征税范围、征税环节达成了协议,但对酒精饮料和矿物油的税制协调进展缓慢,一直没有统一征税范围。成员国还坚持对上述三种主要消费品以外的消费品广泛课征消费税,应税项目涉及非酒精饮料、糖制品、咖啡、茶、电器产品和汽车等。

消费税的税率协调是更为艰难的一个环节,其原因是多方面的:首先,各国正在执行的税率水平相对于按加权平均的办法计算的统一税率差距甚远;其次,有的成员国消费税收入占财政收入的比重相当大,统一税率将给这些国家造成财政利益的损失;第三,各国消费习惯、传统文化及相应的社会政策的差别,也构成了消费税制协调的障碍。

面对这种现实的情况,欧盟决定首先设定"最低税率"和引导性的"目标税率",允许成员国在最低限度以上实行有差别的税率。有些专家还提出,按照税率相近程度,将成员国划分为若干个税制区(Tax Zone),先实行局部地区协调,再进行欧盟全体协调,从空间上逐步推进欧盟整体统一消费税的计划。可见,欧盟消费税制的最终统一尚需假以时日。

二、所得税的国际税收协调

(一)国际税收协定

1. 国际税收协定的产生和发展。随着国际经济关系的发展,跨国纳税人和跨国征税对象日趋普遍化,同时,许多国家的政府不愿主动削弱或放弃本国的税收管辖权,因而各国税收管辖权的交叉重叠也就在很大程度上存在。为了减轻国际重复征税,越来越多的国家在平等互利的原则基础上通过协商谈判缔结国际税收协定。

截至2004年末,全球避免双重征税协定的总数已经增加到了2 559项,见图11-6。尽管排在前10位的都是发达国家,但从整体趋势来看,发达国家与发展中国家签订的协定数量正在不断上升。20世纪90年代后签订的避免双重征税协定等条约激增,到2004年,发展中国家之间的避免双重征税协定数量已经达到345项,涉及90个国家。

随堂笔记

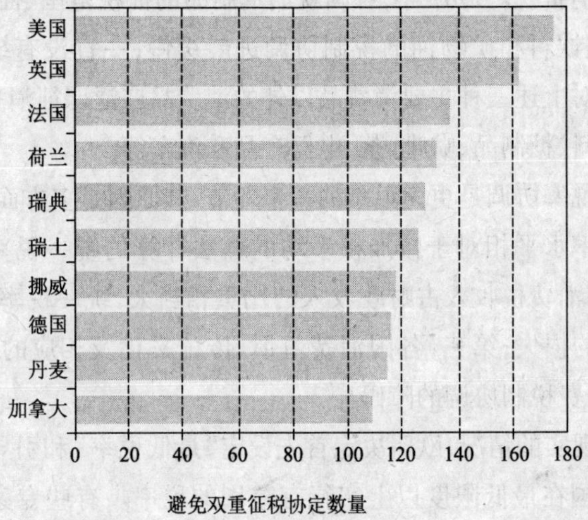

资料来源:联合国贸发会议

图 11-6　截至 2004 年末签订避免双重征税协定总数最多的国家

2. 国际税收协定的主要内容。国际税收协定是指两个或两个以上的主权国家为了协调相互间的税收分配关系和处理跨国纳税人征税事务等方面的问题,通过谈判签订的一种书面协议。国际税收协定处理的问题包括:有关国家之间的双重课税问题,取消税收差别待遇问题,税收优惠问题以及相互配合减少国际逃避税问题等。

目前世界各国谈判、签订税收协定,一般以税收协定范本为基础。国际税收协定范本即为指导各国签订双边或多边税收协定而制定的规范性文本。目前最有影响、被世界各国所普遍接受并遵循的是《经济合作与发展组织关于对所得和财产避免双重税收的协定范本》以及《联合国关于发达国家与发展中国家间双重税收的协定范本》(简称《经合组织范本》和《联合国范本》)。

经济合作与发展组织和联合国的两个税收协定范本都按不同对象将协定内容分为 7 章,依次为协定的范围、定义、对所得的征税、对财产的征税、避免双重征税的方法、特别规定和最后规定(指关于协定的生效和终止的规定)。各国谈判、签订的国际税收协定一般包括税收协定范本列出的 7 个方面的内容,有时也根据缔约双方的需要增加其他内容。

随堂笔记

税收协定的核心内容是明确缔约国作为非居住国行使地域管辖权对营业利润、劳务所得、投资所得、财产所得等各类所得以及财产课税的范围及限制条件，规定居住国对已由非居住国行使地域管辖权课税的所得或财产免除国际重复课税的方法——主要是免税方法和抵免方法，规定缔约国双方加强国际税收征管方面的合作，相互交换税务情报以防止纳税人逃避税的措施，等等。

在国际税收协定中，缔约国一方一般同意把某些特定种类所得的税收管辖权全部给予缔约的另一方，而在本国给予此种所得以免税待遇；或者由缔约国一方或双方对应纳双重税额的所得减少课征，以减轻重复课税的负担。例如，对于股息收入，税收协定中往往规定来源国降低适用于非居民的股息预提税率，而居住国则对在来源国缴纳的税款给予税收抵免或类似的减免。这就是说，双方对于税收管辖权的行使同时进行调整，以消除或减轻重复课税。

目前，不少收入来源国特别是发展中国家经常采用减免税等各种税收优惠措施，借以达到吸引外国资本流入和引进先进技术及管理经验的目的。如果居住国政府采用抵免法来消除国际重复征税，当来源国的税率低于居住国税率时，居住国政府会按本国税率补征纳税人在来源国少缴的税款，使得跨国纳税人的实际税收负担仍按居住国的税负水平决定。这样一来，收入来源国的税收优惠措施将付诸东流，其结果只能是将本国的财政收入拱手让与了居住国政府。

为了保证税收优惠措施真正发挥吸引外资的积极作用，收入来源国（主要是发展中国家）往往会要求居住国（主要是发达国家）在税收抵免的过程中作出某种让步。这种让步反映在税收协定中，就是税收饶让条款。

所谓税收饶让，又称为饶让抵免，是指居住国政府将跨国纳税人在收入来源国得到减免的那一部分所得税视同在国外缴纳的税收，予以饶让抵免，不再按居住国税法规定补征。这也就意味着，居住国政府对本国纳税人在国外得到减免税的那一部分所得也同样给予优惠待遇。

税收饶让的实质是发达国家（居住国）和发展中国家（非居住国）利益妥协的结果。对于发展中国家来说，税收饶让可以确保其税收优惠真正作用于跨国

随堂笔记

纳税人；而对发达国家来说，出于鼓励资本输出和其他政策目标的考虑，对收入来源国和投资者作出让步也是有利的。

3. 滥用税收协定和反协定滥用的措施。签订税收协定是消除国际重复课税、协调国家间的税收利益分配关系的重要措施。根据税收协定，缔约国的居民纳税人往往可以享受各种税收优惠待遇，如从另一缔约国取得的投资所得可以按较低的税率缴纳预提所得税等。然而，为了规避税负，本来没有资格享受协定待遇的第三国居民也会设法利用税收协定提供的税收优惠，这就是滥用税收协定。

参见图 11－7，甲国的 A 公司欲投资于丙国的 C 公司以获取股息收入，但甲、丙两国未签有税收协定，丙国对 A 公司来源于本国的收入将按较高的税率（30%）征收预提所得税。为了避税，A 公司在与丙国签有税收协定的乙国设立一家子公司 B 公司，由 B 公司向 C 公司投资并收取股息。丙国对支付给 B 公司的股息等所得按较低的税率（5%）课征预提所得税。这样，A 公司就有效地规避了丙国的高额预提所得税。

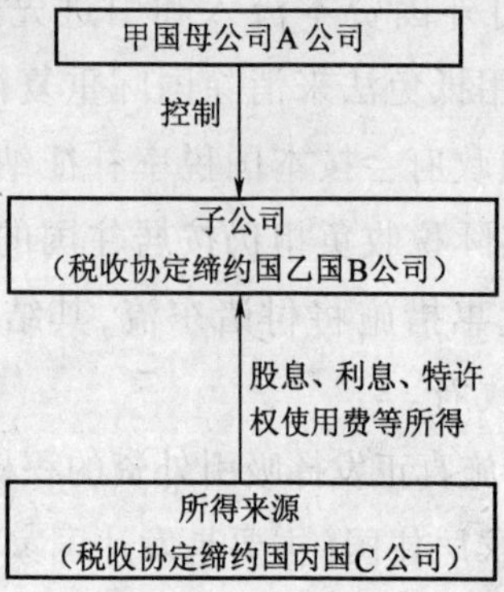

图 11－7　滥用税收协定避税

针对跨国纳税人滥用税收协定避税的行为，有关国家也相应的采取了一些措施，主要包括：避免与低税国尤其是避税地国家签订税收协定；规定享受税收协定优惠须以获自一个缔约国的所得在另一缔约国承受一定的税负为基础，借以防止跨国公司的同一所得在缔约国双方均不纳税而形成双重免税；规定一个公司是否能享受税收协定优惠，不仅取决于公司的居住国，而且要看其股东的居住国;规定不是出于真实的生产经营目的,而只是为了谋求税收协定优惠的纳税人不能享受协定利益,为此,须考察公司建立的动机、公司的交易额和纳税额,以及公司的股份是否在批准的股票交易所登记等因素。

(二)国际组织的所得税协调

国际税收协调涉及的是国与国之间有关税收主权的相互协商,最基础的方法是两三个国家直接面对面进行协调,并通过签订各种双边的税收协定来化解税收竞争的负面效应。然而,在经济全球化的时代,双边税收协定已经不足以有效解决国际税收竞争所产生的广泛负面影响。因此,更广泛的国际合作就显得非常必要和紧迫。其最常见的方式,就是通过区域间甚至全球范围的组织来实施。

最早实施国际税收协调的国际组织是欧共体。1997 年 12 月,欧盟财政部长一致同意采取一揽子措施以消除恶性税收竞争,并通过了《工商税行为守则》,要求对每个成员国的税制进行彻底检查。这次检查考察了上百条"被认为是潜在有害的"或"严重影响区域内经济活动的地点选择"的成员国税收条款。到 1999 年末,《行为守则》小组认定了 66 个有问题的税收条款可能导致有害税收竞争,并要求有关国家尽快取消这些条款。

另一个积极致力于国际税收协调的国际组织是 OECD,该组织于 1998 年 4 月发表了《有害税收竞争:一个日益突显的全球问题》的报告。该报告提出了识别有害税收竞争的四项标准:无税或低税,优惠税制限定在特定的范围之内,缺乏透明度,以及缺乏有效的信息交换;同时,提出了打击有害税收竞争的 19 项建议,内容涉及国内立法、税收协定和国际合作三个层面。此外,该组织还建立了一个有害税收竞争论坛,以监督和揭露成员国的有害税收竞争活动。当一个国家认为另一个国家实行的某项措施可能构成有害税收竞争时,它可以请求该论坛对那个国家的措施进行检查,但论坛的意见并不具有法律约束力。2000 年 6 月,OECD 又发表了《认定和消除有害税收行为的进程》的报告,该报告根据 1998 年报告提出的四项标准,开列了属于避税港①的 35 个国家和地区的

① 一些国家或地区出于发展本国经济或其他的考虑,采取对所得或财产价值提供免税或极低的税率,为跨国纳税人提供避税便利,这样的国家或地区通常被称做国际避税地,又称避税港。

随堂笔记

专栏

专栏 11-2 欧盟的利息税协调

利息税是影响国际资本流动的一个重要因素。与其他税种相似,由于各成员国利息税制存在较大差异,欧盟各国的利息税也面临着如何协调的问题。

首先,成员国间的利息税率差异很大,一些国家如德国、法国等利息税率较高,而卢森堡、奥地利等国的利息税率则很低,这就会导致资金更多地从高税率成员国流向低税率成员国;其次,一些成员国规定对非居民利息收入不征税,或给予大量的税收减免,而另一些成员国则对居民和非居民都征收利息税,这就会导致资金更多地从对非居民征收利息税的成员国流向不对非居民征收或减免利息税的成员国;最后,欧盟成员国与非欧盟成员国之间的利息税率也有很大差异,一些非欧盟成员国对非居民也存在不征收或减免利息税的情况,这些实行低税率或者对非居民不征收利息税的非欧盟成员国就会吸收到一部分欧盟成员国公民的存款。归纳起来,以上利息税制的差异会对成员国造成两个后果:一是资本外逃,二是税收流失。这些后果会对高税国造成尤其严重的负面影响。

为了应对上述状况,欧盟很早就开始对成员国的利息税进行协调。1989年,欧盟提出各国按统一税率对利息收入进行源泉扣税,但该议案被卢森堡否决。1998年欧盟再次提出,各成员国或者按统一税率对非居民利息收入征税,或者同其他成员国进行银行信息交换,但这一方案也没有通过。阻力主要来自奥地利、卢森堡、比利时,这些国家为了吸引储户,实行了严格的银行保密制。

2000年6月,欧盟各国再次谈判,决定从2003年起,经过7年过渡期,即到2010年,各成员国间实行自动的银行信息交换。但奥地利、卢森堡等国提

随堂笔记

出，如果要他们参与银行信息交换，必须使同样实行银行保密制度的瑞士等国也参与欧盟的银行信息交换。

2003 年 1 月 21 日，欧盟财长会议再次讨论利息税协调问题，终于达成了一致。根据新协议，从 2004 年 1 月 1 日起，除奥地利、比利时和卢森堡外的欧盟 12 个成员国都将实行自动的银行信息交换，以使存款人母国政府了解其利息收入并据此征税；而奥地利、比利时和卢森堡三国暂不参与有关国家的银行信息交换，只要瑞士不放宽银行保密法，他们就可以继续执行银行保密政策；但这三个国家必须改变现行的对非居民储蓄利息不征税或征低税的做法，从 2004 年起，对非居民储蓄存款代征利息税，税率最初为 15%，2007 年起增加到 20%，2010 年起增加到 35%，并且每年年底把征收的税款交给相应的欧盟国家。

2003 年 6 月，瑞士与欧盟也达成了有关利息税的协议，同意从 2005 年 1 月起对欧盟成员国居民在瑞士的存款征收 15% 的利息预提税，这一税率自 2007 年起提高到 35%，瑞士将把税款的 75% 交还给储户原籍国。紧接着，2004 年底，欧盟又同摩洛哥、圣马利诺、列士敦士登、安道尔等欧洲非欧盟国家达成了与瑞士相似的协议。

（资料来源：根据崔晓静《欧盟利息税指令及其对我国的借鉴》一文改编，原文见《现代法学》2007 年 3 月号。）

“黑名单”，要求被列入黑名单的国家在 12 个月之内作出承诺，纠正有害竞争行为。这一做法遭到许多被列入黑名单的国家(地区)的强烈抗议。2003 年，在巴黎举行的全球论坛上，OECD 官员表示，只要这些国家(地区)同意公开税制和进行情报交换，就可以从“黑名单”上勾销。现在，已有 31 个国家(地区)作了承诺。这表明，OECD 的国际税收协调是有一定成效的。

随堂笔记

复习思考题

一、填空题

1. 国际上确立税收管辖权基本原则有两种，即__________原则与__________原则。

2. 国际重复课税的两种类型是__________和__________。消除重复课税的方法主要有__________和__________。

二、判断题

1. 按照属人原则确立的税收管辖权为居民管辖权，也称公民管辖权。

2. 国际避税地的特征包括社会基础设施完善、国家领土面积大、政局稳定和提供有特色的税收优惠。

3. 欧盟的利息税协调措施不仅影响到欧盟成员国，也影响到不是欧盟成员国的欧洲国家。

三、问答题

1. 试分析课征进口关税对所在国经济的影响。

2. 什么是一国的税收管辖权，其基本类型有哪些？

3. 试述国际避税的主要方法和高税国的主要反国际避税措施。

4. 国际税收协定的主要内容是什么？什么是滥用税收协定？

5. 什么是商品和税的边界税收调整？其意义何在？

6. 谈谈你对“有害”的国际税收竞争的看法。

附 录

部分复习思考题参考答案

第一章

一、填空题

1. 公平　效率　　2. 贫困人口　　3. 福利水平最低的社会成员

4. 资源配置　收入分配　稳定经济

二、选择题

1. A　　2. D　　3. D　　4. B

第二章

一、填空题

1. 非排他性　　非竞争性　　2. 外部正效应　　外部负效应

3. 产权界定不当　　界定并保护产权

二、选择题

1. D　　2. D

三、判断题

1. F　　2. F　　3. T　　4. F

第三章

一、填空题

1. 将个人作为分析的基础　应用"经济人"假设　将政府活动视为交易

2. 直接民主制　间接民主制(代议民主制)

3. 所偏好的备选方案位于本人的偏好方案两侧的投票人人数恰好相等

随堂笔记

二、选择题

1. B　2. D

第四章

一、填空题

1. 购买性支出　转移性支出

2. 直线　阶梯

3. 保障型　福利型　储蓄型

4. 社会保险　社会救济　社会福利　社会优抚　养老保险　医疗保险　失业保险　工伤保险　生育保险

第五章

一、填空题

1. 税收收入　公共收费收入　公债收入　国有资产收入

2. 强制性　无偿性　固定性　3. 税额　课税对象数额　累进税率　定额税率

4. 前转　5. 公平原则　横向公平　纵向公平

二、选择题

1. A　2. C　3. C

三、计算题

在竞争市场,供给曲线就是厂商的边际成本线,需求曲线就是厂商的边际效用线,于是边际效用曲线和边际成本曲线的交点决定均衡价格和产量。

解方程组　$P = -0.5Q + 100$

$P = 2.0Q + 5$

得 $P_0 = 81, Q_0 = 38$

政府征收金额为 1 的从量税后,边际成本线变为

$P = 2.0Q + 5 + 1 = 2.0Q + 6$

解方程组　$P = -0.5Q + 100$

$P = 2.0Q + 6$

得 $P_1 = 81.2, Q_1 = 37.6$

政府税收 $T = 1 \times 37.6 = 37.6$

随堂笔记

其中消费者承担 37.6×(81.2－81)＝7.52

生产者承担 37.6－7.52＝30.08

消费者和生产者承担的税负比例为 7.52/30.08＝1/4。

第六章

一、填空题

1. 增值税　营业税　消费税　关税

2. 价内税　价外税

二、选择题

1. C　　2. C

第七章

一、填空题

1. 单式预算　复式预算　2. 权责发生制　收付实现制

3. 预算编制　预算批准　预算执行　决算

4. 集中采购模式　分散采购模式　半集中半分散采购模式

第八章

一、填空题

1. 公共利益　规制俘虏　激励规制

2. 委托—代理　特许投标理论　区域间比较竞争理论　价格上限规制

3. 经济性规制　社会性规制

第九章

一、填空题

1. 财政赤字　财政支出　财政赤字　国内生产总值

2. 发行国内债务

3. 国债余额/当年 GDP　年度国债发行额/当年财政支出　当年国债还本付息额/当年财政收入

第十章

一、填空题

1. 事权　支出

2. 分割税额　分割税率　分割税种　分割税制

随堂笔记

3. 一般补助　条件补助　专项补助　配套补助

二、选择题

1. C　2. A　3. D　4. C

第十一章

一、填空题

1. 属人　属地　2. 经济性重复课税　法律性重复课税　抵免法　免税法

二、判断题

1. F　2. F　3. T

参考文献

[1] Arrow, Kenneth J. Social Choice and Individual Values [M]. New York: Wiley, 1951.

[2] Gruber, Jonathan. Public Finance and Public Policy [M]. New York: Worth Publishers, 2005.

[3] Niskanen, William A., Jr. Bureaucracy and Representative Government [M], Aldine, Chicago, 1971.

[4] Oates, Wallace E. An Essay on Fiscal Federalism [J]. Journal of Economic Literature, 1999(37):1120 - 1149.

[5] Musgrave, Richard A., Musgrave, Peggy B. Public Finance in Theory and Practice [M], McGraw - Hill Book Company, 1984.

[6] Rosen, Harvey S., Public Finance [M]. McGraw - Hill Companies, Inc. 2005.

[7] Samuelson, Paul A. Diagrammatic Exposition of a Theory of Public Expenditure [J]. Review of Economics and Statistics, 1955(37):350 - 356.

[8] Samuelson, Paul A. The Pure Theory of Public Expenditure [J]. Review of Economics and Statistics, 1954(36):387 - 389.

[9] Tiebout, Charles, A Pure Theory of Local Expenditures [J]. Journal of Political Economy, 1956(64):416 - 424.

[10] 阿特金森,斯蒂格里茨. 公共经济学[M]. 北京:中国人民大学出版社,2005.

[11] 威迪逊. 公共部门经济学[M]. 北京:中国人民大学出版社,2000.

[12] 罗森,《财政学》(第6版)[M]. 北京:中国人民大学出版社,2003.

[13] 斯蒂格里茨. 公共部门经济学[M]. 北京:中国人民大学出版社,2005.

随堂笔记

[14]邓力平,陈涛.国际税收竞争研究[M].北京:中国财政经济出版社,2004.
[15]邓子基.财政学[M].北京:中国人民大学出版社,2001.
[16]杜莉.城市财政学 [M].上海:复旦大学出版社,2006.
[17]杜莉.国际税收学[M].上海:上海三联书店,2001.
[18]樊勇明,杜莉.公共经济学[M].上海:复旦大学出版社,2001.
[19]方福前.公共选择理论——政治的经济学[M].北京:中国人民大学出版社,2000.
[20]高培勇.国债运行机制研究[M].北京:商务印书馆,1996.
[21]郭庆旺,赵志耘.财政学[M].北京:中国人民大学出版社,2002.
[22]胡庆康,杜莉.现代公共财政学[M].上海:复旦大学出版社,2001.
[23]胡怡建.税收学[M].上海:上海财经大学出版社,1999.
[24]华民.公共经济学教程[M].上海:复旦大学出版社,1996.
[25]黄恒学.公共经济学[M].北京:北京大学出版社,2002.
[26]蒋洪.财政学教程[M].上海:上海三联书店, 1996.
[27]蒋洪.财政学[M].上海:上海财经大学出版社,2000.
[28]解学智,刘尚希.公共收入[M].中国财政经济出版社,2000.
[29]寇铁军.中央与地方财政关系研究[M].东北财经大学出版社,1996.
[30]李齐云.政府经济学[M].北京:经济科学出版社,2003.
[31]刘海英.地方政府间财政关系研究[M].北京:中国财政经济出版社,2006.
[32]马海涛.财政转移支付制度[M].北京:中国财政经济出版社,2004.
[33]马胜杰,夏杰长.公共经济学[M].北京:中国财政经济出版社,2003.
[34]平新乔.财政原理与比较财政制度[M].上海:上海三联书店,1992.
[35]孙光德,董克用.社会保障概论[M].北京:中国人民大学出版社,2000.
[36]孙开.财政体制改革问题研究[M].北京:经济科学出版社,2006.
[37]孙开.地方财政学[M].北京:经济科学出版社,2002.
[38]唐朱昌.新编公共财政学——理论与实践[M].上海:复旦大学出版社,2005.
[39]王雍君,张志华.政府间财政关系经济学[M].北京:中国经济出版

随堂笔记

社,1998.
[40]吴鹏森.现代社会保障概论[M].上海:上海人民出版社,2004.
[41]许正中,苑广睿,等.财政分权:理论基础与实践[M].北京:社会科学文献出版社,2002.
[42]杨元杰.税收学[M].北京:经济管理出版社,2002.
[43]杨之刚.公共财政学:理论与实践[M].上海:上海人民出版社,1999.
[44]杨志勇,张馨.公共经济学[M].北京:清华大学出版社,2005.
[45]曾建华.现代西方财政学[M].厦门:厦门大学出版社,2004.
[46]张庆丰.财政与金融教程[M].上海:立信会计出版社,2004.
[47]赵宇,李冰.新编西方财政学[M].北京:经济科学出版社,2002.
[48]朱明熙,刘蓉,蒙长寿.税收学[M].成都:西南财经大学出版社,1996.

图书在版编目(CIP)数据

公共经济学/杜莉主编. —北京:首都经济贸易大学出版社,2008.6

ISBN 978 - 7 - 5638 - 1489 - 3

Ⅰ. 公…　Ⅱ. 杜…　Ⅲ. 公共经济学 - 高等学校 - 教材　Ⅳ. F062.6

中国版本图书馆 CIP 数据核字(2008)第 016194 号

公共经济学

主编　杜莉　副主编　袁莉莉

出版发行　首都经济贸易大学出版社

地　　址　北京市朝阳区红庙（邮编 100026）

电　　话　(010)65976483　65065761　65071505(传真)

网　　址　http://www. sjmcb. com

E - mail　publish @ cueb. edu. cn

经　　销　全国新华书店

照　　排　首都经济贸易大学出版社激光照排服务部

印　　刷　北京通州永乐印刷厂

开　　本　787 毫米 ×980 毫米　1/16

字　　数　451 千字

印　　张　23.5

版　　次　2008 年 6 月第 1 版第 1 次印刷

印　　数　1 ~ 5 000

书　　号　ISBN 978 - 7 - 5638 - 1489 - 3/F · 862

定　　价　33.00 元
